LEOPARDI · ICH BIN EIN SEHER

Reclam
Bibliothek

BELLETRISTIK

Giacomo Leopardi

ICH BIN EIN SEHER

GEDICHTE italienisch-deutsch

KLEINE MORALISCHE WERKE

ZIBALDONE:
Gedanken zur Literatur

1991

Reclam-Verlag Leipzig

Aus dem Italienischen
Herausgegeben von Sigrid Siemund

ISBN 3-379-00632-7

Reclam-Bibliothek Band 1369
1. Auflage
Umschlaggestaltung: Friederike Pondelik unter Verwendung der Reproduktion einer Bleistiftzeichnung von Luigi Lolli, 1825
Printed in Germany
Dresdner Druck- und Verlagshaus GmbH
Gesetzt aus Garamond-Antiqua
LSV 7350
Bestellnummer: 661 536 9

Gedichte

aus: Canti

deutsch von Hanno Helbling

Bruto Minore

Poi che divelta, nella tracia polve
giacque ruina immensa
l'italica virtute, onde alle valli
d'Esperia verde, e al tiberino lido,
il calpestio de' barbari cavalli
prepara il fato, e dalle selve ignude
cui l'Orsa algida preme,
a spezzar le romane inclite mura
chiama i gotici brandi;
sudato, e molle di fraterno sangue,
Bruto per l'atra notte in erma sede,
fermo già di morir, gl'inesorandi
numi e l'averno accusa,
e di feroci note
invan la sonnolenta aura percote.

Stolta virtù, le cave nebbie, i campi
dell'inquiete larve
son le tue scole, e ti si volge a tergo
il pentimento. A voi, marmorei numi
(se numi avete in Flegetonte albergo
o su le nubi) a voi ludibrio e scherno
è la prole infelice
a cui templi chiedeste, e frodolenta
legge al mortale insulta.
Dunque tanto i celesti odii commove
la terrena pietà? dunque degli empi
siedi, Giove, a tutela? e quando esulta
per l'aere il nembo, e quando
il tuon rapido spingi,
ne' giusti e pii la sacra fiamma stringi?

Preme il destino invitto e la ferrata
necessità gl'infermi
schiavi de morte: e se a cessar non vale
gli oltraggi lor, de' necessarii danni
si consola il plebeo. Men duro è il male
che riparo non ha? dolor non sente

Brutus der Jüngere

„Da nun entwurzelt auf Philippis[1] Erde
Italiens Größe[2] liegt,
nach solchem Sturz bereitet das Geschick
Hesperiens[3] grüner Flur, dem Tiberstrande
das Hufgetrampel der Barbarenpferde,
und aus den Wäldern, die im kalten Lichte
des Bären frierend stehn,
ruft es, Roms hehre Mauern zu zerstören,
die Schwerter der Germanen“:
von Schweiß und von verwandtem Blut bedeckt,
in finstrer Nacht allein, bereit zu sterben,
klagt Brutus Götter an, die ihn nicht hören,
den Hades ruft er an
und bricht mit wildem Worte
umsonst die Ruh am schlafverhangnen Orte.

„O eitle Größe![4] in den Nebelschleiern
unsteter Spukgestalten
bist du zu finden, und es folgt die Reue
dir auf dem Fuß. Für euch, ihr harten Götter
(so ihr am Acheron, im Himmel haust),
für euch ist nur zu Spott und Schmach geboren
dies elende Geschlecht,
von dem ihr Tempel fordert, und die Menschen
verhöhnt ein falsches Recht.
So also rührt der Sterblichen fromme Treue
den Grimm der hohen Götter? die Verbrecher
beschützt du, Jupiter? und wenn der Sturm
heraufzieht durch die Lüfte
und du den Donner wägst,
so sind es die Gerechten, die du schlägst?

Das siegreiche Geschick, die harte Notdurft,
sie beugen ihrem Joch
die wehrlos Sterblichen; gemeine Seelen,
die solchen Schimpf zu enden nicht vermögen,
ergeben sich. Ist unheilbares Übel
denn minder schwer? Spürt der denn keinen Schmerz,

chi di speranza è nudo?
Guerra mortale, eterna, o fato indegno,
teco il prode guerreggia,
di cedere inesperto; e la tiranna
tua destra, allor che vincitrice il grava,
indomito scrollando si pompeggia,
quando nell'alto lato
l'amaro ferro intride,
e maligno alle nere ombre sorride.

Spiace agli Dei chi violento irrompe
nel Tartaro. Non fora
tanto valor ne' molli eterni petti.
Forse i travagli nostri, e forse il cielo
i casi acerbi e gl'infelici affetti
giocondo agli ozi suoi spettacol pose?
Non fra sciagure e colpe,
ma libera ne' boschi e pura etade
natura a noi prescrisse,
reina un tempo e Diva. Or poi ch'a terra
sparse i regni beati empio costume,
e il viver macro ad altre leggi addisse;
quando gl'infausti giorni
virile alma ricusa,
riede natura, e il non suo dardo accusa?

Di colpa ignare e de' lor proprii danni
le fortunate belve
serena adduce al non previsto passo
la tarda età. Ma se spezzar la fronte
ne' rudi tronchi, o da montano sasso
dare al vento precipiti le membra,
lor suadesse affanno;
al misero desio nulla contesa
legge arcana farebbe
o tenebroso ingegno. A voi, fra quante
stirpi il cielo avvivò, soli fra tutte,
figli di Prometeo, la vita increbbe;
a voi le morte ripe,
se il fato ignavo pende,
soli, o miseri, a voi Giove contende.

dem Trost und Hoffnung fehlen?
Erbarmungslosen Krieg, unwürd'ges Schicksal,
sagt dir der Tapfre an,
der niemals weichen lernte; unbezwungen
wehrt er die Rechte ab, mit der du ihn
obsiegend unterdrückst, und trotzt dir noch,
wenn er mit scharfem Schwerte
das eigne Leben endet
und höhnend sich ins Todesdunkel wendet.

Der kränkt die Götter, der sich mit Gewalt
den Weg zum Hades bahnt.
Sie fänden selbst, in ihrer trägen Dauer,
nicht solche Kraft. Hat sich zum Schauspiel wohl
der Himmel unser Unglück, unsre Qualen
und unser Leid ersehn, die Zeit zu kürzen?
Nicht zwischen Not und Trauer –
in Wäldern frei und ohne Schuld zu leben,
trug die Natur uns auf,
einst Königin und Göttin. Doch zerstört
ward jenes Reich des Glücks durch öde Regel
und andrer Sinn dem dürft'gen Sein gegeben;
setzt eine starke Seele
ein Ende ihren Tagen,
kehrt die Natur dann wieder, um zu klagen?

Der Schuld nicht kundig, noch des eignen Loses,
wird glücklich das Getier
vom Alter zu der ungesehnen Schwelle
geleitet. Aber wenn ein Schmerz ihm riete,
daß es an rauhem Stamm die Stirn zerschelle,
daß es aus Felsenhöhe seine Glieder
im Sturz dem Winde biete –
kein dunkler Sinn und kein geheimer Spruch[5]
verwehrten seinem Wunsche
die traurige Erfüllung. Euch allein,
Prometheus' Söhnen, wurde dieses Leben,
von allen Wesen euch allein, zum Fluch;
nur euch unsel'gen Menschen
verwehrt der höchste Gott,
harrt ihr des säumigen Geschicks, den Tod.

E tu dal mar cui nostro sangue irriga,
candida luna, sorgi,
e l'inquieta notte e la funesta
all'ausonio valor campagna esplori.
Cognati petti il vincitor calpesta,
fremono i poggi, dalle somme vette
Roma antica ruina;
tu sì placida sei? Tu la nascente
lavinia prole, e gli anni
lieti vedesti, e i memorandi allori;
e tu su l'alpe l'immutato raggio
tacita verserai quando ne' danni
del servo italo nome,
sotto barbaro piede
rintronerà quella solinga sede.

Ecco tra nudi sassi o in verde ramo
e la fera e l'augello,
del consueto obblio gravido il petto,
l'alta ruina ignora e le mutate
sorti del mondo: e come prima il tetto
rosseggerà del villanello industre,
al mattutino canto
quel desterà le valli, e per le balze
quella l'inferma plebe
agiterà delle minori belve.
Oh casi! oh gener vano! abbietta parte
siam delle cose; e non le tinte glebe,
non gli ululati spechi
turbò nostra sciagura,
né scólorò le stelle umana cura.

Non io d'Olimpo o di Cocito i sordi
regi, o la terra indegna,
e non la notte moribondo appello;
non te, dell'atra morte ultimo raggio,
conscia futura età. Sdegnoso avello
placàr singulti, ornàr parole e doni
di vil caterva? In peggio
precipitano i tempi; e mal s'affida

Und du steigst aus dem Meere, reiner Mond,
das unser Blut empfing;
die unruhvolle Nacht erkundest du
und das Gefild, wo unsre Kraft verging.
Des Siegers Tritt zermalmt verwandte Leiber,
die Hügel zittern, und das alte Rom,
es stürzt aus stolzen Höhen;
so friedlich bist du? Hast doch einst die Kinder
Lavinias[6] wachsen sehen,
die große Zeit, die unvergeßnen Taten;
und wirst mit gleichem stillem Strahle noch
die Alpen treffen, wenn die Felsenöde
vom Schritte der Barbaren
verderblich widerhallt
für die ital'schen Knechte der Gewalt.

Im leblosen Gestein, im grünen Baume
das Raubtier und der Vogel –
Vergessen füllt wie jede Nacht sie aus,
sie wissen nichts vom tiefen Sturz, vom Wandel
des Weltgeschicks; und kaum liegt auf dem Haus
des braven Bäuerleins die Morgenröte,
wird dieser zum Gesang
die Täler wecken, jenes aber schreckt
die unbewehrte Schar
der kleineren Geschöpfe jagend auf.
O Unheil! Nichtiges Geschlecht! Was sind wir
in dieser Welt: den Grund, den wir befleckt,
die Höhlen, wo wir stöhnten,
rührt unser Unglück nicht,
noch trübt der Menschen Pein der Sterne Licht.

Ich rufe sie nicht an, die tauben Herrscher
des Hades, des Olymp,
nicht scheidend diese Erde, noch die Nacht,
noch dich, du letzter Strahl im Todesdunkel,
zukünft'ger Ruhm. Ward je ein stolzes Grab
von Lob und Klage der gemeinen Menge
geehrt, versöhnt? Nur tiefer
sinkt immerfort die Welt; und schlecht bewacht

a putridi nepoti
l'onor d'egregie menti e la suprema
de' miseri vendetta. A me dintorno
le penne il bruno augello avido roti;
prema la fera, e il nembo
tratti l'ignota spoglia;
e l'aura il nome e la memoria accoglia.

Alla Primavera o delle Favole antiche

Perché i celesti danni
ristori il sole, e perché l'aure inferme
zefiro avvivi, onde fugata e sparta
delle nubi la grave ombra s'avvalla;
credano il petto inerme
gli augelli al vento, e la diurna luce
novo d'amor desio, nova speranza
ne' penetrati boschi e fra le sciolte
pruine induca alle commosse belve;
forse alle stanche e nel dolor sepolte
umane menti riede
la bella età, cui la sciagura e l'atra
face del ver consunse
innanzi tempo? Ottenebrati e spenti
di febo i raggi al misero non sono
in sempiterno? ed anco,
primavera odorata, inspiri e tenti
questo gelido cor, questo ch'amara
nel fior degli anni suoi vecchiezza impara?

Vivi tu, vivi, o santa
natura? vivi e il dissueto orecchio
della materna voce il suono accoglie?
Già di candide ninfe i rivi albergo,
placido albergo e specchio
furo i liquidi fonti. Arcane danze
d'immortal piede i ruinosi gioghi

wird von verderbten Enkeln
die Ehre hoher Ahnen und die letzte
Vergeltung der Besiegten. Gierig kreise
um mich der Rabe; das Getier zertrete,
der wilde Sturm zerreiße
die Spur von meinem Leben;
mein Name sei dem Wind anheimgegeben."

An den Frühling
oder von den alten Sagen

Da nun dem Sonnenscheine
die Unbill weicht am Himmel und die Feuchte
dem frischen Hauch, vor dem der Wolkenschatten
zerteilt, vertrieben in die Täler sinkt;
mag auch dem Winde wieder
der schwache Vogel traun, des Tages Leuchte
ein neu Begehren, neue Hoffnung wecken,
wo sie den Wald erhellt und wo der Reif
vor ihr zergeht, im aufgeregten Tiere;
kehrt denn dem müden, schmerzbeladnen Geist
der Menschen jetzt die Zeit
der holden Jugend wieder, die das Leid
und finstrer Wahrheit Gluten
zu früh verzehrten? Ist der Sonne Schein
dem Elenden denn nicht in Ewigkeit
verdunkelt und erloschen?
lockst du noch einmal, düftereicher Lenz,
dies kalte Herz, das in den schönsten Jahren
die Bitterkeit des Alters muß erfahren?

Lebst du denn noch, Natur,
du heilige? und das entwöhnte Ohr,
hört es den Klang der Mutterstimme wieder?
Die Bäche waren einst der Nymphen Stätte,
bald Stätte, Spiegel bald
die lautern Quellen. Mit verborgnen Tänzen
ließ einst der Gottheit Fuß die schlimmen Joche

scossero e l'ardue selve (oggi romito
nido de' venti): e il pastorel ch'all'ombre
meridiane incerte ed al fiorito
margo adducea de' fiumi
le sitibonde agnelle, arguto carme
sonar d'agresti Pani
udì lungo le ripe; e tremar l'onda
vide, e stupì, che non palese al guardo
la faretrata Diva
scendea ne' caldi flutti, e dall'immonda
polve tergea della sanguigna caccia
il niveo lato e le verginee braccia.

Vissero i fiori e l'erbe,
vissero i boschi un dì. Conscie le molli
aure, le nubi e la titania lampa
fur dell'umana gente, allor che ignuda
te per le piagge e i colli,
ciprigna luce, alla deserta notte
con gli occhi intenti il viator seguendo,
te compagna alla via, te de' mortali
pensosa immaginò. Che se gl'impuri
cittadini consorzi e le fatali
ire fuggendo e l'onte,
gl'ispidi tronchi al petto altri nell'ime
selve remoto accolse,
viva fiamma agitar l'esangui vene,
spirar le foglie, e palpitar segreta
nel doloroso amplesso
Dafne o la mesta Filli, o di Climene
pianger credé la sconsolata prole
quel che sommerse in Eridano il sole.

Né dell'umano affanno,
rigide balze, i luttuosi accenti
voi negletti ferìr mentre le vostre
paurose latebre Eco solinga,
non vano error de' venti,
ma di ninfa abitò misero spirto,
cui grave amor, cui duro fato escluse

erzittern und den unwegsamen Wald,
wo nur der Wind jetzt haust; der Hirtenknabe,
der seine durst'gen Lämmer
zum Mittagsschatten und zum Blumensaum
des Wassers trieb, vernahm die frechen Lieder
von ungebärd'gen Panen
entlang den Ufern; und er sah das Beben
der Welle und erschrak, denn unsichtbar
ließ sich die Pfeilbewehrte[7],
die Göttin, in die lauen Fluten nieder,
daß sie den Staub nach blut'gem Jagdgewühle
vom weißen Leib, vom keuschen Arme spüle.

Sie lebten einst, die Blumen,
die Gräser und die Bäume. Und die Wolken,
die sanften Lüfte und das Licht der Sonne,
sie wußten von den Menschen; und dem Wandrer,
der dich in stillen Nächten
auf Flur und Hügel unverhüllt gebreitet
mit wachem Auge sah, du Mondenschein,
warst du Geselle, der die Fahrt begleitet
und Sterblicher gedenkt. Und wer die schlechten,
arglist'gen Bünde mied in unsern Städten,
wer Streit und Kränkung floh
und tief im fernen Wald die rauhen Stämme
an seinen Busen drückte,
dem schien, in ausgedörrten Adern lebe
ein Feuer auf, es atmeten die Blätter,
in seinen Armen bebe
noch Daphne oder Phyllis[8], und er höre
Phaëthons[9] Schwestern um den Bruder klagen,
der einst zum Sturz gelenkt den Sonnenwagen.

Und euch, ihr schroffen Klüfte,
erreichte nicht umsonst der Trauerklang
von Menschenleid, da eure grausen Höhlen
das Echo[10] einsam trauernd noch bewohnte,
nicht eitles Spiel der Winde,
nein, jener Nymphe armer, irrer Geist,
den Liebesnot und feindliches Verhängnis

delle tenere membra. Ella per grotte,
per nudi scogli e desolati alberghi,
le non ignote ambasce e l'alte e rotte
nostre querele al curvo
etra insegnava. E te d'umani eventi
disse la fama esperto,
musico augel che tra chiomato bosco
or vieni il rinascente anno cantando,
e lamentar nell'alto
ozio de'campi, all'aer muto e fosco,
antichi danni e scellerato scorno,
e d'ira e di pietà pallido il giorno.

Ma non cognato al nostro
il gener tuo; quelle tue varie note
dolor non forma, e te di colpa ignudo,
men caro assai la bruna valle asconde.
Ahi ahi, poscia che vote
son le stanze d'Olimpo, e cieco il tuono
per l'atre nubi e le montagne errando,
gl'iniqui petti e gl'innocenti a paro
in freddo orror dissolve; e poi ch'estrano
il suol nativo, e di sua prole ignaro
le meste anime educa;
tu le cure infelici e i fati indegni
tu de' mortali ascolta,
vaga natura, e la favilla antica
rendi allo spirto mio; se tu pur vivi,
e se de' nostri affanni
cosa veruna in ciel, se nell'aprica
terra s'alberga o nell'equoreo seno,
pietosa no, ma spettatrice almeno.

vom zarten Körper trennten. Ihr Gesang
verkündete in Grotten, öden Stätten,
von nacktem Fels den Kummer, den sie kannte,
mit unsrer eignen Klage
dem himmlischen Gewölbe. Dich auch nannte
die früh gehörte Sage
der Menschendinge kundig, Nachtigall,
die im Gezweig die Wiederkehr des Jahres
besingt: im tiefen Schweigen
des Landes klagtest du dem dunklen All
von bösem Tun und frevelndem Vollstrecken,
von einem Tag voll Zorn und voller Schrecken.

Und doch ist dein Geschlecht
nicht unserem verwandt; nicht Schmerz erfindet
dein tönereiches Lied, und deine Unschuld
birgt minder rührend sich im dunklen Tal.
Es liegen, ach, verlassen
die Säle des Olymp; und ach, erblindet
in finstern Wolken, im Gebirge irrend
trifft Böse und Gerechte jetzt der Donner
mit gleichem kaltem Schrecken; fremd, vergessend
der eignen Kinder, nährt die Heimatflur
die trauervollen Seelen;
doch du vernimm, du liebliche Natur,
der Menschen kläglich Mühn
und schmählich Schicksal, und den alten Funken,
trag ihn mir wieder zu; wenn du nur lebst,
und wenn nur irgend noch
im Himmel, auf der Erde, tief versunken
im Meer ein Wesen wohnt, das unser Leiden
erbarmend nicht, doch schauend mag begleiten.

Ultimo Canto di Saffo

Placida notte, e verecondo raggio
della cadente luna; e tu che spunti
fra la tacita selva in su la rupe,
nunzio del giorno; oh dilettose e care
mentre ignote mi fur l'erinni e il fato,
sembianze agli occhi miei; già non arride
spettacol molle ai disperati affetti.
Noi l'insueto allor gaudio ravviva
quando per l'etra liquido si volve
e per li campi trepidanti il flutto
polveroso de' Noti, e quando il carro,
grave carro di Giove a noi sul capo,
tonando, il tenebroso aere divide.
Noi per le balze e le profonde valli
natar giova tra' nembi, e noi la vasta
fuga de' greggi sbigottiti, o d'alto
fiume alla dubbia sponda
il suono e la vittrice ira dell'onda.

Bello il tuo manto, o divo cielo, e bella
sei tu, rorida terra. Ahi di cotesta
infinita beltà parte nessuna
alla misera Saffo i numi e l'empia
sorte non fenno. A' tuoi superbi regni
vile, o natura, e grave ospite addetta,
e dispregiata amante, alle vezzose
tue forme il core e le pupille invano
supplichevole intendo. A me non ride
l'aprico margo, e dall'eterea porta
il mattutino albor; me non il canto
de' colorati augelli, e non de' faggi
il murmure saluta: e dove all'ombra
degl'inchinati salici dispiega
candido rivo il puro seno, al mio
lubrico piè le flessuose linfe
disdegnando sottragge,
e preme in fuga l'odorate spiagge.

Letzter Gesang der Sappho

Du ruhevolle Nacht, du reiner Strahl
des Mondes, der versinkt; und Bote du
des neuen Tages in den stillen Wipfeln
der Höhe dort; geliebte, traute Bilder,
da ich vom Schicksal, von den Leidenschaften
nichts wußte; doch kein sanftes Schauspiel lächelt
seitdem noch dem verzweifelten Gemüt.
Mich labt die damals unerprobte Freude,
den Wirbelwind am wolkenschweren Himmel
aufstäubend nahn zu sehn und durch die Felder,
die zitternd stehen, und des Zeus Gefährt,
den schweren Wagen, über mir zu hören,
wie er die finstern Lüfte donnernd teilt.
In feuchtem Sturm durch Klüfte, Schluchten schweifen,
ergötzt mich und der aufgeschreckten Herden
haltlose Flucht und, wenn die Fluten steigen
zur trügerischen Schwelle,
der Siegesruf der zornbewegten Welle.

Schön ist dein Mantel, hoher Himmel, schön
bist du, betaute Erde. Ach, von dieser
allgegenwärt'gen Schönheit hat ja Sappho
kein Teil erhalten, von den Göttern nicht
und nicht vom blinden Los. Als unwillkommner
und trüber Gast in deinem stolzen Reiche,
als liebend Ungeliebte, o Natur,
richt ich auf deiner Formen Pracht vergeblich
mein bittend Herz, mein Auge. Mir lacht nicht
das sonnige Gestade und vom Aufgang
der morgendliche Schein; es grüßt mich nicht
das Lied der bunten Vögel, noch das Rauschen
des Buchenhains: und wo der lautre Bach
den reinen Busen unter Trauerweiden
dem Schatten zeigt, da heißt er seine Wellen,
die schmeichelnden, von meinem zagen Fuß
verachtungsvoll sich wenden,
und fliehend drängt er nach geahnten Stränden.

Qual fallo mai, qual sì nefando eccesso
macchiommi anzi il natale, onde sì torvo
il ciel mi fosse e di fortuna il volto?
In che peccai bambina, allor che ignara
di misfatto è la vita, onde poi scemo
di giovanezza, e disfiorato, al fuso
dell'indomita Parca si volvesse
il ferrigno mio stame? Incaute voci
spande il tuo labbro: i destinati eventi
move arcano consiglio. Arcano è tutto,
fuor che il nostro dolor. Negletta prole
nascemmo al pianto, e la ragione in grembo
de' celesti si posa. Oh cure, oh speme
de' più verd'anni! Alle sembianze il Padre,
alle amene sembianze eterno regno
diè nelle genti; e per virili imprese,
per dotta lira o canto,
virtù non luce in disadorno ammanto.

Morremo. Il velo indegno a terra sparto
rifuggirà l'ignudo animo a Dite,
e il crudo fallo emenderà del cieco
dispensator de' casi. E tu cui lungo
amore indarno, e lunga fede, e vano
d'implacato desio furor mi strinse,
vivi felice, se felice in terra
visse nato mortal. Me non asperse
del soave licor del doglio avaro
Giove, poi che perìr gl'inganni e il sogno
della mia fanciullezza. Ogni più lieto
giorno di nostra età primo s'invola.
Sottentra il morbo, e la vecchiezza, e l'ombra
della gelida morte. Ecco di tante
sperate palme e dilettosi errori,
il Tartaro m'avanza; e il prode ingegno
han la tenaria Diva,
e l'atra notte, e la silente riva.

Welches Vergehen, welcher arge Frevel
befleckte schon die Ungeborne, stimmte
Geschick und Himmel gegen mich so düster?
Was sündigte das Kind, unkundig noch
der Missetat, daß sich mein grauer Faden
vorbei der Blüte und der Jugend fremd
der unbeugsamen Parze um die Spindel
gewunden hat? Vermessene Gedanken
gehn dir vom Mund: das vorbestimmte Leben
verfügt geheimer Rat. Geheim ist alles,
nur unser Schmerz nicht. Ungeliebte Nachfahrn,
sind wir zum Leid geboren, und der Sinn
liegt in der Götter Schoß. O Sorgen, Hoffen
der besten Jahre! Zeus verlieh der Schönheit,
dem schönen Schein, zu herrschen ohne Ende
bei allen Völkern; und zum Tun der Männer,
zu Saitenspiel und Tanz
gesellt sich Tugend auch in vollem Glanz.

Wir werden sterben. Die unwürd'ge Hülle
hinwerfend, flieht der bloße Geist zum Hades[11]
und heilt den rohen Übergriff des blinden
Austeilers der Geschicke. Du[12] jedoch,
zu dem mich Liebe und Vertrauen lange
umsonst und ungestilltes Sehnen drängten,
du lebe glücklich, wenn's auf Erden je
ein Sterblicher vermochte. Mich traf nie
der süße Tau[13] aus dem Gefäß des Zeus,
dem kargen, seit der Kindheit Trug und Traum
mir untergingen. Immer weicht als erster
der schönre Tag aus unsrer Lebenszeit.
Ihm folgen Siechtum, Alter und der Schatten
des kalten Todes. So bleibt mir von allen
erhofften Palmen, reizenden Gespinsten
die Unterwelt; und die beherzte Seele
wird Charon übermacht,
dem stummen Ufer und der dunklen Nacht.

Il Passero solitario

D'in su la vetta della torre antica,
passero solitario, alla campagna
cantando vai finché non more il giorno;
ed erra l'armonia per questa valle.
Primavera dintorno
brilla nell'aria, e per li campi esulta,
sì ch'a mirarla intenerisce il core.
Odi greggi belar, muggire armenti;
gli altri augelli contenti, a gara insieme
per lo libero ciel fan mille giri,
pur festeggiando il lor tempo migliore:
tu pensoso in disparte il tutto miri;
non compagni, non voli,
non ti cal d'allegria, schivi gli spassi;
canti, e così trapassi
dell'anno e di tua vita il più bel fiore.

Oimè, quanto somiglia
al tuo costume il mio! Sollazzo e riso,
della novella età dolce famiglia,
e te german di giovinezza, amore,
sospiro acerbo de' provetti giorni,
non curo, io non so come; anzi da loro
quasi fuggo lontano;
quasi romito, e strano
al mio loco natio,
passo del viver mio la primavera.
Questo giorno ch'omai cede alla sera,
festeggiar si costuma al nostro borgo.
Odi per lo sereno un suon di squilla,
odi spesso un tonar di ferree canne,
che rimbomba lontan di villa in villa.

Tutta vestita a festa
la gioventù del loco
lascia le case, e per le vie si spande;
e mira ed è mirata, e in cor s'allegra.
Io solitario in questa

Der einsame Vogel

Dort oben auf dem Dach des alten Turmes
singst du ins Land hinaus, einsamer Vogel,
und singst so weiter, bis der Tag vergeht;
der Wohlklang sucht sich seinen Weg durchs Tal.
Und Frühling leuchtet auf
rings in der Luft und jubelt durch die Felder;
dem Schauenden bewegt er sanft das Herz.
Du hörst von Herden das Geblök, das Brüllen;
die andern Vögel all, in frohem Streit
den reinen Himmel tausendfach durchkreisend,
bereiten sich das Fest der schönsten Zeit:
du aber schaust dem allem sinnend zu,
dem Schwarm, dem Reigen fern;
die Freude läßt dich kalt, du fliehst den Scherz;
du singst – so achtest du
des Jahres und des Lebens schönsten Stern.

Weh mir, wie ähnlich ist
mein Leben deinem Tun! Vergnügen, Lachen,
der frühen Jahre liebliche Gefährten,
und dich, der Jugend Schwester und des Alters
sehnsüchtig-bittere Begleitung, Liebe,
ich kann euch nicht begehren; etwas treibt
mich in die Flucht vor euch;
einsam, dem Fremdling gleich
in meiner Vaterstadt
verbring ich meines Lebens Frühlingstage.
Und dieser Tag, der jetzt dem Abend weicht,
er wird zum Fest, wie's Brauch ist hier im Ort.
Ich höre Glockenklang in heitern Lüften,
ich höre von Gewehren fern den Schall,
mit dem ein Weiler sich beim andern meldet.

Und festlich angetan
verläßt das junge Volk
die Häuser und ergeht sich in den Gassen,
zu sehn, gesehn zu werden, sich zu freun.
Ich aber, hier allein

rimota parte alla campagna uscendo,
ogni diletto e gioco
indugio in altro tempo: e intanto il guardo
steso nell'aria aprica
mi fere il Sol che tra lontani monti,
dopo il giorno sereno,
cadendo si dilegua, e par che dica
che la beata gioventù vien meno.

Tu, solingo augellin, venuto a sera
del viver che daranno a te le stelle,
certo del tuo costume
non ti dorrai; che di natura è frutto
ogni vostra vaghezza.
A me, se di vecchiezza
la detestata soglia
evitar non impetro,
quando muti questi occhi all'altrui core,
e lor fia vòto il mondo, e il dì futuro
del dì presente più noioso e tetro,
che parrà di tal voglia?
che di quest'anni miei? che di me stesso?
Ahi pentirommi, e spesso,
ma sconsolato, volgerommi indietro.

L'Infinito

Sempre caro mi fu quest'ermo colle,
e questa siepe, che da tanta parte
dell'ultimo orizzonte il guardo esclude.
Ma sedendo e mirando, interminati
spazi di là da quella, e sovrumani
silenzi, e profondissima quiete
io nel pensier mi fingo; ove per poco
il cor non si spaura. E come il vento
odo stormir tra queste piante, io quello
infinito silenzio a questa voce
vo comparando: e mi sovvien l'eterno,

auf abgelegnem Weg ins Land hinaus,
verweise Lust und Spiel
auf andre Zeiten: und es trifft zur Stunde
den lichtgebannten Blick
die Sonne, die sich zwischen fernen Höhen
nach wolkenlosem Tag
hinsinken läßt, wie mit der Schmerzenskunde,
daß die glückseligen Jahre mir vergehen.

Einsames Vögelchen, dich wird am Abend
des Lebens, das die Sterne dir verleihn,
dein Los gewiß nicht schmerzen;
denn alles Tun, wonach der Sinn mag stehn,
gibt die Natur euch ein.
Ich aber, kann mein Flehn
mir die verwünschte Schwelle
des Alters nicht ersparen,
sind diese Augen stumm für andre Herzen,
ist für sie selbst die Erde leer, das Morgen
noch finsterer und öder als das Heute,
was bin ich dann mir selbst?
wie dünken mich die Jahre solchen Lebens?
Weh mir, wenn ich bereue!
Dann wend ich oft mich um, doch ach, vergebens.

Das Unendliche

Lieb war mir stets hier der verlaßne Hügel
und diese Hecke, die vom fernsten Umkreis
so viel vor meinem Blick verborgen hält.
Doch hinter ihr – wenn ich so sitze, schaue,
endlose Weiten formt sich dort mein Denken,
ein Schweigen, wie es Menschen nicht vermögen,
und tiefste Ruhe; da beschleicht die Seele
ein leises Graun. Und wenn des Windes Rauschen
durch diese Bäume geht, halt ich die Stimme
dem Schweigen, dem unendlichen, entgegen,
ihm zum Vergleich: des Ewigen gedenk ich,

e le morte stagioni, e la presente
e viva, e il suon di lei. Così tra questa
immensità s'annega il pensier mio:
e il naufragar m'è dolce in questo mare.

La Sera del Dì di Festa

Dolce e chiara è la notte e senza vento,
e queta sovra i tetti e in mezzo agli orti
posa la luna, e di lontan rivela
serena ogni montagna. O donna mia,
già tace ogni sentiero, e pei balconi
rara traluce la notturna lampa:
tu dormi, che t'accolse agevol sonno
nelle tue chete stanze; e non ti morde
cura nessuna; e già non sai né pensi
quanta piaga m'apristi in mezzo al petto.
Tu dormi: io questo ciel, che sì benigno
appare in vista, a salutar m'affacio,
e l'antica natura onnipossente,
che mi fece all'affanno. A te la speme
nego, me disse, anche la speme; e d'altro
non brillin gli occhi tuoi se non di pianto.
Questo dì fu solenne: or da' trastulli
prendi riposo; e forse ti rimembra
in sogno a quanti oggi piacesti, e quanti
piacquero a te: non io, non già, ch'io speri,
al pensier ti ricorro. Intanto io chieggo
quanto a viver mi resti, e qui per terra
mi getto, e grido, e fremo. Oh giorni orrendi
in così verde etate! Ahi, per la via
odo non lunge il solitario canto
dell'artigian, che riede a tarda notte,
dopo i sollazzi, al sùo povero ostello;
e fieramente mi si stringe il core,
a pensar come tutto al mondo passa,
e quasi orma non lascia. Ecco è fuggito
il dì festivo, ed al festivo il giorno

der toten Zeiten und der einen,
die heute lebt und tönt. Und so versinken
im Unermeßlichen mir die Gedanken,
und Schiffbruch ist mir süß in diesem Meere.

Der Abend nach dem Fest

Die Nacht ist mild und klar, es weht kein Wind,
und auf den Dächern und im Grün der Gärten
ruht still der Mond, und in der Ferne zeigen
sich unverhüllt die Berge.[14] Oh, Geliebte!
Die Wege sind verstummt, auf die Balkone
fließt spärlich nur das späte Lampenlicht:
du schlummerst; schnell fing dich der Schlaf
in deinen stillen Räumen auf; kein Kummer
verfolgt dich; und schon weißt du, denkst nicht mehr,
welch tiefe Wunde ich von dir empfing.
Du schläfst: doch ich will diesen Himmel grüßen,
der sich ein so gewognes Ansehn gibt,
und die allmächtige Natur, die alte,
die mich zum Unglück schuf. „Dir sei die Hoffnung",
sprach sie zu mir, „die Hoffnung selbst verweigert,
und nur von Tränen soll dein Auge glänzen."
Der Tag war festlich: von dem frohen Treiben
ruhst du jetzt aus; ein Traum mag dich erinnern,
wie vielen du gefielst, wie viele dir
gefielen an dem Tag: ich kann nicht hoffen,
dir noch im Sinn zu sein. So aber frag ich,
was mir denn bleibt zum Leben, und ich werfe
mich schreiend, bebend hin. O Schreckenstage
in voller Jugendzeit! Ach, auf dem Wege
hör ich, nicht weit, den einsamen Gesang
des Handwerkers, der heimkehrt spät zur Nacht
von seiner Lustbarkeit zum dürft'gen Hause;
und heftig zieht sich mir das Herz zusammen,
bedenke ich, wie alles hier vergeht
fast ohne Spur. So floh der Feiertag,
und der gemeine Werktag folgt dem Fest,

volgar succede, e se ne porta il tempo
ogni umano accidente. Or dov'è il suono
di que' popoli antichi? or dov'è il grido
de' nostri avi famosi, e il grande impero
di quella Roma, e l'armi, e il fragorio
che n'andò per la terra e l'oceano?
Tutto è pace e silenzio, e tutto posa
il mondo, e più di lor non si ragiona.
Nella mia prima età, quando s'aspetta
bramosamente il dì festivo, or poscia
ch'egli era spento, io doloroso, in veglia,
premea le piume; ed alla tarda notte
un canto che s'udia per li sentieri
lontanando morire a poco a poco,
già similmente mi stringeva il core.

Alla Luna

O graziosa luna, io mi rammento
che, or volge l'anno, sovra questo colle
io venia pien d'angoscia a rimirarti:
e tu pendevi allor su quella selva
siccome or fai, che tutta la rischiari.
Ma nebuloso e tremulo dal pianto
che mi sorgea sul ciglio, alle mie luci
il tuo volto apparia, che travagliosa
era mia vita; ed è, né cangia stile,
o mia diletta luna. E pur mi giova
la ricordanza, e il noverar l'etate
del mio dolore. Oh come grato occorre
(nel tempo giovanil, quando ancor lungo
la speme e breve ha la memoria il corso,)
il rimembrar delle passate cose,
ancor che triste, e che l'affanno duri!

die Zeit nimmt jedes menschliche Ereignis
mit sich hinweg. Wo blieb der Widerhall
von jenen alten Völkern? wo die Kunde
von unsern großen Ahnen, wo das Reich
der Römer, und die Waffen, der Tumult,
den sie entsandten über Land und Meer?
Alles ist Friede, Schweigen; voller Ruhe
ist alles; niemand redet mehr von ihnen.
In früher Jugend, da der Festtag noch
sehnlich erwartet wird – wenn er mir da
entschwunden war, so wachte ich in Schmerzen
auf meinem Lager; und zur späten Stunde
griff mir ein Lied, das fern dem Hörenden
allmählich hinstarb draußen auf den Wegen,
schon damals mit verwandter Kraft ans Herz.

An den Mond

Du holder Mond, ich denke an die Stunde,
da ich – ein Jahr ist's her – auf diesen Hügel
in Nöten kam, dich wieder anzuschauen:
du schwebtest über jenem Walde, damals
wie heute auch, da du ihn ganz erhellst.
Doch nebelhaft und zitternd durch die Tränen,
die mir zur Wimper stiegen, trat dein Antlitz
mir vor den Blick, denn qualvoll war mein Leben
und ist es noch und wird so immer bleiben,
du mein geliebter Mond. Und dennoch drängt's mich,
des Frühern zu gedenken, wachzurufen
die eigne Leidenszeit. Oh, wie willkommen
(in Jugendjahren, wenn das Hoffen ferne
und das Erinnern nahe Ziele findet,)
ist uns die Wiederkehr vergangner Dinge,
auch trauriger, auch wo der Schmerz noch lebt!

Il Risorgimento

Credei ch'al tutto fossero
in me, sul fior degli anni,
mancati i dolci affanni
della mia prima età:

i dolci affanni, i teneri
moti del cor profondo,
qualunque cosa al mondo
grato il sentir ci fa.

Quante querele e lacrime
sparsi nel novo stato,
quando al mio cor gelato
prima il dolor mancò!

Mancàr gli usati palpiti,
l'amor mi venne meno,
e irrigidito il seno
di sospirar cessò!

Piansi spogliata, esanime
fatta per me la vita;
la terra inaridita,
chiusa in eterno gel;

deserto il dì; la tacita
notte più sola e bruna;
spenta per me la luna,
spente le stelle in ciel.

Pur di quel pianto origine
era l'antico affetto:
nell'intimo del petto
ancor viveva il cor.

Chiedea l'usate immagini
la stanca fantasia;
e la tristezza mia
era dolore ancor.

Wiedererwachen

Ich glaubte, nie mehr würde ich
in meinen reifsten Jahren
die süße Not erfahren
der ersten Jugendzeit:

die süße Not, das zärtliche,
das tief verborgne Streben –
was nur in diesem Leben
dem Fühlen Wert verleiht.

Wie klagte ich und haderte
mit meiner kalten Seele,
wie denn so ganz ihr fehle
zum erstenmal der Schmerz!

Die wohlvertrauten fehlten mir,
die bang verseufzten Stunden,
die Liebe war geschwunden,
zu Eis erstarrt das Herz!

Ich weinte, daß mein Dasein mir
so arm und leblos werde;
mir schien die wüste Erde
mit ewigem Frost bedeckt;

der Tag verwaist; noch finsterer
der nächtlich-stille Schatten;
der Mond, die Sterne hatten
am Himmel sich versteckt.

Doch meine Klagen redeten
wie einst von Leid und Liebe,
und aus geheimem Triebe
schlug immerzu das Herz.

Die müden Träume ließen noch
die alten Bilder dauern;
mein Weinen und mein Trauern
war doch lebend'ger Schmerz.

Fra poco in me quell'ultimo
dolore anco fu spento,
e di più far lamento
valor non mi restò.

Giacqui: insensato, attonito,
non dimandai conforto:
quasi perduto e morto,
il cor s'abbandonò.

Qual fui! quanto dissimile
da quel che tanto ardore,
che sì beato errore
nutrii nell'alma un dì!

La rondinella vigile,
alle finestre intorno
cantando al novo giorno,
il cor non mi ferì:

non all'autunno pallido
in solitaria villa,
la vespertina squilla,
il fuggitivo Sol.

Invan brillare il vespero
vidi per muto calle,
invan sonò la valle
del flebile usignol.

E voi, pupille tenere,
sguardi furtivi, erranti,
voi de' gentili amanti
primo, immortale amor,

ed alla mano offertami
candida ignuda mano,
foste voi pure invano
al duro mio sopor.

Bald war auch diese Leidenslast,
die letzte, ausgetragen,
und länger noch zu klagen,
versagte mir die Kraft.

Ich lag erstarrt, besinnungslos
und mocht auf Trost nicht hoffen,
und wie vom Tod getroffen,
war mir das Herz erschlafft.

Wer war ich noch! welch anderer
als der so heißes Sehnen
und so glücksel'ges Wähnen
in seiner Seele trug!

Die Schwalbe mocht ihr Morgenlied
mir unterm Fenster singen,
es konnte nicht mehr klingen,
daß es ans Herz mir schlug;

im bleichen Herbste rührte mich,
allein in stummer Weite,
kein abendlich Geläute,
kein Sonnenuntergang.

Das letzte Licht verleuchtete
umsonst mit stillem Strahle,
umsonst erklang im Tale
der Nachtigall Gesang.

Euch Augen auch, ihr zärtlichen,
euch Blicken, rasch, verstohlen,
durch die den Liebevollen
zuerst die Liebe traf,

und jener Hand, mir dargereicht,
der bloßen Hand, der weißen,
gelang's nicht, mich zu reißen
aus meinem tiefen Schlaf.

D'ogni dolcezza vedovo,
tristo; ma non turbato,
ma placido il mio stato,
il volto era seren.

Desiderato il termine
avrei del viver mio;
ma spento era il desio
nello spossato sen.

Qual dell'età decrepita
l'avanzo ignudo e vile,
io conducea l'aprile
degli anni miei così:

così quegl'ineffabili
giorni, o mio cor, traevi,
che sì fugaci e brevi
il cielo a noi sortì.

Chi dalla grave, immemore
quiete or mi ridesta?
che virtù nova è questa,
questa che sento in me?

Moti soavi, immagini,
palpiti, error beato,
per sempre a voi negato
questo mio cor non è?

Siete pur voi quell'unica
luce de' giorni miei?
gli affetti ch'io perdei
nella novella età?

Se al ciel, s'ai verdi margini,
ovunque il guardo mira,
tutto un dolor mi spira,
tutto un piacer mi dà.

Verloren jede Innigkeit,
kein Zürnen, nur noch Trauern;
die Seele frei von Schauern,
voll Gleichmut mein Gesicht.

Wohl hätte ich herbeigewünscht
ein Ende meinem Leben;
doch lebt' auch solches Streben
in meinem Herzen nicht.

So brachte ich den Frühling zu,
wie einer das Verglühen,
das Welken und Verblühen
des Alters sonst erfährt;

so brachte ich die Tage hin,
o Herz, die unsagbaren,
die in so kurzen Jahren
der Himmel uns gewährt.

Wer weckt mich nun mit einemmal
aus des Vergessens Stille?
und welcher neue Wille
verrät sich jetzt in mir?

Verborgnes Streben, Wahngebild
und Seufzen und Erbleichen,
so müßt ihr denn nicht weichen
vor meines Herzens Tür?

So seid ihr doch das eine noch,
das Licht in meinen Tagen,
das Glück, das mich getragen
in meiner Kinderzeit?

Wohin mein Blick sich wenden mag,
zur Höhe, in die Weite:
ihn trifft, woran ich leide,
er faßt, was mich erfreut.

Meco ritorna a vivere
la piaggia, il bosco, il monte;
parla al mio core il fonte,
meco favella il mar.

Chi mi ridona il piangere
dopo contanto obblio?
e come al guardo mio
cangiato il mondo appar?

Forse la speme, o povero
mio cor, ti volse un riso?
Ahi della speme il viso
io non vedrò mai più.

Proprii mi diede i palpiti,
natura, e i dolci inganni.
Sopiro in me gli affanni
l'ingenita virtù;

non l'annullàr: non vinsela
il fato e la sventura;
non con la vista impura
l'infausta verità.

Dalle mie vaghe immagini
so ben ch'ella discorda:
so che natura è sorda,
che miserar non sa.

Che non del ben sollecita
fu, ma dell'esser solo:
purché ci serbi al duolo,
or d'altro a lei non cal.

So che pietà fra gli uomini
il misero non trova;
che lui, fuggendo, a prova
schernisce ogni mortal.

Zu neuem Leben kehrt mit mir
Gebirge, Wald und Welle;
mein Herz vernimmt die Quelle,
und mit mir spricht das Meer.

Wie wein ich wieder, da ich doch
so lang in Schlaf versunken?
wie ist mein Auge trunken
und kennt die Welt nicht mehr?

So gönnte denn die Hoffnung dir,
mein Herz, noch einen Schimmer?
Ach, aus dem Blick für immer
ward mir ihr Bild gerafft.

Natur gab mir das Sehnen mit,
die täuschend süßen Freuden.
Dann lähmte mir das Leiden
die angeborne Kraft;

doch lebte sie; es konnte sie
das Schicksal nicht zerstören,
die Wahrheit nicht versehren
mit ihrem Schreckgesicht.

Mit meinen holden Bildern zwar
will sie sich nicht vertragen:
Natur hört keine Klagen
und kennt das Mitleid nicht.

Denn nicht das Wohlsein kümmert sie,
dem Sein nur gilt ihr Walten:
dem Leiden uns erhalten
ist alles, was sie kann.

So findet auch der Elende
bei Menschen kein Erbarmen;
ein jeder flieht den Armen
und höhnt ihn, wo er kann.

Che ignora il tristo secolo
gl'ingegni e le virtudi;
che manca ai degni studi
l'ignuda gloria ancor.

E voi, pupille tremule,
voi, raggio sovrumano,
so che splendete invano,
che in voi non brilla amor.

Nessuno ignoto ed intimo
affetto in voi non brilla:
non chiude una favilla
quel bianco petto in se.

Anzi d'altrui le tenere
cure suol porre in gioco;
e d'un celeste foco
disprezzo è la mercé.

Pur sento in me rivivere
gl'inganni aperti e noti;
e de' suoi proprii moti
si maraviglia il sen.

Da te, mio cor, quest'ultimo
spirto, e l'ardor natio,
ogni conforto mio
solo da te mi vien.

Mancano, il sento, all'anima
alta, gentile e pura,
la sorte, la natura,
il mondo e la beltà.

Ma se tu vivi, o misero,
se non concedi al fato,
non chiamerò spietato
chi lo spirar mi dà.

Von Geist und Größe will ja auch
die stumpfe Zeit nichts hören;
die Studien zu ehren,
wird keiner noch bekränzt.

Und du, erzitternd Augenpaar,
du himmlisch helle Leuchte,
ich weiß, daß nicht die Feuchte
der Liebe in dir glänzt.

Kein inniges und heimliches
Gefühl kannst du bezeugen,
und keine Funken steigen
in jener weißen Brust.

Sie spielt nur mit dem Anderen,
der sorgend zart empfindet;
und nur Verachtung findet
die reinste, höchste Lust.

Und dennoch regt von neuem sich
mein wohlerkanntes Wähnen;
es rührt mein altes Sehnen
sich wunderbar in mir.

Aus dir, mein Herz, hat dieser noch,
der letzte Hauch sein Leben,
aus dir mein heißes Streben
und aller Trost aus dir.

Es trogen mir die Seele zwar –
die edle, reine, große –
Natur, des Schicksals Lose,
die Schönheit und die Welt.

Doch wenn du schlägst, mein armes Herz,
und treu bleibst ohne Wanken,
will ich dem Himmel danken,
der mich am Leben hält.

A Silvia

Silvia, rimembri ancora
quel tempo della tua vita mortale,
quando beltà splendea
negli occhi tuoi ridenti e fuggitivi,
e tu, lieta e pensosa, il limitare
di gioventù salivi?

Sonavan le quiete
stanze, e le vie dintorno,
al tuo perpetuo canto,
allor che all'opre femminili intenta
sedevi, assai contenta
di quel vago avvenir che in mente avevi.
Era il maggio odoroso: e tu solevi
così menare il giorno.

Io gli studi leggiadri
talor lasciando e le sudate carte,
ove il tempo mio primo
e di me si spendea la miglior parte,
d'in su i veroni del paterno ostello
porgea gli orecchi al suon della tua voce,
ed alla man veloce
che percorrea la faticosa tela.
Mirava il ciel sereno,
le vie dorate e gli orti,
e quinci il mar da lungi, e quindi il monte.
Lingua mortal non dice
quel ch'io sentiva in seno.

Che pensieri soavi,
che speranze, che cori, o Silvia mia!
Quale allor ci apparia
la vita umana e il fato!
Quando sovviemmi di cotanta speme,
un affetto mi preme
acerbo e sconsolato,
e tornami a doler di mia sventura.

An Silvia

Gedenkst du, Silvia[15],
der Zeit noch deines Lebens auf der Erde,
als Schönheit sich verriet
in deiner Augen lachend-flücht'ger Helle
und du emporstiegst, heiter, ahnungsvoll,
zu deiner Jugend Schwelle?

Da klang im stillen Haus
und draußen in der Runde
dein nimmermüdes Singen,
derweil du Frauenarbeit treu besorgtest
und wohl zufrieden warst
mit deiner Zukunft, die dir hold erschien.
Es duftete der Mai: und so vergingen
die Tage, Stund um Stunde.

Ich aber ließ zuweilen
die trauten Bücher und die schweren Schriften,
drin meine frühe Zeit
verging und von mir selbst der beste Teil;
auf dem Balkon des Vaterhauses hört ich
die Stimme dann zu mir herüberklingen
und deine schnelle Hand
durch widerstrebendes Gewebe eilen.
Den klaren Himmel sah ich,
die Gärten und die Gassen
im goldnen Licht, das ferne Meer, die Berge.
Und was ich da empfand,
kann Sprache nicht erfassen.

Welch selige Gedanken,
welch Hoffen, welch ein Fühlen, Silvia!
wie zeigte damals sich
das Leben uns, das Schicksal!
Denk ich zurück an solche Zuversicht,
ergreift aufs neue mich
ein bitteres Verzagen;
mein Unglück muß ich noch einmal erleiden.

O natura, o natura,
perché non rendi poi
quel che prometti allor? perché di tanto
inganni i figli tuoi?

Tu pria che l'erbe inaridisse il verno,
da chiuso morbo combattuta e vinta,
perivi, o tenerella. E non vedevi
il fior degli anni tuoi;
non ti molceva il core
la dolce lode or delle negre chiome,
or degli sguardi innamorati e schivi;
né teco le compagne ai dì festivi
ragionavan d'amore.

Anche peria fra poco
la speranza mia dolce: agli anni miei
anche negaro i fati
la giovanezza. Ahi come,
come passata sei,
cara compagna dell'età mia nova,
mia lacrimata speme!
Questo è quel mondo? questi
i diletti, l'amor, l'opre, gli eventi
onde cotanto ragionammo insieme?
questa la sorte dell'umane genti?
All'apparir del vero
tu, misera, cadesti: e con la mano
la fredda morte ed una tomba ignuda
mostravi di lontano.

Warum, Natur, versagen,
was du zuvor versprichst?
Warum, Natur, die eignen Kinder so
zu Wahn und Trug verleiten?

Du, zartes Kind, vergingst: noch eh der Winter
das Grün verdorren ließ, schon überwunden
von dunkler Krankheit. Deines Lebens Blüte,
du hast sie nicht geschaut;
dein Herz hat nicht erfahren,
wie süß das Lob, der schwarzen Locken bald
und bald der reizend scheuen Blicke, schmeichelt;
dir hat die Mädchenschar in Feierstunden
von Liebe nichts vertraut.

Auch mir verging ja bald
die süße Hoffnung dann: auch meinem Leben
versagte das Geschick
die Jugend. Wehe, wie –
wie schwandest du mir hin,
Gefährtin du in meinen frühen Jahren,
beweinte, teure Hoffnung!
Ist dies die Welt noch? dies
die Lust, die Liebe, das Geschehn, das Schaffen,
worüber wir so lange uns beredet?
der Menschen Schicksal dies?
Als dir das Wirkliche zuerst erschien,
da wichest du: da wies mir deine Hand
den kalten Tod und einen kahlen Hügel
in unserem fernen Land.

Le Ricordanze

Vaghe stelle dell'Orsa, io non credea
tornare ancor per uso a contemplarvi
sul paterno giardino scintillanti,
e ragionar con voi dalle finestre
di questo albergo ove abitai fanciullo,
e delle gioie mie vidi la fine.
Quante immagini un tempo, e quante fole
creommi nel pensier l'aspetto vostro
e delle luci a voi compagne! allora
che, tacito, seduto in verde zolla,
delle sere io solea passar gran parte
mirando il cielo, ed ascoltando il canto
della rana rimota alla campagna!
E la lucciola errava appo le siepi
e in su l'aiuole, susurrando al vento
i viali odorati, ed i cipressi
là nella selva; e sotto al patrio tetto
sonavan voci alterne, e le tranquille
opre de' servi. E che pensieri immensi,
che dolci sogni mi spirò la vista
di quel lontano mar, quei monti azzurri,
che di qua scopro, e che varcare un giorno
io mi pensava, arcani mondi, arcana
felicità fingendo al viver mio!
ignaro del mio fato, e quante volte
questa mia vita dolorosa e nuda
volentier con la morte avrei cangiato.

Né mi diceva il cor che l'età verde
sarei dannato a consumare in questo
natio borgo selvaggio, intra una gente
zotica, vil; cui nomi strani, e spesso
argomento di riso e di trastullo,
son dottrina e saper; che m'odia e fugge,
per invidia non già, che non mi tiene
maggior di se, ma perché tale estima
ch'io mi tenga in cor mio, sebben di fuori
a persona giammai non ne fo segno.

Die Erinnerungen

Gestirn des Bären! daß ich so von neuem
dein zaubervolles Leuchten hier betrachte
wie damals, über unserm alten Garten,
und Zwiesprach mit dir halte unterm Fenster
des Hauses, wo ich lebte, noch ein Kind,
und wo ich meine Freuden enden sah.
Wie viele Bilder, wieviel Träume schuf mir
zu jener Zeit im Geiste dein Erscheinen
und rings der zugesellten Lichter! damals,
als ich im Grünen saß und schwieg und so
die Abendstunden mir vergehen ließ,
zum Himmel schaute und den Ruf vernahm
von einem Frosch weit draußen in den Feldern.
Und an den Hecken, über den Rabatten
kreuzte der Glühwurm, und zum Winde raunten
die duftenden Alleen und die Zypressen
im Walde dort; und Wechselreden tönten
drinnen im Haus und ruhige Geräusche
von Dienerarbeit. Und wie süße Träume,
wie unermeßliche Gedanken gab mir
des fernen Meeres Anblick und der Berge
im Blauen dort, die einst zu übersteigen
mein Sinn mich trieb, als lägen im Geheimen
dahinter Welten und für mich ein Glück!
unkundig meines Schicksals und wie oft ich
einst dieses schmerzliche und nackte Leben
noch mit dem Tode hätte tauschen mögen.

Auch das verriet mein Herz mir nicht: mein Los,
die Mannesjahre hier im wüsten Winkel
der Heimat aufzuzehren, unter dumpfem,
gemeinem Volk, dem Wissenschaft und Lehre
nur krause Namen sind und Stoff zu Späßen
und Zeitvertreib; das vor mir flieht, mich haßt,
zwar nicht aus Neid – es achtet mich nicht höher
als seinesgleichen –, aber weil ich selbst
im Herzen so mich achte, ohne doch
je draußen einem Menschen es zu zeigen.

Qui passo gli anni, abbandonato, occulto,
senz'amor, senza vita; ed aspro a forza
tra lo stuol de' malevoli divengo:
qui di pietà mi spoglio e di virtudi,
e sprezzator degli uomini mi rendo,
per la greggia ch'ho appresso: e intanto vola
il caro tempo giovanil; più caro
che la fama e l'allor, più che la pura
luce del giorno, e lo spirar: ti perdo
senza un diletto, inutilmente, in questo
soggiorno disumano, intra gli affanni,
o dell'arida vita unico fiore.

Viene il vento recando il suon dell'ora
dalla torre del borgo. Era conforto
questo suon, mi rimembra, alle mie notti
quando fanciullo, nella buia stanza,
per assidui terrori io vigilava,
sospirando il mattin. Qui non è cosa
ch'io vegga o senta, onde un'immagin dentro
non torni, e un dolce rimembrar non sorga.
Dolce per se; ma con dolor sottentra
il pensier del presente, un van desio
del passato, ancor tristo, e il dire: io fui.
Quella loggia colà, volta agli estremi
raggi del dì; queste dipinte mura,
quei figurati armenti, e il Sol che nasce
su romita campagna, agli ozi miei
proser mille diletti allor che al fianco
m'era, parlando, il mio possente errore
sempre, ov'io fossi. In queste sale antiche,
al chiaror delle nevi, intorno a queste
ampie finestre sibilando il vento,
rimbombaro i sollazzi e le festose
mie voci al tempo che l'acerbo, indegno
mistero delle cose a noi si mostra
pien di dolcezza; indelibata, intera
il garzoncel, come inesperto amante,
la sua vita ingannevole vagheggia,
e celeste beltà fingendo ammira.

Die Jahre bring ich hin, verlassen, ruhmlos,
ich liebe nicht, noch leb ich, und zur Härte
zwingt mich die Mißgunst, die mich rings umlagert;
das Mitgefühl, den Edelmut begrab ich,
ein Menschenfeind zu werden lern ich hier
vom rohen Nachbar: und indes verfliegt
die liebe Zeit der Jugend, teurer mir
als Ruhm und Lorbeer, als das reine Licht
des Tages, als das Atmen: dich verlier ich,
und keine Freude bleibt mir über diesem
grausamen Aufenthalt, in diesem Leid,
du einzige Blume meiner dürren Tage.

Da kommt der Wind und trägt den Klang der Stunde
vom Turm herüber. Tröstlich war er mir,
der gleiche Klang, ich weiß es noch, zur Nachtzeit,
wenn ich als Kind im Dunkel meines Zimmers,
von Schrecknissen umzingelt, Wache hielt
und nach dem Tag mich sehnte. Hier ist nichts
zu sehn, zu hören, worin nicht ein Bild
mir wiederkehrt, süß ein Erinnern aufsteigt.
Süß, ja; doch gleich mit Schmerzen denk ich auch
der Gegenwart, begehr umsonst Vergangnes,
sei's traurig auch, und sage mir: „Ich war."
Die Halle, die sich dort dem letzten Licht
des Tages öffnet; die bemalten Wände,
Bilder von Herden und vom Sonnenaufgang
in menschenleerer Landschaft – meiner Muße
ein tausendfacher Reiz, doch auch mein Irrtum,
der mächtig und beredt mir immerwährend
zur Seite stand. In diesen alten Räumen,
beim hellen Widerschein vom Schnee, beim Pfeifen
des Windes vor den großen Fensterscheiben
erscholl mein Jauchzen, und der Lärm ertönte
von meinen Spielen, zu der Zeit, da uns
der Dinge bitter kränkendes Geheimnis
voll Süße scheint; noch unversehrt und heil,
so malt sich, wie in unerfahrner Liebe,
der Bub sein trügerisches Leben aus,
staunt vor der Schönheit, die er selbst erdichtet.

O speranze, speranze; ameni inganni
della mia prima età! sempre, parlando,
ritorno a voi; che per andar di tempo,
per variar d'affetti e di pensieri,
obbliarvi non so. Fantasmi, intendo,
son la gloria e l'onor; diletti e beni
mero desio; non ha la vita un frutto,
inutile miseria. E sebben vòti
son gli anni miei, sebben deserto, oscuro
il mio stato mortal, poco mi toglie
la fortuna, ben veggo. Ahi, ma qualvolta
a voi ripenso, o mie speranze antiche,
ed a quel caro immaginar mio primo;
indi riguardo il viver mio sì vile
e sì dolente, e che la morte è quello
che di cotanta speme oggi m'avanza;
sento serrarmi il cor, sento ch'al tutto
consolarmi non so del mio destino.
E quando pur questa invocata morte
sarammi allato, e sarà giunto il fine
della sventura mia; quando la terra
mi fia straniera valle, e dal mio sguardo
fuggirà l'avvenir; di voi per certo
risovverrammi; e quell'imago ancora
sospirar mi farà, farammi acerbo
l'esser vissuto indarno, e la dolcezza
del dì fatal temprerà d'affanno.

E già primo giovanil tumulto
di contenti, d'angosce e di desio,
morte chiamai più volte, e lungamente
mi sedetti colà su la fontana
pensoso di cessar dentro quell'acque
la speme e il dolor mio. Poscia, per cieco
malor, condotto della vita in forse,
piansi la bella giovanezza, e il fiore
de' miei poveri dì, che sì per tempo
cadeva: e spesso all'ore tarde, assiso
sul conscio letto, dolorosamente
alle fioca lucerna poetando,

O Hoffen, Hoffen! liebenswerte Täuschung
der ersten Jahre! immer noch, im Reden,
kehr ich zu dir zurück; im Fluß der Zeit,
im Wechsel der Gefühle, der Gedanken
kann ich dich nicht vergessen. Trug, ich weiß,
sind Ruhm und Ehre; bloßes Wunschbild sind
Freuden und Güter; nutzlos ist das Leben,
elend und ohne Furcht. Nichts raubt das Glück mir,
ich seh es wohl, wenn meine Jahre leer,
wenn meine Erdentage öd und einsam
und dunkel bleiben. Aber ach, bisweilen
denk ich an dich zurück, mein altes Hoffen,
an meine liebe erste Bilderwelt;
von da betrachte ich dies ekle Dasein,
das so mich schmerzt, und sehe eine letzte
von vielen Hoffnungen vor mir: den Tod;
da zuckt das Herz mir doch, und ich vermag nicht
den vollen Trost für mein Geschick zu finden.
Selbst wenn ja der erwünschte Tod mir einst
gewährt wird und das Ende meines Unglücks
gekommen ist; wenn diese Erde mir
zur Fremde wird und wenn mir aus den Augen
die Zukunft schwindet: euch, ihr Hoffnungen,
behalt ich doch im Sinn, und euer Bild
verfolgt mich, mahnt noch einmal mich
an mein vertanes Leben und vermischt
mit Bitterkeit die Süße des Vergehens.

Ja, schon im ersten jugendlichen Aufruhr
von Glücksgefühlen, Ängsten und Begehren
rief ich den Tod herbei und saß oft lange
am Rand des Brunnens dort, darüber sinnend,
ob ich in seinen Wassern meine Hoffnung
und meinen Schmerz begrübe. Dann geriet ich
durch rätselvolle Krankheit in Gefahr,
der Jugendzeit nachtrauernd und der Blüte
armseliger Tage, die so vor der Zeit
zerfiel; und oft des Nachts, auf meinen Lager,
dem alles wissenden, ersann ich Verse
beim schwachen Lampenschein, die meine Klage

lamentai co' silenzi e con la notte
il fuggitivo spirto, ed a me stesso
in sul languir cantai funereo canto.

Chi rimembrar vi può senza sospiri,
o primo entrar di giovinezza, o giorni
vezzosi, inenarrabili, allor quando
al rapito mortal primieramente
sorridon le donzelle; a gara intorno
ogni cosa sorride; invidia tace,
non desta ancora ovver benigna; e quasi
(inusitata maraviglia!) il mondo
la destra soccorrevole gli porge,
scusa gli errori suoi, festeggia il novo
suo venir nella vita, ed inchinando
mostra che per signor l'accolga e chiami?
Fugaci giorni! a somigliar d'un lampo
son dileguati. E qual mortale ignaro
di sventura esser può, se a lui già scorsa
quella vaga stagion, se il suo buon tempo,
se giovanezza, ahi giovanezza, è spenta?

O Nerina! e di te forse non odo
questi luoghi parlar? caduta forse
dal mio pensier sei tu? Dove sei gita,
che qui sola di te la ricordanza
trovo, dolcezza mia? Più non ti vede
questa Terra natal: quella finestra,
ond'eri usata favellarmi, ed onde
mesto riluce delle stelle il raggio,
è deserta. Ove sei, che più non odo
la tua voce sonar, siccome un giorno,
quando soleva ogni lontano accento
del labbro tuo, ch'a me giungesse, il volto
scolorarmi? Altro tempo. I giorni tuoi
furo, mio dolce amor. Passasti. Ad altri
il passar per la terra oggi è sortito,
e l'abitar questi odorati colli.
Ma rapida passasti; e come un sogno
fu la tua vita. Ivi danzando; in fronte

dem Schweigen und dem Dunkel anvertrauten:
der Geist entschwinde mir; am Leben zweifelnd,
entwarf ich selber mir den Grabgesang.

Wer könnte ohne Seufzen an euch denken,
ihr Tage des Beginns, der ersten Jugend,
berückend-unaussprechliche? ihr Tage,
da dem Begeisterten die ersten Mädchen
zulächeln; da noch um die Wette rings
die Dinge lächeln; da der Neid noch schweigt,
nicht aufwacht oder stumpf bleibt; und es ist
– wie unerhört und wunderbar! – als biete
die Welt uns hilfebringend ihre Rechte,
verzeihe unsre Fehler und bereite
ein Fest dem neu Erstandenen – als neige
sie sich vor ihm und grüße ihn als Herrn.
Flüchtige Tage! einem Blitze gleich
sind sie vergangen. Welcher Sterbliche
kennt nicht das Unglück, wenn die holde Zeit
ihm schon verstrichen, wenn sein Frühling ihm,
wenn ihm die Jugend, ach, entflohen ist?

Und du, Nerina! höre ich denn nicht
von dir die Stätten reden? bist du denn
entschwunden meinem Sinn? Wo gingst du hin,
daß ich von dir nur noch Erinnerung
hier finde, Liebste du? Dich sieht nicht mehr
die heimatliche Flur: das Fenster dort,
von dem du mit mir sprachest und von dem nun
das Licht der Sterne traurig widerscheint,
es ist verwaist. Wo bist du, daß der Klang
von deiner Stimme mich nicht mehr erreicht,
wie einst, als jeder noch so ferne Laut
von deinem Munde mich erblassen ließ?
Dahin, unwiederbringlich. Deine Tage,
mein Liebstes, sind vorüber. Du vergingst.
Das Erdenlos ist andern zugefallen,
andern das Wohnen hier im Duft der Hügel.
Doch schnell gingst du vorüber; wie ein Traum
dein Leben. Tanzend schrittest du; die Freude

la gioia ti splendea, splendea negli occhi
quel confidente immaginar, quel lume
di gioventù, quando spegneali il fato,
e giacevi. Ahi Nerina! In cor mi regna
l'antico amor. Se a feste anco talvolta,
se a radunanze io movo, infra me stesso
dico: o Nerina, a radunanze, a feste
tu non ti acconci più, tu più non movi.
Se torna maggio, e ramoscelli e suoni
van gli amanti recando alle fanciulle,
dico: Nerina mia, per te non torna
primavera giammai, non torna amore.
Ogni giorno sereno, ogni fiorita
piaggia ch'io miro, ogni goder ch'io sento,
dico: Nerina or più non gode; i campi,
l'aria non mira. Ahi tu passasti, eterno
sospiro mio: passasti: e fia compagna
d'ogni mio vago immaginar, di tutti
i miei teneri sensi, i tristi e cari
moti del cor, la rimembranza acerba.

Canto notturno di un Pastore errante dell'Asia

Che fai tu, luna, in ciel? dimmi, che fai,
silenziosa luna?
Sorgi la sera, e vai,
contemplando i deserti; indi ti posi.
Ancor non sei tu paga
di riandare i sempiterni calli?
Ancor non prendi a schivo, ancor sei vaga
di mirar queste valli?
Somiglia alla tua vita
la vita del pastore.
Sorge in sul primo albore;
move la greggia oltre pel campo, e vede
greggi, fontane ed erbe;
poi stanco si riposa in su la sera:

war Glanz auf deiner Stirn, der Glanz der Augen
war Zuversicht, war jener lichte Traum
der Jugend, als das Schicksal sie erlöschen,
dich sterben ließ. Nerina! Ach, noch immer
hält mich die alte Liebe. Geh ich einmal
zu Fest und Lustbarkeit, so sag ich mir:
Nerina wird zu Fest und Lustbarkeit
sich nicht mehr putzen, nie mehr wird sie kommen.
Im Mai dann, wenn mit Blütenzweig und Lied
zu ihren Mädchen die Verliebten gehn,
sag ich: Meine Nerina, nie mehr kehrt
der Frühling dir zurück, nie mehr die Liebe.
An jedem heitern Tag, vor jeder Blüte
der Au, in jeder Freude, die ich spüre,
sag ich: Nerina freut sich nicht mehr, spürt
von Luft und Feldern nichts. Vergangen bist du,
mein ewiger Traum: vergangen – und Gefährte
all meiner Sehnsuchtsbilder, allen Fühlens,
der traurigen und liebevollen Schläge
des Herzens sei das bittere Gedenken.

Nachtgesang eines wandernden Hirten in Asien

Was tust du, Mond, am Himmel? sag es mir,
was tust du, stiller Mond?
Am Abend steigst du auf,
ziehst über Wüsten hin und läßt dich nieder.
Bist du noch nicht genug
gewandert so auf immer gleichen Wegen?
Bist du's nicht müde, diese Lande wieder
und wieder anzuschauen?
Wie ähnlich ist dein Leben
dem Leben eines Hirten.
Im Frühlicht steht er auf,
treibt seine Tiere vor sich her zur Weide,
sieht Herden, Tränken, Auen;
und müde läßt er sich am Abend nieder:

altro mai non ispera.
Dimmi, o luna: a che vale
al pastor la sua vita,
la vostra vita a voi? dimmi: ove tende
questo vagar mio breve,
il tuo corso immortale?

Vecchierel bianco, infermo,
mezzo vestito e scalzo,
con gravissimo fascio in su le spalle,
per montagna e per valle,
per sassi acuti, ed alta rena, e fratte,
al vento, alla tempesta, e quando avvampa
l'ora, e quando poi gela,
corre via, corre, anela,
varca torrenti e stagni,
cade, risorge, e più e più s'affretta,
senza posa o ristoro,
lacero, sanguinoso; infin ch'arriva
colà dove la via
e dove il tanto affaticar fu volto:
abisso orrido, immenso,
ov'ei precipitando, il tutto obblia.
Vergine luna, tale
è la vita mortale.

Nasce l'uomo a fatica,
ed è rischio di morte il nascimento.
Prova pena e tormento
per prima cosa; e in sul principio stesso
la madre e il genitore
il prende a consolar dell'esser nato.
Poi che crescendo viene,
l'uno e l'altro il sostiene, e via pur sempre
con atti e con parole
studiasi fargli core,
e consolarlo dell'umano stato:
altro ufficio più grato
non si fa da parenti alla lor prole.
Ma perché dare al sole,

nichts anderes hofft er mehr.
So sag mir doch: was kann
dem Hirten wohl sein Dasein,
was kann, Gestirne, euch das Dasein geben?
Sag, wohin führt mein kurzes,
wohin dein ew'ges Leben?

Der Alte, klein und schwächlich,
halbnackt und unbeschuht
und auf den Schultern drückend schwer ein Bündel –
durch Täler und Gebirg,
durch scharfe Steine, tiefen Sand, Gestrüpp,
in Wind und Wetter, in der Sommerglut,
im Frost der Wintertage
läuft er und läuft und keucht,
durch Bäche und durch Tümpel,
und stürzt und steht und eilt und eilt noch mehr,
zerschunden und verletzt
ohn' jede Rast noch Ruh; bis er zuletzt
des Weges Ziel erreicht,
bis sich das Ende zeigt so heißem Streben:
der Abgrund, weit und schrecklich,
darein er stürzt und alles so vergißt.
O reiner Mond, das ist
für Sterbliche das Leben.

Zu Mühsal wird der Mensch
geboren und in tödlicher Gefahr.
Was er zuerst begreift,
ist Qual und Pein; und in der ersten Stunde
muß schon die Mutter ihn,
der Vater muß ihn trösten, daß er lebt.
Und da er wächst und reift,
steht jedes ihm zur Seite, jedes strebt
mit Worten und mit Taten
ihm Zuversicht zu geben,
ihn auszusöhnen mit dem Menschenleben:
kein schönres Amt verrichten
die Eltern an dem Kind.
Und doch, wozu das Licht

perché reggere in vita
chi poi di quella consolar convenga?
Se la vita è sventura
perché da noi si dura?
Intatta luna, tale
è lo stato mortale.
Ma tu mortal non sei,
e forse del mio dir poco ti cale.

Pur tu, solinga, eterna peregrina,
che sì pensosa sei, tu forse intendi,
questo viver terreno,
il patir nostro, il sospirar, che sia;
che sia questo morir, questo supremo
scolorar del sembiante,
e perir dalla terra, e venir meno
ad ogni usata, amante compagnia.
E tu certo comprendi
il perché delle cose, e vedi il frutto
del mattin, della sera,
del tacito, infinito andar del tempo.
Tu sai, tu certo, a qual suo dolce amore
rida la primavera,
a chi giovi l'ardore, e che procacci
il verno co' suoi ghiacci.
Mille cose sai tu, mille discopri,
che son celate al semplice pastore.
Spesso quand'io ti miro
star così muta in sul deserto piano,
che, in suo giro lontano, al ciel confina;
ovver con la mia greggia
seguirmi viaggiando a mano a mano;
e quando miro in cielo arder le stelle;
dico fra me pensando:
a che tante facelle?
che fa l'aria infinita, e quel profondo
infinito seren? che vuol dir questa
solitudine immensa? ed io che sono?
Così meco ragiono: e della stanza
smisurata e superba,

ihm schenken und bewahren,
wenn es dafür des Trostes noch bedarf?
Bringt Leben lauter Plagen,
wozu es dann ertragen?
Du reiner Mond, so sind
die Sterblichen geschaffen.
Doch du bist sterblich nicht;
warum denn solltest du Gehör mir geben?

Und dennoch magst du, einsam-ew'ger Wandrer,
im träumend-wissenden Gedanken wohl
dies Erdenleben fassen
und unser Seufzen, unser Leid verstehen;
auch dieses Sterbenmüssen, dies Erblassen
des Angesichts zuletzt,
das Schwinden von der Erde, aus dem lieben,
vertrauten Umgang einst mit den Gefährten.
Und du begreifst gewiß,
warum die Dinge sind, und kannst die Früchte
des Morgens und des Abends,
der stillen Zeit, der ungemeßnen, sehn.
Du weißt gewiß, an welchen holden Trieben
der Frühling sich ergötzt
und wem die Hitze frommt und was der Winter
mit seinem Eise schafft.
So weißt du tausend Dinge, tausend schaust du,
die sich dem schlichten Hirten nie enthüllen.
Und oftmals, seh ich dich,
wie stumm du überm leeren Lande schreitest,
das fern im Umkreis an den Himmel rührt;
oft, wenn du mich geleitest
mit meiner Herde auf der Wanderschaft
und wenn ich hoch die Sterne brennen sehe,
dann sage ich zu mir:
wozu die vielen Lichter?
der unbegrenzte Raum wozu? und jene
endlose Himmelsweite? was bedeutet
solch tiefste Einsamkeit? und was bin ich?
So rate ich mit mir: und ich erkenne
den Sinn nicht, noch den Nutzen

e dell'innumerabile famiglia;
poi di tanto adoprar, di tanti moti
d'ogni celeste, ogni terrena cosa,
girando senza posa,
per tornar sempre là donde son mosse;
uso alcuno, alcun frutto
indovinar non so. Ma tu per certo,
giovinetta immortal, conosci il tutto.
Questo io conosco e sento,
che degli eterni giri,
che dell'esser mio frale,
qualche bene o contento
avrà fors'altri; a me la vita è male.

O greggia mia che posi, oh te beata,
che la miseria tua, credo, non sai!
Quanta invidia ti porto!
Non sol perché d'affanno
quasi libera vai;
ch'ogni stento, ogni danno,
ogni estremo timor subito scordi;
ma più perché giammai tedio non provi.
Quando tu siedi all'ombra, sovra l'erbe,
tu se' queta e contenta;
e gran parte dell'anno
senza noia consumi in quello stato.
Ed io pur seggo sovra l'erbe, all'ombra,
e un fastidio m'ingombra
la mente, ed uno spron quasi mi punge
sì che, sedendo, più che mai son lunge
da trovar pace o loco.
E pur nulla non bramo,
e non ho fino a qui cagion di pianto.
Quel che tu goda o quanto,
non so già dir; ma fortunata sei.
Ed io godo ancor poco,
o greggia mia, né di ciò sol mi lagno.
Se tu parlar sapessi, io chiederei:
dimmi: perché giacendo
a bell'agio, ozioso,

in diesem unermeßlich-stolzen Saal,
in dieser Weltensippe ohne Zahl;
in all dem Wirken dann, in all dem Kreisen
am Himmel und auf Erden,
wo ohne Unterlaß ein jedes Ding
sich wieder dahin wendet,
woher es kam. Doch du, Unsterblicher,
du ewig Junger, kannst all dies verstehn.
Dies eine weiß und fühle ich:
das Kreisen, das nicht endet,
mein Dasein, mein Vergehn,
sie mögen andern geben,
was ihnen taugt; mich aber straft das Leben.

Du, meine Herde, ruhst: oh, glücklich du,
dein Elend, wie ich glaube, nicht zu kennen!
wie sehr beneid ich dich!
Denn nicht nur wanderst du
von Kummer kaum berührt,
und jede Not und Plage,
die höchste Angst kannst du sogleich vergessen;
mehr noch, du hast nie Überdruß verspürt.
Liegst du im Schatten, auf der grünen Weide,
bist du gestillt und froh;
und viele lange Tage
verbringst du frei von aller Unrast so.
Wohl kann auch ich im grünen Schatten liegen,
doch eine Sorge faßt
mir an die Seele, und ein Stachel treibt mich,
daß ich auf meiner Rast
nicht Ruh noch Frieden finde.
Und doch begehr ich nichts,
und keinen Anlaß hab ich noch zu Klagen.
Was dich erfreut, wie sehr –
ich weiß es nicht; doch mußt du glücklich leben.
Mich aber, meine Herde,
erfreut gar weniges, doch vieles quält mich.
Wenn du mir reden könntest, fragt ich wohl:
In müßigem Behagen
gefällt sich jedes Tier;

s'appaga ogni animale;
me, s'io giaccio in riposo, il tedio assale?

Forse s'avess'io l'ale
da volar su le nubi,
e noverar le stelle ad una ad una,
o come il tuono errar di giogo in giogo,
più felice sarei, dolce mia greggia,
più felice sarei, candida luna.
O forse erra dal vero,
mirando all'altrui sorte, il mio pensiero:
forse in qual forma, in quale
stato che sia, dentro covile o cuna,
è funesto a chi nasce il dì natale.

La Quiete dopo la Tempesta

Passata è la tempesta:
odo augelli far festa, e la gallina,
tornata in su la via,
che ripete il suo verso. Ecco il sereno
rompe là da ponente, alla montagna;
sgombrasi la campagna,
e chiaro nella valle il fiume appare.
Ogni cor si rallegra, in ogni lato
risorge il romorio
torna il lavoro usato.
L'artigiano a mirar l'umido cielo,
con l'opra in man, cantando,
fassi in su l'uscio; a prova
vien fuor la femminetta a còr dell'acqua
della novella piova;
e l'erbaiuol rinnova
di sentiero in sentiero
il grido giornaliero.
Ecco il Sol che ritorna, ecco sorride
per li poggi e le ville. Apre i balconi,
apre terrazzi e logge la famiglia:

warum wird aber mir
zur Mußezeit der Überdruß gegeben?

Wenn ich die Flügel hätte,
um über Wolken hin
zu fliegen und die Sterne dort zu zählen
und wie der Donner durchs Gebirg zu irren,
wär ich wohl glücklicher, du liebe Herde,
wär ich wohl glücklicher, du reiner Mond.
Wohl aber mag mein Sinn
das Wahre, lockt ihn fremdes Los, verfehlen:
wohl wird auf dieser Erde,
im Haus wie in der Höhle, mit dem Leben
auch sein Verhängnis jeglichem gegeben.

Die Ruhe nach dem Gewitter

Vorüber ist der Sturm:
die Vögel hör ich jubeln, und die Henne
ist wieder auf der Gasse
mit ihrem alten Spruch. Im Westen dort
erscheint der Himmel über dem Gebirge;
und lichter wird das Land,
der Fluß erglänzt aufs neue hell im Tale.
Es freut sich jedes Herz, an jedem Ort
wird's laut, zur Arbeit kehren
die Menschen gern zurück.
Der Meister schaut, sein Werkzeug in der Hand,
zum feuchten Himmel auf
und singt vor seiner Türe.
Die Jungfer läuft, das Wasser einzufangen
vom letzten Regenguß;
die Steige auf und nieder
mit immer gleichem Ruf
sagt sich der Händler an.
Da ist die Sonne wieder, und sie lächelt
auf Hügel und auf Höfe. Die Terrasse,
Balkon und Fenster öffnet das Gesinde:

e, dalla via corrente, odi lontano
tintinnio di sonagli; il carro stride
del passeggier che il suo cammin ripiglia.

Si rallegra ogni core.
Sì dolce, sì gradita
quand'è, com'or, la vita?
Quando con tanto amore
l'uomo a' suoi studi intende?
o torna all'opre? o cosa nova imprende?
quando de' mali suoi men si ricorda?
Piacer figlio d'affanno;
gioia vana, ch'è frutto
del passato timore, onde si scosse
e paventò la morte
chi la vita abborria;
onde in lungo tormento,
fredde, tacite, smorte,
sudàr le genti e palpitàr, vedendo
mossi alle nostre offese
folgori, nembi e vento.

O natura cortese,
son questi i doni tuoi,
questi i diletti sono
che tu porgi ai mortali. Uscir di pena
è diletto fra noi.
Pene tu spargi a larga mano; il duolo
spontaneo sorge: e di piacer, quel tanto
che per mostro e miracolo talvolta
nasce d'affanno, è gran guadagno. Umana
prole cara agli eterni! assai felice
se respirar ti lice
d'alcun dolor: beata
se te d'ogni dolor morte risana.

und durch die Straße tönt der ferne Klang
von Schellen her; der Wagen läßt sich hören,
mit dem der Fremde weiterziehen kann.

Es freut sich jedes Herz.
Wann ist, wie jetzt, das Leben
so heiter, so beglückt?
Wann kehrt mit solcher Liebe
der Mensch zu seiner Pflicht?
zur alten Fron? zu neuem Unternehmen?
wann spürt er weniger von seinem Schmerz?
Die Lust ist leidgeboren;
der eitle Jubel bricht
aus der vergangnen Furcht – sie ließ auch den
vor seinem Tod erbeben,
der sonst das Leben haßt;
sie ließ mit Graun und Zagen,
erstarrt, verstummt, erblaßt
in langer Pein die Erdenkinder sehn,
wie das Gewölk, die Winde,
die Blitze nach uns jagen.

Du freundliche Natur,
das ist dein Angebinde,
und solches sind die Wonnen,
die du den Menschen schenkst. Der Qual entgehn
heißt Wonne unter uns.
Und Qualen schaffst du reichlich; so erzeugt
der Schmerz sich selber: und die seltnen Freuden,
die aus der Not uns wunderbar erstehn,
sind herrlicher Gewinn. Ihr Menschensöhne,
wie lieb seid ihr den Göttern! schon beglückt,
verläßt euch nur ein Leiden
auf kurze Zeit: doch selig,
wenn jedem Leiden euch der Tod entrückt.

Il Sabato del Villaggio

La donzelletta vien dalla campagna,
in sul calar del sole,
col suo fascio dell'erba; e reca in mano
un mazzolin di rose e di viole,
onde, siccome suole,
ornare ella si appresta
dimani, al dì di festa, il petto e il crine.
Siede con le vicine
su la scala a filar la vecchierella,
incontro là dove si perde il giorno;
e novellando vien del suo buon tempo,
quando ai dì della festa ella si ornava,
ed ancor sana e snella
solea danzar la sera intra di quei
ch'ebbe compagni dell'età più bella.
Già tutta l'aria imbruna,
torna azzurro il sereno, e tornan l'ombre
giù da' colli e da' tetti,
al biancheggiar della recente luna.
Or la squilla dà segno
della festa che viene;
ed a quel suon diresti
che il cor si riconforta.
I fanciulli gridando
su la piazzuola in frotta,
e qua e là saltando,
fanno un lieto romore:
e intanto riede alla sua parca mensa,
fischiando, il zappatore,
e seco pensa al dì del suo riposo.
Poi quando intorno è spenta ogni altra face,
e tutto l'altro tace,
odi il martel picchiare, odi la sega
del legnaiuol, che veglia
nella chiusa bottega alla lucerna,
e s'affretta, e s'adopra
di fornir l'opra anzi il chiarir dell'alba.

Samstag im Dorf

Vom Felde kommt das Bauernmädchen heim
im Sonnenuntergang,
ihr Bündel Gras trägt sie und in der Hand
von Rosen und von Veilchen einen Strauß,
daß sie auch morgen wieder
geschwind zum Feiertag
das Haar, den Busen damit schmücken mag.
Mit ihren Nachbarinnen
sitzt auf dem Tritt das Mütterchen beim Spinnen,
blickt dort hinüber, wo das Licht vergeht,
und fabuliert von ihren guten Jahren,
als sie zum Feiertag sich selber schmückte
und noch gesund und rank
zum Tanze ging am Abend, im Geleit
der Spielgefährten ihrer schönsten Zeit.
Schon bricht die Dämmerung ein,
blau scheint der Himmel wieder, Schatten fallen
von Hügeln und von Dächern,
tief steht der Mond mit seinem weißen Schein.
Da kündigt das Geläute
des Sonntags Kommen an;
dir ist, als ob der Klang
das Herz von neuem stärke.
Die Knaben, die mit Schreien
sich tummeln auf dem Platz
und hin und wieder schwärmen,
das gibt ein munteres Lärmen –
indes der Knecht, der pfeifend heimwärts zieht
zu seinem kargen Mahl,
die Rast des morgigen Tages vor sich sieht.
Dann aber, wenn sich rings kein Licht mehr zeigt
und wenn sonst alles schweigt,
hörst du den Hammer schlagen, hörst die Säge
des Tischlers, der noch wacht
beim Lampenschein hinter verschloßner Tür
und sich beeilt, sich müht,
die Arbeit zu vollenden, eh es graut.

Questo di sette è il più gradito giorno,
pien di speme e di gioia:
diman tristezza e noia
recheran l'ore, ed al travaglio usato
ciascuno in suo pensier farà ritorno.

Garzoncello scherzoso,
cotesta età fiorita
è come un giorno d'allegrezza pieno,
giorno chiaro, sereno,
che precorre alla festa di tua vita.
Godi, fanciullo mio; stato soave,
stagion lieta è cotesta.
Altro dirti non vo'; ma la tua festa
ch'anco tardi a venir non ti sia grave.

Il Pensiero dominante

Dolcissimo, possente
dominator di mia profonda mente;
terribile, ma caro
dono del ciel; consorte
ai lúgubri miei giorni,
pensier che innanzi a me sì spesso torni.

Di tua natura arcana
chi non favella? il suo poter fra noi
chi non sentì? Pur sempre
che in dir gli effetti suoi
le umane lingue il sentir proprio sprona,
par novo ad ascoltar ciò ch'ei ragiona.

Come solinga è fatta
la mente mia d'allora
che tu quivi prendesti a far dimora!
Ratto d'intorno intorno al par del lampo
gli altri pensieri miei
tutti si dileguàr. Siccome torre
in solitario campo,
tu stai solo, gigante, in mezzo a lei.

Dies ist der heiterste von sieben Tagen,
voll Hoffnung und Glück:
die trübe Langeweile
bricht morgen an, und zu den Wochenplagen
kehrt jeder in Gedanken bald zurück.

Vergnügter Hirtenknabe,
die eigne Blütenzeit
vergeht dir wie ein Tag voll Heiterkeit,
ein klarer, heller Tag,
dem deines Lebens Fest einst folgen mag.
Genieße sie, mein Bub, die süßen Jahre,
die Spanne, halt sie fest.
Nichts weiter sag ich dir; nur daß dein Fest
erst spät anbreche und dir Schmerz erspare.

Der beherrschende Gedanke

Du sanfter, mächtiger
Beherrscher meines innersten Gemüts;
Geschenk des Himmels du,
gesegnet und verflucht;
Gefährte meiner Trauer,
Gedanke, der mich immerfort besucht.

Wer redet nicht von deinem
geheimen Wesen? Wer hat nicht gehört
von seiner Macht? Und doch,
sooft ein eignes Fühlen
die Zunge löst, daß sie von ihm berichtet,
so scheint uns neu, was es in uns verrichtet.

Wie einsam ist die Seele
mir an dem Tag geworden,
da du sie dir zur Wohnung ausersahst!
Geschwind wie Blitze schwanden ringsumher
die anderen Gedanken
mir allesamt. Und einem Turme gleich
in unbetretner Weite
stehst du allein und groß in deinem Reich.

Che divenute son, fuor di te solo,
tutte l'opre terrene,
tutta intera la vita al guardo mio!
Che intollerabil noia
gli ozi, i commerci usati,
e di vano piacer la vana spene,
allato a quella gioia,
gioia celeste che da te mi viene!

Come da' nudi sassi
dello scabro Apennino
a un campo verde che lontan sorrida
volge gli occhi bramoso il pellegrino;
tal io dal secco ed aspro
mondano conversar vogliosamente,
quasi in lieto giardino, a te ritorno,
e ristora i miei sensi il tuo soggiorno.

Quasi incredibil parmi
che la vita infelice e il mondo sciocco
già per gran tempo assai
senza te sopportai;
quasi intender non posso
come d'altri desiri,
fuor ch'a te somiglianti, altri sospiri.

Giammai d'allor che in pria
questa vita che sia per prova intesi,
timor di morte non mi strinse il petto.
Oggi mi pare un gioco
quella che il mondo inetto,
talor lodando, ognora abborre e trema,
necessitade estrema;
e se periglio appar, con un sorriso
le sue minacce a contemplar m'affiso.

Sempre i codardi, e l'alme
ingenerose, abbiette
ebbi in dispregio. Or punge ogni atto indegno
subito i sensi miei;

Was sind die andern Erdendinge alle,
was ist das ganze Leben
für mich geworden außer dir allein!
Wie schwer ertrag ich heute
das sonst vertraute Treiben,
den eitlen Wunsch nach eitler Lustbarkeit,
vergleich ich ihm die Freude,
die Himmelsfreude, die du mir gegeben!

Wie von den nackten Felsen
des rauhen Apennins
der Wanderer verlangend in die Ferne
zur lachend grünen Flur die Augen wendet;
so kehr auch ich begierig
vom harten, dürren Wortetausch zurück,
als hätt ich einen Garten hier gefunden;
und deine Gegenwart läßt mich gesunden.

Kaum glaublich scheint mir nun,
daß ich von dir getrennt dies Unglücksleben,
dies Dasein ohne Wert
so lange Zeit ertragen;
kaum kann ich nun verstehen,
wie anderes Verlangen,
das dir nicht gleich ist, andere verzehrt.

Seit ich zum ersten Male
an mir erfuhr, was dieses Leben sei,
hat Todesfurcht nie wieder mich gequält.
Ein Spiel will mir nun scheinen,
was die kleinmüt'ge Welt
bisweilen preist, doch immer flieht und scheut,
das äußerste Geschick;
und zeigt sich mir Gefahr, so kann ich lächeln
und stehe ihrem Drohn mit festem Blick.

Verachtet hab ich stets
die Memmen und die kleinen,
verworfnen Seelen. Nun verletzt mich jedes
unwürd'ge Tun; zum Zorne

move l'alma ogni esempio
dell'umana viltà subito a sdegno.
Di questa età superba,
che di vote speranze si nutrica,
vaga di ciance, e di virtù nemica;
stolta, che l'util chiede,
e inutile la vita
quindi più sempre divenir non vede;
maggior mi sento. A scherno
ho gli umani giudizi; e il vario volgo
a' bei pensieri infesto,
e degno tuo disprezzator, calpesto.

A quello onde tu movi,
quale affetto non cede?
anzi qual altro affetto
se non quell'uno intra i mortali ha sede?
Avarizia, superbia, odio, disdegno,
studio d'onor, di regno,
che sono altro che voglie
al paragon di lui? Solo un affetto
vive tra noi: quest'uno,
prepotente signore,
dieder l'eterne leggi all'uman core.

Pregio non ha, non ha ragion la vita
se non per lui, per lui ch'all'uomo è tutto;
sola discolpa al fato,
che noi mortali in terra
pose a tanto patir senz'altro frutto;
solo per cui talvolta,
non alla gente stolta, al cor non vile
la vita della morte è più gentile.

Per còr le gioie tue, dolce pensiero,
provar gli umani affanni,
e sostener molt'anni
questa vita mortal, fu non indegno;
ed ancor tornerei,
così qual son de' nostri mali esperto,

wird das Gemüt bewegt
durch jeden flücht'gen Anblick des Gemeinen.
Und diese Zeit des Wahns,
die sich allein von leerer Hoffnung nährt
und das Gerede liebt, doch Taten haßt;
die töricht Nutzen heischt
und darob nicht erfaßt,
wie nutzlos so das Leben erst gerät:
mich acht ich höher. Taub
bin ich für Menschenurteil; und der Pöbel,
des edlen Denkens Feind
und füglich dein Verächter, sink in Staub.

Welch ein Gefühl vergeht nicht
vor diesem einen, das dir Leben spendet?
ja, wenn nicht dieses eine,
welch ein Gefühl besteht dann unter uns?
Der Haß, die Eifersucht, der Stolz, der Geiz,
der Drang nach Macht und Ehre,
was sind sie neben ihm
als bloß Begierden? Ein Gefühl allein
lebt unter uns: dies eine
ließ in den Menschenherzen
ein ewiges Gesetz allmächtig sein.

Kein Wert erhöht, kein Sinn erhellt das Dasein
als durch dies eine, das uns alles ist;
nur seinetwegen mag
das Schicksal uns auf Erden
so leiden lassen ohne andern Lohn;
nur seinetwegen mag
nicht dumpfem Volk allein, auch edlem Geist
noch teurer als der Tod das Leben werden.

Um deiner Freuden willen
war's nicht umsonst, du köstlichster Gedanke,
des Lebens Not zu tragen
und viele Jahre Menschenlos zu dulden;
noch einmal kehrte ich,
so vielerfahren doch in unsern Plagen,

verso un tal segno a incominciare il corso:
che tra le sabbie e tra il vipereo morso,
giammai finor sì stanco
per lo mortal deserto
non venni a te, che queste nostre pene
vincer non mi paresse un tanto bene.

Che mondo mai, che nova
immensità, che paradiso è quello
là dove spesso il tuo stupendo incanto
parmi innalzar! dov'io,
sott'altra luce che l'usata errando,
il mio terreno stato
e tutto quanto il ver pongo in obblio!
Tali son, credo, i sogni
degl'immortali. Ahi finalmente un sogno
in molta parte onde s'abbella il vero
sei tu, dolce pensiero;
sogno e palese error. Ma di natura,
infra i leggiadri errori,
divina sei; perché sì viva e forte,
che incontro al ver tenacemente dura,
e spesso al ver s'adegua,
né si dilegua pria, che in grembo a morte.

E tu per certo, o mio pensier, tu solo
vitale ai giorni miei,
cagion diletta d'infiniti affanni,
meco sarai per morte a un tempo spento:
ch'a vivi segni dentro l'alma io sento
che in perpetuo signor dato mi sei.
Altri gentili inganni
soleami il vero aspetto
più sempre infievolir. Quanto più torno
a riveder colei
della qual teco ragionando io vivo,
cresce quel gran diletto,
cresce quel gran delirio, ond'io respiro.
Angelica beltade!
parmi ogni più bel volto, ovunque io miro,

zurück, um wieder nach dem Ziel zu jagen:
denn nie, ob Durst, ob Schlangenbiß mir drohte,
bin ich so todesmatt
durch diese Wüstenei'n
zu dir gelangt, daß ich nicht dennoch fühlte,
es sei ein Glück, zu trotzen unsrer Pein.

Welch andre Welt, welch neue
Unendlichkeit, welch Paradies betret ich,
durch deine Wunderkraft emporgehoben!
mir scheint, ich schreite dort
in anderm Lichte oft als dem gewohnten,
und dieses Erdendasein
mit allem Wirklichen, ich werf es fort!
Von solchem Stoffe sind
der Götter Träume wohl. Ein Traum nur, ach,
magst du in manchem, mein Gedanke, sein,
das Wirkliche zu schmücken;
ein Traum, ein Wahn gewiß. Und göttlich doch
im Kreis der anmutvollen Truggebilde;
so stark und so lebendig,
daß es dem Wirklichen sich widersetzt
und oft ihm gleich gerät
und erst im Tode selbst mit ihm vergeht.

So wirst du, mein Gedanke, der allein
das Leben mir erregt,
geliebter Grund unendlicher Bedrängnis,
dereinst im Tode auch mit mir erlöschen;
denn deutlich spür ich's in der tiefsten Seele:
du bist für immer mir zum Herrn bestellt.
Sonst ward die holde Täuschung
mir wiederum vergällt
vom wahren Anblick. Doch sooft mein Auge
zu ihr zurück sich wendet,
von der ich, um zu leben, mit dir rede,
wächst mir die große Freude,
wächst mir der Jubel, der mich atmen läßt.
O Engelsschönheit du!
ein jedes Angesicht, wohin ich schaue,

quasi una finta imago
il tuo volto imitar. Tu sola fonte
d'ogni altra leggiadria,
sola vera beltà parmi che sia.

Da che ti vidi pria,
di qual mia seria cura ultimo obbietto
non fosti tu? quanto del giorno è scorso,
ch'io di te non pensassi? ai sogni miei
la tua sovrana imago
quante volte mancò? Bella qual sogno,
angelica sembianza,
nella terrena stanza,
nell'alte vie dell'universo intero,
che chiedo io mai, che spero
altro che gli occhi tuoi veder più vago?
altro più dolce aver che il tuo pensiero?

Amore e Morte

Muor giovane colui ch'al cielo è caro.
Menandro

Fratelli, a un tempo stesso, Amore e Morte
ingenerò la sorte.
Cose quaggiù sì belle
altre il mondo non ha, non han le stelle.
Nasce dall'uno il bene,
nasce il piacer maggiore
che per lo mar dell'essere si trova;
l'altra ogni gran dolore,
ogni gran male annulla.
Bellissima fanciulla,
dolce a veder, non quale
la si dipinge la codarda gente,
gode il fanciullo Amore
accompagnar sovente;
e sorvolano insiem la via mortale,

scheint mir ein Abbild nur,
gemalt nach deinem Antlitz. Einz'ge Quelle
für jede andre Zier,
die einz'ge wahre Schönheit scheinst du mir.

Seit ich zuerst dich sah,
welch ernstes Streben galt da nicht dem Einen,
nicht dir allein? wie lange Zeit verstrich,
daß ich an dich nicht dachte? meine Träume,
wie oft wohl blieb dein Bild,
dies höchste, ihnen fern? Du schönstes Wesen,
den Engeln Gleiche du,
was soll ich je auf Erden,
was in den Tiefen aller Himmelsräume
erhoffen und begehren –
was will ich Schönres sehn als deine Augen?
was kann ich denken, Süßeres als dich?

Liebe und Tod

Der, den die Götter lieben, scheidet jung.
Menander

Geschwister zeugte einst zugleich das Los:
die Liebe und den Tod.
Gleich schöne Dinge kennt
die Erde nicht und nicht das Firmament.
Aus jener stammt das Glück,
aus ihr die höchste Freude,
die sich im weiten Meer des Daseins findet;
und dieser überwindet
die schwersten, schlimmsten Leiden.
Das engelschöne Kind,
so lieblich anzusehn,
wie sich's die Memmen nie erdichtet haben,
will mit dem Amorknaben
vereint am liebsten gehn;
zusammen ziehn sie über unser Leben,

primi conforti d'ogni saggio core.
Né cor fu mai più saggio
che percosso d'amor, né mai più forte
sprezzò l'infausta vita,
né per altro signore
come per questo a perigliar fu pronto:
ch'ove tu porgi aita,
Amor, nasce il coraggio,
o si ridesta; e sapiente in opre,
non in pensiero invan, siccome suole,
divien l'umana prole.

Quando novellamente
nasce nel cor profondo
un amoroso affetto,
languido e stanco insiem con esso in petto
un desiderio di morir si sente:
come, non so: ma tale
d'amor vero e possente è il primo effetto.
Forse gli occhi spaura
allor questo deserto: a se la terra
forse il mortale inabitabil fatta
vede omai senza quella
nova, sola, infinita
felicità che il suo pensier figura:
ma per cagion di lei grave procella
presentendo in suo cor, brama quiete,
brama raccorsi in porto
dinanzi al fier disio,
che già, rugghiando, intorno intorno oscura.

Poi, quando tutto avvolge
la formidabil possa,
e fulmina nel cor l'invitta cura,
quante volte implorata
con desiderio intenso,
Morte, sei tu dall'affannoso amante!
quante la sera, e quante,
abbandonando all'alba il corpo stanco,
se beato chiamò s'indi giammai

um weisem Sinn den besten Trost zu geben.
Und nie war weisrer Sinn
als der, den Liebe traf, und nie so stolzer
im Unglück dieser Welt,
und keiner Herrscherin
war je so tapfrer Streiter zugesellt:
denn wem du beistehst, Liebe,
dem regt sich Tapferkeit,
vergeßne auch; und zu verständigen Taten,
nicht nur wie sonst zu stets vergebnem Raten,
zeigt sich der Mensch bereit.

Wenn ein verliebtes Bangen
im tiefsten Herzensgrund
zum ersten Mal sich regt,
erwacht zugleich im Busen ein Verlangen,
das matt und schmachtend nach dem Tode strebt:
Ich weiß nicht, wie's geschieht;
doch tut sich so die Macht der Liebe kund.
Vielleicht erschreckt die Wüste
miteins den Blick: vielleicht erscheint die Welt
dem Sterblichen als öde, leere Stätte,
da ihr das Glück noch fehlt,
das neue, eine, große,
das sein Gedanke ihm vor Augen hält:
im Herzen aber ahnt er schwere Stürme,
die es ihm bringen wird, und in die Stille,
zum Hafen will er fliehn
vor wilden Leidenschaften,
die finster brausend sich zusammenziehn.

Und wenn die grause Macht
sich dann um alles schließt
und ungezähmte Pein im Herzen rast,
wie oft wirst du begierig
herbeigerufen, Tod,
von einem Liebenden in seiner Not!
wie oft, wenn er am Abend,
wenn er im Morgengraun ermattet lag,
nannt er sich selig, müßt er niemals wieder

non rilevasse il fianco,
né tornasse a veder l'amara luce!
E spesso al suon della funebre squilla,
al canto che conduce
la gente morta al sempiterno obblio,
con più sospiri ardenti
dall'imo petto invidiò colui
che tra gli spenti ad abitar sen giva.
Fin la negletta plebe,
l'uom della villa, ignaro
d'ogni virtù che da saper deriva,
fin la donzella timidetta e schiva,
che già di morte al nome
sentì rizzar le chiome,
osa alla tomba, alle funeree bende
fermar lo sguardo di costanza pieno,
osa ferro e veleno
meditar lungamente,
e nell'indotta mente
la gentilezza del morir comprende.
Tanto alla morte inclina
d'amor la disciplina. Anco sovente,
a tal venuto il gran travaglio interno
che sostener nol può forza mortale,
o cede il corpo frale
ai terribili moti, e in questa forma
pel fraterno poter Morte prevale;
o così sporna Amor là nel profondo,
che da se stessi il villanello ignaro,
la tenera donzella
con la man violenta
pongon le membra giovanili in terra.
Ride ai lor casi il mondo,
a cui pace e vecchiezza il ciel consenta.

Ai fervidi, ai felici,
agli animosi ingegni
l'uno o l'altro di voi conceda il fato,
dolci signori, amici
all'umana famiglia,

vom Lager sich erheben,
nie wiedersehn den haften, hellen Tag!
Und oft beim Grabgeläute, beim Gesang,
der auf dem letzten Gang
die Toten ewigem Vergessen weiht,
vermehrt' er seine Seufzer,
die heißer glühten, und es faßt' ihn Neid
auf den, der so zu seinen Vätern wallte.
Ja, selbst das niedre Volk,
der Bauer, der nichts hörte
von Tugend, die das Wissen nur verleiht,
das scheue, spröde Mädchen, dem sich sonst
beim Namen schon des Todes
die Haare sträuben wollten,
es wagt den Trauerflor, das offne Grab
mit unverwandtem Blick jetzt anzuschauen,
es wagt bei Gift und Eisen
jetzt lange zu verweilen;
sein unbelehrter Geist
versteht, wie freundlich sich der Tod erweist.
So leitet uns die Liebe
zum Sterben an. Und wenn die innern Plagen
in solchen Qualen enden,
daß Menschenkräfte sie nicht mehr ertragen,
so wird der schwache Leib
dem Schreckenssturm erliegen, und der Tod
kann für den Bruder seine Macht verwenden;
wo nicht, wird Amor tief im Herzen schüren,
daß sie sich selbst – der ungewitzte Bauer,
das lieblich-zarte Kind –
mit ungestümer Hand
in ihrer Jugendkraft zu Boden strecken.
Die Menge spottet ihrer;
soll sie ein langes, stilles Leben führen.

Den glühend-glücklichen,
den hochgesinnten Geistern
soll das Geschick von euch Gebietern einen
gewähren, Freunde ihr
dem menschlichen Geschlechte,

al cui poter nessun poter somiglia
nell'immenso universo, e non l'avanza,
se non quella del fato, altra possanza.
E tu, cui già dal cominciar degli anni
sempre onorata invoco,
bella Morte, pietosa
tu sola al mondo dei terreni affanni,
se celebrata mai
fosti da me, s'al tuo divino stato
l'onte del volgo ingrato
ricompensar tentai,
non tardar più, t'inchina
a disusati preghi,
chiudi alla luce omai
questi occhi tristi, o dell'età reina.
Me certo troverai, qual si sia l'ora
che tu le penne al mio pregar dispieghi,
erta la fronte, armato,
e renitente al fato,
la man che flagellando si colora
nel mio sangue innocente
non ricolmar di lode,
non benedir, com'usa
per antica viltà l'umana gente;
ogni vana speranza onde consola
se coi fanciulli il mondo,
ogni conforto stolto
gittar da me; null'altro in alcun tempo
sperar, se non te sola;
solo aspettar sereno
quel dì ch'io pieghi addormentato il volto
nel tuo virgineo seno.

mit deren Herrschaft keine andern Mächte
im Weltall sich vergleichen – deren Bann
allein die Macht des Schicksals brechen kann.
Und du, den ich seit meiner Jugendzeit
anrufe und verehre,
du schöner Engel, Tod,
der sich allein erbarmt der ird'schen Not,
wenn ich dich je gefeiert
und je zum Preise deiner Herrlichkeit
gemeinen Undanks Schmach
zu sühnen unternommen,
so zaudre nicht mehr, neige
der seltnen Bitte dich
und schließ dem Lichte bald
dies trübe Auge, göttliche Gestalt.
Mich wirst du, wann auch einst die Stunde schlage,
da du zu meinem Heil die Flügel breitest,
erhobnen Hauptes sehn und wohl gerüstet,
das Schicksal zu bestehn;
mich hörst du nimmermehr die Hand lobpreisen,
die mein unschuldig Blut
vergießt mit ihrem Schlage,
und sie gesegnet heißen,
wie es nach altem, feigem Brauch geschieht;
mich siehst du allem eitlen Trost der Welt
entsagen, allem Hoffen,
worauf die Kinder bauen,
und nur auf dich zu jeder Zeit vertrauen,
auf dieses einz'ge Los:
vertraun dem einen Tage,
da ich entschlummert berge mein Gesicht
in deinem reinen Schoß.

A se stesso

Or poserai per sempre,
stanco mio cor. Perì l'inganno estremo,
ch'eterno io mi credei. Perì. Ben sento,
in noi di cari inganni,
non che la speme, il desiderio è spento.
Posa per sempre. Assai
palpitasti. Non val cosa nessuna
i moti tuoi, né di sospiri è degna
la terra. Amaro e noia
la vita, altro mai nulla; e fango è il mondo.
T'acqueta omai. Dispera
l'ultima volta. Al gener nostro il fato
non donò che il morire. Omai disprezza
te, la natura, il brutto
poter che, ascoso, a comun danno impera,
e l'infinita vanità del tutto.

Sopra il Ritratto di una bella Donna scolpito nel Monumento sepolcrale della medesima

Tal fosti: or qui sotterra
polve e scheletro sei. Su l'ossa e il fango
immobilmente collocato invano,
muto, mirando dell'etadi il volo,
sta, di memoria solo
e di dolor custode, il simularco
della scorsa beltà. Quel dolce sguardo,
che tremar fe', se, come or sembra, immoto
in altrui s'affisò; quel labbro, ond'alto
par, come d'urna piena,
traboccare il piacer; quel collo, cinto
già di desio; quell'amorosa mano,
che spesso, ove fu porta,
sentì gelida far la man che strinse;
e il seno, one la gente

An sich selbst

Nun wirst du ruhig bleiben,
mein müdes Herz. Der letzte Wahn verging,
der mir beständig schien. Vorbei. Ich fühl es:
auf holden Trug zu hoffen,
ja, ihn zu wünschen kann uns nichts mehr treiben.
So bleibe ruhig denn.
Genug erbebtest du. Kein Ding ist deiner
Bewegung wert und keiner Seufzer würdig
die Erde. Bittre Öde
ist einzig noch das Leben, Schlamm die Welt.
Sei ruhig nun. Verzweifle
noch dieses eine Mal. Zum Sterben nur
hat uns das Schicksal ausersehn. Verachte
dich selber, die Natur,
die Macht des Bösen, die verborgen waltet,
die Eitelkeit, der alles Tun verfällt.

Auf das Bildnis einer schönen Frau an dem Grabmal derselben

So warst du: und bist nun
da unten Staub, Gebein. Auf Knochen, Schutt
umsonst erbaut zu unbewegter Dauer
und stummem Schauen auf der Zeiten Flug,
als Wächter nur der Trauer
und des Gedenkens steht das Ebenbild
vergangner Schönheit. Jener sanfte Blick,
der zittern machte, hielt er andre Augen,
wie jetzt zum Scheine, fest; und jener Mund,
von dem die Überfülle
der Freude fließen will; der Hals, um den
Verlangen einst sich schlang; die liebe Hand,
die oft im Drucke spürte,
wie sie die andre Hand erkalten ließ;
der Busen, der so vielen

visibilmente di pallor si tinse,
furo alcun tempo: or fango
ed ossa sei: la vista
vituperosa e trista un sasso asconde.

Così riduce il fato
qual sembianza fra noi parve più viva
immagine del ciel. Misterio eterno
dell'esser nostro. Oggi d'eccelsi, immensi
pensieri e sensi inenarrabil fonte,
beltà grandeggia, e pare,
quale splendor vibrato
da natura immortal su queste arene,
di sovrumani fati,
di fortunati regni e d'aurei mondi
segno e sicura spene
dare al mortale stato:
diman, per lieve forza,
sozzo a vedere, abominoso, abbietto
divien quel che fu dianzi
quasi angelico aspetto,
e dalle menti insieme
quel che da lui moveva
ammirabil concetto, si dilegua.

Desiderii infiniti
e visioni altere
crea nel vago pensiere,
per natural virtù, dotto concento;
onde per mar delizioso, arcano
erra lo spirto umano,
quasi come a diporto
ardito notator per l'Oceano:
ma se un discorde accento
fere l'orecchio, in nulla
torna quel paradiso in un momento.

Natura umana, or come,
se frale in tutto e vile,
se polve ed ombra sei, tant'alto senti?

die Blässe sichtbar in das Anlitz trieb –
sie waren: du bist nun
Gebein und Staub; ein Stein
verbirgt das Bild der Trauer und der Schmach.

Das Schicksal richtet so
zugrunde, was als Widerschein des Himmels
sich unter uns gezeigt. Ein ew'ges Rätsel
ist unser Dasein. Heute tiefster Quell
erhabnen, weiten Denkens und Empfindens,
erstrahlt die Schönheit uns,
ein Glanz, von Götterhand
in diese Wüstenei geworfen, Zeichen
und sichres Unterpfand
dem sterblichen Geschick
von hehrer Zukunft, von glücksel'gen Reichen,
von einer goldnen Welt:
und morgen wird, durch leisen Anstoß nur,
zum eklen Anblick, grausig
und gräßlich, was zuvor
so engelschön erschien,
und aus dem Geiste schwindet uns zugleich,
was es in ihm gewirkt,
der Inbegriff des Herrlichen, dahin.

Unendliches Verlangen
und stürmisches Erwarten
erweckt uns im Gedanken
das Spiel der Töne, aus Natur erwacht;
da zieht der Menschengeist durch eines Meeres
geheimnisvolle Pracht
wie durch den Ozean
auf froher Kundschaft zu verwegnen Fahrten:
doch trifft ein falscher Klang
das Ohr, im Augenblick
kehrt jenes Paradies ins Nichts zurück.

Wie kannst du, Menschenwesen,
wenn du nur schwacher Stoff,
nur Staub und Schatten bist, so Hohes fühlen?

Se in parte anco gentile,
come i più degni tuoi moti e pensieri
son così di leggeri
da sì basse cagioni e desti e spenti?

Palinodia al Marchese Gino Capponi

Il sempre sospirar nulla rileva.
Petrarca

Errai, candido Gino; assai gran tempo,
e di gran lunga errai. Misera e vana
stimai la vita, e sovra l'altre insulsa
la stagion ch'or si volge. Intolleranda
parve, e fu, la mia lingua alla beata
prole mortal, se dir si dee mortale
l'uomo, o si può. Fra maraviglia e sdegno,
dall'Eden odorato in cui soggiorna,
rise l'alta progenie, e me negletto
disse, o mal venturoso, e di piaceri
o incapace o inesperto, il proprio fato
creder comune, e del mio mal consorte
l'umana specie. Alfin per entro il fumo
de' sigari onorato, al romorio
de' crepitanti pasticcini, al grido
militar, di gelati e di bevande
ordinator, fra le percosse tazze
e i branditi cucchiai, viva rifulse
agli occhi miei la giornaliera luce
delle gazzette. Riconobbi e vidi
la pubblica letizia, e le dolcezze
del destino mortal. Vidi l'eccelso
stato e il valor delle terrene cose,
e tutto fiori il corso umano, e vidi
come nulla quaggiù dispiace e dura.
Né men conobbi ancor gli studi e l'opre
stupende, e il senno, e le virtudi, e l'alto
saver del secol mio. Né vidi meno

Wenn Edles an dir ist,
wie kann dein bestes Wollen und Verstehen
aus solcher Niedrigkeit
von ungefähr erwachen und vergehen?

Palinodie[16] an den Marchese Gino Capponi

Das stete Seufzen wendet keine Not.
Petrarca

Ich irrte, guter Gino; lang fürwahr
und gründlich irrte ich. Das Leben dünkte
mich arm und eitel, unsre Gegenwart
vor andern Zeiten schal. Mein Wort erschien
unleidlich, und mit Recht, der frohen Schar
der Sterblichen, ist's denn erlaubt und gut,
die Menschen so zu nennen. Staunend, zürnend
verlachte mich vom dufterfüllten Eden[17],
darin sie Wohnung hat, die hohe Sippe:
gemieden oder glücklos und der Freuden
nicht fähig oder kundig, nennte ich
gemeines Los mein Schicksal und die Menschheit
so elend wie mich selbst. Doch durch den Qualm,
den hehren, der Zigarren, durch das Krachen
des brechenden Gebäcks, den Donnerruf,
der nach Gefrornem kriegerisch ergeht
und nach Getränken, zwischen Tassenklirren
und Löffelschwingen leuchtete mir endlich
ins Auge das alltäglich helle Licht
der Zeitungen. Ich sah und nahm in acht,
wie froh die Menge ist und wie ergötzlich
das Menschenschicksal. Und ich sah die Größe,
den hohen Stand der irdischen Geschäfte,
den Blumenweg des Lebens, und ich sah,
wie nichts, was uns mißfällt, hienieden dauert.[18]
Auch lernt ich nun die staunenswerten Taten
und Werke kennen und die Kraft, die Tiefe,
das Wissen meiner Zeit. Und ich gewahrte,

da Marrocco al Catai, dall'Orse al Nilo,
e da Boston a Goa, correr dell'alma
felicità su l'orme a gara ansando
regni, imperi e ducati; e già tenerla
o per le chiome fluttuanti, o certo
per l'estremo del boa. Così vedendo,
e meditando sovra i larghi fogli
profondamente, del mio grave, antico
errore, e di me stesso, ebbi vergogna.

Aureo secolo omai volgono, o Gino,
i fusi delle Parche. Ogni giornale,
gener vario di lingue e di colonne,
da tutti i lidi lo promette al mondo
concordemente. Universale amore,
ferrate vie, moltiplici commerci,
vapor, tipi e *choléra* i più divisi
popoli e climi stringeranno insieme:
né maraviglia fia se pino o quercia
suderà latte e mele, o s'anco al suono
d'un *walser* danzerà. Tanto la possa
infin qui de' lambicchi e delle storte,
e le macchine al cielo emulatrici
crebbero, e tanto cresceranno al tempo
che seguirà; poiché di meglio in meglio
senza fin vola e volerà mai sempre
di Sem, di Cam e di Giapeto il seme.

Ghiande non ciberà certo la terra
però, se fame non la sforza: il duro
ferro non deporrà. Ben molte volte
argento ed or disprezzerà, contenta
a polizze di cambio. E già dal caro
sangue de' suoi non asterrà la mano
la generosa stirpe: anzi coverte
fien di stragi l'Europa e l'altra riva
dell'atlantico mar, fresca nutrice
di pura civiltà, sempre che spinga
contrarie in campo le fraterne schiere
di pepe o di cannella o d'altro aroma

wie vom Pandschab zum Rif, vom Pol zum Nil,
von Boston bis nach Goa auf den Spuren
der Dame Glück die Staaten, groß und klein,
wetteifernd laufen; und sie halten sie
auch schon bei ihren Locken oder doch
am Ende ihrer Boa. Solches sehend
und über jenen großen Blättern sinnend,
empfand ich meinen schweren, alten Irrtum
und schämte mich für ihn und für mich selbst.

Ein goldnes Säkulum, o Gino, winden
die Parzen von den Spindeln. Jedes Blatt,
verschieden doch an Spaltenzahl und Sprache,
verspricht's an seinem Orte jetzt der Welt
wie alle andern. *Eine* große Liebe,
vielfält'ger Handel, Eisenbahnen, Dampf,
die Cholera, der Buchdruck knüpfen bald
entferntestes Geländ und Volk zusammen.
Kein Wunder, wenn die Pinie, die Eiche
von Milch und Honig trieft, ja, zu den Klängen
von einem Walzer tanzt. So viel vermögen
die Kolben heutzutag und die Retorten
und die Maschinen, Konkurrenz des Himmels,
und mehr noch werden sie in Zukunft können,
denn ohne End und immer nur zum Bessern
erhebt sich jetzt und wird fortan der Same
des Sem, des Ham, des Japhet[19] sich erheben.

Gewiß, von Eicheln wird die Erde sich
nicht nähren ohne Not: das harte Eisen
wird sie nicht fallenlassen. Gold und Silber
wird sie gar oft verachten, wohl zufrieden
mit Wechselbriefen. Und vom lieben Blute
der Seinen wird das hochgesinnte Volk
die Hand nicht lassen: nein, Gemetzel werden
Europa überziehen und das andre
Atlantik-Ufer, jene neue Wiege
der lauteren Gesittung – scheidet denn
in Feindeshaufen die verwandten Scharen
so schwere Ursach wie der Zimt, der Pfeffer,

fatal cagione, o di melate canne,
o cagion qual si sia ch'ad auro torni.
Valor vero e virtù, modestia e fede
e di giustizia amor, sempre in qualunque
pubblico stato, alieni in tutto e lungi
da' comuni negozi, ovvero in tutto
sfortunati saranno, afflitti e vinti;
perché diè lor natura, in ogni tempo
starsene in fondo. Ardir protervo e frode,
con mediocrità, regneran sempre,
a galleggiar sortiti. Imperio e forze,
quanto più vogli o cumulate o sparse,
abuserà chiunque avralle, e sotto
qualunque nome. Questa legge in pria
scrisser natura e il fato in adamante;
e co' fulmini suoi Volta né Davy
lei non cancellerà, non Anglia tutta
con le macchine sue, né con un Gange
di politici scritti il secol novo.
Sempre il buono in tristezza, il vile in festa
sempre e il ribaldo: incontro all'alme eccelse
in arme tutti congiurati i mondi
fieno in perpetuo: al vero onor seguaci
calunnia, odio e livor: cibo de' forti
il debole, cultor de' ricchi e servo
il digiuno mendico, in ogni forma
di comun reggimento, o presso o lungi
sien l'eclittica o i poli, eternamente
sarà, se al gener nostro il proprio albergo
e la face del dì non vengon meno.

Queste lievi reliquie e questi segni
delle passate età, forza è che impressi
porti quella che sorge età dell'oro:
perché mille discordi e repugnanti
l'umana compagnia principii e parti
ha per natura; e por quegli odii in pace
non valser gl'intelletti e le possanze
degli uomini giammai, dal dì che nacque
l'inclita schiatta, e non varrà, quantunque

ein anderes Gewürz, ein süßes Rohr,
was es auch sei, das sich in Gold verwandelt.
Der wahre Wert, die Tugend und die Treue,
Bescheidenheit, gerechter Sinn, sie werden
den Staatsgeschäften fremd und ferne bleiben,
wo es auch sei – sie würden denn in allem
besiegt, verletzt, vom Glücke ganz verlassen;
denn ihnen gab Natur, in jeder Zeit
zu unterliegen. Zum Erfolg bestimmt,
regieren stets verwegne Anmaßung,
Betrug und Mittelmaß. Die Macht mißbraucht,
wer sie erlangt, sie sei gehäuft, verteilt,
wie du nur willst, und unter jedem Namen,
den du ihr gibst. In Diamant geschrieben
steht dies Gesetz des Schicksals, der Natur;
mit Blitzen kann es Volta oder Davy
nicht tilgen, England nicht mit allen seinen
Maschinen, noch mit einem Ganges von
politischen Traktaten unsre Zeit.
Stets wird der Gute trauern, stets der Böse,
der Niedrige sich freun: den hohen Seelen
begegnet immerdar im Waffenbunde
die ganze Welt; der wahren Ehre folgen
Verleumdung, Haß und Neid; der Schwache bleibt
des Starken Beute und der Hungerleider
des Reichen frommer Knecht, in jeder Art
des Regiments, an jedem Orte zwischen
dem Pol und dem Äquator, jederzeit,
solange noch das menschliche Geschlecht
auf Erden lebt und unterm Sonnenlichte.

Solch flücht'ge Spuren, solche letzten Zeichen
vergangner Zeiten wird die künft'ge wohl,
die goldne Zeit noch aufgeprägt bewahren,
denn tausendfache Zwietracht gab Natur
und tausend widerstreitende Gebote
der menschlichen Gemeinschaft; diese Fehden
zu schlichten haben Macht und Klugheit nie
vermocht, seit das erhabene Geschlecht
geboren ward, und heute auch vermögen

saggio sia né possente, al secol nostro
patto alcuno o giornal. Ma nelle cose
più gravi, intera, e non veduta innanzi,
fia la mortal felicità. Più molli
di giorno in giorno diverran le vesti
o di lana o di seta. I rozzi panni
lasciando a prova agricoltori e fabbri,
chiuderanno in coton la scabra pelle,
e di castoro copriran le schiene.
Meglio fatti al bisogno, o più leggiadri
certamente a veder, tappeti e coltri,
seggiole, canapè, sgabelli e mense,
letti, ed ogni altro arnese, adorneranno
di lor menstrua beltà gli appartamenti;
e nove forme di paiuoli, e nove
pentole ammirerà l'arsa cucina.
Da Parigi a Calais, di quivi a Londra,
da Londra a Liverpool, rapido tanto
sarà, quant'altri immaginar non osa,
il cammino, anzi il volo: e sotto l'ampie
vie del Tamigi fia dischiuso il varco,
opra ardita, immortal, ch'esser dischiuso
dovea, già son molt'anni. Illuminate
meglio ch'or son, benché sicure al pari,
nottetempo saran le vie men trite
delle città sovrane, e talor forse
di suddita città le vie maggiori.
Tali dolcezze e sì beata sorte
alla prole vegnente il ciel destina.

Fortunati color che mente io scrivo
miagolanti in su le braccia accoglie
la levatrice! a cui veder s'aspetta
quei sospirati dì, quando per lunghi
studi fia noto, e imprenderà col latte
dalla cara nutrice ogni fanciullo,
quanto peso di sal, quanto di carni,
e quante moggia di farina inghiotta
il patrio borgo in ciascun mese; e quanti
in ciascun anno partoriti e morti

die klügste Zeitung und das stärkste Bündnis
kein solches Werk. Doch in den ernstern Dingen
wird die Glückseligkeit auf Erden ganz
und ohnegleichen sein. Denn weicher werden
von Tag zu Tag inskünftig die Gewänder
aus Wolle oder Seide. Um die Wette
verschmähen Schmied und Bauer ihre Leinwand
und decken mit Kattun die rauhe Haut,
in Biberpelze hüllen sie den Buckel.
Zu größerm Nutzen wohl, gewiß zum Anschaun
gefälliger, verzieren Decken, Matten,
Fauteuils, Bergèren, Schemel, Tische auch
und Betten, Hausrat aller Art, die Räume
mit Schönheit, die nach Wochen erst vergeht;
und über neu geformte Töpfe, neue
Gefäße wundert sich die rußige Küche.
Zu reisen, nein, zu fliegen von Paris
nach Calais, dann nach London und von London
nach Liverpool geschieht mit solcher Schnelle,
wie's keiner denken kann; und unterm Lauf
der breiten Themse öffnet sich der Gang,[20]
das herrlich kühne Werk, das schon seit Jahren
vollbracht sein sollte. Heller als zur Stunde,
jedoch gleich sicher werden in der Nacht
fortan die unbegangnen Seitengassen
der Kapitalen sein und auch bisweilen
die großen Straßen untertaner Städte.
So reiche Gaben und so schönes Los
beschert der Himmel denen, die uns folgen.

Die Glücklichen, die in dem Augenblicke,
da ich dies schreibe, quäkend noch im Arm
der Amme liegen! sie zu sehen heißt
die Tage nahen sehn, da langes Forschen
erwiesen hat und mit der Milch der lieben
Ernährerin ein jedes Kind erfährt,
wie viele Pfunde Salz und wieviel Fleisch
und wieviel Scheffel Mehl das Heimatdorf
verschlingt in einem Monat; auch, wie viele
Geborne und Verstorbne jedes Jahr

scriva il vecchio prior: quando, per opra
di possente vapore, a milioni
impresse in un secondo, il piano e il poggio,
e credo anco del mar gl'immensi tratti,
come d'aeree gru stuol che repente
alle late campagne il giorno involi,
copriran le gazzette, anima e vita
dell'universo, e di savere a questa
ed alle età venture unica fonte!

Quale un fanciullo, con assidua cura,
di fogliolini e di fuscelli, in forma
o di tempio o di torre o di palazzo,
un edificio innalza; e come prima
fornito il mira, ad atterrarlo è volto,
perché gli stessi a lui fuscelli e fogli
per novo lavorio son di mestieri;
così natura ogni opra sua, quantunque
d'alto artificio a contemplar, non prima
vede perfetta, ch'a disfarla imprende,
le parti sciolte dispensando altrove.
E indarno a preservar se stesso ed altro
dal gioco reo, la cui ragion gli è chiusa
eternamente, il mortal seme accorre
mille virtudi oprando in mille guise
con dotta man: che, d'ogni sforzo in onta,
la natura crudel, fanciullo invitto,
il suo capriccio adempie, e senza posa
distruggendo e formando si trastulla.
Indi varia, infinita una famiglia
di mali immedicabili e di pene
preme il fragil mortale, a perir fatto
irreparabilmente: indi una forza
ostil, distruggitrice, e dentro il fere
e di fuor da ogni lato, assidua, intenta
dal dì che nasce; e l'affatica e stanca,
essa indefatigata; insin ch'ei giace
alfin dall'empia madre oppresso e spento.
Queste, o spirto gentil, miserie estreme
dello stato mortal; vecchiezza e morte,

der alte Pfarrer einträgt; da die Kräfte
gewalt'gen Dampfs im Nu zu Millionen –
die Höhn, die Täler und vielleicht des Meers
unendlich Antlitz deckend, wie ein Schwarm
geschwinder Kraniche miteins das Licht
von weiten Fluren nimmt – die Zeitungsblätter
bedrucken und verstreuen: Mark und Seele
des Universums, und der Wissenschaft
für heute und für immer einz'ger Quell!

So wie ein Kind mit emsig-zäher Sorge
aus Blättchen und aus Halmen einen Bau,
ob Tempel, ob Palast, ob Turm, errichtet –
und kaum erblickt es das vollbrachte Werk,
bereitet es ihm schon den Untergang,
weil es die Blätter und die Halme wieder
mit neuem Fleiß zu neuer Arbeit braucht –,
so denkt Natur vor jedem ihrer Werke,
mag's auch als höchste Kunst erscheinen, nichts
als daß sie's, kaum geschaffen, gleich zertrenne
und seine Teile anderswo verwende.
Umsonst versucht der Mensch, mit tausend Schlichen
sein tausendfach erprobtes Wissen nützend,
sich selbst und andres vor dem bösen Spiel,
das ihm auf ewig unerklärlich bleibt,
zu schützen: jeder Mühe trotzend, grausam,
ein ungebärdig Kind, beharrt Natur
auf ihrer Laune, und zerstörend, bauend
spielt sie so fort und gönnt sich keine Rast.
So preßt ein zahllos vielgestaltig Heer
von unheilbaren Übeln und Gebresten
den schwachen Sterblichen, der unrettbar
dem Untergang verfällt; so peinigt ihn,
von innen und von außen eine Kraft,
feindselig, tödlich, zäh und absichtsvoll,
seit der Geburt; zermürbend und ermüdend,
doch unermüdlich selbst; bis er erliegt,
ein Opfer trügerischer Mutterschaft.
Und dieses letzte Elend, guter Freund,
des todbestimmten Daseins – Altern, Sterben,

ch'han principio d'allor che il labbro infante
preme il tenero sen che vita instilla;
emendar, mi cred'io, non può la lieta
nonadecima età più che potesse
la decima o la nona, e non potranno
più di questa giammai l'età future.
Però, se nominar lice talvolta
con proprio nome il ver, non altro in somma
fuor che infelice, in qualsivoglia tempo,
e non pur ne' civili ordini e modi,
ma della vita in tutte l'altre parti,
per essenza insanabile, e per legge
universal, che terra e cielo abbraccia,
ogni nato sarà. Ma novo e quasi
divin consiglio ritrovàr gli eccelsi
spirti del secol mio: che, non potendo
felice in terra far persona alcuna,
l'uomo obbliando, a ricercar si diero
una comun felicitade; e quella
trovata agevolmente, essi di molti
tristi e miseri tutti, un popol fanno
lieto e felice: e tal portento, ancora
da *pamphlets*, da riviste e da gazzette
non dichiarato, il civil gregge ammira.

Oh menti, oh senno, oh sovrumano acume
dell'età ch'or si volge! E che sicuro
filosofar, che sapienza, o Gino,
in più sublimi ancora e più riposti
subbietti insegna ai secoli futuri
il mio secolo e tuo! Con che costanza
quel che ieri schernì, prosteso adora
oggi, e domani abbatterà, per girne
raccozzando i rottami, e per riporlo
tra il fumo degl'incensi il dì vegnente!
Quanto estimar si dee, che fede inspira
del secol che si volge, anzi dell'anno,
il concorde sentir! con quanta cura
convienci a quel dell'anno, al qual difforme
fia quel dell'altro appresso, il sentir nostro

was seinen Anfang nimmt, wenn noch das Kind
aus zarter Brust das Leben saugt – zu bessern
vermag, so scheint mir, dieses freudenvolle
neunzehnte Säkulum nicht eher als
das neunte oder zehnte, und nicht eher
vermag es je ein künftiges Jahrhundert.
Geht's aber einmal an, daß wir das Wahre
beim Namen nennen, so wird jeder Mensch,
zu welcher Zeit auch, nur unglücklich sein,
und nicht allein durch Sitten und Gesetze,
auch sonst in allen Teilen seines Lebens
durch unheilbare innere Natur
und allgemeine Ordnung, die im Himmel
wie auf der Erde herrscht. Doch es entdeckten
die großen Geister meiner Zeit ein neues,
fast göttliches Rezept: da sie auf Erden
nicht einen einz'gen glücklich machen konnten,
vergaßen sie den Menschen und erstrebten
ein Glück für die Gesamtheit; und das fanden
sie ohne Mühe; machten so aus vielen
Betrübten, lauter Elenden ein Volk,
das froh und glücklich ist; und solches Wunder,
noch nicht erwiesen durch Broschüren, Hefte
und Zeitungen, bestaunt der Bürgerhaufe.

O Geister ihr, o übermenschlich scharfer
Verstand der heut'gen Zeit! Welch sichres Denken,
welch weise Sätze lehrt, o Gino, unser
Jahrhundert alle künftigen Geschlechter
in hoch erhabnen wie in tief geheimen
Zusammenhängen! Und wie regelmäßig
verehrt es heute, was es gestern noch
verachtete und morgen stürzen wird,
um seine Scherben tags darauf zu sammeln
und es mit Weihrauch wieder zu umgeben!
Welch hohe Schätzung, welch Vertrauen ziemt
der Einigkeit in unserem Jahrhundert,
vielmehr, in diesem Jahr! mit wieviel Sorgfalt
vergleichen wir die eigenen Gedanken
der Jahresmeinung, die im nächsten Jahr

comparando, fuggir che mai d'un punto
non sien diversi! E di che tratto innanzi,
se al moderno si opponga il tempo antico,
filosofando il saper nostro è scorso!

Un già de' tuoi, lodato Gino; un franco
di poetar maestro, anzi di tutte
scienze ed arti e facoltadi umane,
e menti che fur mai, sono e saranno,
dottore, emendator, lascia, mi disse,
i propri affetti tuoi. Di lor non cura
questa virile età, volta ai severi
economici studi, e intenta il ciglio
nelle pubbliche cose. Il proprio petto
esplorar che ti val? Materia al canto
non cercar dentro te. Canta i bisogni
del secol nostro, e la matura speme.
Memorande sentenze! ond'io solenni
le risa alzai quando sonava il nome
della speranza al mio profano orecchio
quasi comica voce, o come un suono
di lingua che dal latte si scompagni.
Or torno addietro, ed al passato un corso
contrario imprendo, per non dubbi esempi
chiaro oggimai ch'al secol proprio vuolsi,
non contraddir, non repugnar, se lode
cerchi e fama appo lui, ma fedelmente
adulando ubbidir: così per breve
ed agito cammin vassi alle stelle.
Ond'io, degli astri desioso, al canto
del secolo i bisogni omai non penso
materia far; che a quelli, ognor crescendo,
provveggono i mercati e le officine
già largamente; ma la speme io certo
dirò, la speme, onde visibil pegno
già concedon gli Dei; già, della nova
felicità principio, ostenta il labbro
de' giovani, e la guancia, enorme il pelo.

sich ändern wird, um ja in keinem Punkte
von ihr zu weichen! Und wie weit sind wir,
die neue an der alten Zeit gemessen,
in der Erkenntnis nicht vorangeschritten!

Der Deinen, teurer Gino, ehmals einer,
der Dichtkunst unbefangner Meister[21] – mehr,
ein Lehrer und Verbeßrer aller Künste
und alles Wissens, alles Tuns und Denkens,
das war und ist und sein wird, sprach zu mir:
„Laß dein Empfinden. Diese Männerzeit,
sie achtet seiner nicht; die strengen Lehren
des Handels fesseln sie, ihr Sinnen gilt
den öffentlichen Dingen. Was erforschst du
die eigne Brust? Der Stoff zum Liede, such ihn
nicht in dir selbst. Die Forderung der Zeit
besinge und die fast erfüllte Hoffnung."
Denkwürd'ge Sätze! über die ich laut
zu lachen anhob, da der Name Hoffnung
an mein uneingeweihtes Ohr noch drang
gleich einem Scherzwort oder wie ein Laut
von kaum der Muttermilch entwöhntem Munde.
Jetzt kehr ich um und schlage einen Weg
entgegen meinem frühern ein, versichert
nunmehr durch klares Beispiel, es sei ratsam,
dem eigenen Jahrhundert nicht zu trotzen,
das Lob und Ruhm gewähren soll – vielmehr,
anbetend ihm zu folgen: so gelangen
wir leichten, schnellen Fußes zu den Sternen.
Dorthin begehrend, wähl ich meinem Lied
die Forderung der Zeit jetzt nicht zum Stoffe;
ihr nämlich, die mit jeder Stunde wächst,
genügen ja die Märkte und Fabriken
in vollem Maß; die Hoffnung aber nenn ich
gewiß, die Hoffnung, denn von ihr gewähren
die Götter schon ein sichtbar Unterpfand:
Beginn des neuen Glückes, zeigt das Antlitz
der jungen Männer Haar[22] im Überflusse.

O salve, o segno salutare, o prima
luce della famosa età che sorge.
Mira dinanzi a te come s'allegra
la terra e il ciel, come sfavilla il guardo
delle donzelle e per conviti e feste
qual de' barbati eroi fama già vola.
Cresci, cresci alla patria, o maschia certo
moderna prole. All'ombra de' tuoi velli
Italia crescerà, crescerà tutta
dalle foci del Tago all'Ellesponto
Europa, e il mondo poserà sicuro.
E tu comincia a salutar col riso
gl'ispidi genitori, o prole infante,
eletta agli aurei dì: né ti spauri
l'innocuo nereggiar de' cari aspetti.
Ridi, o tenera prole: a te serbato
è di cotanto favellare il frutto;
veder gioia regnar, cittadi e ville,
vecchiezza e gioventù del par contente,
e le barbe ondeggiar lunghe due spanne.

O sei gegrüßt, heilbringend Zeichen du,
du erstes Licht im Anbruch großer Zeiten.
Gewahre, wie sich Erd und Himmel freuen,
sieh, wie der Blick der Mädchen sich verklärt
und wie der Ruhm der bärtigen Heroen
an Mählern und an Festen widerhallt.
O wachse, wachse für das Vaterland,
du neues, sicher männliches Geschlecht.
Italien wächst im Schatten deiner Zotten,
Europa wächst vom Hellespont zum Tajo,
in festem Schutze ruht fortan die Welt.
Ihr aber, o ihr Kinder, Erben ihr
der goldnen Tage, lernt mit eurem Lachen
die struppigen Väter grüßen; euch erschrecke
die Schwärze auf den lieben Wangen nicht.
Ihr zarten Sprosse, lacht: euch fällt es zu,
so vielen Redens Frucht einst zu genießen;
zu sehn, wie Freude herrscht, wie Stadt und Dorf,
wie Greis und Jüngling gleich zufrieden sind
und wie zwei Spannen lang die Bärte wallen.

Il Tramonto della Luna

Quale in notte solinga,
sovra campagne inargentate ed acque,
là 've zefiro aleggia,
e mille vaghi aspetti
e ingannevoli obbietti
fingon l'ombre lontane
infra l'onde tranquille
e rami e siepi e collinette e ville;
giunta al confin del cielo,
dietro Apennino od Alpe, o del Tirreno
nell'infinito seno
scende la luna; e si scolora il mondo;
spariscon l'ombre, ed una
oscurità la valle e il monte imbruna;
orba la notte resta,
e cantando, con mesta melodia,
l'estremo albor della fuggente luce,
che dianzi gli fu duce,
saluta il carrettier dalla sua via;

tal si dilegua, e tale
lascia l'età mortale
la giovinezza. In fuga
van l'ombre e le sembianze
dei dilettosi inganni; e vengon meno
le lontane speranze,
ove s'appoggia la mortal natura.
Abbandonata, oscura
resta la vita. In lei porgendo il guardo,
cerca il confuso viatore invano
del cammin lungo che avanzar si sente
meta o ragione; e vede
che a se l'umana sede,
esso a lei veramente è fatto estrano.

Troppo felice e lieta
nostra misera sorte
parve lassù, se il giovanile stato,

Monduntergang

So wie in stiller Nacht
beim Silberschein auf Wasser und Gefilde,
beim Zephirs leisem Wehn,
da tausend Zauberformen
und täuschende Gebilde
im fernen Dunkel stehn
am sanft bespülten Strande
und zwischen Baum und Hügel, Hof und Zaun;
wie da am Himmelsrande,
in Klüften hoch des Apennins, der Alpen,
im tiefen Tuskermeere[23]
der Mond versinkt; und alles Licht wird fahl;
die Schatten selber schwinden,
und *eine* Nacht umhüllt Gebirg und Tal;
die Lande rings erblinden;
der Fuhrmann aber grüßt von seinem Pfad
mit traur'gem Lied den letzten Widerschein
der schon vergangnen Helle,
die seine Fahrt zuvor geleitet hat –

so schwindet auch und so
entzieht sich diesem Leben
die Jugendzeit. Es fliehn
die Schatten und die Bilder
des holden Wahns; was ferne unserm Streben
erreichbar schien, ein Halt
der menschlichen Natur, es ist dahin.
In dunkler Einsamkeit
versinkt das Dasein. Der verwirrte Wandrer,
mit seinem Blick ihm folgend, sucht umsonst
nach Ziel und Sinn des Weges, der noch weit
vor seinem Schritt sich dehnt.
Ihm wird des Menschen Stätte
zum fremden Orte, der auch ihn nicht kennt.

Zu glücklich und zu froh
erschiene wohl dem Himmel
dies arme Erdenleben, wenn die Jugend,

dove ogni ben di mille pene è frutto,
durasse tutto della vita il corso.
Troppo mite decreto
quel che sentenzia ogni animale a morte,
s'anco mezza la via
lor non si desse in pria
della terribil morte assai più dura.
D'intelletti immortali
degno trovato, estremo
di tutti i mali, ritrovàr gli eterni
la vecchiezza, ove fosse
incolume il desio, la speme estinta,
secche le fonti del piacer, le pene
maggiori sempre, e non più dato il bene.

Voi, collinette e piagge,
caduto lo splendor che all'occidente
inargentava della notte il velo,
orfane ancor gran tempo
non resterete; che dall'altra parte
tosto vedrete il cielo
imbiancar novamente, e sorger l'alba:
alla qual poscia seguitando il sole,
e folgorando intorno
con sue fiamme possenti,
di lucidi torrenti
inonderà con voi gli eterei campi.
Ma la vita mortal, poi che la bella
giovinezza sparì, non si colora
d'altra luce giammai, né d'altra aurora.
Vedova è insino al fine; ed alla notte
che l'altre etadi oscura,
segno poser gli Dei la sepoltura.

der jede Lust aus tausend Qualen reift,
es bis ans Ende seines Laufes führte.
Zu milde war der Spruch,
der alles Lebende zum Tod verdammte,
wenn es zuvor den Fluch
des Niedergangs nicht spürte,
der härter als das Sterben nach uns greift.
Ein Fund, der Götter würdig,
ward so die höchste Not
von den Unsterblichen entdeckt, das Alter,
in dem zwar das Verlangen
nicht kleiner wird, jedoch die Hoffnung endet,
der Freude Quell versiegt, die Qualen wachsen
und uns das Leben keine Lust mehr spendet.

Ihr Höhn, ihr weiten Lande,
versunken ist im Westen jener Glanz,
der dort das Kleid der Nacht mit Silber säumte;
doch werdet ihr nicht lange
verwaist sein, werdet bald am andern Rande
den Himmel sich erhellen
und eine neue Dämmrung nahen sehn;
ihr aber muß sogleich die Sonne folgen:
sie wird aus ihren Gluten
ein Strahlenmeer versprühn
und so mit euch zugleich
die ewigen Gefilde überfluten.
Allein, das Menschenleben, dem die Jugend,
die köstliche, entwich, es füllt sich nie
mit anderm Licht, mit neuer Morgenröte.
Verlassen bleibt es, und zum Zeichen bloß
der Nacht, in die es schreitet,
ward von den Göttern uns das Grab bereitet.

La Ginestra o il Fiore del Deserto

E gli uomini vollero piuttosto le tenebre
che la luce.
Giovanni, 3,19

Qui su l'arida schiena
del formidabil monte
sterminator Vesevo,
la qual null'altro allegra arbor né fiore,
tuoi cespi solitari intorno spargi,
odorata ginestra,
contenta dei deserti. Anco ti vidi
de' tuoi steli abbellir l'erme contrade
che cingon la cittade
la qual fu donna de' mortali un tempo,
e del perduto impero
par che col grave e taciturno aspetto
faccian fede e ricordo al passeggero.
Or ti riveggo in questo suol, di tristi
lochi e dal mondo abbandonati amante,
e d'afflitte fortune ognor compagna.
Questi campi cosparsi
di ceneri infeconde, e ricoperti
dell'impietrata lava,
che sotto i passi al peregrin risona;
dove s'annida e si contorce al sole
la serpe, e dove al noto
cavernoso covil torna il coniglio;
fur liete ville e colti,
e biondeggiàr di spiche, e risonaro
di muggito d'armenti;
fur giardini e palagi,
agli ozi de' potenti
gradito ospizio; e fur città famose
che coi torrenti suoi l'altero monte
dall'ignea bocca fulminando oppresse
con gli abitanti insieme. Or tutto intorno
una ruina involve,
dove tu siedi, o fior gentile, e quasi

Der Ginster oder die Blume der Wüste

Und die Menschen liebten die Finsternis
mehr als das Licht.
Joh. 3,19

Hier auf dem kahlen Rücken
des unheilvollen Berges,
des schrecklichen Vesuv,
den sonst kein Baum und keine Blumen schmücken,
hier breitest du dich aus, einsamer Ginster,
und deinen Duft verströmst du,
des öden Lands zufrieden. Vordem sah ich
durch deinen Wuchs verschönt die wüsten Strecken,
die jene Stadt, einst Herrin über alle,
umgürten und im Wandrer
mit ihrem ernsten Anblick, ihrem Schweigen
Erinnerungen wecken
an das verlorne Reich, von dem sie zeugen.
Nun seh ich dich auf diesem Boden wieder,
du Freund verlaßner, trauervoller Stätten
und überwundner Größe treuer Hüter.
Die Hänge hier, bestreut
mit unfruchtbarer Asche und bedeckt
vom steingewordnen Feuer,
das unterm Schritt des Fremden widerhallt;
wo sich die Schlange sonnt und Nester baut,
wo zum vertrauten Winkel
im ausgehöhlten Grund der Hase kehrt;
sie waren einst bewohnt – die heitern Fluren
erstrahlten in der Reife und erdröhnten
vom dumpfen Ruf der Rinder;
sie waren Gärten, Villen,
den Mächtigen ein lieber Aufenthalt
in ihrer Muße; weit berühmte Städte,
die mit den jähen Gluten
aus seinem Feuerschlund der stolze Berg
samt ihren Bürgern traf. Nun dehnt sich rings
ein einz'ger Trümmerhaufe,
wo du gedeihst, du freundliches Gewächs,

i danni altrui commiserando, al cielo
di dolcissimo odor mandi un profumo,
che il deserto consola. A queste piagge
venga colui che d'esaltar con lode
il nostro stato ha in uso, e vegga quanto
è il gener nostro in cura
all'amante natura. E la possanza
qui con giusta misura
anco estimar potrà dell'uman seme,
cui la dura nutrice, ov'ei men teme,
con lieve moto in un momento annulla
in parte, e può con moti
poco men lievi ancor subitamente
annichilare in tutto.
Dipinte in queste rive
son dell'umana gente
le magnifiche sorti e progressive.

Qui mira e qui ti specchia,
secol superbo e sciocco,
che il calle insino allora
dal risorto pensier segnato innanti
abbandonasti, e volti addietro i passi,
del ritornar ti vanti,
e procedere il chiami.
Al tuo pargoleggiar gl'ingegni tutti,
di cui lor sorte rea padre ti fece,
vanno adulando, ancora
ch'a ludibrio talora
t'abbian fra se. Non io
con tal vergogna scenderò sotterra;
ma il disprezzo piuttosto che si serra
di te nel petto mio,
mostrato avrò quanto si possa aperto:
ben ch'io sappia che obblio
preme chi troppo all'età propria increbbe.
Di questo mal, che teco
mi fia comune, assai finor mi rido.
Libertà vai sognando, e servo a un tempo
vuoi di novo il pensiero,

und wie aus Mitgefühl mit fremdem Unglück
zum Himmel einen wundersüßen Duft
als Trost der Wüste sendest. Diesen Ort
besuche, wer gewohnt ist, unser Schicksal
zu preisen und zu loben, daß er sehe,
wie liebreich die Natur
sich unser annimmt. Hier vermag er dann
in ihrem wahren Maße
die Macht des menschlichen Geschlechts zu schätzen,
das unvermutet seine arge Mutter
in einem Augenblick
mit einem leichten Stoß zum Teil vernichten
und mit kaum schwerern Stößen auch auf einmal
durchaus vertilgen kann.
Die Hänge hier berichten
von jenem uns gewährten
„fortschreitenden und herrlichen Geschick“[24].

Sieh hier dein Spiegelbild,
verblendetes Jahrhundert:
den Weg hast du verlassen,
den einst das neugeborne Denken fand;
du hast dich umgewandt
und rühmst dich deines Rückzugs,
der dir als Fortschritt gilt.
Die Geister alle, die ihr Unglücksstern
zu deinen Kindern machte,
sie schmeicheln deinen kindisch-tollen Grillen,
wie oft sie auch im stillen
dich schmähen. Aber ich
will nicht mit solcher Lüge einst verscheiden;
nein, die Verachtung, die sich mir im Busen
zusammendrängt für dich,
sooft ich kann, will ich sie offen zeigen:
wohl wissend, daß Vergessen
den straft, der seiner eignen Zeit mißfiel.
Dies Unglück teil ich wohl
dereinst mit dir; so kann ich seiner lachen.
Von Freiheit träumst du, möchtest dennoch wieder
zum Sklaven den Gedanken,

sol per cui risorgemmo
della barbarie in parte, e per cui solo
si cresce in civiltà, che sola in meglio
guida i pubblici fati.
Così ti spiacque il vero
dell'aspra sorte e del depresso loco
che natura ci diè. Per questo il tergo
vigliaccamente rivolgesti al lume
che il fe' palese: e, fuggitivo, appelli
vil chi lui segue, e solo
magnanimo colui
che se schernendo o gli altri, astuto o folle,
fin sopra gli astri il mortal grado estolle.

Uom di povero stato e membra inferme
che sia dell'alma generoso ed alto,
non chiama se né stima
ricco d'or né gagliardo,
e di splendida vita o di valente
persona infra la gente
non fa risibil mostra;
ma se di forza e di tesor mendico
lascia parer senza vergogna, e noma
parlando, apertamente, e di sue cose
fa stima al vero uguale.
Magnanimo animale
non credo io già, ma stolto,
quel che nato a perir, nutrito in pene,
dice, a goder son fatto,
e di fetido orgoglio
empie le carte, eccelsi fati e nove
felicità, quali il ciel tutto ignora,
non pur quest'orbe, promettendo in terra
a popoli che un'onda
di mar commosso, un fiato
d'aura maligna, un sotterraneo crollo
distrugge sì, che avanza
a gran pena di lor la rimembranza.
Nobil natura è quella
che a sollevar s'ardisce

der uns allein befreit
aus Barbarei, der uns allein erhebt
zur Bildung, die den Gang der Welt allein
zum Bessern führen kann.
Es kränkte dich die Wahrheit
des schweren Loses und des niedern Stands,
die uns Natur bescherte. Darum kehrtest
du ängstlich mit dem Rücken dich zum Licht,
das sie enthüllte: fliehend nennst du feige
den, der ihm folgt, und tapfer
nur den, der voller List
die andern oder blind sich selbst verhöhnend
den Rang der Sterblichen am Himmel mißt.

Ein arm geborner Mann, geringen Leibes,
doch großen, edlen Sinns,
schätzt sich nicht reich an Gütern,
noch rühmt er seine Kräfte
und wird nicht durch den angemaßten Schein
von Überfluß und Stärke
den Menschen zum Gespött;
nein, unbefangen zeigt er sich als Bettler,
an Gold wie an Gesundheit, und erklärt
den Mangel offen, schätzt das eigne Dasein
auf seinen wahren Wert.
Ein Wesen, nicht erhaben,
doch töricht, wie mir scheint,
das unter Qualen lebt, um zu vergehen,
und sagt: ich bin geschaffen, mich zu freun;
das so mit eklem Stolze
die Blätter füllt und eine hehre Zukunft,
ein neues Glück, wie's nicht einmal der Himmel
noch gar die Erde kennt, verheißt hienieden:
für Völker, die ein Schwall
des aufgeregten Meeres,
ein gift'ger Hauch, ein unterirdisch Beben
so ganz zerstört, daß kaum
Erinnerungen sie noch überleben.
Ein edler Sinn erkühnt sich,
die todgeweihten Augen

gli occhi mortali incontra
al comun fato, e che con franca lingua,
nulla al ver detraendo,
confessa il mal che ci fu dato in sorte,
e il basso stato e frale;
quella che grande e forte
mostra se nel soffrir, né gli odii e l'ire
fraterne, ancor più gravi
d'ogni altro danno, accresce
alle miserie sue, l'uomo incolpando
del suo dolor, ma dà la colpa a quella
che veramente è rea, che de' mortali
madre è di parto e di voler matrigna.
Costei chiama inimica; e incontro a questa
congiunta esser pensando,
siccome è il vero, ed ordinata in pria
l'umana compagnia,
tutti fra se confederati estima
gli uomini, e tutti abbraccia
con vero amor, porgendo
valida e pronta ed aspettando aita
negli alterni perigli e nelle angosce
della guerra comune. Ed alle offese
dell'uomo armar la destra, e laccio porre
al vicino ed inciampo,
stolto crede così qual fora in campo
cinto d'oste contraria, in sul più vivo
incalzar degli assalti,
gl'inimici obbliando, acerbe gare
imprender con gli amici,
e sparger fuga e fulminar col brando
infra i propri guerrieri.
Così fatti pensieri
quando fien, come fur, palesi al volgo,
e quell'orror che primo
contra l'empia natura
strinse i mortali in social catena,
fia ricondotto in parte
da verace saper, l'onesto e il retto
conversar cittadino,

zum allgemeinen Schicksal zu erheben;
mit seinem freien Wort,
das keine Wahrheit mindert,
gesteht er ein, welch hartes Los uns traf,
welch karges, schwaches Leben;
im Leiden zeigt er sich
voll Größe, voller Kraft und mehrt sein Elend
nicht mit dem schwersten Ungemach, dem Haß,
dem Zorn auf seinesgleichen;
nicht Menschen gibt er schuld
an seinem Schmerz, nein, jene klagt er an,
die einzig schuldig ist, die uns gebar
als Mutter und die Kinder von sich stößt.
Sie nennt er seine Feindin; gegen sie
glaubt er mit Recht die Menschen
vereinigt allesamt und ihren Bund
von Anbeginn geordnet;
sie alle sieht er unter sich verschworen,
und mit wahrhaft'ger Liebe
umfängt er alle, Beistand rasch und wirksam
gewährend und erwartend
im Wechsel der Gefahren und im Drange
des allgemeinen Kampfs. Und ob der Kränkung
durch andre Menschen zu den Waffen greifen,
den Nächsten überlisten
gilt ihm als Torheit, gleich wie wenn im Lager,
das rings der Feind bedrängt,
beim heftigsten und letzten Ansturm einer
den Gegner ganz vergäße und die Freunde
mit seinem Grimm verfolgte,
Entsetzen in die eignen Reihen trüge
und mit dem Schwert sie schlüge.
Wird solches Denken einst
wie ehemals den Völkern wieder eigen
und kehrt der alte Schrecken,
der uns zuerst vereinte
zum engen Bündnis gegen die Natur,
dereinst zurück – doch nur
durch klares Wissen –, dann gewinnen auch
Gemeinsinn, Bürgerehre,

e giustizia e pietade, altra radice
avranno allor che non superbe fole,
ove fondata probità del volgo
così star suole in piede
quale star può quel ch'ha in error la sede.

Sovente in queste rive,
che, desolate, a bruno
veste il flutto indurato, e par che ondeggi,
seggo la notte; e su la mesta landa
in purissimo azzurro
veggo dall'alto fiammeggiar le stelle,
cui di lontan fa specchio
il mare, e tutto di scintille in giro
per lo vòto seren brillare il mondo.
E poi che gli occhi a quelle luci appunto,
ch'a lor sembrano un punto,
e sono immense, in guisa
che un punto a petto a lor son terra e mare
veracemente; a cui
l'uomo non pur, ma questo
globo ove l'uome è nulla,
sconosciuto è del tutto; e quando miro
quegli ancor più senz'alcun fin remoti
nodi quasi di stelle,
ch'a noi paison qual nebbia, a cui non l'uomo
e non la terra sol, ma tutte in uno,
del numero infinite e della mole,
con l'aureo sole insiem, le nostre stelle
o sono ignote, o così paion come
essi alla terra, un punto
di luce nebulosa; al pensier mio
che sembri allora, o prole
dell'uomo? E rimembrando
il tuo stato quaggiù, di cui fa segno
il suol ch'io premo; e poi dall'altra parte,
che te signore e fine
credi tu data al Tutto, e quante volte
favoleggiar ti piacque, in questo oscuro
granel di sabbia, il qual di terra ha nome,

Gerechtigkeit und Milde andern Grund
als jene Lügenfabeln,
auf denen nun die Redlichkeit des Volkes
so fest zu ruhen pflegt,
wie etwas ruht, das doch der Irrtum trägt.

Oft sitz ich hier des Nachts
am trostlos-wüsten Hange,
der unterm Trauerkleid erstarrter Flut
zu wogen scheint; und über finstrer Heide
im tiefsten Himmelsblau
seh ich die Sterne aus der Höhe funkeln,
die ferne noch das Meer
im Spiegel fängt, und rings durch klare Weiten
die Welt in einem Funkenspiel erglänzen.
Und richt ich dann den Blick auf jene Lichter,
die ihm wie Punkte scheinen
und doch so riesig sind,
daß neben ihnen Land und Meer fürwahr
nicht größer sind als Punkte;
für die nicht bloß der Mensch,
nein, selbst die Welt, wo Menschen nichts bedeuten,
ein Unbekanntes ist;
und seh ich weiter noch im Grenzenlosen
die Sternenbänder dort,
die uns wie Nebel scheinen – und für jene
sind nicht nur Mensch und Erde, sind all unsre
unzählig-unermeßlichen Gestirne
mitsamt der goldnen Sonne unbekannt,
sie wären ihnen denn wie sie der Erde
nichts weiter als ein Punkt
aus lichtem Nebel –: wie erscheint wohl ihr
dem Sinnenden, ihr Erben
des Menschen? Und gedenk ich
des Erdendaseins, wie es unterm Fuße
der Boden mir bezeugt; und daß ihr dennoch
als Herren euch, als höchsten Zweck dem All
verordnet glaubt – wie oft ihr schon erzähltet,
um euretwillen stiegen
zu diesem Sandkorn, das uns Erde heißt,

per tua cagion, dell'universe cose
scender gli autori, e conversar sovente
co' tuoi piacevolmente, e che i derisi
sogni rinnovellando, ai saggi insulta
fin la presente età, che in conoscenza
ed in civil costume
sembra tutte avanzar; qual moto allora,
mortal prole infelice, o qual pensiero
verso te finalmente il cor m'assale?
Non so se il riso o la pietà prevale.

Come d'arbor cadendo un picciol pomo,
cui là nel tardo autunno
maturità senz'altra forza atterra,
d'ùn popol di formiche i dolci alberghi,
cavati in molle gleba
con gran lavoro, e l'opre
e le ricchezze che adunate a prova
con lungo affaticar l'assidua gente
avea provvidamente al tempo estivo,
schiaccia, diserta e copre
in un punto; così d'alto piombando,
dall'utero tonante
scagliata al ciel profondo,
di ceneri e di pomici e di sassi
notte e ruina, infusa
di bollenti ruscelli,
o pel montano fianco
furiosa tra l'erba
di liquefatti massi
e di metalli e d'infocata arena
scendendo immensa piena,
le cittadi che il mar là su l'estremo
lido aspergea, confuse
e infranse e ricoperse
in pochi istanti: onde su quelle or pasce
la capra, e città nove
sorgon dall'altra banda, a cui sgabello
son le sepolte, e le prostrate mura
l'arduo monte al suo piè quasi calpesta.

die Schöpfer aller Dinge gern hernieder,
und oft verkehrten sie mit euresgleichen
in holder Freundschaft: daß selbst unsre Zeit
die Denkenden mit einst verlachten Träumen
aufs neue kränkt – sie, die an Wissenschaft
und allgemeiner Sitte
vor allen reich erscheint; wie regt sich da,
ihr unglücksel'gen Erben, wohl mein Herz?
wie kann es sich denn euch am Ende deuten?
Ich weiß nicht, siegt das Lachen, siegt der Schmerz.

So wie ein Apfel, der vom Baume fällt –
durch seine Reife nur
im späten Jahr zum Boden hingezwungen –,
die trauten Stätten des Ameisenvolks,
das dort in weicher Erde
mit langer Mühe seine Gänge grub,
und auch die Schätze – schon zur Sommerszeit
vorsorglich eingebracht von eiligen Scharen
in emsig-zähem Streit –
zerschlägt, verheert, verschüttet
in einem Augenblick:
so fiel, aus jenem Schlund mit Donnerhall
zum Himmel aufgewirbelt,
die nächtige Zerstörung
aus Asche, Felsen und versteintem Schaum,
vermischt mit heißen Bächen;
so schoß den Berg, die Wiesen
in wildem Lauf hernieder
der ungeheure Schwall
von glühendem Gestein, geschmolznem Sande
und flüssigem Metall;
die Städte, die vor Zeiten dort am Strande
das Meer benetzte, traf
und stürzte und begrub es
in wenigen Augenblicken:
so grast die Ziege nun, wo sie gestanden,
und drüben steigen neue Städte auf,
zu Füßen die versunknen, und der Berg
erhebt sich stolz auf den geschleiften Mauern.

Non ha natura al seme
dell'uom più stima o cura
che alla formica: e se più rara in quello
che nell'altra è la strage,
non avvien ciò d'altronde
fuor che l'uom sue prosapie ha men feconde.

Ben mille ed ottocento
anni varcàr poi che spariro, oppressi
dall'ignea forza, i popolati seggi,
e il villanello intento
ai vigneti, che a stento in questi campi
nutre la morta zolla e incenerita,
ancor leva lo sguardo
sospettoso alla vetta
fatal, che nulla mai fatta più mite
ancor siede tremenda, ancor minaccia
a lui strage ed ai figli ed agli averi
lor poverelli. E spesso
il meschino in sul tetto
dell'ostel villereccio, alla vagante
aura giacendo tutta notte insonne
e balzando più volte, esplora il corso
del temuto bollor, che si riversa
dall'inesausto grembo
su l'arenoso dorso, a cui riluce
di Capri la marina
e di Napoli il porto e Mergellina.
E se appressar lo vede, o se nel cupo
del domestico pozzo ode mai l'acqua
fervendo gorgogliar, desta i figliuoli,
desta la moglie in fretta, e via, con quanto
di lor cose rapir posson, fuggendo,
vede lontan l'usato
suo nido, e il picciol campo,
che gli fu dalla fame unico schermo,
preda al flutto rovente,
che crepitando giunge, e inesorato
durabilmente sovra quei si spiega.
Torna al celeste raggio

Der Menschenkinder achtet
und pflegt Natur nicht mehr
als der Ameisen: und daß jenen zwar
Vernichtung seltner droht,
ist einzig zu erklären,
weil sich die Menschen minder rasch vermehren.

Wohl achtzehnhundert Jahre
sind nun dahin, seit Stadt und Volksgewimmel
vergingen vor der flammenden Gewalt;
der kleine Landmann aber,
besorgt um seine Reben, die mit Müh
der ausgebrannte Boden dort ernährt,
hebt immer noch die Augen
voll Argwohn zu dem Gipfel,
der nichts von seinem Schrecken je verlor,
der todverkündend immer noch ihn selber
und seine Kinder, sein geringes Gut
bedroht. Und oftmals liegt
der Arme auf dem Dach
der Bauernhütte unterm freien Himmel
schlaflos die ganze Nacht
und schreckt empor und fahndet nach der Trift
der schlimmen Lohe, die sich aus dem Schoß,
dem unversiegten, auf die wüsten Hänge
ergießt und widerscheint
von Capris Felsenrand,
von Mergellina, von Neapels Strand.
Sieht er sie nahen oder hört er einmal
das Wasser in der Tiefe der Zisterne
aufbrodeln, weckt er eilig seine Kinder
und weckt sein Weib und flieht mit so viel Habe,
wie sie erraffen können, und von ferne
sieht er sein altes Heim
und seinen kleinen Acker,
der ihn allein vor Not und Hunger barg,
zum Raub der Flut geworden,
die sengend einbricht und erbarmungslos
für immer sich auf dieser Stätte breitet.
Es kehrt zum Himmelslicht

dopo l'antica obblivion l'estinta
Pompei, come sepolto
scheletro, cui di terra
avarizia o pietà rende all'aperto;
e dal deserto foro
diritto infra le file
dei mozzi colonnati il peregrino
lunge contempla il bipartito giogo
e la cresta fumante,
che alla sparsa ruina ancor minaccia.
E nell'orror della secreta notte
per li vacui teatri,
per li templi deformi e per le rotte
case, ove i parti il pipistrello asconde,
come sinistra face
che per vòti palagi atra s'aggiri,
corre il baglior della funerea lava,
che di lontan per l'ombre
rosseggia e i lochi intorno intorno tinge.
Così, dell'uomo ignara e dell'etadi
ch'ei chiama antiche, e del seguir che fanno
dopo gli avi i nepoti,
sta natura ognor verde, anzi procede
per sì lungo cammino
che sembra star. Caggiono i regni intanto,
passan genti e linguaggi: ella nol vede:
e l'uom d'eternità s'arroga il vanto.

E tu, lenta ginestra,
che di selve odorate
queste campagne dispogliate adorni,
anche tu presto alla crudel possanza
soccomberai del sotterraneo foco,
che ritornando al loco
già noto, stenderà l'avaro lembo
su tue molli foreste. E piegherai
sotto il fascio mortal non renitente
il tuo capo innocente:
ma non piegato insino allora indarno
codardamente supplicando innanzi

das lang vergessene, das ausgelöschte
Pompei, wie ein Gerippe,
das Habsucht oder Ehrfurcht
aus seinem Grab hervorzieht und befreit;
und auf dem leeren Markt,
umgeben von zerschlagnen Säulenreihen,
betrachtet lange Zeit
der Fremde jenes doppelte Gebirge,
den rauchverhüllten Kamm,
der immer noch das Trümmerfeld bedroht.
Und in den finstern, schreckenvollen Nächten
durcheilt ein Schimmer dort
entvölkerte Theater,
entstellte Tempel, eingestürzte Häuser,
wo Fledermäuse ihre Brut verbergen,
wie eine Todesfackel,
die traurig durch verlaßne Säle irrt:
der Widerschein des Feuerstroms, der ferne
das Dunkel bricht und rings die Stätten rötet.
Unkundig so des Menschen und der Zeiten,
die er die alten nennt, der steten Folge
von Enkeln und von Ahnen,
hält sich Natur in ew'ger Jugend – zieht
so langsam ihres Wegs,
als hielte sie sich still. Die Reiche sinken,
die Völker gehn dahin: sie achtet's nicht:
und doch will sich der Mensch unsterblich dünken.

Du aber, zäher Ginster,
der dieses wüste Land
mit duftendem Gebüsch verschönt – auch du
wirst bald der mitleidlosen Macht des Feuers,
des unterirdisch schwelenden, erliegen,
das zum bekannten Orte
von neuem streben und in deine Zweige
begierig greifen wird. Und ohne Sträuben
wirst du dein schuldlos Haupt
dem Todesstreiche beugen.
Doch beugtest du es nicht zuvor umsonst,
mit feigem Flehn dem nahenden Zerstörer

al futuro oppressor; ma non eretto
con forsennato orgoglio inver le stelle,
né sul deserto, dove
e la sede e i natali
non per voler ma per fortuna avesti;
ma più saggia, ma tanto
meno inferma dell'uom, quanto le frali
tue stirpi non credesti
o dal fato o da te fatte immortali.

Scherzo

Quando fanciullo io venni
a pormi con le Muse in disciplina,
l'una di quelle mi pigliò per mano;
e poi tutto quel giorno
la mi condusse intorno
a veder l'officina.
Mostrommi a parte a parte
gli strumenti dell'arte,
e i servigi diversi
a che ciascun di loro
s'adopra nel lavoro
delle prose e de' versi.
Io mirava, e chiedea:
Musa, la lima ov'è? Disse la Dea:
la lima è consumata; or facciam senza.
Ed io, ma di rifarla
non vi cal, soggiungea, quand'ella è stanca?
Rispose: hassi a rifar, ma il tempo manca.

begegnend; noch auch recktest du's empor
in stolzem Wahn den Sternen zugewandt
und über dieser Öde,
die Heimat dir und Bleibe
nicht durch dein Wollen, nein, durch Zufall ward;
verständiger als der Mensch
und minder schwach, weil dir der Glaube fehlt,
vom Schicksal, von dir selber
sei dein Geschlecht zur Ewigkeit erwählt.

Scherz

Als ich, ein Knabe noch,
die Musen bat, dem Lehrling beizustehen,
da nahm mich ihrer eine bei der Hand,
und während mancher Stunde
macht ich mit ihr die Runde,
die Werkstatt anzusehen.
Sie wies mir den Bestand
zuerst des Kunstgerätes,
die wechselnde Verrichtung
sodann, wo sich ein jedes
zur Arbeit nützlich fand
an Prosa und an Dichtung.
Ich sah mich um und fragte:
„Wo ist die Feile denn?" Die Muse sagte:
„Sie taugt nicht mehr; wir lassen sie beiseit."
Und ich: „So mögt ihr sie
nicht wieder schärfen, wenn sie stumpf geworden?"
Sie sprach: „Das müssen wir, doch fehlt die Zeit."

Kleine moralische Werke

Operette morali

deutsch von Alice Vollenweider

Geschichte des Menschengeschlechts

Es wird erzählt, daß alle Menschen, die anfangs die Erde bewohnten, zur gleichen Zeit erschaffen worden seien und alle als Kinder, und sie seien von den Bienen, den Ziegen und den Tauben ernährt worden in der Art und Weise, wie die Dichter die Erziehung des Jupiter schilderten. Und die Erde sei viel kleiner gewesen als heute, fast alle Länder flach, der Himmel ohne Sterne, das Meer noch nicht erschaffen, und in der Welt habe es viel weniger Vielfalt und Pracht gegeben, als man heute in ihr entdecken kann. Die Menschen hätten aber dennoch ein unersättliches Vergnügen daran gefunden, den Himmel und die Erde immer wieder zu betrachten und beide über alles zu bewundern und für sehr schön und nicht nur groß, sondern unendlich an Ausmaß, Majestät und Anmut zu halten; sie hätten darüber hinaus die fröhlichsten Hoffnungen gehegt und aus jedem Gefühl ihres Lebens unglaubliche Freude geschöpft und seien in großer Zufriedenheit, ja beinahe im Bewußtsein des Glücks aufgewachsen. Nachdem sie die Kindheit und die erste Jugend so angenehm erlebt hatten und in ein reiferes Alter kamen, fingen sie an, gewisse Veränderungen zu spüren. Weil nämlich die Hoffnungen, die sie bisher von Tag zu Tag hinausgeschoben hatten, sich noch immer nicht erfüllt hatten, schienen sie ihnen trügerisch, und sie hielten es nicht für möglich, sich mit dem zu begnügen, was sie in der Gegenwart genossen, ohne sich eine Vermehrung ihres Glücks zu versprechen, vor allem weil der Anblick der Natur und aller Dinge des täglichen Lebens ihnen lange nicht mehr so reizvoll und erfreulich vorkam wie am Anfang, sei es, weil sie sich daran gewöhnt hatten, sei es, weil ihr Gemüt die ursprüngliche Lebhaftigkeit nicht mehr besaß. Sie gingen umher und besuchten die fernsten Gegenden, was sich leicht bewerkstelligen ließ, da alles eben war und keine Meere noch andere Hindernisse im Weg lagen; und nach wenigen Jahren hatten die meisten entdeckt, daß die Erde bei aller Größe Grenzen hatte, die nicht so weit entfernt waren, daß man sie nicht hätte erreichen können und daß alle

Gegenden dieser Erde und alle Menschen mit sehr geringen Unterschieden einander ähnlich sahen. Dies steigerte ihre Unzufriedenheit so sehr, daß sie von einem allgemeinen Überdruß an ihrem Dasein ergriffen wurden, als sie noch nicht einmal die Jugend hinter sich hatten. Und in ihren reifen Jahren, noch mehr aber gegen das Ende ihrer Lebenszeit, verwandelte sich der Überdruß in Haß, und manche von ihnen gerieten in so große Verzweiflung, daß sie das Licht und den Atem, die sie in der ersten Zeit so sehr geliebt hatten, nicht mehr ertragen konnten und sich ihrer freiwillig beraubten, jeder auf seine Weise.

Den Göttern erschien es entsetzlich, daß lebende Wesen den Tod dem Leben vorzogen und daß dieses Leben für manche Menschen, ohne zwingende Not oder andere Gründe, ein Mittel zur eigenen Vernichtung werden konnte. Auch kann man sich kaum vorstellen, wie sehr sie darüber staunten, daß ihre Gaben so gering geschätzt und verachtet wurden, daß jemand seine ganze Kraft aufwandte, um sich ihrer zu entledigen und sie abzuschütteln; es schien ihnen, sie hätten die Welt so gut und schön und wohlgeordnet eingerichtet, daß sie nicht nur ein erträglicher, sondern ein höchst angenehmer Wohnsitz für jedes lebende Wesen sein müsse und vor allem für die Menschen, deren Geschlecht sie mit besonderer Sorgfalt zu wunderbarer Vorzüglichkeit gebildet hatten. Während sie mit dem großen Elend der Menschen nicht geringes Mitleid empfanden, fürchteten sie gleichzeitig, daß das Menschengeschlecht, wenn diese traurigen Beispiele sich wiederholten und vermehrten, in kurzer Zeit gegen die Bestimmung des Schicksals aussterben und die Erde der Vollkommenheit beraubt würde, die unser Geschlecht ihr verleiht, und daß sie selber der Ehrbezeugungen verlustig gehen würden, die sie von den Menschen empfingen.

Als daher Jupiter beschloß, den Zustand der Menschen zu verbessern und ihr Streben nach dem Glück stärker zu unterstützen, erfuhr er, daß die Menschen sich hauptsächlich darüber beklagten, daß die Dinge nicht unermeßlich an Größe und unendlich an Schönheit,

Vollkommenheit und Mannigfaltigkeit seien, wie sie anfangs geglaubt hatten, sondern vielmehr beschränkt, unvollkommen und einförmig, und daß sie nicht nur mit dem vorgerückten Alter, sondern auch mit den Jahren der Reife und selbst mit der Jugend unzufrieden seien und sich nach den süßen Freuden der ersten Jahre sehnten: sie flehten inständig, wieder in die Kindheit zurückversetzt zu werden und in ihr das ganze Leben verharren zu können. Diesen Wunsch konnte Jupiter ihnen nicht erfüllen, da er den allgemeinen Gesetzen der Natur und den Aufgaben und Zielen widersprach, die die Menschen nach den Beschlüssen der Götter erfüllen sollten. Auch konnte er weder seine eigene Unendlichkeit den sterblichen Geschöpfen mitteilen noch der Materie oder der Vollkommenheit und dem Glück der Dinge und der Menschen Unendlichkeit verleihen. Doch schien es ihm sinnvoll, die Grenzen der Schöpfung zu erweitern und die Erde zu schmücken und zu bereichern, und da er diesen Entschluß gefaßt hatte, vergrößerte er sie rundherum und goß das Meer hinein, damit es sich zwischen die bewohnten Gegenden schiebe und den Anblick der Dinge verändere und verhindere, daß ihre Grenzen von den Menschen leicht erkannt würden, da es die Wege unterbrach und sich den Augen als lebendiges Bild der Unermeßlichkeit darbot. Damals überfluteten die neuen Gewässer das Land Atlantis und unzählige andere sehr ausgedehnte Gebiete, obwohl nur von jenem eine besondere Erinnerung geblieben ist, die viele Jahrhunderte überdauert hat. Viele Stellen vertiefte er, andere warf er auf, indem er Berge und Hügel schuf; er bestreute den Nachthimmel mit Sternen, er verfeinerte und reinigte die Luft und gab dem Tag mehr Helligkeit und Licht; er verstärkte und milderte in mannigfaltiger Weise die Farben des Himmels und der Landschaft; er vermischte die Generationen der Menschen, so daß das Alter der einen mit der Kindheit und der Jugend der andern zusammentraf. Und um den Schein jener Unendlichkeit zu vermehren, nach der die Menschen so sehnlich verlangten (da er ihnen die Sache selbst nicht gewähren konnte), und um die Einbildung

zu begünstigen und zu nähren, durch deren Kraft, wie er wohl wußte, jene große Glückseligkeit ihrer Kindheit vor allem entstanden war, schuf er neben vielen andern Erfindungen (wie zum Beispiel dem Meer) das Echo, das er in den Tälern und Höhlen verbarg, und gab den Wäldern zusammen mit dem ausgedehnten Wogen ihrer Wipfel ein dumpfes und tiefes Brausen. Ferner schuf er die Schar der Träume und trug ihnen auf, unter verschiedenen Formen den Geist der Menschen zu täuschen und ihnen jene Fülle unbegreiflichen Glücks vorzuspiegeln, die zu verwirklichen er keine Möglichkeit sah, und jene dunklen und unbestimmten Bilder, denen er selbst, obwohl er es gern getan hätte und die Menschen es glühend erflehten, kein wirkliches Gesicht verleihen konnte.
Durch diese Maßnahmen Jupiters wurde die Seele der Menschen erquickt und getröstet und in jedem von ihnen die Lust und die Liebe zum Leben erneuert, ebenso wie ihre Freude und ihr Staunen über die Schönheit und Unermeßlichkeit der irdischen Dinge. Und dieser angenehme Zustand dauerte länger als der erste, besonders wegen des Zeitunterschiedes, den Jupiter bei den Geburten eingeführt hatte, so daß die durch ihre Erfahrungen kalt und müde gewordenen Menschen getröstet wurden, wenn sie die Wünsche und Hoffnungen der Jugend betrachteten. Als aber im Laufe der Zeit der Reiz der Neuheit schwand und der Überdruß und die Mißachtung des Lebens wieder hervortraten, versanken die Menschen in eine solche Niedergeschlagenheit, daß damals, wie man glaubt, jene Sitte aufkam, von der die Geschichte berichtet, daß auch einige Völker des Altertums sie übten und bewahrten: Wenn ein Kind geboren wurde, fanden sich die Eltern und ihre Freunde zusammen, um es zu beweinen, und wenn ein Mensch starb, wurde dieser Tag mit Festlichkeiten und Reden begangen, mit denen man den Verstorbenen herzlich beglückwünschte. Am Ende bekannten sich alle Sterblichen zur Gottlosigkeit, entweder, weil es ihnen vorkam, sie würden von Jupiter nicht erhört, oder aber, weil es zur Natur des Elends gehört, auch die wohlgeborenen Seelen

zu verhärten und zu verderben und sie vom guten und richtigen Weg abzubringen. Daher ist es eine Täuschung[1] zu glauben, das menschliche Unglück komme von der Ungerechtigkeit der Menschen und ihren wider die Götter gerichteten Taten; denn die Bosheit der Menschen hat keinen anderen Ursprung als ihr Unglück.

Da die Götter sich für die Beschimpfungen rächten und den Trotz der Sterblichen mit Deukalions Sintflut[2] bestraften, saßen die einzigen Überlebenden unseres Geschlechtes, Deukalion und Pyrrha – überzeugt, daß der Menschheit nichts mehr frommte, als ganz ausgelöscht zu werden –, auf dem Gipfel eines felsigen Berges und riefen mit großem Verlangen nach dem Tod, ohne sich vor ihrem Schicksal zu fürchten oder es zu beklagen. Von Jupiter wurden sie, die trostlos und am Leben verzweifelt waren, ermahnt, die Einsamkeit in der Welt zu beseitigen, und nachdem sie, wie die Götter es ihnen befahlen, Steine aus dem Berg gelöst und hinter sich geworfen hatten, stellten sie das menschliche Geschlecht wieder her. Jupiter war diesmal durch das Vorgefallene auf die besondere Natur der Menschen aufmerksam geworden, denen es nicht wie den anderen Tieren genügt zu leben und keine körperlichen Schmerzen oder Gebresten zu haben: vielmehr dürsten sie immer und unter allen Umständen nach dem Unmöglichen und quälen sich je mehr mit diesem Wunsch, desto weniger sie von anderen Übeln bedrückt werden, und er beschloß, sich neuer Künste zu bedienen, um dieses elende Geschlecht zu erhalten. Einerseits untermischte er ihr Leben mit echten Übeln, anderseits verwickelte er es in tausend Geschäfte und Beanspruchungen mit dem Ziel, die Menschen zu beschäftigen und sie soviel als möglich abzulenken vom Umgang mit der eigenen Seele oder zumindest von jenem Wunsch nach einer unbekannten und eitlen Glückseligkeit.

Deshalb verbreitete er unter ihnen zuerst eine große Vielfalt von Krankheiten und eine Unzahl anderer Mißgeschicke; teils weil er durch die Veränderung der Umstände und Schicksale des menschlichen Lebens der Sattheit zuvorkommen und durch den Gegensatz des Übels den Wert des Guten steigern wollte, teils damit das Fehlen des Genusses den Menschen, die Schlimmeres gewöhnt waren, erträglicher vorkomme als in der Vergangenheit, und teils auch in der Absicht, den Widerstand der Menschen zu brechen und sie daran zu gewöhnen, den Nacken zu beugen und sich mit ihrem Schicksal abzufinden, und zugleich die Heftigkeit der Begierde in Gemütern zu schüren, die von den eigenen Sorgen ebenso geschwächt waren wie von den Krankheiten des Körpers. Zudem wußte er, daß die von Unglück und Krankheit bedrückten Menschen weniger rasch bereit sein würden, sich das Leben zu nehmen, da sie durch die Leiden ihren Mut verlieren und in ihrem Gemüte niedergeschlagen sind. Denn die Leiden binden die Seelen ans Leben, indem sie Anlaß zu besseren Hoffnungen geben: darum sind die Unglücklichen fest überzeugt, sie könnten glücklich sein, wenn sie nur von ihren Sorgen befreit wären, und der Menschennatur entsprechend hoffen sie beständig, daß dies in irgendeiner Weise eintreffen werde. Daneben schuf Jupiter Stürme und Gewitter, bewaffnete sich mit Donner und Blitz, gab Neptun den Dreizack, schickte die Kometen auf ihren Weg, ordnete Sonnen- und Mondfinsternisse an, um mit diesen und anderen Zeichen die Menschen dann und wann zu erschrecken: denn er wußte, daß Angst und Gefahr sie zumindest für kurze Zeit mit dem Leben versöhnt, und zwar nicht sosehr die Unglücklichen als diejenigen, die das Leben verabscheuen und bereit sind, es aufzugeben.

Um den früheren Müßiggang auszuschließen, flößte er den Menschen das Bedürfnis und den Hunger nach neuen Speisen und Getränken ein, die nicht ohne große Anstrengungen zu befriedigen waren, indes die Menschen bis zur Sintflut ihren Durst nur mit Wasser gelöscht und ihren Hunger mit Kräutern und Früchten gestillt hatten, die ihnen die Erde zur Verfügung stellte, und mit anderer einfacher Nahrung, die leicht zu beschaffen war, so wie sich heute noch manche Völker, vor allem in Kalifornien[3], ernähren. Er wies verschiedenen Orten verschiedene klimatische Bedingungen zu, wie

auch den verschiedenen Teilen des Jahres, das bisher auf der ganzen Welt freundlich und angenehm war, so daß die Menschen keine Kleider brauchten. Von dieser Zeit an waren sie jedoch gezwungen, sich Kleider zu beschaffen und sich mit viel Fleiß vor den Wechseln und den Härten des Himmels zu schützen. Er befahl Merkur, die ersten Städte zu gründen und das Menschengeschlecht in Völker, Nationen und Sprachen zu scheiden und sie durch Wettstreit und Zwietracht gegeneinander aufzubringen. Auch sollte er die Menschen den Gesang und die anderen Künste lehren, die sowohl durch ihr Wesen als auch durch ihren Ursprung göttlich genannt werden. Er selber gab den neuen Menschen Gesetze, Verfassungen und Vorschriften, und zuletzt erwies er ihnen eine unschätzbare Wohltat, indem er ihnen ein paar Trugbilder von herrlichem und übermenschlichem Aussehen schickte, denen er zum großen Teil die Regierung und die Macht über die Menschen zuerkannte: man bezeichnete sie als Gerechtigkeit, Tugend, Ruhm, Vaterlandsliebe und mit anderen ähnlichen Namen. Unter diesen Trugbildern war auch eines, das Liebe genannt wurde und das wie die andern damals zum ersten Mal auf die Erde kam; denn bevor man den Gebrauch der Kleider kannte, war es nicht Liebe, sondern Begierde, nicht verschieden von derjenigen der Tiere, welche die Geschlechter zusammentrieb, so wie man sich von der Nahrung oder anderen Dingen anziehen läßt, die man nicht liebt, sondern begehrt.
Es war wunderbar, welche Früchte diese göttlichen Ratschlüsse den Sterblichen brachten und wie sehr die neuen Lebensumstände, trotz aller Mühen, Schmerzen und Plagen, die früher unserem Geschlecht unbekannt waren, diejenigen vor der Sintflut an Süße und Annehmlichkeit übertrafen. Und diese Wirkung stammte zum größten Teil von jenen wunderbaren Schatten, welche die Menschen bald für Genien, bald für Götter hielten und mit unsäglicher Begeisterung und großen und weitreichenden Anstrengungen während langer Zeit pflegten und verehrten. Dazu wurden sie mit unendlicher Hingabe von den Dichtern und den Künstlern angefeu-

ert, so daß sehr viele Sterbliche dem einen oder dem andern dieser Trugbilder ihr Blut und ihr Leben opferten. Das war Jupiter nicht unlieb, sondern gefiel ihm sehr; denn er hielt dafür, daß die Menschen ihr Leben umso weniger willentlich wegwerfen würden, als sie bereit waren, es schönen und ruhmvollen Zielen zu widmen. Auch in ihrer Dauer übertrafen die neuen Verordnungen bei weitem die vorherigen; denn obwohl sie nach vielen Jahrhunderten an Bedeutung verloren, sich abschwächten und schließlich untergingen, bewirkten sie doch, daß das menschliche Leben bis zu einem von der Gegenwart nicht allzuweit entfernten Zeitpunkt fast fröhlich war und im allgemeinen erträglich und einfach blieb.

Die Gründe ihres Niedergangs waren die vielen Listen, die die Menschen fanden, um ihre Bedürfnisse leicht und rasch zu befriedigen; das maßlose Anwachsen der Ungleichheit in den Lebensbedingungen und den Aufgaben, die Jupiter bei den Menschen eingeführt hatte; der Müßiggang und die Eitelkeit, die in der Folge nach langer Abwesenheit das Leben wieder ausfüllten, und auch die Tatsache, daß der Reiz der Vielfalt nicht nur im Wesen der Dinge, sondern auch in der Wertschätzung der Menschen nachließ, was häufig die Folge einer langen Gewöhnung ist, und endlich noch andere schlimmere Dinge, die hier nicht erwähnt seien, da sie schon von vielen erklärt und geschildert wurden. Gewiß ist, daß sich in den Menschen die Unlust an ihrem Leben, die sie vor der Sintflut gequält hatte, erneuerte, so daß in ihnen wieder jener bittere Wunsch nach dem Glück erwachte, das der Natur des Universums fremd und unbekannt ist.

Doch der vollständige Umsturz ihres Glücks und das letzte Ende jenes Zustandes, den wir im allgemeinen als denjenigen der antiken Welt bezeichnen, erfolgte aus einem andern Grund. Unter den von den Menschen damals so sehr geschätzten Trugbildern befand sich auch eines, das sie in ihrer Sprache Weisheit nannten, welches wie die andern überall verehrt wurde und viel beigetragen hatte zum Wohlstand jener Epoche. Diese

Weisheit hatte mehrmals, ja täglich ihren Jüngern versprochen, ja geschworen, ihnen die Wahrheit zu zeigen, die ihre Herrin sei und nie die Erde betreten habe, sondern im Himmel bei den Göttern weile, und sie werde sie mit ihrem eigenen Ansehen und ihrer Grazie dazu bringen, für einen gewissen Zeitraum unter den Menschen zu wandeln. Durch den Umgang mit ihr werde das Geschlecht der Menschen so tiefe Erkenntnisse und Gewohnheiten und so viel Glück gewinnen, daß es beinahe mit demjenigen der Götter zu vergleichen wäre. Wie konnte aber ein reiner Schatten und ein leerer Schein seine Versprechungen erfüllen und die Wahrheit auf die Erde bringen? Nachdem die Menschen lange geglaubt und gehofft hatten, wurde ihnen die Nichtigkeit dieser Versprechungen bewußt, und da sie gleichzeitig nach neuen Dingen hungrig waren, weil sie müßig lebten und teils vom Ehrgeiz angespornt wurden, sich mit den Göttern zu vergleichen, teils durch das Verlangen nach Seligkeit, die sie gemäß den Worten des Trugbilds im Umgang mit der Wahrheit gewinnen würden, wandten sie sich mit eindringlichen und anmaßenden Bitten an Jupiter, er möge diesen edlen Genius für einige Zeit der Erde überlassen. Sie warfen ihm vor, er neide seinen Geschöpfen den unendlichen Nutzen, den sie aus der Gegenwart desselben ziehen würden, und beklagten sich bei ihm über ihr Schicksal, indem sie ihre alten und lästigen Klagen über die Geringfügigkeit und Ärmlichkeit ihres Lebens wiederholten. Und da diese Trugbilder, die in früheren Zeiten so viel Gutes bewirkt hatten, nun von der Mehrheit gering geachtet wurden – nicht weil man sie für das erkannte, was sie wirklich waren, aber weil die allgemeine Feigheit der Gedanken und die Trägheit der Sitten bewirkte, daß fast niemand sie mehr beachtete –, verfluchten die Menschen in frevelhafter Weise die größten Gaben, welche die Götter ihnen geschenkt hatten, und riefen, die Erde sei nur von geringen Geistern bewohnt, und den großen Geistern, vor denen sich das Menschengeschlecht in gebührender Weise verneigen könnte, sei es nicht erlaubt, den Fuß auf diesen winzigen Teil des Universums zu setzen.

Seit langem schon hatten die Menschen sich dem Willen Jupiters entfremdet, unter anderem durch unbeschreibliche Laster und Missetaten, die an Zahl und Umfang die durch die Sintflut gerächte Bosheit weit hinter sich ließen. Vor allem war er verärgert durch die trotz aller Erfahrungen immer noch unruhige, unersättliche, maßlose menschliche Natur, für deren Ruhe und Glück er nun keine Maßnahmen mehr erwägen konnte; denn wenn er auch die Räume und die Vergnügungen der Erde und die Gesamtheit aller Dinge verdoppelt hätte – den Menschen, die nach dem ihnen verschlossenen Unendlichen gierig sind, wäre doch alles nach kurzer Zeit unschön und fast wertlos erschienen. Zuletzt aber erregten die dummen und stolzen Bitten der Menschen den Zorn des Gottes so sehr, daß er sich entschloß, von jedem Mitleid abzusehen und das Menschengeschlecht für immer zu strafen, indem er es für alle Zukunft zu viel größerem Elend verdammte, als es bisher erlebt hatte. Zu diesem Zweck beschloß er nicht nur, ihnen die Wahrheit zu schicken, daß sie, wie sie es verlangt hatten, eine gewisse Zeit bei ihnen bleibe, sondern er gab ihr ewigen Wohnsitz bei ihnen und machte sie – indem er die schönen Trugbilder, die er ihnen gegeben hatte, zurückholte – zur einzigen Herrscherin und Mittlerin der Menschheit.

Da sich die anderen Götter über diesen Ratschluß wunderten, weil es ihnen schien, er würde die Menschen zu hoch erheben, widerlegte Jupiter diese Ansicht, indem er ihnen erklärte, nicht alle Genien, selbst die größten nicht, hätten einen wohltätigen Einfluß und die Wahrheit habe bei den Menschen nicht die gleiche Wirkung wie bei den Göttern. Während sie den Unsterblichen ihre Seligkeit zeige, werde sie den Menschen ihr ganzes Unglück enthüllen und fortwährend vor die Augen halten, und zwar nicht bloß als ein Werk des Schicksals, sondern als eine Bedingung ihres Lebens, der sie in keiner Weise entgehen könnten. Und da die meisten Übel, unter denen sie leiden, nur Übel sind, insofern sie dafür gehalten werden und mehr oder weniger schlimm – je nach der Meinung des Betroffenen –, läßt sich ermessen, wie schädlich sich für die Menschen die Anwesenheit der Wahrheit auswirken muß. Nichts wird ihnen dann gewisser erscheinen als die Falschheit aller sterblichen Güter und die Nichtigkeit aller Dinge außer ihren eigenen Leiden. Aus diesem Grund werden sie auch der Hoffnung beraubt sein, die ihnen von Anfang an bis in die Gegenwart, mehr als irgendeine andere Tröstung oder Freude, das Leben ertragen half. Und da sie nichts mehr hoffen werden und für ihre Unternehmungen und Anstrengungen kein würdiges Ziel mehr sehen können, werden sie bald jedes fleißige und großherzige Tun so sehr vernachlässigen, daß das allgemeine Verhalten der Lebenden nicht sehr verschieden sein wird von demjenigen der Begrabenen. In dieser Verzweiflung und Untätigkeit werden sie aber nicht vermeiden können, daß ihr angeborener Wunsch nach unendlichem Glück sie schlimmer als früher beunruhigen und quälen wird, da sie von der Vielfalt der Sorgen und der Hingabe an ihre Handlungen weniger abgelenkt sein werden. Und gleichzeitig werden sie ihrer natürlichen Einbildungskraft beraubt sein, die ihnen wenigstens teilweise dieses unmögliche Glück verschaffen konnte, das weder von mir noch von ihnen, die es so sehr erstreben, begriffen wird. Und all diese Ähnlichkeiten mit dem Unendlichen, die ich absichtlich auf die Erde verteilt habe, um sie zu täuschen und sie ihrer Neigung entsprechend mit weitgespannten und unbestimmten Gedanken zu erfreuen, werden ihnen dann ungenügend erscheinen angesichts des Wissens, das die Wahrheit ihnen vermitteln wird. Dergestalt werden sie die Erde und die übrigen Teile des Universums, die ihnen bisher klein vorkamen, von nun an winzig finden: denn sie werden über die Geheimnisse der Natur unterrichtet und aufgeklärt sein, die ganz gegen die jetzige Erwartung der Menschen umso enger erscheinen wird, je mehr man von ihr weiß. Endlich wird dem menschlichen Leben – da es seiner Trugbilder entblößt ist und die Menschen sich durch die Lehre der Wahrheit ihres Seins voll bewußt geworden sind – jeder Wert und jeder Sinn fehlen, und nicht nur Fleiß und Barmherzigkeit, sondern auch die Namen der

Völker und Länder werden überall ausgelöscht sein, und die Menschen werden sich, wie sie sagen werden, zu einer einzigen Nation und einem einzigen Vaterland vereinigen, so wie es am Anfang war, indem sie sich zur allgemeinen Liebe zu ihrem Geschlecht bekennen; in Wirklichkeit werde sie sich jedoch in so viele Völker aufspalten, als es Menschen gibt. Da sie also weder ein Vaterland haben werden, das sie besonders lieben, noch Fremde, die sie hassen, wird jeder alle anderen hassen und nur seine eigene Gattung, das heißt sich selbst, lieben. Und wollte man genau erzählen, wieviel Unannehmlichkeiten daraus entstehen werden, führte das ins Unendliche. Doch werden die Menschen auch in dieser großen und verzweifelten Unglückseligkeit nicht freiwillig auf ihr Leben verzichten: die Herrschaft dieses Genius wird sie ebenso feig als elend machen und, indem es die Härte ihres Lebens unendlich vermehrt, ihnen auch das Vorrecht nehmen, es zurückzuweisen.
Nach diesen Worten Jupiters schien es den Göttern, unser Schicksal sei so grausam und schrecklich, daß die göttliche Barmherzigkeit sich nicht damit abfinden könne. Doch Jupiter fuhr fort, indem er sagte: Sie werden immerhin einen mittelmäßigen Trost von jenem Trugbild bekommen, das sie Liebe nennen und das ich in der Gemeinschaft der Menschen zurücklassen werde, wenn ich alle anderen zurückhole. Und es wird der Wahrheit, so mächtig sie sonst auch sein mag, nicht gelingen, die Liebe je auf der Erde auszurotten, und obwohl sie sie stets bekämpft, wird sie sie nur selten besiegen. Auf diese Weise wird das Leben der Menschen vom Kult der Liebe und demjenigen der Wahrheit gleichermaßen ausgefüllt sein und aus zwei Teilen bestehen, welche die Angelegenheiten und die Seelen der Sterblichen beherrschen werden. Alle anderen Interessen, mit Ausnahme einiger weniger und nicht besonders wichtiger, werden vom größten Teil der Menschen vernachlässigt werden. Im vorgerückten Alter wird das Fehlen des Liebestrostes wettgemacht durch eine natürliche Fähigkeit, mit dem Leben an sich zufrieden zu sein, die man auch bei anderen Tiergattungen findet, und sie werden

das Leben sorgfältig pflegen um seiner selbst willen und nicht wegen des Vergnügens oder der Annehmlichkeit, die es ihnen verschafft.
Nachdem die seligen Trugbilder mit Ausnahme der Liebe, dem am wenigsten edlen unter ihnen, die Erde verlassen hatten, schickte Jupiter den Menschen die Wahrheit und gab ihr bei ihnen ständigen Wohnsitz. Das führte zu allen jenen traurigen Ergebnissen, die er vorausgesehen hatte. Und dabei trug sich etwas Erstaunliches zu. Dieser Genius war, als er unter den Menschen weder Macht noch Recht hatte, von ihnen mit einer großen Zahl von Tempeln und Opfern geehrt worden; da er nun aber mit der Macht eines Fürsten auf die Erde gekommen war und allen bekannt wurde, ereignete sich das Gegenteil von dem, was bei den andern Unsterblichen geschieht – die, je deutlicher sie sich zeigen, umso verehrungswürdiger werden –: er betrübte die Seelen der Menschen so sehr und flößte ihnen einen solchen Schrecken ein, daß sie, obschon gezwungen ihm zu gehorchen, sich weigerten, ihn anzubeten. Und im Gegensatz zu jenen Geistern, die von allen Seelen, denen sie ihre Macht offenbart hatten, verehrt und geliebt wurden, empfing dieser Genius nur die grausamsten Verwünschungen und den schlimmsten Haß von denen, über die er Macht hatte. Weil sich die Sterblichen seiner Tyrannei aber weder entziehen noch verweigern konnten, lebten sie in grenzenlosem Elend, das sie bis heute ertragen haben und auch in Zukunft ertragen werden.
Das Mitleid, das in den himmlischen Seelen nie erlischt, rührte den Willen Jupiters vor nicht langer Zeit angesichts von so viel Unglück; vor allem angesichts des Unglücks von Menschen, die sich durch Schärfe des Geistes, Adel der Sitten und Ehrbarkeit des Lebens auszeichneten und die mehr als andere von der Herrschaft dieses Genius betrübt und bedrückt wurden. In vergangenen Zeiten, als Gerechtigkeit, Tugend und andere Trugbilder das Leben der Menschen regelten, pflegten die Götter manchmal die eigene Schöpfung zu besuchen und auf die Erde herunterzusteigen und ihre Gegenwart in verschiedener Weise kundzutun, die für

einzelne Sterbliche oder für alle immer sehr wohltätig war. Nachdem jedoch das Leben von neuem verdorben und von Schändlichkeiten überflutet war, verschmähten sie während langer Zeit den Umgang mit den Menschen. Da nun unser großes Unglück Jupiters Mitgefühl geweckt hatte, fragte er die Unsterblichen, ob einer von ihnen Lust habe, so wie früher ihre Nachkommenschaft auf der Erde zu besuchen und sie in ihrem Kummer zu trösten, vor allem diejenigen, die das universelle Unglück nicht verdient hätten. Darauf schwiegen alle, mit Ausnahme Amors, des Sohns der himmlichen Venus, der den gleichen Namen wie das erwähnte Trugbild hatte, in seiner Natur, seinen Tugenden und seinen Werken jedoch sehr verschieden war – und er bot sich an (denn seine Barmherzigkeit war unter den Göttern einzigartig), den Vorschlag Jupiters auszuführen und vom Himmel herunterzusteigen, den er zuvor nie verlassen hatte, da die Versammlung der Götter ihn so unsäglich liebte, daß sie es nicht ertrug, wenn er sich auch nur für kurze Zeit aus ihrem Kreis entfernte. Allerdings hatte das Trugbild mit demselben Namen durch mannigfaltige Listen und Verwandlungen die Menschen des Altertums oft getäuscht, so daß sie die Anwesenheit dieses großen Gottes oft für unbezweifelbar gehalten hatten, der aber die Menschen erst zu besuchen begann, nachdem sie der Herrschaft der Wahrheit unterstellt waren. Seit dieser Zeit steigt er hie und da zu ihnen herab und hält sich aber nur kurze Zeit bei ihnen auf, teils weil die Menschen im allgemeinen unwürdig sind, teils weil die Götter seine Abwesenheit nur ungern ertragen. Wenn er auf die Erde kommt, wählt er die empfindsamsten und freundlichsten Herzen der großzügigsten und edelsten Menschen aus und hält sich kurz bei ihnen auf und flößt ihnen eine seltsame und wunderbare Süße ein und erfüllt sie mit vornehmen und tugendhaften Gefühlen und Kraft, so daß sie etwas für das Menschengeschlecht ganz Neues empfinden, das der Wahrheit näher ist als dem Anschein von Seligkeit. Sehr selten vereinigt er zwei Herzen, indem er beide gleichzeitig umfängt und in ihnen wechselseitige Glut und Verlangen erweckt, obwohl er von allen, die er bewohnt, mit großer Inständigkeit darum gebeten wird; doch Jupiter erlaubt ihm nicht, sie zu erhören, mit Ausnahme einiger weniger, weil das Glück, das aus diesem Zustand entspringt, einen zu geringen Abstand von demjenigen der Götter hat. Auf jeden Fall übertrifft die Gegenwart dieses göttlichen Geistes jeden anderen Zustand des Glücks, der einem Menschen je vergönnt war. Wo er sich niederläßt, versammeln sich unsichtbar auch die aus dem Leben der Menschen ausgestoßenen wunderbaren Geister, die von Amor mit der Erlaubnis Jupiters auf die Erde zurückgeführt werden, was die Wahrheit nicht verhindern kann, obwohl sie diese Trugbilder haßt und durch ihre Rückkehr verletzt wird: doch fehlt den Genien die Macht, sich gegen die Götter aufzulehnen. Und da das Geschick Amor mit ewiger Jugend bedacht hat, erfüllt er seiner Natur gemäß jenen ersten Wunsch der Menschen, wieder in den Zustand der Kindheit zurückzukehren. Deshalb erweckt und erneuert er in den Seelen, die er zu seinem Wohnsitz erwählt, während der ganzen Zeit seiner Anwesenheit die unendliche Hoffnung und die schönen und geliebten Vorstellungen des zarten Kindesalters. Viele Sterbliche, die seine Freuden nicht kennen, verhöhnen und verspotten ihn täglich mit unerhörter Frechheit: er hört aber ihre Schändlichkeiten nicht, und wenn er sie hörte, würden sie ihn nicht berühren, da er von sanfter und großzügiger Natur ist. Dazu kommt, daß sich die Unsterblichen nicht um die Beleidigungen einzelner Menschen kümmern, da ihnen die Rache am ganzen Geschlecht, das sie mit Elend geschlagen haben, genügt, und die Ungerechten, die Betrüger und die Verächter der Götter werden nicht besonders bestraft, da sie sich ja selber von der Gnade der Götter ausschließen.

Dialog zwischen Herkules und Atlas

HERKULES: Vater Atlas, Jupiter schickt mich zu dir; ich soll dir seine Grüße bringen und dir, falls du müde bist, deine Last für ein paar Stunden abnehmen, wie ich es schon einmal vor ich weiß nicht wie vielen Jahrhunderten getan habe,[4] damit du Atem schöpfen und dich ein wenig ausruhen kannst.

ATLAS: Ich danke dir, lieber kleiner Herkules, und bin auch Jupiters Majestät sehr verbunden. Doch ist die Welt so leicht geworden, daß mich dieser Mantel, den ich zum Schutze gegen den Schnee trage, mehr drückt als sie, und wenn es nicht Jupiters Wille wäre, daß ich hier stehe und diese Kugel auf dem Rücken trage, so würde ich sie unter den Arm nehmen oder in die Tasche stecken oder an einem Haar meines Bartes aufhängen und meiner Wege gehen.

HERKULES: Wie kommt es, daß sie soviel leichter geworden ist? Ich sehe schon, daß sie ihre Form verändert hat und wie ein Brotlaib aussieht und nicht mehr so rund ist wie damals, als ich die Kosmographie studierte, um die große Seefahrt mit den Argonauten zu unternehmen; ich sehe aber nicht ein, warum sie jetzt leichter sein soll als früher.

ATLAS: Den Grund weiß ich nicht. Aber von ihrer Leichtigkeit kannst du dich gleich jetzt überzeugen, du brauchst sie nur einen Augenblick in die Hand zu nehmen und ihr Gewicht zu prüfen.

HERKULES: Beim Herkules, ohne diesen Versuch hätte ich es nie geglaubt. Aber was ist das für eine andere Neuheit? Das letzte Mal, als ich sie trug, klopfte sie mir so stark auf dem Rücken wie das Herz eines Tieres und summte wie ein Wespennest. Und jetzt klopft sie so wenig wie eine Uhr, deren Feder gebrochen ist, und auch vom Summen vernehme ich nichts mehr.

ATLAS: Auch dazu kann ich dir nicht mehr sagen, als daß es schon sehr lange her ist, seit die Welt keine Bewegung und keine wahrnehmbaren Geräusche mehr macht: ich hegte den dringenden Verdacht, sie sei gestorben, und erwartete täglich, daß sie mich mit ihrem

Gestank verpesten würde; ich überlegte, wie und an welchem Ort ich sie begraben und was für eine Grabinschrift ich ihr setzen könnte. Als ich dann aber feststellte, daß sie nicht verweste, kam ich zum Schluß, sie müsse sich aus dem Tier, das sie früher war, in eine Pflanze verwandelt haben wie Daphne und viele andere, und daher komme es, daß sie sich nicht mehr bewegt und atmet: und ich fürchte, daß sie mir bald ihre Wurzeln in die Schultern schlagen wird.

HERKULES: Ich glaube eher, sie schläft wie Epimenides[5], der ein halbes Jahrhundert und länger schlummerte, oder wie Hermotimos, von dem man erzählt, seine Seele habe, sooft er es wollte, seinen Körper verlassen und sei viele Jahre draußen geblieben, sie habe sich in verschiedenen Ländern zum Vergnügen aufgehalten und sei dann zurückgekehrt, bis seine Freunde, um dem Spiel ein Ende zu machen, den Körper verbrannten, so daß der Geist, als er zurückkehrte, sein Haus zerstört fand und, wenn er unter einem Dach hätte wohnen wollen, gezwungen gewesen wäre, ein anderes zu suchen oder ins Wirtshaus zu gehen. Damit aber die Welt nicht ewig schläft und nicht einer ihrer Freunde und Wohltäter sie anzündet in der Meinung, sie sei tot, wollen wir sehen, ob es uns nicht gelingt, sie aufzuwecken.

ATLAS: Schön. Aber wie?

HERKULES: Ich könnte ihr einen tüchtigen Schlag mit meiner Keule versetzen; aber ich fürchte, ich würde sie damit zerschmettern und flach wie eine Oblate hauen, oder da sie so leicht geworden ist, es könnte mir ihre dünne Kruste unter dem Schlag zerbrechen wie eine Eierschale. Und ich bin auch nicht sicher, ob die Menschen, die zu meiner Zeit mit Löwen[6] kämpften und heute sich mit Flöhen messen, von dem Stoß nicht alle miteinander die Besinnung verlören. Das beste ist wohl, ich lege die Keule weg und du deinen Mantel, und wir spielen zusammen Ball mit diesem kleinen Erdkügelchen. Schade, daß ich die Armhölzer oder Schläger nicht mitgebracht habe, die Merkur und ich verwenden, wenn wir in Jupiters Haus oder Garten Ball spielen; aber mit den Fäusten wird es auch gehen.

ATLAS: Ausgezeichnet! Damit dein Vater, wenn er uns spielen sieht und Lust bekommt, als Dritter mitzumachen, uns alle beide mit seinem Feuerball wer weiß wohin schleudert, wie seinerzeit Phaethon in den Po.

HERKULES: Gewiß, wenn ich wie Phaethon[7] der Sohn eines Dichters wäre und nicht Jupiters eigener Sohn, der, während die Dichter mit dem Klang ihrer Leier die Städte bevölkern, dazu fähig ist, mit seinen Keulenschlägen Himmel und Erde zu entvölkern. Und seinem Feuerball brauchte ich nur einen Fußtritt zu geben, damit er von hier bis zum obersten Dachboden des Himmels flöge. Du kannst aber sicher sein, auch wenn es mir einfiele, fünf oder sechs Sterne herauszubrechen, um mit ihnen Murmel zu spielen, oder mit einem Kometen nach einem Ziel zu werfen wie mit einer Schleuder, indem ich ihn beim Schwanz faßte, oder auch die Sonne selbst zum Diskuswerfen zu benützen – mein Vater würde tun, als sähe er nichts. Zudem haben wir mit unserem Spiel ja die Absicht, der Welt wohlzutun; Phaethon dagegen wollte ja nichts anderes als den Horen, die ihm den Wagentritt beim Einsteigen hielten, zeigen, wie gewandt und leichtfüßig er sei, er spielte sich bei Andromeda und Kallisto und den anderen schönen Sternbildern als geschickter Kutscher auf; und man sagt, er habe ihnen im Vorbeifahren Strahlenbündel und Lichtkügelchen zugeworfen, weil er auf der Fahrt jenes Tages, der ein Feiertag war, bei den Göttern des Himmels einen guten Eindruck machen wollte. Du kannst also in bezug auf meines Vaters Zorn ganz unbesorgt sein; ich verspreche dir, auf jeden Fall für Schaden gutzustehen; leg nun endlich deinen Mantel ab und wirf den Ball.

ATLAS: Ich muß dir wohl oder übel gehorchen; denn du bist kühn und bewaffnet, ich jedoch bin wehrlos und alt. Aber paß wenigstens auf, daß du sie nicht fallen läßt, damit sie nicht noch mehr Beulen bekommt oder an irgendeinem Teil eine Quetschung oder einen Riß wie damals, als Sizilien von Italien abbrach und Afrika von Spanien, oder damit nicht ein Stück absplittert, eine Provinz oder ein Königreich, woraus dann ein Krieg entstehen könnte.

HERKULES: Verlaß dich auf mich.

ATLAS: So fang den Ball! Siehst du, wie er trudelt, weil seine Form kaputt ist.

HERKULES: Los, schlag ihn ein wenig stärker; deine Würfe sind zu kurz.

ATLAS: Der Schlag hat keine Kraft; wir haben wie gewöhnlich Südwind, und der Ball ist so leicht, daß er mit dem Wind geht.

HERKULES: Das ist sein alter Fehler, sich immer nach dem Wind zu richten.

ATLAS: Am besten würden wir ihn ganz damit aufblasen; denn er springt, wie ich sehe, nicht leichter von der Faust als eine Melone.

HERKULES: Das ist ein neuer Schaden; früher sprang und tanzte er wie ein Böcklein.

ATLAS: Lauf rasch dort hinüber, rasch sag ich dir; paß um Gotteswillen auf, daß er nicht fällt. Verwünscht sei der Augenblick, in dem du gekommen bist.

HERKULES: Du hast ihn mir so schief und niedrig zugeworfen, daß ich ihn nicht rechtzeitig hätte fangen können, ohne mir den Hals zu brechen. O weh, du armer Erdball, wie geht es dir? Hast du dir irgendwo weh getan? Man hört keinen Laut, und nichts bewegt sich; sie schlafen alle wie zuvor.

ATLAS: Gib ihn her, bei allen Hörnern des Styx, daß ich ihn mir wieder auf die Schultern lade; nimm deine Keule und kehr sofort in den Himmel zurück und entschuldige mich bei Jupiter für diesen Unfall, der deinetwegen passiert ist.

HERKULES: Sehr gern. Seit vielen Jahrhunderten wohnt im Hause meines Vaters ein Dichter namens Horaz; er ist dort als Hofpoet angestellt auf Antrag des Augustus, der von Jupiter zum Gott erhoben wurde, weil man der Macht der Römer gewisse Rücksichten schuldig war. Dieser Dichter trällert oft seine Liedchen vor sich hin, unter anderen eines, worin es heißt, der Gerechte stehe fest, auch wenn die Welt um ihn einstürze.[8] Fast möchte ich glauben, heute seien alle Menschen gerecht; denn die Welt ist gestürzt, und keiner hat sich gerührt.

ATLAS: Wer zweifelt an der Gerechtigkeit der Menschen? Trödle nun aber nicht länger, sondern lauf zu deinem Vater und bitte ihn um Verzeihung; denn ich erwarte jeden Augenblick einen Blitzstrahl, der mich aus einem Atlas in einen Ätna verwandelt.

Dialog zwischen der Mode und dem Tod

MODE: Herr Tod, Herr Tod!

TOD: Warte, bis es Zeit ist; dann komm ich, ohne daß du mich rufst.

MODE: Herr Tod!

TOD: Zum Teufel mit dir. Ich werde dann kommen, wenn es dir nicht paßt.

MODE: Als ob ich nicht unsterblich wäre.

TOD: Unsterblich?
Vergangen sind schon mehr als tausend Jahre,[9]
seitdem die Zeiten der Unsterblichen geendet haben.

MODE: Auch der Herr Tod dichtet nach Petrarcas Vorbild, als wäre er ein italienischer Lyriker des sechzehnten oder des neunzehnten Jahrhunderts?

TOD: Ich liebe die Verse des Petrarca, weil ich in ihnen meinen Triumph finde und da sie fast immer von mir sprechen. Nun laß mich aber in Ruhe.

MODE: Ach was! Bei deiner Liebe zu den sieben Todsünden, bleib ein wenig stehen und schau mich an.

TOD: Ich schau dich an.

MODE: Kennst du mich nicht?

TOD: Du solltest wissen, daß ich nicht gut sehe und keine Brille gebrauchen kann, weil die Engländer keine herstellen, die mir paßte, und gäbe es eine, so wüßte ich nicht, wie sie aufsetzen.

MODE: Ich bin die Mode, deine Schwester.

TOD: Meine Schwester?

MODE: Ja: Erinnerst du dich nicht, daß wir beide Kinder der Vergänglichkeit sind?

TOD: Was soll ich mich erinnern, wo ich doch der Todfeind der Erinnerung bin.

MODE: Ich erinnere mich aber gut und weiß, daß wir beide in gleicher Weise danach streben, die irdischen Dinge zu zerstören und zu verändern, wenn du zu diesem Ziele auch einen andern Weg einschlägst als ich.

TOD: Falls du nicht mit deinen eigenen Gedanken redest oder mit jemand, der in deiner Kehle sitzt, so sprich etwas lauter und artikuliere die Wörter besser; wenn du nämlich weiter zwischen den Zähnen murmelst mit deinem Spinnwebstimmchen, so werde ich dich erst morgen verstehen. Weißt du denn nicht, daß mein Gehör so schwach ist wie meine Sehkraft?

MODE: Obwohl es gegen die gute Sitte ist und man in Frankreich nicht zu sprechen pflegt, um gehört zu werden, will ich dennoch reden, wie du es wünschst, weil wir Geschwister sind und unter uns keine Umstände zu machen brauchen. Ich sage, daß es unser beider Natur und Gewohnheit ist, die Welt fortwährend zu erneuern; du hast dich aber von Anfang an auf die Menschen und das Blut gestürzt; ich dagegen begnüge mich meist mit den Bärten, den Haaren, den Kleidern, dem Hausrat, den Palästen und dergleichen Dingen. Es ist freilich wahr, daß ich nicht versäume, allerlei Späße zu treiben, die den deinen gleichen, wie zum Beispiel bald die Ohren, bald die Lippen und bald die Nasen zu durchbohren und sie mit Zierat zu beschweren, den ich in die Löcher hänge; oder den Menschen das Fleisch mit glühenden Stempeln zu verbrennen, die sie sich zum Schmuck einprägen lassen; oder die Köpfe der kleinen Kinder mit Binden und andern Mitteln zu verformen, indem ich die Sitte einführe, daß alle Menschen eines Landes dieselbe Kopfform haben müssen, wie ich's in Amerika und Asien erreicht habe; oder die Menschen durch schmale Schuhe zu verkrüppeln und ihnen mit engen

Korsetts den Atem zu nehmen und die Augen aus dem Kopf zu treiben – und hundert andere Dinge dieser Art. Ja, im allgemeinen überrede und zwinge ich alle gebildeten Menschen, aus Liebe zu mir täglich tausend Mühen und Beschwerden und häufig Schmerzen und Qualen zu ertragen, und manche bringe ich sogar dazu, glorreich zu sterben. Ich will gar nicht reden von den Kopfschmerzen, den Erkältungen, den Katarrhen aller Art, den gewöhnlichen Fiebern und den Wechselfiebern, die die Menschen sich zuziehen, weil sie nach meinem Willen vor Kälte zittern oder vor Hitze ersticken, sich die Schultern mit Stoffen aus Wolle und die Brust mit solchen aus Leinen bedecken und sich in jeder Weise nach mir richten, auch wenn es ihnen zum Schaden gereicht.

TOD: Kurz und gut, ich glaub dir, daß du meine Schwester bist, und will das für sicherer als den Tod halten, ohne daß du mir ein Zeugnis des Pfarrers dafür bringst. Wenn ich aber so still stehe, werde ich ohnmächtig; falls du den Mut hast, neben mir herzulaufen, so paß auf, daß du nicht krepierst, denn ich eile gewaltig; und im Laufen kannst du mir dann sagen, was du für ein Anliegen hast. Wenn nicht, so verspreche ich in Anbetracht unserer Verwandtschaft, dir alle meine Habe zu hinterlassen, wenn ich sterben sollte – und damit Gott befohlen.

MODE: Müßten wir beide miteinander um die Wette laufen, so weiß ich nicht, wer den Sieg davontragen würde; denn wenn du trabst, so galoppiere ich, und wenn du beim Stillstehen in Ohnmacht fällst, so gehe ich daran zugrunde. Laß uns drum weiterlaufen und im Laufen, wie du sagst, von unseren Angelegenheiten plaudern.

TOD: Meinetwegen. Da du also aus dem Leib meiner Mutter geboren wurdest, wäre es recht und billig, wenn du mir bei meinen Geschäften etwas beistündest.

MODE: Das habe ich schon längst getan, mehr als du denkst. Obwohl ich immer wieder alle Gewohnheiten vernichte oder auf den Kopf stelle, habe ich den

Brauch des Sterbens nirgends aufhören lassen, und deshalb siehst du, daß er seit dem Anfang der Welt bis heute überall fortbesteht.

TOD: Wahrlich ein großes Wunder, daß du nicht getan hast, was du nicht hast tun können!

MODE: Warum konnte ich es nicht tun? Du zeigst, daß du die Macht der Mode nicht kennst.

TOD: Laß es gut sein; darüber zu reden haben wir noch Zeit, wenn es einmal Brauch sein wird, daß man nicht mehr stirbt. Bis dahin aber möchte ich, daß du als gute Schwester mir hilfst, das Gegenteil leichter und rascher als bisher zu erreichen.

MODE: Ich habe dir schon von einigen meiner Taten erzählt, die dir großen Nutzen bringen. Aber das sind Lappalien im Vergleich zu dem, was ich dir jetzt berichten will. Zu deinen Gunsten habe ich nach und nach, vor allem aber in letzter Zeit, die Anstrengungen und Übungen, die dem körperlichen Wohlbefinden nützlich sind, veralten und vergessen lassen und unzählige andere eingeführt und zu Ansehen gebracht, die auf tausend Arten den Körper schwächen und das Leben verkürzen. Zudem habe ich in der Welt Sitten und Gebräuche verbreitet, durch die das Leben selbst, in bezug auf Körper und Geist, mehr tot als lebendig wird, so daß man dieses Jahrhundert in der Tat das Jahrhundert des Todes nennen kann. Und wenn du früher keine andern Besitztümer hattest als Gräber und Höhlen, wo du im Dunkeln Knochen und Staub sätest, eine Saat, die keine Frucht bringt, so hast du jetzt Ländereien im Sonnenlicht, und Menschen, die sich bewegen und auf ihren Füßen herumgehen, sind deine Beute, auch wenn du sie noch nicht hinweggemäht hast; denn sie sind dir von Geburt an verfallen. Mehr noch, wo du früher gehaßt und beschimpft wurdest, ist es heute durch mein Werk dazu gekommen, daß jeder Vernünftige dich preist und lobt und dem Leben vorzieht und dich so heftig liebt, daß er dich ständig anruft und dir als seiner größten Hoffnung die Augen zuwendet. Endlich, da ich sah, daß viele sich gerühmt hatten, sie wollten unsterblich werden, das heißt nicht ganz sterben, weil ein guter Teil von ihnen dir gar nicht in die Hände geraten wäre, und obwohl ich wußte, daß das Geschwätz war und daß sie im Gedächtnis der anderen Menschen sozusagen als Posse leben und ihren eigenen Ruhm so wenig genießen, als sie die Grabesfeuchte fühlen können – habe ich also, da ich bemerkte, daß dieser Handel mit der Unsterblichkeit dich kränkte, weil er deine Ehre und dein Ansehen schmälerte, den Brauch, nach Unsterblichkeit zu streben, abgeschafft und erreicht, daß sie sogar dann nicht gewährt wird, wenn einer sie verdiente. So kannst du heute, wenn einer stirbt, ganz sicher sein, daß von ihm keine Krume übrig bleibt, die nicht tot ist, und daß er sogleich ganz unter die Erde muß wie ein kleiner Fisch, den man in einem Bissen mit Kopf und Gräten hinunterschluckt. All diese vielen und nicht geringen Dinge habe ich bis heute dir zuliebe getan, weil ich dein Reich auf der Erde vergrößern will, wie es denn auch geschehen ist. Und zu diesem Zweck bin ich auch bereit, täglich ebensoviel und mehr zu tun; mit dieser Absicht habe ich dich aufgesucht, und es scheint mir zweckmäßig, daß wir uns in Zukunft nicht mehr voneinander trennen, denn wenn wir immer zusammenbleiben, können wir uns bei jedem Fall beraten und bessere Maßnahmen ergreifen und sie auch besser durchführen.

TOD: Du sagst die Wahrheit: so wollen wir es halten.

Ein Preisvorschlag der Akademie der Sillographen[10]

Die Akademie der Sillographen, die, ihrem wichtigsten Grundsatz getreu, bestrebt ist, das Gemeinwohl zu fördern, und die Ansicht vertritt, nichts sei diesem Zweck dienlicher, als die Neigungen und Tendenzen

„des glücklichen Jahrhunderts, in dem wir leben",[11]

wie ein berühmter Dichter sagt, zu bestärken und zu fördern, hat sich nach langer und reiflicher Prüfung entschlossen, unsere Zeit als die Epoche der Maschinen zu bezeichnen, und zwar nicht nur, weil die Menschen heute mechanischer leben und vorgehen als früher, sondern auch mit Rücksicht auf die gewaltige Zahl von Maschinen, die jeden Tag neu erfunden oder wieder instandgesetzt werden und so viele Aufgaben erfüllen, daß man wohl sagen kann, heute seien es nicht mehr die Menschen, sondern die Maschinen, welche die meisten Lebensaufgaben erledigen. Dies erfüllt die erwähnte Akademie mit größter Freude, nicht so sehr wegen der offensichtlichen Annehmlichkeiten, die daraus hervorgehen, als aus zwei Überlegungen, die sie für überaus wichtig hält, wenn sie bisher auch kaum angestellt wurden. Einmal vertraut sie darauf, daß nach einem gewissen Zeitraum die Maschinen nicht nur für materielle, sondern auch für geistige Zwecke verwendet werden können, und so wie es Einrichtungen gibt, die uns vor Blitz, Hagel und ähnlichen Übeln schützen, werden wir zum Beispiel (man verzeihe uns die Neuheit des Ausdrucks) einen Neid-, einen Lügen- oder einen Betrugsableiter haben oder einen Gesundheitsdraht oder einen anderen Apparat, der uns vor dem Egoismus, der Vorherrschaft der Mittelmäßigkeit, dem blühenden Glück der Unvernünftigen, der Schurken und der Feiglinge bewahrt und auch vor der allgemeinen Gleichgültigkeit und dem Elend der Weisen, der Gesitteten und der Großherzigen und vor anderen Unbequemlichkeiten, die schon seit ein paar Jahrhunderten weniger leicht abzuwenden sind als die Wirkungen von Blitzschlag und

Hagel. Der Hauptgrund ist jedoch, daß die besten Philosophen daran verzweifeln, die Fehler des Menschengeschlechtes, die ja viel zahlreicher sind als seine Tugenden, je zu kurieren und der Meinung sind, es sei viel eher möglich, ein neues Modell des Menschen zu schaffen, als ihn, so wie er ist, zu verbessern. Deshalb hält es die Akademie der Sillographen für nützlich, wenn die Menschen sich so weit als möglich von den Geschäften des Lebens zurückziehen, damit nach und nach die Maschinen an ihre Stelle treten können. Und nachdem sie beschlossen hat, alle ihre Kräfte zur Verwirklichung dieser neuen Ordnung einzusetzen, schlägt sie fürs erste drei Preise vor für diejenigen, welche die nachstehend beschriebenen Maschinen erfinden werden.
Die Aufgabe der ersten Maschine wird sein, die Rolle eines Freundes zu übernehmen, der den abwesenden Freund nicht tadelt und nicht verspottet, der nicht aufhört ihn zu unterstützen, auch wenn andere ihm Vorwürfe machen und ihn angreifen, ein Freund, der den Ruf, scharfsinnig und schlagfertig zu sein und seine Freunde zum Lachen zu bringen, nicht über seine Freundschaftspflichten stellt. Ein Freund, der das ihm anvertraute Geheimnis nicht ausplaudert, um sich damit wichtig zu machen, der das Vertrauen des Freundes nicht mißbraucht, um ihn zu verdrängen und auszustechen, der ihn um seine Vorteile nicht beneidet, der seine Güter beschützt und Schaden von ihm abwendet und bereit ist, nicht nur mit Worten auf seine Bedürfnisse einzugehen. Und was die übrigen Eigenschaften dieses Automaten betrifft, wird man den Traktaten[12] über die Freundschaft des Cicero und der Marquise de Lambert entnehmen können. Die Akademie glaubt, die Erfindung dieser Maschine sei weder unmöglich noch überaus schwierig; angesichts der Tatsache, daß neben den Automaten von Regiomontanus[13] und Vaucanson[14] und jenem in London, der Figuren und Porträts zeichnete und alles schrieb, was man ihm diktierte, es auch mehr als eine Maschine gab, die mit sich selbst Schach spielte. Nun ist das menschliche Leben auch nach dem Urteil vieler Weisen ein Spiel oder, wie manche glauben,

viel weniger, und das Schachspiel scheint der Vernunft mehr zu gehorchen und seine Spielzüge mit mehr Vorsicht zu ordnen als das Leben selbst, das, wie Pindar sagte, nicht mehr ist als der Traum eines Schattens und deshalb durch die Wachezeit eines Automaten sehr wohl ersetzt werden kann. Was die Fähigkeit zu reden betrifft, so scheint kein Zweifel darüber zu bestehen, daß die Menschen imstande sind, sie auf ihre Maschinen zu übertragen, wofür es ja auch mehrere Beispiele gibt, vor allem die Statue Memnons[15] und der von Albertus Magnus[16] hergestellte Kopf, der so redselig war, daß der heilige Thomas von Aquin seiner überdrüssig wurde und ihn zerschlug. Und wenn der Papagei von Nevers[17], obwohl er nur ein kleines Tier war, Rede und Antwort stehen konnte, sollte man denn nicht glauben, daß eine vom Geist des Menschen erfundene und mit seinen Händen ausgeführte Maschine zu gleichem fähig sei? Sie müßte ja auch gar nicht so geschwätzig sein wie der Papagei von Nevers und seinesgleichen, die man den ganzen Tag plappern hört, oder wie der erwähnte Kopf des Albertus Magnus. Der Erfinder dieser neuen Maschine wird als Preis eine Goldmedaille bekommen, die das Gewicht von vierhundert Goldstücken hat und auf deren einer Seite die Figuren des Pylades und des Orest eingeprägt sind, auf der andern der Name des Ausgezeichneten und zudem die folgende Inschrift: „Dem ersten, der die Mythen der Antike verwirklicht hat".
Die zweite Maschine soll ein mit Dampf betriebener künstlicher Mensch sein, der fähig und dazu bestimmt ist, tugendhafte und großherzige Werke zu vollbringen. Die Akademie hält dafür, daß der Dampf – da es sonst kein anderes Mittel zu geben scheint – einen Mechanismus in Gang halten kann, der sich in tugendhaften und glorreichen Werken betätigt. Wer es unternimmt, diese Maschine zu konstruieren, kann in Epen und Romanen nachlesen, welche Eigenschaften und Handlungen von diesem Automaten verlangt werden. Der Preis wird eine Medaille im Gewicht von vierhundertfünfzig Goldstükken sein, auf deren Vorderseite ein Bild eingraviert ist, das an das goldene Zeitalter erinnert, und auf deren

Rückseite der Name des Erfinders der Maschine mit dem Vers aus der vierten Ekloge Vergils[18], der lautet: „Quo ferrea primum desinet ac toto surget gens aurea mundo."[19]
Die dritte Maschine muß so konstruiert sein, daß sie die Aufgaben einer Frau erfüllen kann, teils so, wie es sich Graf Baldassare Castiglione vorstellte und in seinem Buch „Il Cortegiano"[20] beschrieb, teils so, wie es andere in Büchern schilderten, die man ohne Mühe finden und wie dasjenige des Grafen zu Rate ziehen und befolgen wird. Auch die Erfindung dieser Maschine sollte den Menschen unserer Zeit nicht unmöglich erscheinen, wenn wir bedenken, daß Pygmalion[21] in weit zurückliegenden Zeiten, da die Wissenschaften noch unbekannt waren, mit eigenen Händen sich eine Gattin schuf, die bis in die Gegenwart Vorbild geblieben ist. Dem Schöpfer dieser Maschine wird man eine Goldmedaille zusprechen, die das Gewicht von fünfhundert Goldstücken hat und auf deren einer Seite der arabische Phönix des Metastasio[22] abgebildet ist, der auf einem in Europa bekannten Baum sitzt, auf der anderen wird der Name des Erfinders stehen mit der Inschrift: „Dem Erfinder der treuen Frauen und des ehelichen Glücks".
Die Akademie hat beschlossen, daß die für diese Preise notwendigen Ausgaben mit dem bestritten werden, was man im Sack des Diogenes gefunden hat, der Sekretär der Akademie war, oder mit einem der drei goldenen Esel[23], die drei sillographischen Akademikern gehörten, das heißt: Apuleius, Firenzuola und Machiavelli, und die den Sillographen testamentarisch vermacht wurden, wie in der Geschichte der Akademie zu lesen ist.

Dialog zwischen einem Kobold und einem Gnomen

Kobold: Bist du hier, Sohn des Sabazios[24]? Was hast du im Sinn?

Gnom: Mein Vater schickt mich. Ich soll herausbringen, was zum Teufel diese Taugenichtse von Menschen wieder anzetteln; er ist in großer Sorge, weil sie uns schon eine ganze Weile keinen Verdruß mehr machen und in seinem ganzen Reich kein einziger sich zeigt. Er fürchtet, daß sie irgendeinen großen Anschlag gegen ihn vorbereiten, wenn es nicht etwa wieder Brauch geworden ist, beim Kaufen und Verkaufen anstatt mit Gold oder Silber mit Schafen zu bezahlen; oder daß die zivilisierten Völker sich wieder mit kleinen Scheinen statt der Münzen begnügen, wie sie das schon oft getan haben, oder mit Rosenkränzen aus Glas wie die Wilden; oder daß die Lykurgischen Gesetze[25] wieder in Kraft getreten sind, was ihn freilich das Unwahrscheinlichste dünkt.

Kobold: „Ihr wartet vergeblich; sie starben alle",[26] heißt es am Ende jenes Trauerspiels, in dem alle Personen sterben.

Gnom: Was meinst du damit?

Kobold: Daß alle Menschen tot sind und ihr ganzes Geschlecht ausgelöscht.

Gnom: Ach, da werden die Zeitungen ja zu berichten haben. Bis jetzt haben sie aber noch nichts darüber gebracht.

Kobold: Du Narr, denkst du nicht daran, daß keine Zeitungen mehr gedruckt werden, wenn alle Menschen tot sind?

Gnom: Da hast du recht. Wie sollen wir nun aber erfahren, was in der Welt Neues passiert?

Kobold: Was soll es Neues geben? Daß die Sonne auf- und untergeht, daß es heiß oder kalt ist, daß es hier oder dort geregnet, geschneit oder gestürmt hat? Da es keine Menschen mehr gibt, hat Fortuna ihre Binde abgenommen, eine Brille aufgesetzt und sitzt nun mit verschränkten Armen und betrachtet die Dinge dieser

Welt, ohne sich weiter einzumischen; es gibt keine Länder und keine Reiche mehr, die anschwellen und platzen wie Luftblasen, denn sie sind alle verschwunden; es werden keine Kriege mehr geführt, und die Jahre gleichen sich wie ein Ei dem andern.

GNOM: Man weiß auch wohl nicht mehr, den Wievielten des Monats wir haben, weil jetzt keine Kalender mehr gedruckt werden.

KOBOLD: Das ist weiter nicht schlimm; der Mond findet seine Bahn trotzdem.

GNOM: Und die Tage der Woche haben keinen Namen mehr.

KOBOLD: Na, fürchtest du etwa, daß sie nicht mehr kommen, wenn du sie nicht beim Namen nennst? Oder meinst du vielleicht, sie kehren wieder zurück, wenn du sie rufst?

GNOM: Auch die Jahre kann man nicht mehr zählen.

KOBOLD: So werden wir uns für jung ausgeben, auch wenn wir es längst nicht mehr sind, und wenn wir die vergangene Zeit nicht mehr messen, wird sie uns weniger Sorgen bereiten, und wenn wir sehr alt geworden sind, werden wir nicht von Tag zu Tag den Tod erwarten.

GNOM: Aber wie kommt es denn, daß diese Spitzbuben verschwunden sind?

KOBOLD: Teils durch Kriege, teils durch Seefahrten; teils haben sie sich gegenseitig aufgefressen. Manche haben sich mit eigner Hand umgebracht, andere sind im Müßiggang verfault, einige haben sich das Gehirn über den Büchern verdorben, wieder andere haben sich Schlemmereien und Ausschweifungen aller Art ergeben – kurz, sie haben alle möglichen Wege gesucht, um gegen die eigene Natur zu handeln und ein schlimmes Ende zu nehmen.

GNOM: Bei alledem kann ich es nicht fassen, daß ein ganzes Geschlecht von Lebewesen so vollständig zugrunde gehen kann, wie du sagst.

KOBOLD: Als Kenner der Geologie solltest du eigentlich wissen, daß der Fall nicht neu ist und daß es früher verschiedene Tierarten gegeben hat, von denen man heute nur noch ein paar versteinerte Knochen findet. Und sicher haben jene armen Geschöpfe keine von all den Künsten angewendet, mit denen die Menschen, wie ich dir erzählt habe, sich ins Verderben stürzten.

GNOM: Da magst du recht haben. Nun wünschte ich nur, daß von diesem Gesindel einige auferständen; ich möchte gar zu gerne wissen, was sie denken würden, wenn sie sähen, daß die andern Dinge, obwohl das Menschengeschlecht ausgestorben ist, weitergehen und sich entwickeln wie einst, als die Menschen glaubten, die ganze Welt sei nur für sie allein geschaffen und erhalten worden.

KOBOLD: Und sie wollten nicht einsehen, daß sie für die Kobolde geschaffen und erhalten wurde.

GNOM: Du bist wirklich närrisch, wenn du auf ein ernstes Thema kommst.

KOBOLD: Warum? Es ist mir ernst.

GNOM: Ach geh, du Witzbold. Wer weiß nicht, daß die Welt für die Gnomen geschaffen wurde?

KOBOLD: Für die Gnomen, die immer unter der Erde leben? Das ist ja das Tollste, was man sich ausdenken kann. Was fangen die Gnomen mit der Sonne, dem Mond, der Luft, dem Meer, den Feldern an?

GNOM: Und was fangen die Kobolde mit den Gold- und Silbergruben an und mit dem ganzen Leib der Erde unter der obersten Haut?

KOBOLD: Nun gut, sie mögen damit anfangen, was ihnen beliebt, wir wollen darüber nicht streiten; denn ich bin sicher, daß auch die Eidechsen und die Mücken glauben, die Welt sei eigens für ihren Gebrauch geschaffen. Darum soll jeder bei seiner Meinung bleiben, die ihm ja doch keiner aus dem Kopf schlagen kann; und ich für meinen Teil sage dir nur soviel: wenn ich nicht als Kobold auf die Welt gekommen wäre, würde ich verzweifeln.

GNOM: Genau gleich ginge es mir, wenn ich nicht als Gnom geboren wäre. Nun möchte ich aber gern wissen, was die Menschen jetzt zu ihrer Anmaßung sagten, mit der sie tausend Ellen tief in die Erde eindrangen und uns mit Gewalt unser Eigentum raubten, indem sie erklärten, das gehöre alles dem Menschengeschlecht und die Natur habe es nur zum Spaß dort unten versteckt, um zu sehen, ob sie es wohl finden und herausholen könnten.

KOBOLD: Wen kann das wundern? Sie waren nicht nur überzeugt, daß die Dinge der Welt keinen andern Zweck hatten, als ihnen zu dienen, sondern bildeten sich auch ein, neben dem Menschengeschlecht sei alles andere nur eine Bagatelle. Darum bezeichneten sie ihre eigenen Schicksale als Weltrevolutionen und die Geschichte ihrer Völker als Weltgeschichte, obwohl es innerhalb der Grenzen der Erde wahrscheinlich soviele andere Gattungen von Tieren gab wie lebende Menschen überhaupt; und diese Tiere, die doch eigens für ihren Gebrauch geschaffen waren, bemerkten gar nicht, daß die Welt in Revolution war!

GNOM: Waren auch die Mücken und die Flöhe nur zum Wohl der Menschen geschaffen?

KOBOLD: Gewiß, und zwar, um sie in der Geduld zu üben, wie sie behaupteten.

GNOM: Die Gelegenheit, geduldig zu sein, hätte ihnen ja tatsächlich gefehlt, wenn es keine Flöhe gegeben hätte.

KOBOLD: Und die Schweine waren nach der Meinung des Chrysippos[27] bloß Fleischstücke, die von der Natur eigens für die Küchen und Speisekammern der Menschen zubereitet und, damit sie nicht verfaulten, mit Seelen anstatt mit Salz gewürzt waren.

GNOM: Ich glaube im Gegenteil, wenn Chrysippos im Gehirn ein wenig Salz gehabt hätte anstatt einer Seele, würde er keine solche Albernheit ausgeheckt haben.

KOBOLD: Drollig ist auch, daß zahllose Gattungen von Tieren für die Menschen, ihre Gebieter, ungesehen und unbekannt blieben; entweder, weil sie an Orten leben, wo jene nie hinkamen, oder weil sie so winzig klein sind, daß sie überhaupt nicht entdeckt werden konnten. Und auf eine Menge anderer Gattungen sind sie erst in der letzten Zeit aufmerksam geworden. Das gleiche gilt von den Pflanzen und tausend anderen Dingen. Ebenso haben sie ab und zu mit Hilfe ihrer Fernrohre ein paar Sterne oder Planeten entdeckt, von denen sie bis dahin, tausend und abertausend Jahre lang, gar nichts gewußt hatten. Dann aber reihten sie sie gleich unter ihren Hausrat ein. Denn sie bildeten sich ein, die Sterne und Planeten seien sozusagen Kerzen und dort oben in der Höhe festgemacht, um den Herrschaften nachts bei ihren wichtigen Geschäften zu leuchten.

GNOM: So sagten sie wohl im Sommer, wenn sie die Flämmchen fallen sahen, die in manchen Nächten durch die Luft herunterkommen, irgendein Geist sei dabei, im Auftrag der Menschen die Kerzen zu schneuzen.

KOBOLD: Jetzt aber, da sie alle verschwunden sind, fehlt der Erde nichts, und die Flüsse sind nicht müde zu fließen, und das Meer, obwohl es der Schiffahrt nicht mehr zu dienen hat, trocknet nicht aus.

GNOM: Und die Sterne und die Planeten gehen immer noch auf und unter und tragen keine Trauer.

KOBOLD: Und die Sonne hat ihr Gesicht nicht mit Rost verdunkelt, was sie laut Vergil beim Tode Cäsars getan haben soll, der ihr, glaube ich, nicht mehr Kummer brachte als der Statue des Pompejus[28].

Dialog zwischen Malambruno[29] und Farfarello

MALAMBRUNO: Geister[30] des Abgrundes, Farfarello, Ciriatto, Baconero, Astarotte, Alichino und wie ihr auch immer heißt, ich beschwöre euch im Namen Beelzebubs und befehle euch kraft meiner Kunst, die den Mond aus den Angeln heben und die Sonne mitten im Himmel festnageln kann: Einer von euch soll erscheinen mit der Vollmacht eures Fürsten, alle Kräfte der Hölle in meinen Dienst zu stellen.

FARFARELLO: Da bin ich.

MALAMBRUNO: Wer bist du?

FARFARELLO: Farfarello, zu deinen Diensten.
MALAMBRUNO: Hast du den Auftrag von Beelzebub?
FARFARELLO: Jawohl, und ich kann in deinem Dienst alles tun, was der König selber könnte, und mehr als alle anderen Geschöpfe zusammen vermöchten.
MALAMBRUNO: Schön. Du sollst mir einen Wunsch erfüllen.
FARFARELLO: Ich stehe zu deiner Verfügung. Was willst du? Höheren Adel als die Atriden[31]?
MALAMBRUNO: Nein.
FARFARELLO: Mehr Reichtümer, als man in der Stadt Manoa[32] finden wird, wenn sie einmal entdeckt ist?
MALAMBRUNO: Nein.
FARFARELLO: Ein Kaiserreich, so groß wie das, von dem Karl V. in einer Nacht geträumt haben soll?
MALAMBRUNO: Nein.
FARFARELLO: Eine Frau dir gefügig machen, die widerspenstiger ist als Penelope[33]?
MALAMBRUNO: Nein. Meinst du, dazu sei der Teufel nötig?
FARFARELLO: Alle Achtung, wenn du ein solcher Schurke bist!
MALAMBRUNO: Den Teufel brauchte ich eher, wenn ich das Gegenteil wünschte.
FARFARELLO: Was befiehlst du mir denn?
MALAMBRUNO: Mach mich für einen Augenblick glücklich.
FARFARELLO: Das kann ich nicht.
MALAMBRUNO: Warum nicht?
FARFARELLO: Ich schwöre dir bei meinem Gewissen, daß ich es nicht kann.
MALAMBRUNO: Beim Gewissen eines redlichen Teufels?
FARFARELLO: Jawohl. Verlaß dich drauf, es gibt redliche Teufel, wie es redliche Menschen gibt.
MALAMBRUNO: Und du verlaß dich drauf, daß ich dich hier am Schwanz an einem dieser Balken aufhänge, wenn du mir nicht unverzüglich und ohne Widerrede gehorchst.
FARFARELLO: Eher wirst du mich töten, als daß ich dir deinen Wunsch erfülle.

Malambruno: So scher dich zum Teufel, und Beelzebub soll selber kommen.

Farfarello: Wenn Beelzebub auch mit der ganzen Hölle kommt, er kann dich und dein ganzes Geschlecht ebensowenig glücklich machen wie ich.

Malambruno: Auch nicht für einen einzigen Augenblick?

Farfarello: Ebensowenig für einen Augenblick wie für die Hälfte oder ein Tausendstel eines Augenblicks oder für das ganze Leben.

Malambruno: Wenn du mich aber auf keine Weise glücklich machen kannst, hast du dann wenigstens den Mut, mich von meinem Unglück zu befreien?

Farfarello: Wenn du es fertigbringst, dich selbst nicht über alles zu lieben.

Malambruno: Das werde ich können, wenn ich tot bin.

Farfarello: Kein Geschöpf ist bei Lebzeiten dazu fähig, weil eure Natur das ausschließt.

Malambruno: Allerdings.

Farfarello: Da du dich also mit aller Liebe, deren du fähig bist, selbst liebst, so wünschst du auch, sosehr du kannst, dein eigenes Glück; und da dieser Wunsch so groß ist, daß er bei weitem nie befriedigt werden kann, ist es auch nicht möglich, daß du deinem Los, unglücklich zu sein, entgehst.

Malambruno: Auch dann nicht, wenn ich irgendeine Lust empfinde; denn keine Lust kann mich glücklich oder zufrieden machen.

Farfarello: Nein, gewiß nicht.

Malambruno: Und da ich das natürliche Verlangen nach Glück, das ich in meiner Seele trage, nie befriedigen kann, wird es für mich auch nie eine wahre Lust geben; und selbst wenn ich Lust empfinde, werde ich nicht aufhören, unglücklich zu sein.

Farfarello: Das wirst du nicht. Denn die Versagung des vollkommenen Glücks bedeutet für den Menschen und die andern Lebewesen, selbst wenn sie nicht mit Leid oder Unheil verbunden ist und sogar in Zeiten des sogenannten Vergnügens, ein immerwährendes Unglück.

Malambruno: So daß also unser Unglück von der Geburt bis zum Tod nicht für einen einzigen Augenblick aufhören kann?

Farfarello: Doch: Es hört auf, wenn ihr schlaft, ohne zu träumen, wenn euch eine Ohnmacht befällt oder sonst etwas die Wachheit der Sinne unterbricht.

Malambruno: Niemals jedoch, wenn wir uns unseres Lebens bewußt sind?

Farfarello: Nein. Niemals.

Malambruno: Demnach ist also, alles in allem, nicht leben auf jeden Fall besser als leben.

Farfarello: Weil der Verzicht auf das Unglück besser ist als das Unglück.

Malambruno: Ergo?

Farfarello: Ergo, wenn du mir deine Seele vor der Zeit überlassen willst, bin ich bereit, sie mitzunehmen.

Dialog zwischen der Natur und einer Seele

Natur: Geh, meine Lieblingstochter; denn als solche wird man dich erkennen und während Jahrhunderten preisen. Lebe, sei groß und unglücklich.

Seele: Was habe ich Böses getan, noch vor meinem Leben, daß du mich zu dieser Strafe verurteilst?

Natur: Was für eine Strafe, meine Tochter?

Seele: Schreibst du mir nicht vor, unglücklich zu sein?

Natur: Nur insofern als ich will, daß du groß seist, und eines ist ohne das andere nicht möglich. Außerdem bist du dazu bestimmt, einen menschlichen Körper zu beleben, und alle Menschen leben und sterben notwendigerweise unglücklich.

Seele: Aber wäre es denn nicht vernünftiger, wenn du dafür sorgtest, daß sie notwendigerweise glücklich sind, oder wenn du das nicht kannst, solltest du darauf verzichten, sie auf die Welt zu stellen.

Natur: Weder das eine noch das andere steht in meiner Macht; denn ich bin dem Schicksal untertan, das es anders will, was auch immer der Grund dafür sei, den weder du noch ich begreifen können. Da du nun geschaffen und dazu bestimmt bist, ein menschliches Wesen zu beseelen, ist keine Kraft, weder meine noch die eines andern, imstande, dich vor dem allgemeinen Unglück der Menschen zu bewahren. Und außer diesem allgemeinen wirst du ein eigenes und viel schlimmeres Unglück zu ertragen haben um der Größe willen, die ich dir verliehen habe.

SEELE: Ich habe noch nichts gelernt, da ich in diesem Augenblick erst zu leben beginne, und das muß der Grund sein, weshalb ich dich nicht verstehe. Sag mir, sind Größe und außerordentliches Unglück denn ihrem Wesen nach dasselbe? Oder wenn es zwei verschiedene Dinge sind, könntest du dann nicht eines vom andern trennen?

NATUR: Für die Menschenseelen und entsprechend auch für die Seelen der Tiere aller Gattungen kann man sagen, daß das eine wie auch das andere fast dasselbe sind: denn die Größe der Seele bedingt eine größere Intensität des Lebens, und diese bedingt wieder ein stärkeres Empfinden des eigenen Unglücks, was soviel ist wie ein größeres Unglück. In ähnlicher Weise bringt die größere Lebendigkeit des Geistes auch eine größere Kraft der Eigenliebe mit sich, worauf sich diese auch immer richte und in welcher Form sie sich zeige: diese größere Eigenliebe bedingt ein stärkeres Verlangen nach Glück und folglich größere Unzufriedenheit und Qual bei dessen Ausbleiben und größeren Schmerz über das Leid, das einem Menschen widerfährt. All das ist in der ursprünglichen und ewigen Ordnung der Schöpfung enthalten, die ich nicht verändern kann. Darüber hinaus werden dich die Schärfe deiner Intelligenz und die Lebhaftigkeit deiner Phantasie von einem großen Teil der Herrschaft über dich selbst ausschließen. Den wilden Tieren fällt es leicht, alle ihre Kräfte und Fähigkeiten einzusetzen für einen einzigen Zweck. Die Menschen aber tun sehr selten alles, was in ihrer Macht steht; sie werden gewöhnlich von der Vernunft und der Phantasie daran gehindert, die beim Entscheiden tausend Zweifel und beim Ausführen tausend Bedenken aufkommen lassen. Die am wenigsten fähig und geübt sind, abzuwägen und zu bedenken, sind am flinksten im Entschließen und am erfolgreichsten im Ausführen. Seelen wie du aber, die ständig in sich selber verstrickt und von der Größe der eigenen Fähigkeiten gleichsam überwältigt und daher ihrer selbst nicht mächtig sind, unterliegen meistens der Unentschlossenheit, sowohl beim Überlegen als auch beim Ausführen, und das ist eine der schlimmsten Qualen, die das menschliche Leben belasten. Dazu kommt, daß du durch die Vortrefflichkeit deiner Anlagen in kurzer Zeit und mit Leichtigkeit fast alle anderen deiner Gattung in den wichtigsten Kenntnissen und den schwierigsten Wissenschaften übertreffen wirst und trotzdem zu leiden hast unter der Schwierigkeit oder der Unmöglichkeit, viele Dinge zu lernen oder auszuüben, die an sich unwichtig, für den Verkehr mit den andern Menschen aber notwendig sind. Und gleichzeitig wirst du sehen, daß diese Dinge mühelos gelernt und vollkommen ausgeführt werden von tausend Geistern, die nicht nur dir unterlegen, sondern ganz und gar verachtungswürdig sind. Diese und andere unendliche Schwierigkeiten und Nöte bedrängen und beengen die großen Seelen. Aber sie werden reichlich entschädigt durch den Ruhm, das Lob und die Ehre, die diesen auserlesenen Geistern ihre Größe einbringt, und durch die Dauerhaftigkeit der Erinnerung, die sie ihren Nachkommen hinterlassen.

SEELE: Dieses Lob und diese Ehren, von denen du redest, werde ich die vom Himmel erhalten oder von dir oder von wem sonst?

NATUR: Von den Menschen: Niemand sonst kann sie dir geben.

SEELE: Da ich nun aber nicht imstande sein werde, das zu tun, was für den Verkehr mit den andern Menschen notwendig ist und was selbst den ärmsten Geistern leicht fällt, werde ich da nicht vielmehr von diesen Menschen verhöhnt und gemieden denn gelobt werden? Und da ich für den menschlichen Umgang nicht tauge, ist es mir denn nicht bestimmt, einsam und unbekannt zu leben?

NATUR: Mir ist es nicht gegeben, in die Zukunft zu schauen, und daher kann ich dir auch nicht unfehlbar voraussagen, wie sich die Menschen dir gegenüber verhalten und was sie denken werden, während du auf der Erde bist. Es stimmt, aus der Erfahrung der Vergangenheit halte ich es für wahrscheinlich, daß sie dich mit ihrem Neid verfolgen werden – eine weitere Plage, die außerordentliche Seelen heimsucht –, oder sie werden dich mit Geringschätzung und Gleichgültigkeit kränken. Außerdem pflegen sogar das Glück und der Zufall deinesgleichen gegenüber feindselig zu sein. Aber gleich nach dem Tod, wie es Camões erging, oder spätestens nach ein paar Jahren, wie es Milton geschah, wirst du gefeiert und in den Himmel gehoben werden, ich will nicht sagen von allen, aber doch wenigstens von der kleinen Zahl derjenigen, die ein gutes Urteil haben. Und vielleicht wird die Asche des Menschen, in dem du gewohnt hast, in einem prächtigen Grabmal ruhen, und sein Gesicht wird, in verschiedener Weise nachgebildet, durch die Hände der Menschen gehen, und die Ereignisse seines Lebens werden von vielen geschildert und von andern zum Gedächtnis sorgfältig ausgekundschaftet werden, und am Ende wird die ganze gebildete Welt von seinem Namen erfüllt sein. Vorausgesetzt, daß die Tücke des Schicksals oder das Übermaß deiner Fähigkeiten dich nicht fortwährend daran gehindert haben, den Menschen ein angemessenes Zeichen deines Wertes zu geben, wie es vielen Seelen geschah, die nur mir und dem Schicksal bekannt sind.

SEELE: Meine Mutter, obwohl mir noch jede andere Einsicht fehlt, so fühle ich doch schon, daß die größte, ja die einzige Sehnsucht, die du mir gegeben hast, diejenige nach Glück ist. Und angenommen, ich sei auch fähig, nach Ruhm zu streben, so werde ich ihn – ich weiß nicht, ob er ein Gut oder ein Übel ist – nur als Glück begehren oder als Mittel, um das Glück zu erreichen. Nun kann aber nach deinen Worten die

Größe, mit der du mich begabt hast, wohl nötig oder nützlich sein, um Ruhm zu erlangen; sie führt jedoch nicht zur Glückseligkeit, sondern zieht mich im Gegenteil mit Macht ins Unglück. Und es ist nicht einmal wahrscheinlich, daß sie mir den Ruhm vor dem Tode bringt, und wenn der mich einmal geholt hat, was können mir dann die größten Güter der Welt noch für Vorteil oder Vergnügen bringen? Und endlich kann es ja, wie du sagst, auch leicht geschehen, daß dieser widerspenstige Ruhm, der Preis für soviel Unglück, mir überhaupt nicht zuteil wird, auch nicht nach dem Tod. So kann ich denn aus deinen eigenen Worten folgern, daß du mich nicht etwa ganz besonders liebst, wie du anfangs behauptet hast, sondern mich mit größerem Zorn und Haß verfolgst, als es die Menschen und das Schicksal während meines Erdendaseins tun werden; denn du hast nicht gezögert, mir ein so unheilvolles Geschenk zu machen wie diese von dir so gepriesene Größe, die eines der Haupthindernisse für mich sein wird auf dem Wege zu meinem einzigen Ziel: der Glückseligkeit.

NATUR: Meine Tochter, alle Menschenseelen sind, wie ich dir sagte, dem Unglück als Beute anheimgegeben, ohne meine Schuld. Aber in dem allgemeinen Elend des Menschenlebens und in der unendlichen Eitelkeit aller seiner Vergnügungen und Befriedigungen wird der Ruhm vom besseren Teil der Menschen als höchstes Gut geschätzt, das den Sterblichen vergönnt ist, und als das würdigste Ziel, worauf sie ihre Bestrebungen und Handlungen ausrichten können. Deshalb habe ich nicht aus Haß, sondern aus echter und besonderer Zuneigung zu dir beschlossen, dir zur Erreichung dieses Ziels alle Mittel zu schenken, die in meiner Macht stehen.

SEELE: Sag mir, ist von den wilden Tieren, die du erwähnt hast, vielleicht eines mit weniger Lebenskraft und Gefühl begabt als der Mensch?

NATUR: Angefangen bei jenen, die noch den Pflanzen nahestehen, sind in diesem Punkt alle dem Menschen mehr oder weniger unterlegen; der Mensch hat eine größere Lebensfülle und eine höhere Empfindsamkeit als irgendein Tier, da er von allen lebendigen Wesen das vollkommenste ist.

SEELE: So laß mich, wenn du mich liebst, im unvollkommensten von ihnen wohnen, oder, wenn du das nicht kannst, so befreie mich von den unheilvollen Gaben, die mich adeln, und mache mich dem dümmsten und einfältigsten Menschengeiste gleich, den du jemals hervorgebracht hast.

NATUR: Dieses letztere kann ich dir zu Gefallen tun, und zwar gleich, da du die Unsterblichkeit, zu der ich dich schuf, ablehnst.

SEELE: Und anstelle der Unsterblichkeit bitte ich dich um einen möglichst raschen Tod.

NATUR: Darüber werde ich mit dem Schicksal reden.

Dialog zwischen der Erde und dem Mond

ERDE: Lieber Mond, ich weiß, daß du Rede und Antwort stehen kannst, weil du eine Person bist, wie ich so oft von den Dichtern gehört habe. Zudem sagen unsere Kinder, du habest einen Mund, eine Nase und Augen wie jedes von ihnen, das sähen sie mit ihren eigenen Augen, die in ihrem Alter ja notwendigerweise sehr scharf sein müssen. Was mich betrifft, so weißt du zweifellos, daß auch ich nicht mehr und nicht weniger als eine Person[34] bin; ich habe ja auch viele Kinder auf die Welt gebracht, als ich noch jünger war, und du wirst dich deshalb nicht wundern, daß ich mit dir spreche. Also, mein schöner Mond, obwohl ich so viele Jahrhunderte lang, daß ich ihre Zahl gar nicht weiß, deine Nachbarin war, habe ich doch bis heute nie mir dir geredet, weil ich mit meinen Angelegenheiten so beschäftigt war, daß mir keine Zeit zum Schwatzen blieb. Heute aber, da ich nicht mehr viel zu tun habe, weiß ich nicht, was anfangen, und langweile mich sehr. Darum habe ich mir vorgenommen, in Zukunft viel mit dir zu plaudern und mich um deine Angelegenheiten zu kümmern, wenn dir das nicht lästig ist.

MOND: Sei unbesorgt. Ich wollte, das Schicksal bewahrte mich vor jeder anderen Störung; denn ich bin sicher, daß du mir nicht lästig wirst. Wenn du Lust hast, so schwatze mit mir nach Belieben; denn obschon ich ein Freund des Schweigens bin, wie du wohl weißt, werde ich doch gern zuhören und antworten, um dir einen Gefallen zu tun.

ERDE: Hörst du wohl den wundersamen Klang, den die Himmelskörper mit ihren Bewegungen verursachen?

MOND: Um die Wahrheit zu sagen, ich höre nichts.

ERDE: Auch ich höre nichts außer dem Getöse des Windes, der von meinen Polen zum Äquator braust und vom Äquator zu den Polen und nichts von Musik zu wissen scheint. Pythagoras sagt aber, die Himmelskugeln erzeugten eine Art Musik,[35] die wundersam süß sei; auch du hast Anteil an ihr und bist die achte Saite auf dieser Welt-Leier. Ich aber soll durch den Klang taub geworden sein und darum nichts hören.

MOND: Dann bin ich wohl auch taub geworden; denn, wie gesagt, ich höre nichts und weiß auch nichts davon, daß ich eine Saite bin.

ERDE: Dann wollen wir von etwas anderem reden. Sag mir: Bist du wirklich bewohnt, wie tausend alte und neue Philosophen versichern und beschwören, von Orpheus[36] bis auf de Lalande? Ich selbst, sosehr ich mich auch anstrenge, meine Hörner auszustrecken, welche die Menschen Berg und Gipfel nennen und mit deren Spitzen ich dich wie eine große Schnecke betrachte – ich kann auf dir keine Bewohner entdekken, obwohl ich höre, daß ein gewisser David Fabricius, der scharfsichtiger war als Lynkeus[37], einmal Leute auf dir gesehen hat, die Wäsche an der Sonne aufhängten.

MOND: Zu deinen Hörnern weiß ich nichts zu sagen. Tatsache ist, daß ich bewohnt bin.

ERDE: Von welcher Farbe sind diese Menschen?

MOND: Was für Menschen?

Erde: Die sich auf dir aufhalten. Sagst du nicht, du seist bewohnt?

Mond: Ja, und?

Erde: Du wirst doch nicht nur von Tieren bewohnt sein?

Mond: Weder Tiere noch Menschen; denn ich weiß nicht, was für Geschöpfe das sind. Auch andere Dinge sind mir ganz unverständlich, auf die du, wie ich vermute, im Zusammenhang mit den Menschen hingewiesen hast.

Erde: Was sind es denn für Völker?

Mond: Sehr viele und sehr verschiedene, die du nicht kennst, wie ich die deinen nicht kenne.

Erde: Das kommt mir so seltsam vor, daß ich es um nichts in der Welt glauben würde, wenn ich es nicht von dir selbst hörte. Bist du noch nie von einem deiner Bewohner erobert worden?

Mond: Nicht daß ich wüßte. Wie denn und warum?

Erde: Aus Ehrgeiz, aus Habgier, mit politischen Ränken, mit Waffen.

Mond: Ich weiß nicht, was du unter Waffen, Ehrgeiz, politischen Ränken verstehst.

Erde: Nun, wenn du die Waffen nicht kennst, kennst du doch den Krieg; denn vor kurzem hat ein Physiker hier unten[38] mit gewissen Fernrohren, das heißt Instrumenten, mit denen man sehr weit sehen kann, bei dir oben eine schöne Festung mit steilen Bollwerken entdeckt. Das ist doch ein Zeichen, daß deine Bewohner, wenn nichts anderes, so doch Belagerung und das Erstürmen von Mauern kennen.

Mond: Verzeih, Frau Erde, wenn ich dir etwas freimütiger antworte, als es sich vielleicht für einen Untertan oder Diener schickte. Aber du kommst mir doch ein wenig gar zu eitel vor, wenn du dir vorstellst, daß alle Dinge auf der Welt den deinen ähnlich sind, als hätte die Natur keine andere Absicht gehabt, als dich überall ganz genau zu kopieren. Ich sage, ich sei bewohnt, und daraus folgerst du, daß meine Bewohner Menschen sein müssen. Ich teile dir mit, daß es keine sind, und du, obwohl du einräumst, es seien andere Geschöpfe, zweifelst nicht daran, daß sie dieselben Eigenschaften und Schicksale haben wie deine Menschen, und führst mir als Zeugnis die Fernrohre irgendeines Physikers an. Wenn aber diese Fernrohre in andern Dingen nicht besser sehen, so muß ich annehmen, daß sie so scharfsinnig sind wie deine kleinen Kinder, die an mir Augen, Mund und Nase sehen.

ERDE: Dann ist es wohl auch nicht wahr, daß deine Provinzen mit breiten und sauberen Straßen versehen sind und daß du bepflanzt wirst, was man von Deutschland[39] aus durch ein Fernrohr ganz deutlich sehen soll.

MOND: Ob ich bepflanzt werde, merke ich nicht, und meine Straßen sehe ich nicht.

ERDE: Lieber Mond, du mußt wissen, daß ich aus grobem Stoff bin und nicht viel Verstand habe; es ist drum kein Wunder, daß die Menschen mir leicht etwas vormachen. Doch kann ich dir sagen, daß du, auch wenn deine Bewohner nicht daran denken, dich zu erobern, dennoch nicht immer ungefährdet warst; denn schon oft haben Menschen hier unten sich vorgenommen dich zu besetzen und zu diesem Zweck große Vorbereitungen getroffen. Sie konnten dich aber, obschon sie auf sehr hohe Punkte hinaufstiegen, sich auf ihre Zehenspitzen stellten und die Arme ausstreckten, nicht erreichen. Zudem sehe ich sie schon seit Jahren alle Orte auf dir sorgfältig auskundschaften, Karten von deinen Ländern aufnehmen und die Höhen deiner Berge messen, von denen wir auch die Namen kennen. Das alles sage ich dir, weil ich es gut mit dir meine, damit du dich für alle Fälle vorsehen kannst. Nun aber zu etwas anderem: Wirst du von den Hunden, die dich anbellen, nicht sehr belästigt? Was hältst du von denen, die dich anderen im Brunnen zeigen?[40] Bist du männlichen oder weiblichen Geschlechtes? Ist es wahr oder nicht, daß die Arkadier vor dir auf die Welt gekommen sind? Ist es wahr, daß deine Frauen, oder wie ich sie nennen soll, Eier legen und daß eines dieser Eier einmal, ich weiß nicht wann, zu uns heruntergefallen ist? Daß du durchbohrt bist wie die Kügelchen eines Rosenkranzes, wie ein moderner Physiker[41] glaubt? Daß du, wie ein paar Engländer behaupten, aus frischem Käse gemacht bist?[42] Daß Mohammed eines Tages oder auch in einer Nacht dich in der Mitte durchgeschnitten hat wie eine Melone und daß ein gutes Stück von dir in seinen Ärmel rutschte? Wie kommt es, daß du gern auf den Spitzen der Minarette stehst? Und was hältst du vom Bairamfest?[43]

MOND: Mach nur so weiter; denn während du redest, komme ich nicht dazu, dir zu antworten und mein geliebtes Schweigen zu brechen. Wenn du dich gern mit Flausen unterhältst und mit mir über nichts anderes plaudern kannst, so ist es besser, du wendest dich nicht mehr an mich, da ich dich nicht verstehen kann, sondern läßt dir von den Menschen einen andern Planeten fabrizieren, der sich um dich dreht und wie du zusammengesetzt und bewohnt ist. Du weißt von nichts anderem zu reden als von Menschen und Hunden und ähnlichen Dingen, von denen ich so wenig weiß wie von jener großen Sonne, um die sich unsere Sonne drehen soll.

ERDE: Du hast recht, je mehr ich mir vornehme, im Gespräch mit dir von meinen eigenen Sachen zu schweigen, desto weniger gelingt es mir. Von jetzt an will ich aber besser aufpassen. Sag mir: Machst du dir tatsächlich einen Spaß daraus, mir das Wasser aus dem Meer hochzuziehen und wieder fallen zu lassen?

MOND: Mag sein. Doch angenommen, ich habe diese oder irgendeine andere Wirkung auf dich, so bemerke ich selbst es nicht, so wie du wohl auch vieles nicht merkst, was du bewirkst, und das muß um so viel mehr sein, als du mich an Größe und Stärke übertriffst.

ERDE: Davon weiß ich in der Tat nichts anderes, als daß ich von Zeit zu Zeit dir das Licht der Sonne und mir das deine wegnehme, wie auch, daß ich dir in deinen Nächten viel Licht gebe und das zum Teil selbst sehen kann. Aber ich hätte fast etwas vergessen, was mir wichtiger ist als alles andere. Ich möchte wissen, ob, wie Ariost[44] erzählt, wirklich alles, was ein Mensch verliert, zum Beispiel die Jugend, die Schönheit, die Gesundheit, die Mühen und Kosten, die man auf die Bildung verwendet, um von den andern geachtet zu werden, um die Kinder an gute Sitten zu gewöhnen, um nützliche Einrichtungen zu schaffen – ob all das zu dir hinaufsteigt und sich ansammelt, so daß man bei dir alle menschlichen Dinge findet, außer der Narrheit, die die Menschen nie verläßt. Falls das stimmt, mußt du so vollgepfropft sein, daß es auf dir keinen Platz mehr gibt, vor allem, da die Menschen in diesen letzten Zeiten sehr vieles verloren haben wie zum Beispiel die Vaterlandsliebe, die Tugend, die Großherzigkeit und die Redlichkeit. Darum möchte ich mit dir ausmachen, daß du mir jetzt und auch in Zukunft alle diese Dinge nach und nach wieder zurückgibst; denn ich glaube, es wird dir angenehm sein, sie loszuwerden, vor allem den Verstand, der bei dir vermutlich sehr viel Platz einnimmt. Dafür würde ich dir von den Menschen jedes Jahr eine schöne Geldsumme bezahlen lassen.

MOND: Du kommst wieder auf die Menschen zurück, und obwohl du versicherst, daß die Verrücktheit deine Grenzen nicht verlasse, willst du mich um jeden Preis verrückt machen und mir den Verstand nehmen, indem du den Verstand deiner Menschen bei mir suchst, von dem ich nicht weiß, wo er steckt. Ich weiß nur, daß er nicht hier ist, sowenig wie die anderen Dinge, die du zurückverlangst.

ERDE: Wirst du mir wenigstens sagen können, ob es bei dir auch Laster, Missetaten, Unglücksfälle und Schmerzen gibt? Verstehst du diese Ausdrücke?

MOND: O ja, bestimmt. Und nicht nur die Ausdrücke, sondern auch die Dinge, die sie bedeuten; denn von ihnen bin ich ganz voll und nicht etwa von jenen Dingen, die du bei mir vermutet hast.

ERDE: Was überwiegt denn bei deinen Bewohnern, die Vorzüge oder die Fehler?

MOND: Die Fehler bei weitem.

ERDE: Und sind deine Bewohner im allgemeinen glücklich oder unglücklich?

MOND: So unglücklich, daß ich mit dem glücklichsten von ihnen nicht tauschen möchte.

ERDE: Ganz gleich ist es bei mir. Ich wundere mich nur, daß du mir in diesem Punkt so ähnlich bist, wo wir in allem andern doch so verschieden sind.

MOND: Ich bin dir auch ähnlich in der Gestalt und in der Bewegung und darin, daß ich von der Sonne beleuchtet werde, und das eine ist nicht erstaunlicher als das andere. Denn das Böse ist allen Planeten des Universums oder wenigstens dieses Sonnensystems gemeinsam, nicht mehr und nicht weniger als die runde Form und die anderen Bedingungen, die ich erwähnte. Und wenn du deine Stimme so laut erheben könntest, daß Uranus oder Saturn oder irgendein anderer Planet dieser Welt dich hörte, und du fragtest sie, ob es bei ihnen Unglück gebe und ob das Gute oder das Böse überwiege, so würde dir jeder wie ich antworten. Ich sage das, weil ich Venus und Merkur das gleiche gefragt habe, da ich diesen beiden Planeten von Zeit zu Zeit näher komme als du; auch einige Kometen habe ich gefragt, die nahe an mir vorbeikamen, und alle haben mir dasselbe gesagt. Und ich glaube, selbst die Sonne und jeder einzelne Stern würden die gleiche Antwort geben.

ERDE: Trotz alledem bin ich hoffnungsvoll: denn gerade jetzt versprechen mir die Menschen viel Glück für die Zukunft.

MOND: Hoffe, soviel du willst, und ich verspreche dir, daß du in alle Ewigkeit hoffen wirst.

ERDE: Weißt du, was hier los ist? Menschen und Tiere machen Lärm, weil auf der Seite, von wo ich mit dir rede, Nacht ist, wie du siehst oder vielmehr nicht siehst, und da alle schliefen, sind sie vom Geräusch unseres Gesprächs erschrocken aufgewacht.

MOND: Auf dieser Seite ist jedoch Tag, wie du siehst.

ERDE: Ich will aber meinen Leuten keine Angst einjagen und ihren Schlaf nicht stören, denn er ist das größte Gut, das sie haben. Darum wollen wir ein anders Mal weiterreden. Auf Wiedersehen. Guten Tag.

MOND: Auf Wiedersehen. Gute Nacht.

Die Wette des Prometheus

Im Jahre achthundertdreiunddreißigtausend zweihundertfünfundsiebzig der Regierung Jupiters ließ das Kollegium der Musen Plakate drucken und in der Stadt und den Vorstädten von Hypernephelos[45] öffentlich anschlagen, in denen alle hohen und niederen Götter und die übrigen Bewohner der erwähnten Stadt eingeladen wurden, lobenswerte Erfindungen, die sie vor kurzer oder langer Zeit gemacht hatten, entweder schon ausgeführt oder in einer Abbildung oder Beschreibung einigen vom Kollegium bestellten Richtern vorzulegen. Es entschuldigte sich, daß es wegen seiner bekannten Armut nicht so freigebig sein könne, wie es gewünscht hätte, und versprach demjenigen, dessen Erfindung als die schönste oder nützlichste beurteilt würde, einen Lorbeerkranz mit dem Privileg, diesen bei Tag und Nacht, privat und öffentlich, in und außerhalb der Stadt auf dem Kopf tragen zu dürfen und sich mit diesem Kranz auch malen, in Marmor hauen, in Kupfer stechen, in Erz gießen und in jeder möglichen Form und Materie abbilden zu lassen.

Um diesen Preis bewarben sich nicht wenige von den Himmlischen zum Zeitvertreib, den die Bewohner von Hypernephelos nicht weniger nötig haben als diejenigen anderer Städte – ohne den geringsten Wunsch nach dem Kranz, der an sich ja nicht einmal den Wert einer Mütze aus Werggarn hatte; und was den Ruhm betrifft, den die Menschen verachten, seit sie Philosophen geworden sind, so kann man sich ja vorstellen, wie wenig ihn die Götter schätzen, die weiser sind als die Menschen und – nach Plato und Pythagoras[46] – sogar die einzigen Weisen. Deshalb wurde dieser Preis verliehen, ohne daß Bestechungsversuche, heimliche Versprechungen oder andere Kunstgriffe versucht wurden, was einzigartig und bisher in ähnlichen Fällen von Preisausschreibungen für die Verdienstvollsten unerhört war. Es gab drei Preisträger: Bacchus für die Erfindung des Weins, Minerva für diejenige des Öls, das für die Salbungen nötig war, die die Götter täglich nach dem Bade vornahmen, und Vulkan, weil er einen kupfernen Kochtopf erfunden hatte, einen sogenannten Spartopf, in dem man auf kleinem Feuer alles sehr rasch kochen konnte. Da man nun den Preis dreiteilen mußte, blieb jedem nur ein Lorbeerzweiglein; aber alle drei lehnten sowohl den Teil als auch das Ganze ab. Vulkan erklärte, da er die meiste Zeit mit großer Anstrengung und Schweiß am Schmiedefeuer arbeite, wäre ihm dieser Zierat an der Stirn sehr unbequem, abgesehen davon, daß er Gefahr liefe, versengt oder angebrannt zu werden, wenn zufällig ein Funken sich in diesem dürren Zweig verfinge und ihn in Brand steckte. Minerva sagte, da sie auf dem Kopf schon einen Helm zu tragen habe, der, wie Homer schreibt, so groß sei, daß alle Heere von hundert Städten darunter Platz hätten, sei es für sie nicht angebracht, diese Last noch zu vergrößern. Bacchus wollte seinen Kranz aus Reblaub nicht gegen den aus Lorbeer vertauschen; er hätte ihn allerdings gern angenommen, wenn ihm erlaubt worden wäre, ihn als Wahrzeichen vor seiner Schenke aufzuhängen; aber die Musen erlaubten ihm das nicht, und so blieb der Kranz in ihrem gemeinsamen Besitz.

Keiner der Mitbewerber um den Preis beneidete die drei Götter, die ihn gewonnen und ausgeschlagen hatten, und keiner klagte über die Richter oder mißbilligte das Urteil; die einzige Ausnahme war Prometheus, der am Wettbewerb teilnahm, indem er das Tonmodell hinschickte, das er gebraucht hatte, um die ersten Menschen zu schaffen, und in einem beigelegten Schreiben die Eigenschaften und die Aufgaben des von ihm erfundenen Menschengeschlechtes erläuterte. Es muß Erstaunen wecken, daß Prometheus sich so verärgert zeigte in einer Sache, die alle andern, die Besiegten wie die Sieger, als Spiel betrachteten. Und da man dem Grund nachging, erfuhr man, daß es ihm nicht so sehr um die Ehre gegangen war als um das Privileg, das mit dem Sieg verbunden war. Manche vermuten, er habe den Lorbeer dazu benützen wollen, um seinen Kopf bei Gewittern zu schützen,[47] wie von Tiberius erzählt wird, der sich die Krone aufsetzte, sobald er es donnern hörte, da man glaubte, der Lorbeer werde nicht vom Blitz getroffen. Doch in der Stadt Hypernephelos gibt es weder Blitz noch Donner. Andere versichern glaubwürdiger, Prometheus verliere altershalber seine Haare, und da er sich mit diesem Mißgeschick wie viele andere nur sehr schlecht abfinde und auch das Lob der Kahlheit des Synesios nicht gelesen habe oder, was wahrscheinlicher ist, davon nicht überzeugt worden sei, habe er wie der Diktator Cäsar unter dem Diadem die Blöße seines Hauptes[48] verstecken wollen.

Um aber auf die Sache zurückzukommen: Eines Tages beklagte sich Prometheus im Gespräch mit Momos[49] bitter darüber, daß man den Wein, das Öl und die Kochtöpfe dem Menschengeschlecht vorgezogen habe, obwohl dieses doch das beste Werk der Unsterblichen in der Welt sei. Und da es ihm schien, er habe Momos, der ich weiß nicht was für Gegengründe anführte, nicht genug überzeugen können, schlug er ihm vor, mit ihm zusammen auf die Erde hinunterzusteigen und in jedem der fünf Weltteile am ersten besten Ort, den sie von Menschen bewohnt antrafen, haltzumachen. Zuvor schlossen sie eine Wette miteinander ab, ob sie an allen diesen fünf Orten oder an den meisten von ihnen klare Beweise dafür finden würden oder nicht, daß der Mensch das vollkommenste Geschöpf des Universums sei. Nachdem Momos damit einverstanden und die Wettsumme vereinbart war, machten sie sich unverzüglich auf den Weg zur Erde hinunter und wandten sich zuerst der Neuen Welt zu, da diese schon durch ihren Namen und da bisher noch kein Unsterblicher den Fuß dahin gesetzt hatte, ihre Neugier am meisten reizte. Sie hielten ihren Flug im Norden des Landes Popayán[50] an, nicht, weit vom Flusse Cauca an einem Ort, wo es viele Anzeichen menschlicher Niederlassungen gab: Spuren von Ackerbau, Pfade, die zwar an vielen Orten wieder unterbrochen und zum großen Teil unwegsam waren, gefällte und herumliegende Bäume, besonders aber Spuren von Gräbern und hie und da menschliche Gebeine. Trotzdem konnten aber die beiden Himmlischen, so viel sie herumhorchten und sich umsahen, weder eine

Stimme hören noch den Schatten eines lebendigen Menschen entdecken. Sie kamen teils zu Fuß, teils fliegend viele Meilen weit, überquerten Berge und Flüsse und fanden überall die gleichen Spuren und die gleiche Einsamkeit. „Warum sind diese Gegenden so verödet“, sagte Momos zu Prometheus, „man erkennt doch deutlich, daß sie früher bewohnt waren?“ Prometheus erinnerte an die Überschwemmungen des Meeres, die Erdbeben, die Gewitter, die Wolkenbrüche, welche, wie er wußte, in den warmen Ländern üblich sind, und tatsächlich hörten sie im gleichen Augenblick, wie in den nahen Wäldern das Wasser fortwährend von den im Wind bewegten Zweigen tropfte. Momos konnte aber nicht verstehen, warum diese Gegenden von Überschwemmungen heimgesucht wurden, da das Meer ja so weit entfernt war, daß es auf keiner Seite sichtbar wurde, und noch weniger begriff er, durch welche Fügung des Schicksals die Erdbeben, Gewitter und Regenfälle alle Menschen des Landes vernichtet haben sollten, während die Jaguare, Affen, Ameisenbären, Beutelratten, Adler, Papageien und hundert andere Arten von kriechenden und fliegenden Tieren, die es hier gab, verschont geblieben waren. Als sie in ein ungeheuer weites Tal hinunterstiegen, entdeckten sie endlich einen kleinen Haufen von hölzernen Häusern oder Hütten, die mit Palmblättern bedeckt und jedes einzelne von einem Lattenzaun umgeben waren; vor einem dieser Häuser waren viele Menschen versammelt, die um einen irdenen Topf standen oder saßen, unter dem ein großes Feuer brannte. Die beiden Himmlischen näherten sich, nachdem sie menschliche Gestalt angenommen hatten, und Prometheus grüßte höflich und wandte sich an denjenigen, der sich als der Angesehenste zu erkennen gab, und fragte ihn, was man da tue.

WILDER: Man ißt, wie du siehst.

PROMETHEUS: Was habt ihr für ein gutes Gericht?

WILDER: Nur dieses bißchen Fleisch.

PROMETHEUS: Von wilden oder von zahmen Tieren?

WILDER: Von einem zahmen, von meinem eigenen Sohn nämlich.

PROMETHEUS: Hast du denn ein Kalb als Sohn wie einst Pasiphaë[51]?

WILDER: Nein, kein Kalb, sondern einen Menschen wie alle andern.

PROMETHEUS: Bist du bei Trost? Du ißt dein eigenes Fleisch?

WILDER: Nicht mein eigenes, sondern das von dem da; ich habe ihn nur zu diesem Zweck in die Welt gesetzt und mir die Mühe genommen, ihn zu ernähren.

PROMETHEUS: Damit du ihn aufessen kannst?

WILDER: Was wundert dich das? Auch seine Mutter, die schon nicht mehr dazu taugt, Kinder zu gebären, werde ich bald aufessen.

MOMOS: So wie man die Henne ißt, wenn die Eier gegessen sind.

WILDER: Und wie meine anderen Weiber. Sobald sie nicht mehr zum Gebären tauglich sind, esse ich sie ebenfalls auf. Und die Sklaven, die ihr hier seht, würde ich die vielleicht am Leben lassen, wenn ich von ihnen nicht von Zeit zu Zeit Kinder bekäme, die ich essen kann? Sind sie aber alt geworden, werde ich auch sie aufessen, einen nach dem andern, wenn ich so lange lebe.

PROMETHEUS: Sag mir: Gehören diese Sklaven zu deinem eigenen Volk oder zu einem andern?

WILDER: Zu einem andern.

PROMETHEUS: Lebt es weit weg von hier?

WILDER: Sehr weit: zwischen ihren und unseren Häusern fließt ein Bächlein.

Er wies auf ein Hügelchen und fügte bei: „Dort drüben haben sie gewohnt, aber die Unsern haben sie vernichtet." In diesem Augenblick erschien es dem Prometheus, als ob ein großer Teil der Anwesenden ihn mit so liebevollen Blicken betrachtete wie die Katze die Maus, so daß er, um nicht von seinen eigenen Geschöpfen aufgefressen zu werden, sich unverzüglich in die Luft erhob, und das gleiche tat Momos. Und so groß war der Schrekken der beiden, daß sie beim Abgang die Speisen der Barbaren mit der gleichen Art von Unrat verdarben, wie ihn die Harpyen aus Neid auf die Tafeln der Trojaner hatten fallen lassen. Die Barbaren waren aber hungriger und weniger heikel als die Gefährten des Äneas und aßen weiter, und Prometheus, der von der Neuen Welt sehr unbefriedigt war, wandte sich sogleich nach der ältesten, nach Asien nämlich: Fast in einem Augenblick durchquerten sie den Raum zwischen dem neuen und dem alten Indien und ließen sich in der Nähe von Agra[52] auf einem Felde nieder, wo unzählige Menschen um eine mit Holz gefüllte Grube versammelt waren. An deren Rand sah man auf der einen Seite einige Männer, die eben mit brennenden Fackeln das Holz in Brand steckten, auf der andern Seite war ein Podest mit einer jungen Frau in prunkvollen Kleidern und vielfältigem barbarischen Schmuck, die tanzend und rufend die größte Fröhlichkeit ausdrückte. Bei ihrem Anblick stellte sich Prometheus vor, sie sei eine neue Lukrezia[53] oder Virginia[54] oder eine, die der Iphigenie, den Töchtern des Erechtheus, dem Kodros, Menoikeus, Curtius oder Decius nacheifere und, dem Spruch irgendeines Orakels gehorchend, sich freiwillig für ihr Vaterland aufopfere. Als er dann erfuhr, daß die Frau geopfert wurde, weil ihr Mann gestorben war, nahm er an, sie wolle wie Alkeste, durch Preisgabe ihres eigenen Lebens, ihren Gatten ins Leben zurückrufen. Als er aber erfuhr, daß sie sich nur darum verbrennen ließ, weil das bei den Witwen ihrer Sekte üblich war, und daß sie ihren Mann immer gehaßt habe und betrunken sei und daß der Tote, anstatt wiedererweckt zu werden, im gleichen Feuer verbrannt werde – wandte er diesem Schauspiel den Rücken, schlug den Weg nach Europa ein und führte dabei mit seinem Gefährten das folgende Gespräch:

Momos: Hättest du wohl gedacht, als du unter größter Gefahr das Feuer im Himmel stahlst, um es den Menschen weiterzugeben, daß diese sich seiner bedienen würden, um sich gegenseitig in Kochtöpfen zu sieden oder sich freiwillig verbrennen zu lassen?

Prometheus: Nein, sicher nicht. Bedenke aber, lieber Momos, daß wir bisher nur Barbaren gesehen haben, und von den Barbaren darf man nicht auf die menschliche Natur schließen, sondern nur von den zivilisierten Völkern, zu denen wir auf dem Weg sind. Ich bin fest davon überzeugt, daß wir bei ihnen Dinge sehen und Worte hören werden, die du nicht nur des Lobes, sondern des Staunens würdig finden wirst.

MOMOS: Ich begreife nur nicht, warum die Menschen als vollkommenstes Geschlecht des Universums erst zivilisiert werden müssen, um sich nicht selbst zu verbrennen und ihre eigenen Kinder nicht zu fressen; wo es doch unter den wilden Tieren keines gibt, das sich absichtlich verbrennt, außer dem Phönix, der sich nirgends findet; sehr wenige fressen ihre Artgenossen, und noch seltener sind diejenigen, die sich von ihren Kindern ernähren, und zwar nur in außergewöhnlichen Fällen und nicht, weil sie sie zu diesem Zweck gezeugt haben. Bedenk doch auch, daß von den fünf Weltteilen ein einziger, der kleinste von allen und nicht einmal in allen Gebieten, mit der Zivilisation versehen ist, die du so lobst; hinzu kämen dann noch ein paar winzige Teile der übrigen Welt. Und du selber wirst ja nicht sagen wollen, daß diese Zivilisation vollendet sei, so daß heute die Menschen in Paris oder Philadelphia im allgemeinen die ganze Vollkommenheit erreicht hätten, zu der ihre Gattung fähig ist. Und wie lange haben sich diese Völker abmühen müssen, um den gegenwärtigen, noch nicht vollkommenen Stand der Zivilisation zu erreichen? So viele Jahre, wie seit dem Ursprung der Menschen bis in die jüngste Zeit vergangen sind. Und fast alle Erfindungen, die für den Fortschritt der Zivilisation notwendig und vorteilhaft waren, sind nicht aus der Vernunft, sondern aus Zufällen entstanden, so daß die menschliche Zivilisation viel mehr das Werk des Zufalls als der Natur ist. Wo diese Zufälle aber nicht eingetreten sind, sehen wir die Völker noch immer im Zustand der Barbarei, obwohl sie ebenso alt sind wie die Kulturvölker. Deshalb sage ich: Wenn die Barbaren in vieler Hinsicht tiefer stehen als jedes andere Tier und wenn die Zivilisation, die das Gegenteil der Barbarei ist, auch heute nur einem kleinen Teil der Menschheit zugehört und wenn dieser Teil zudem den gegenwärtigen

Stand seiner Zivilisation erst nach unzähligen Jahrhunderten erreicht hat, und zwar vor allem dank der Gunst des Zufalls und nicht aus irgendwelchen andern Gründen, und wenn der erwähnte Stand der Zivilisation schließlich nicht einmal vollkommen ist – so erwäge doch einmal, ob dein Urteil über die Menschheit nicht genauer wäre, wenn man sagte, sie sei tatsächlich die hervorragendste Gattung, aber in der Unvollkommenheit und nicht in der Vollkommenheit; mögen die Menschen auch, wenn sie reden und urteilen, das eine fortwährend mit dem andern verwechseln, indem sie von gewissen Voraussetzungen ausgehen, die sie selbst geschaffen haben und für greifbare Wahrheiten halten. Sicher ist, daß die andern Geschöpfe von Anfang an jedes für sich vollkommen waren. Und wenn es auch nicht unbezweifelt wäre, daß der Wilde im Vergleich zu den andern Tieren weniger gut ist als sie alle, kann ich doch nicht glauben, daß der Mensch, der seinem Wesen nach in seiner eigenen Gattung höchst unvollkommen ist, sich für vollkommener halten sollte als alle andern. Dazu kommt, daß die menschliche Zivilisation, die schwierig zu erreichen und vielleicht nie zu vollenden ist, so wenig Bestand hat, daß sie wieder in Verfall geraten kann – was tatsächlich mehrmals und bei verschiedenen Völkern geschehen ist, die auf eine ziemlich hohe Stufe gelangt waren. Aus alledem schließe ich, daß dein Bruder Epimetheus, wenn er den Richtern das Modell vorgelegt hätte, mit dessen Hilfe er den ersten Esel oder den ersten Frosch schuf, vielleicht den Preis davongetragen hätte, den du nicht bekommen hast. Ich will dir aber gern zugestehen, daß der Mensch ganz vollkommen ist, wenn du einräumst, daß seine Vollkommenheit von der gleichen Art ist wie die, welche von Plotin der Welt zugeschrieben wurde. Diese, sagt Plotin, ist die beste und unbedingt vollkommen; damit die Welt aber vollkommen sei, muß sie notwendig neben allen anderen Dingen auch alle möglichen Übel enthalten, und darum findet man in ihr tatsächlich so viel Böses, wie darin nur Platz hat. Von diesem Gesichtspunkt aus würde ich vielleicht auch Leibniz zustimmen, der sagte, die gegenwärtige Welt sei von allen möglichen Welten die beste.

Es ist nicht daran zu zweifeln, daß Prometheus eine klare, genaue und dialektische Antwort auf alle diese Argumente bereit hatte; aber ebenso gewiß ist, daß er diese Antwort nicht gab; denn gerade in diesem Augenblick waren sie über der Stadt London, ließen sich auf die Erde hinunter, und da sie eine große Menschenmenge sich zur Tür eines Privathauses drängen sahen, mischten sie sich unter die Leute und betraten das Haus. Da fanden sie auf einem Bett einen Mann, der auf dem Rücken lag und in der rechten Hand eine Pistole hielt; er hatte eine Wunde in der Brust und war tot, und neben ihm lagen zwei kleine Kinder, die ebenfalls tot waren. Im Zimmer befanden sich verschiedene Personen des Hauses und einige Richter, die sie verhörten, während ein Beamter das Protokoll schrieb.

PROMETHEUS: Wer sind diese Unglücklichen?

DIENER: Mein Herr und seine Kinder.

PROMETHEUS: Wer hat sie getötet?

DIENER: Mein Herr alle drei.

PROMETHEUS: Du willst sagen, die Kinder und sich selbst.

DIENER: Jawohl.

PROMETHEUS: Wie ist so etwas nur möglich? Ein entsetzliches Unglück muß ihn getroffen haben.

DIENER: Ich weiß von keinem.

PROMETHEUS: Aber vielleicht war er arm oder von allen verachtet, oder er hatte Unglück in der Liebe oder am Hof?

DIENER: Im Gegenteil; er war sehr reich und ich glaube, daß alle ihn schätzten; um Liebesangelegenheiten kümmerte er sich nicht, und am Hof stand er sehr in Gunst.

PROMETHEUS: Wie konnte er denn in diese Verzweiflung geraten?

DIENER: Aus Lebensüberdruß – nach dem Brief zu schließen, den er hinterlassen hat.

PROMETHEUS: Und was machen diese Richter?

Diener: Sie untersuchen, ob mein Herr verrückt war oder nicht; denn falls er nicht verrückt war, fällt sein Vermögen nach dem Gesetz an den Staat, was sich sicher nicht vermeiden läßt.

Prometheus: Aber sage mir, hatte er denn keine Freunde oder Verwandten, denen er diese Kinder hätte anempfehlen können, anstatt sie zu töten?

Diener: Gewiß, und unter ihnen einen engen Vertrauten, dem er seinen Hund gegeben hat.

Momos wollte Prometheus eben gratulieren zu den vortrefflichen Wirkungen der Zivilisation und der Zufriedenheit, die sie unserem Leben bringt, und wollte ihn auch daran erinnern, daß kein anderes Tier außer dem Menschen sich selbst freiwillig tötet oder aus Verzweiflung über das Leben seine Kinder umbringt; aber Prometheus kam ihm zuvor, und ohne die zwei übrigen Erdteile noch besuchen zu wollen, bezahlte er ihm die Wette.

Dialog zwischen einem Physiker und einem Metaphysiker

Physiker: Heureka! Heureka!

Metaphysiker: Was gibt's? Was hast du entdeckt?

Physiker: Die Kunst, lang zu leben.

Metaphysiker: Und das Buch, das du in der Hand hast?

Physiker: Darin erkläre ich diese Kunst, und wenn dank meiner Entdeckung andere Menschen sehr lange leben werden, so werde ich mindestens ewig leben, daß heißt unsterblichen Ruhm erlangen.

Metaphysiker: Tu, was ich dir sage. Nimm eine Kassette aus Blei, lege dieses Buch hinein, vergrabe es, und bevor du stirbst, vergiß nicht, die Stelle zu bezeichnen, damit man hingehen und das Buch ausgraben kann, wenn man erst die Kunst erfunden hat, glücklich zu leben.

Physiker: Und bis dahin?

METAPHYSIKER: Bis dahin ist es überflüssig. Ich würde es höher schätzen, wenn es die Kunst enthielte, kurz zu leben.

PHYSIKER: Die kennt man schon lange, und es war nicht schwierig, sie zu erfinden.

METAPHYSIKER: Auf jeden Fall schätze ich sie mehr.

PHYSIKER: Warum?

METAPHYSIKER: Wenn das Leben nicht glücklich ist, was es bisher nie war, so ist es für uns doch besser, ein kurzes als ein langes Leben zu haben.

PHYSIKER: Weit gefehlt! Das Leben ist an und für sich gut, und jeder begehrt und liebt es von Natur aus.

METAPHYSIKER: Das glauben die Menschen freilich, aber sie täuschen sich: so wie die Menge sich täuscht, wenn sie glaubt, Farben seien Eigenschaften der Dinge, während sie doch vom Licht und nicht von den Dingen abhängen. Ich bin der Ansicht, daß der Mensch nur sein eigenes Glück begehrt und liebt. Deshalb liebt er das Leben nur insofern, als er es für das Mittel oder den Gegenstand dieses Glückes hält, so daß er eigentlich dieses liebt und nicht jenes, auch wenn er sehr häufig beide miteinander verwechselt. Zwar ist dieser Irrtum wie jeder mit den Farben naturbedingt. Daß aber die Liebe zum Leben bei den Menschen nicht naturbedingt oder, sagen wir, nicht notwendig ist, siehst du daran, daß im Altertum sehr viele den Tod wählten, obwohl sie hätten leben können, und auch in unserer Zeit sehr viele unter verschiedenen Umständen sich den Tod wünschen und manche sich mit eigener Hand umbringen. Das könnte nicht geschehen, wenn die Liebe zum Leben an und für sich zur menschlichen Natur gehörte. Da aber die Liebe zum eigenen Glück jedem lebenden Wesen eingeboren ist, würde eher die Welt zugrunde gehen, als daß irgend jemand aufhörte, sein Glück zu lieben und auf seine Weise darnach zu streben. Daß das Leben an und für sich gut sei, daß mußt du mir erst mit physischen oder metaphysischen oder irgendwelchen andern Gründen beweisen. Ich bin der Meinung, daß ein glückliches Leben bestimmt gut wäre, aber nur, weil es glücklich, nicht weil es Leben ist. Ein unglückliches Leben ist ein Übel, weil es unglücklich ist, und da die Natur, jedenfalls die menschliche, es mit sich bringt, daß Leben und Unglück nicht getrennt werden können, so urteile selbst, was daraus folgt.

PHYSIKER: Ich bitte dich, lassen wir dieses Thema: es ist allzu melancholisch. Antworte mir aufrichtig und ohne Spitzfindigkeiten: Wenn der Mensch ewig leben könnte – ich meine nicht nach dem Tod, sondern ohne zu sterben –, glaubst du nicht, daß ihm das gefallen würde?

METAPHYSIKER: Auf eine sagenhafte Voraussetzung will ich mit einigen Sagen antworten; um so mehr, als ich nie ewig gelebt habe und deshalb nicht aus Erfahrung sprechen kann; auch habe ich noch nie mit jemandem gesprochen, der unsterblich war, und außer in Sagen finde ich keine Angaben über Wesen dieser Art. Wenn Cagliostro hier wäre, könnte er uns vielleicht darüber aufklären, da er etliche Jahrhunderte gelebt hat, obwohl er dann freilich starb wie alle anderen und wahrscheinlich nicht unsterblich war. Darum will ich dir erzählen, daß der weise Chiron[55], der ein Gott war, im Laufe der Zeit des Lebens überdrüssig wurde und Jupiter um die Erlaubnis bat, sterben zu dürfen, worauf er aus dem Leben schied. Nun stell dir vor, wenn die Unsterblichkeit selbst die Götter verdrießt, wie würde sie erst den Menschen bekommen. Die Hyperboreer[56] sind ein unbekanntes, aber berühmtes Volk, zu dem man weder zu Lande noch zu Wasser gelangen kann; sie besitzen alle möglichen Reichtümer, vor allem sehr schöne Esel, von denen sie Massenopfer zu machen pflegen: soviel ich weiß, können sie unsterblich werden, weil sie weder Krankheiten noch Anstrengungen, weder Kriege noch Zwietracht, weder Hungersnöte noch Laster, noch Verbrechen kennen. Trotzdem sterben alle, weil sie nach einem Leben von ungefähr tausend Jahren die Erde satt haben und sich freiwillig von einem bestimmten Felsen ins Meer stürzen und ertrinken. Aber hör auch noch diese Sage. An einem Festtag, da die Maultiere nicht bereit waren, spannten sich die Brüder Biton und Kleobis vor den Wagen ihrer Mutter, Junos Priesterin, und führten sie in den Tempel. Da bat diese die Göttin, die Frömmigkeit der Söhne mit dem höchsten Gut zu belohnen, das den Menschen zuteil werden könne. Statt sie unsterblich zu machen, wie sie es gekonnt hätte und wie es damals üblich war, ließ Juno die beiden noch in der gleichen Stunde sanft sterben. Dasselbe stieß Agamedes und Trophonius zu. Als sie den Tempel von Delphi vollendet hatten, baten sie Apollo um ihren Lohn. Der antwortete, er werde sie nach sieben Tagen zufriedenstellen, bis dahin sollten sie sich auf eigene Kosten gütlich tun. In der siebenten Nacht schickte er ihnen einen süßen Schlaf, aus dem sie noch immer nicht erwacht sind; nach diesem Lohn haben sie keinen andern mehr verlangt. Da wir nun einmal bei den Sagen sind, will ich dir eine weitere erzählen, zu der ich dir dann eine Frage stellen werde. Ich weiß, daß deinesgleichen heute der festen Überzeugung ist, das menschliche Leben dauere in jedem bewohnten Land und unter jedem Himmelsstrich mit geringen Abweichungen naturgemäß die gleiche Zeitspanne, wenn man jedes Volk im großen und ganzen betrachtet. Ein vortrefflicher antiker Autor erzählt aber, in einigen Gegenden Indiens und Äthiopiens würden die Menschen nicht über vierzig Jahre alt; wer in diesem Alter stirbt, stirbt somit hochbetagt, und siebenjährige Mädchen sind heiratsfähig. Dieser letzte Fall gilt, wie wir wissen, fast genau gleich für Guinea, den Dekkan und andere Landstriche der heißen Zone. Wenn wir demnach als wahr annehmen, daß es ein Volk oder mehrere Völker gibt, deren Menschen in der Regel nicht älter als vierzig Jahre werden, und das auf natürliche Weise und nicht, wie man von den Hottentotten glaubte, aus andern Gründen, so frage ich dich, ob du in dieser Hinsicht die erwähnten Völker für unglücklicher oder für glücklicher hältst als die andern.

Physiker: Ganz sicher sind sie unglücklicher, da sie ja früher sterben.

Metaphysiker: Aus dem gleichen Grund glaube ich gerade das Gegenteil. Das aber ist nicht der Hauptpunkt. Paß auf! Ich verneinte, daß bloßes Leben, das einfache Gefühl des Daseins, etwas sei, was man naturgemäß lieben und wünschen könne. Was jedoch mit größerem Recht ebenfalls Leben genannt wird, ich meine die Kraft und Fülle der Empfindungen, das lieben und wünschen alle Menschen von Natur aus. Denn jede lebhafte und starke Tätigkeit oder Leidenschaft, wenn sie nur nicht lästig oder schmerzlich ist, erfreut uns schon allein dank ihrer Lebendigkeit und Stärke, selbst wenn ihr jede andere angenehme Eigenschaft abgeht. Nun muß aber für Menschen, deren Leben nach den Naturgesetzen in einem Zeitraum von vierzig Jahren zu Ende ginge, daß heißt in der Hälfte der Zeit, welche die Natur den andern Menschen bestimmt hat, das Leben in jeder Beziehung doppelt so lebendig sein als für uns; denn da sie in der halben Zeit wachsen, zur Reife kommen und auch wieder welken und sterben, sind auch die Lebensprozesse ihrer Natur im Verhältnis zu dieser Schnelligkeit in jedem Augenblick doppelt so rasch als bei den andern, und auch ihre freiwilligen Handlungen und ihre äußere Beweglichkeit und Lebhaftigkeit entsprechen dieser größeren Kraft. So haben sie also in einem kürzeren Zeitraum die gleiche Menge an Leben wie wir. Da diese Menge sich auf eine geringere Anzahl von Jahren verteilt, reicht sie aus, um diese Jahre ganz auszufüllen oder doch nur kleine Leerräume zu lassen, während sie für den doppelten Zeitraum nicht ausreicht. Ihre Handlungen und Empfindungen, die stärker und in einem engeren Kreis beschlossen sind, können fast genügen, ihr ganzes Leben zu erfüllen und zu bewegen, während in unserem Leben viele große Zwischenräume bleiben, die ohne lebhafte Tätigkeit und Empfindung sind. Da nicht das bloße Dasein, sondern nur das glückliche Dasein wünschenswert ist, läßt sich das gute oder schlimme Los jedes einzelnen nicht nach der Anzahl seiner Tage bemessen. Deshalb folgere ich, daß das Leben dieser Völker, das zwar kürzer, aber um so reicher an Vergnügungen ist oder an dem, was so genannt wird, nicht nur unserem Leben vorzuziehen ist, sondern auch demjenigen der ersten Könige Assyriens, Ägyptens, Chinas, Indiens und anderer Länder, die – um auf die Sagen zurückzukommen – Tausende von Jahren lebten. Darum frage ich nicht nach der Unsterblichkeit; ich überlasse sie gern den Fischen, denen Leeuwenhoek sie zuschreibt, sofern sie nicht von Menschen oder Walen gefressen werden. Anstatt aber das Wachstum unseres Körpers aufzuhalten oder zu unterbrechen, um das Leben zu verlängern, wie Maupertuis[57] vorschlägt, wünschte ich, wir könnten es so sehr beschleunigen, daß es sich auf die Lebensdauer jener Insekten verkürzte, die man Eintagsfliegen nennt, von denen die ältesten nicht über einen Tag hinaus leben und doch als Ur- oder Ururgroßväter sterben. Dann, meine ich, würde kein Platz für Langeweile bleiben. Was hältst du von diesen Erwägungen?

Physiker: Sie überzeugen mich nicht. Wenn du die Metaphysik liebst, so halte ich mich an die Physik; damit meine ich, daß ich, während du dich auf Spitzfindigkeiten einläßt, das Ganze betrachte und damit zufrieden bin. Ohne das Mikroskop bemühen zu müssen, bin ich der Ansicht, daß das Leben schöner ist als der Tod, und gebe also jenem unbesehen den Apfel des Paris.

Metaphysiker: Da bin ich mit dir einverstanden. Wenn ich aber an die Sitte jener Barbaren denke, die für jeden unglücklichen Tag ihres Lebens ein schwarzes Steinchen in einen Köcher werfen und für jeden glücklichen Tag ein weißes, so überlege ich mir, wie wenig weiße Steinchen man beim Tod jedes einzelnen in diesen Köchern gefunden haben mag und welche Unmenge von schwarzen. Ich wünsche mir, alle Steinchen der Tage, die ich noch zu leben habe, vor mir zu sehen und, indem ich sie voneinander scheide, alle schwarzen wegwerfen und von meinem Leben abziehen zu dürfen, um nur die weißen zu behalten. Ich weiß allerdings, daß sie keinen großen Haufen ausmachen würden und daß ihr Weiß auch ziemlich trüb wäre.

PHYSIKER: Wenn auch alle Steinchen schwarz und schwärzer als Jaspis wären, möchten viele im Gegenteil noch mehr hinzufügen, selbst von der gleichen Farbe; denn sie sind sicher, daß kein Steinchen so schwarz ist wie das letzte. Und diese Leute, zu denen auch ich gehöre, werden ihrem Leben tatsächlich viele Steinchen anfügen können, indem sie die Kunst anwenden, die ich in meinem Buch lehre.

METAPHYSIKER: Jeder denke und handle nach seiner Begabung, der Tod wird ebenfalls auf seine Weise handeln. Wenn du aber den Menschen wirklich helfen willst, indem du ihr Leben verlängerst, so erfinde die Kunst, die Zahl und die Lebendigkeit ihrer Empfindungen und Handlungen zu vervielfachen. Auf diese Weise wirst du das menschliche Leben wirklich bereichern, und erst wenn du die ungeheuren Zwischenräume ausfüllst, in denen unser Dasein mehr Dulden als Leben ist, dann magst du dich rühmen, es verlängert zu haben. Und zwar ohne Unmögliches zu wollen oder die Natur zu vergewaltigen, sondern indem du sie unterstützest. Glaubst du nicht, daß die Menschen in der Antike mehr gelebt haben als wir, auch wenn sie bei den großen und fortwährenden Gefahren, denen sie ausgesetzt waren, im allgemeinen früher starben? So wirst du den Menschen eine große Wohltat erweisen: denn ihr Leben war immer, ich will nicht sagen glücklich, aber umso weniger unglücklich, je bewegter und beschäftigter es war, natürlich nicht durch Schmerz oder Kummer. Wenn es aber so voller Untätigkeit und Langeweile ist, daß man es leer nennen kann, müßte man fast dem Urteil des Pyrrhon beipflichten, daß nämlich zwischen Tod und Leben kein Unterschied sei. Wenn ich das glaubte, das schwöre ich dir, würde der Tod keinen geringen Schrecken für mich bedeuten. Leben soll lebendig, daß heißt wirkliches Leben sein, wo nicht, ist ihm der Tod an Wert weit überlegen.

Dialog zwischen Torquato Tasso und seinem Hausgeist[58]

DER GEIST: Wie geht es dir, Torquato?

TASSO: Wie es einem gehen kann, der im Gefängnis sitzt und bis zum Hals in Schwierigkeiten steckt.

DER GEIST: Ach was, nach Tisch ist doch nicht die Zeit zum Klagen. Sei also guten Mutes und laß uns miteinander darüber lachen.

TASSO: Dazu tauge ich wenig. Doch deine Gegenwart und deine Worte trösten mich immer. Setz dich zu mir.

DER GEIST: Sitzen soll ich? Das ist nicht einfach für einen Geist. Nun wohl, nimm an, ich sitze.

TASSO: Ach, wenn ich doch meine Leonore[59] wiedersehen könnte! Sooft sie mir in den Sinn kommt, empfinde ich einen Glücksschauer, der mich von Kopf bis zur Zehenspitze durchdringt und keinen Nerv und keine Ader in mir unberührt läßt. Manchmal, wenn ich an sie denke, tauchen in meiner Seele wieder vergangene Bilder und Gefühle auf, so daß mir für kurze Zeit scheinen will, ich sei noch derselbe Torquato, der ich war, bevor ich erfuhr, was Unglück ist und wie die Menschen sind, jeder Torquato, den ich jetzt oft als tot beweine. Wahrhaftig, ich möchte sagen, daß die Kenntnis der Welt und die Erfahrung des Leidens in jedem von uns den ursprünglichen Menschen gleichsam unterdrücken und einschläfern. Ab und zu erwacht er für kurze Zeit, doch je älter man wird, desto seltener; er zieht sich immer mehr in unser Innerstes zurück und sinkt in immer tieferen Schlaf, bis er stirbt, während unser Leben weitergeht. Deshalb wundere ich mich, wie der Gedanke an eine Frau so große Kraft hat, daß er sozusagen meine Seele erneuert und mich all mein Elend vergessen läßt. Und wenn ich nicht die Hoffnung aufgegeben hätte, sie wiederzusehen, glaubte ich auch, die Fähigkeit, glücklich zu sein, noch nicht verloren zu haben.

DER GEIST: Was hältst du für angenehmer: die geliebte Frau sehen oder an sie denken?

TASSO: Ich weiß nicht. So viel ist sicher: Wenn sie gegenwärtig war, schien sie mir eine Frau; in der Ferne scheint sie mir eine Göttin.

Der Geist: Diese Göttinnen sind so gütig, daß sie, sobald sich ihnen jemand nähert, ihre Göttlichkeit sogleich ablegen, sich die Strahlen ringsum abnehmen und in die Tasche stecken, um den Sterblichen, der sich ihnen nähert, nicht zu blenden.

Tasso: Leider sagst du die Wahrheit. Aber scheint dir das nicht eben ein großer Fehler der Frauen, daß sie, auf die Probe gestellt, ganz anders sind, als wir sie uns vorgestellt haben?

Der Geist: Ich sehe nicht ein, warum es ein Fehler sein soll, daß sie aus Fleisch und Blut sind und nicht aus Nektar und Ambrosia. Welches Ding in der Welt hat auch nur den Schatten oder den tausendsten Teil der Vollkommenheit, die nach eurer Meinung die Frauen haben sollen? Es scheint mir auch seltsam, da ihr euch nicht wundert, daß die Männer Menschen sind, das heißt nicht besonders lobens- und liebenswerte Geschöpfe, warum ihr doch nicht begreifen könnt, daß auch die Frauen keine Engel sind.

Tasso: Trotz allem sterbe ich vor Sehnsucht, sie wiederzusehen und mit ihr zu reden.

Der Geist: Nun gut. Diese Nacht im Traum werde ich sie dir zuführen, schön wie die Jugend und so freundlich, daß du den Mut haben wirst, viel offener und lebhafter mit ihr zu reden, als du es früher je getan hast. Zuletzt wirst du ihr sogar die Hand drücken, und sie wird dich innig ansehen und deine Seele mit so großer Wonne erfüllen, daß du davon überwältigt sein wirst. Und sooft du dich morgen an diesen Traum erinnerst, wird dein Herz vor Zärtlichkeit höher schlagen.

Tasso: Ein schöner Trost: ein Traum statt der Wahrheit.

Der Geist: Was ist Wahrheit?

Tasso: Pilatus[60] wußte es nicht weniger als ich.

Der Geist: Gut, so will ich für dich antworten. Zwischen Wahrheit und Traum ist kein anderer Unterschied, als daß dieser oft viel schöner und süßer ist als jene.

TASSO: Ein geträumtes Glück wäre also so viel wert wie ein wirkliches?

DER GEIST: Das glaube ich. Ja, ich kenne jemand, der, wenn die geliebte Frau ihm in einem schönen Traum erschienen ist, den ganzen folgenden Tag es vermeidet, ihr zu begegnen, da er weiß, daß sie dem Vergleich mit dem Bild, das der Traum ihm eingeprägt hat, nicht standhalten könnte und daß die Wirklichkeit, indem sie das Traumbild aus seinem Gedächtnis löschte, ihn des außerordentlichen Genusses beraubte, den er diesem verdankt. Darum sind die Menschen der Antike nicht zu tadeln, die viel eifriger, einfallsreicher und emsiger als ihr nach allen Genüssen strebten, die der menschlichen Natur zugänglich sind, und die Gewohnheit hatten, sich die Süße und die Heiterkeit der Träume auf verschiedene Weise zu verschaffen. Auch Pythagoras ist nicht zu rügen, weil er verbot, Bohnen zu essen, da man von ihnen unruhige und düstere Träume zu bekommen glaubte. Und auch die Abergläubischen sind zu entschuldigen, die vor dem Einschlafen zum Träumelenker Merkur – dessen holzgeschnitztes Bild sie am Fußende des Bettgestells stehen hatten – beteten und ihm Trankopfer spendeten, damit er ihnen heitere Träume schicke. So versuchten sie, im Schlaf glücklich zu sein, weil sie in der Zeit, da sie wach waren, das Glück nie finden konnten, und ich glaube, daß sie es wenigstens zum Teil erreichten und von Merkur besser erhört wurden als von den andern Göttern.

TASSO: Da die Menschen einerseits nur für das Glück auf die Welt kommen und leben und anderseits das Glück einzig oder hauptsächlich im Träumen besteht, bleibt uns nichts anderes übrig, als zu leben, um zu träumen; damit aber kann ich mich nicht abfinden.

DER GEIST: Du hast dich schon damit abgefunden, da du lebst und damit einverstanden bist zu leben. Was ist denn Glück?

TASSO: Ich habe nicht so viel Erfahrung damit, um zu wissen, was es ist.

DER GEIST: Niemand kennt es aus Erfahrung, sondern

nur aus spekulativem Denken; denn das Glück ist etwas Spekulatives, nichts Reales, ein Wunsch, keine Tatsache; ein Gefühl, das der Mensch mit dem Gedanken erzeugt und nicht erlebt; oder besser gesagt, ein Begriff, kein Gefühl. Bemerkt ihr nicht, daß gerade im Augenblick des Glücks, selbst wenn ihr es unendlich ersehnt und es euch mit unsäglichen Anstrengungen und Plagen verschafft habt, sein Genuß euch nicht befriedigen kann und ihr immer einen noch größeren und wahreren Genuß erwartet, der dieses Glück erst ganz ausmachen würde, und euch fortwährend auf die zukünftigen Momente desselben Glücks vertröstet. Dieses hört aber immer auf, bevor der Augenblick kommt, der euch Befriedigung brächte, und läßt euch nur die blinde Hoffnung, bei einer anderen Gelegenheit tiefer und wahrhaftiger zu genießen, und den Trost, euch vorzuspiegeln und einzureden, ihr hättet nun genossen, und auch andern davon zu erzählen, nicht nur aus Ehrgeiz, sondern auch um euch selber in eurer Überzeugung zu bestärken. Darum, wer immer das Leben annimmt, tut es in Wahrheit mit keinem andern Ziel und Gewinn, als um zu träumen, das heißt zu glauben, daß er genießen werde oder genossen habe, was beides Einbildungen sind.

TASSO: Können die Menschen niemals glauben, in der Gegenwart zu genießen?

DER GEIST: Wenn sie das glaubten, würden sie wirklich genießen. Sag mir aber selbst, ob du dich erinnerst, in irgendeinem Augenblick deines Lebens in voller Aufrichtigkeit und Überzeugung gesagt zu haben: ich genieße. Du hast wohl jeden Tag gesagt und sagst es noch ganz aufrichtig: ich werde genießen, und manchmal auch, aber mit geringerer Aufrichtigkeit: ich habe genossen. So ist das Glück immer vergangen oder zukünftig und nie gegenwärtig.

TASSO: Was soviel heißt, daß es nie vorhanden ist.

DER GEIST: So scheint es.

TASSO: Auch in den Träumen.

DER GEIST: Genaugenommen, ja.

TASSO: Und dennoch ist der Genuß nicht nur der wesentliche, sondern auch der einzige Gegenstand und das Ziel unseres Lebens, wenn man unter Genuß Glückseligkeit versteht.

DER GEIST: Ganz bestimmt.

TASSO: Darum ist unser Leben, das sein Ziel fortwährend verfehlt, immer unvollkommen und folglich seiner eigenen Natur nach ein gewaltsamer Zustand.

DER GEIST: Vielleicht.

TASSO: Ich sehe da kein Vielleicht. Aber warum leben wir überhaupt? Ich meine: Warum finden wir uns damit ab zu leben?

DER GEIST: Was weiß ich davon? Das müßt ihr Menschen selber wissen.

TASSO: Ich für meinen Teil schwöre, daß ich es nicht weiß.

DER GEIST: So frage andere, weisere Leute darnach; vielleicht findest du einen, der dir auf diese Frage eine Antwort weiß.

TASSO: Das will ich tun. Das Leben, das ich führe, ist aber sicher ein gewaltsamer Zustand: denn selbst, wenn ich die Schmerzen nicht beachte, so vernichtet mich schon allein die Langeweile.

DER GEIST: Was ist Langeweile?

TASSO: Hier fehlt mir die Erfahrung nicht, um deine Frage zu beantworten. Mir scheint, die Langeweile ist von derselben Beschaffenheit wie die Luft, die alle Räume zwischen den Sachen und jeden leeren Raum im Innern derselben ausfüllt; und wo ein Körper sich entfernt und kein anderer an seine Stelle tritt, da dringt sie sogleich ein. Ebenso werden alle Intervalle des menschlichen Lebens zwischen Vergnügen und Leiden von der Langeweile ausgefüllt. Wie es nun aber in der Welt der Materie nach den Peripatetikern[61] keinen leeren Raum gibt, so gibt es auch keinen in unserem Leben, wenn nicht der Geist aus irgendeinem Grund in seiner Denktätigkeit aussetzt. In der ganzen übrigen Zeit befindet sich der Geist, auch wenn man ihn für sich selbst und als vom Körper getrennt betrachtet, in irgendeinem Leidenszustand, da das Fehlen jedes Vergnügens oder Mißvergnügens notwendigerweise Langeweile erzeugt, und diese ist ein Leidenszustand genau wie der Schmerz und das Vergnügen.

Der Geist: Und da nun alle eure Vergnügungen von ähnlicher Beschaffenheit sind wie die Spinnennetze, nämlich sehr fein, dünn und durchsichtig, so dringt die Langeweile, wie die Luft in die Spinnennetze, von allen Seiten in sie ein und füllt sie aus. Ich glaube, daß man unter Langeweile wirklich nichts anderes zu verstehen hat als das reine Verlangen nach Glück, das durch den Genuß nicht befriedigt und durch das Unglück nicht verletzt wird. Dieses Verlangen kann, wie wir vorhin gesagt haben, nie gestillt werden, und das Glück ist nirgends zu finden. So ist das menschliche Leben denn sozusagen aus Schmerz und Langeweile gewoben, und man entrinnt einer dieser Qualen nur, um der anderen anheimzufallen. Und das ist nicht dein besonderes Schicksal, sondern das Los aller Menschen.

Tasso: Was für ein Mittel könnte gegen die Langeweile helfen?

Der Geist: Schlaf, Opium und Schmerz. Und letzteres ist das mächtigste von allen: denn während ein Mensch leidet, langweilt er sich in keiner Weise.

Tasso: Anstelle dieser Arznei will ich mich lieber damit abfinden, mich mein ganzes Leben zu langweilen. Aber die Vielfalt der Handlungen, Beschäftigungen und Gefühle, wenn sie uns auch nicht von der Langeweile befreit, da sie uns keinen echten Genuß schenkt, erleichtert und tröstet uns doch immerhin. In diesem Gefängnis jedoch, wo ich vom Verkehr mit anderen Menschen abgeschnitten bin und mir auch das Schreiben versagt ist, bleibt mir nichts anderes übrig, als auf die Schläge der Uhr zu hören, die Latten, Risse und Wurmlöcher an der Decke zu zählen, das Pflaster des Fußbodens zu betrachten, mich an den Faltern und den Mücken zu ergötzen, die durch das Zimmer fliegen, und fast alle Stunden auf die gleiche Weise zu verbringen; ich habe nichts, was mir die Last der Langeweile irgendwie erleichtern könnte.

Der Geist: Sag mir, wie lange ist es schon her, daß du dieses Leben führen mußt?

Tasso: Mehrere Wochen, wie du weißt.

Der Geist: Hast du vom ersten Tag bis heute keinen Unterschied festgestellt bei der Langeweile, die dich quält?

Tasso: Am Anfang habe ich sie sicher stärker empfunden; denn nach und nach gewöhnt sich mein Geist, der durch nichts anderes beschäftigt und abgelenkt ist, immer mehr daran, mit sich selbst zu reden; er hat daran mehr Spaß als früher und erlangt so viel Übung und Fähigkeit darin, zu sich selber zu sprechen, ja zu schwatzen, daß es mir manchmal vorkommt, als hätte ich in meinem Kopf eine Gesellschaft von Leuten, die plaudern, und jeder kleinste Gegenstand, der mir einfällt, ist mir gut genug, um mich mit mir selbst in ein langes Gespräch einzulassen.

Der Geist: Diese Gewohnheit wird sich, wie du sehen wirst, von Tag zu Tag verstärken, und wenn du dann die Freiheit wieder hast, mit andern Menschen zu verkehren, wirst du dir in ihrer Gesellschaft unbeschäftigter vorkommen als in der Einsamkeit. Und glaube nicht, daß die Gewöhnung an eine solche Lebensweise nur bei Menschen eintritt, die wie du nachzudenken pflegen; sie tritt in kürzerer oder längerer Frist bei jedermann ein. Zudem bringt die Trennung von den Menschen und sozusagen vom Leben selbst den Vorteil mit sich, daß der Mensch, auch wenn er durch die Erfahrung der menschlichen Dinge überdrüssig geworden, lustlos und klarsichtig ist, nach und nach ihre Eitelkeit und Erbärmlichkeit vergißt, weil er sich von neuem daran gewöhnt, sie aus der Ferne zu beobachten, wodurch sie viel schöner und würdiger erscheinen als aus der Nähe. So beginnt er die Welt auf seine Weise wieder aufzubauen und gleichsam neu zu schaffen, das Leben zu schätzen, zu lieben und zu wünschen. Und mit diesen Hoffnungen nährt und ergötzt er sich wie in seinen ersten Jahren, wenn ihm die Hoffnung, in die menschliche Gesellschaft zurückzukehren, nicht ganz genommen ist. Auf diese Weise tritt die Einsamkeit fast an die Stelle der Jugend oder verjüngt doch den Geist, stärkt und beflügelt die Einbildungskraft und erneuert im erfahrenen Menschen die Wohltaten jener ersten Unerfahrenheit, nach der du dich sehnst. Ich verlasse dich jetzt; denn ich sehe, daß du schläfrig wirst, und ich gehe, um dir den schönen Traum zu verschaffen, den ich versprochen habe. So wirst du das Leben zwischen Träumen und Phantasieren verbringen, mit keinem anderen Gewinn, als es eben zu verbringen. Denn das ist der einzige Vorteil, den das Leben in der Welt bietet, und das einzige Ziel, das ihr euch jeden Morgen beim Erwachen vorzunehmen habt. Sehr oft müßt ihr es mit den Zähnen nachschleppen, und gelobt sei der Tag, an dem ihr es mit den Händen hinter euch herziehen oder es auf dem Rücken tragen könntet. Alles in allem aber vergeht die Zeit für dich nicht langsamer in diesem Gefängnis als in den Sälen und Gärten dessen, der dich unterdrückt. Lebe wohl.

Tasso: Lebe wohl. Aber höre. Deine Unterhaltung tröstet mich sehr. Nicht daß sie meine Traurigkeit wegnimmt, die mich meistens wie eine schwarze Nacht ohne Mond und Sterne umgibt; wenn du aber bei mir bist, hat sie die Farbe der Dämmerung, die angenehm und nicht bedrückend ist. Damit ich dich von nun an rufen oder finden kann, wenn ich dich brauche, sag mir, wo du dich aufzuhalten pflegst.

Der Geist: Weißt du das noch nicht? In einem guten edlen Wein.

Dialog zwischen der Natur und einem Isländer

Ein Isländer, der den größten Teil der Welt durchwandert und sich in den verschiedensten Ländern aufgehalten hatte, ging einmal durch das Innere Afrikas, und als er den Äquator an einer Stelle überquerte, die vor ihm noch kein Mensch betreten hatte, begegnete ihm etwas Ähnliches wie dem Vasco da Gama, als er das Kap der Guten Hoffnung umschiffte.[62] Jenes Kap selbst, Wächter der südlichen Meere, trat ihm in der Gestalt eines Riesen entgegen, um ihm von der Erkundung dieser neuen Gewässer abzuraten. Der Isländer sah von weitem eine sehr große Büste, von der er anfangs glaubte, sie müsse aus Stein sein wie die gewaltigen Hermen[63], die er vor vielen Jahren auf der Osterinsel gesehen hatte. Als er aber näher trat, sah er, daß es eine ungeheuer große Frauengestalt war, die auf der Erde saß, mit aufgerichtetem Oberkörper, den Rücken und die Ellbogen an einen Berg gelehnt, nicht künstlich, sondern lebendig, das Gesicht zugleich schön und schrecklich, mit tiefschwarzen Augen und Haaren. Die Frau schaute ihn unverwandt an, und nachdem sie eine ganze Weile lang stumm geblieben war, sagte sie endlich zu ihm:

NATUR: Wer bist du? Was suchst du an diesem Ort, wo dein Geschlecht bisher unbekannt gewesen ist?

ISLÄNDER: Ich bin ein armer Isländer, der der Natur zu entfliehen sucht, und nachdem ich fast mein ganzes Leben lang durch hundert Gegenden der Erde vor ihr geflohen bin, so fliehe ich sie nun auch hier.

NATUR: So flieht das Eichhörnchen vor der Klapperschlange, bis es ihr von selbst ins Maul fällt. Ich bin die, vor der du fliehst.

ISLÄNDER: Die Natur?

NATUR: Niemand anders.

ISLÄNDER: Das tut mir in der Seele weh, und ich bin sicher, ein größeres Unglück hätte mir nicht begegnen können.

NATUR: Du hättest dir doch denken können, daß ich mich vor allem in diesen Gegenden aufhalte, wo sich meine Macht, wie du weißt, mehr als anderswo entfaltet. Aber was hat dich denn bewogen, vor mir zu fliehen?

ISLÄNDER: Du mußt wissen, daß ich seit der frühesten Jugend, da ich noch wenig Erfahrung hatte, überzeugt war von der Eitelkeit des Lebens und der Torheit der Menschen, die ständig miteinander streiten, um Freuden zu erlangen, die nicht erfreuen, und Güter, die nichts nützen. Sie ertragen und verschaffen einander gegenseitig stets unendliche Sorgen und Qualen, die wirklich schmerzen und schaden, und entfernen sich um so weiter vom Glück, je mehr sie es suchen. Aus diesen Erwägungen verzichtete ich auf alle meine Wünsche und beschloß, ein verborgenes und ruhiges Leben zu führen, ohne irgend jemandem lästig zu fallen, ohne irgendwie nach Besserstellung zu streben oder mit andern um irgendein irdisches Gut zu streiten. Und nachdem ich mir das Vergnügen, das unserem Geschlecht ja versagt ist, aus dem Kopf geschlagen hatte, beschäftigte mich keine andere Sorge, als wie ich mich vom Leiden fernhalten könnte. Damit will ich nicht sagen, daß ich versuchte, mich der körperlichen Beschäftigungen und Anstrengungen zu enthalten; denn du kennst ja den Unterschied zwischen Anstrengung und Beschwerde, zwischen ruhigem und müßigem Leben. Schon ganz am Anfang, als ich diesen Entschluß auszuführen begann, mußte ich erfahren, wie vergeblich die Hoffnung ist, man könne, wenn man, ohne jemanden zu beleidigen, unter den Menschen lebe, den Beleidigungen der andern aus dem Wege gehen, und indem man stets freiwillig nachgäbe und sich überall mit dem geringsten Anteil begnüge, erreichen, daß einem irgendein Plätzchen gegönnt und der geringste Anteil nicht streitig gemacht würde. Von den Belästigungen der Menschen befreite ich mich jedoch leicht, indem ich ihre Gesellschaft mied und mich in die Einsamkeit zurückzog, was sich auf der Insel, auf der ich geboren bin, ohne Schwierigkeiten verwirklichen läßt. Obwohl ich das getan hatte und fast ohne den Schimmer eines Vergnügens lebte, konnte ich mich doch nicht vor Leiden bewahren. Denn die Länge des Winters, die Heftigkeit der Kälte und die außerordentliche Glut des Sommers, die jener Gegend eigen sind, plagten mich unaufhörlich, und das Feuer, neben dem ich mich die meiste Zeit aufhalten mußte, dörrte mein Fleisch aus und quälte meine Augen mit seinem Rauch, so daß ich mich weder im Hause noch im Freien vor beständigem Unbehagen schützen konnte. Auch die friedliche Stille meines Lebens, auf die meine Gedanken vor allem gerichtet waren, konnte ich mir nicht bewahren; denn die schrecklichen Stürme auf dem Meer und auf dem Lande, das drohende Gebrüll des Berges Hekla[64], die Angst vor Feuersbrünsten, die in Wohnstätten aus Holz wie den unseren sehr häufig sind, bedrängten mich ohne Unterlaß. Alle diese Belästigungen wiegen schwer in einem Leben, das sich immer gleich bleibt, ohne Begierde und ohne Hoffnung und auch fast ohne Sorge außer der um die Ruhe, und sie sind viel unerträglicher, als sie uns vorkommen mögen, wenn unser Geist zum größten Teil mit den Sorgen des täglichen Lebens und dem Ärger, der von andern Menschen kommt, beschäftigt ist. Ich mußte einsehen, daß es nichts nützte, mich einzuschränken und gleichsam in mich selbst zurückzuziehen, damit mein Dasein niemandem auf der Welt lästig oder schädlich sei – ich konnte damit nicht erreichen, daß die andern Dinge mich nicht beunruhigten und belästigten. Daher beschloß ich, Ort und Klima zu wechseln, um zu sehen, ob ich in irgendeinem Teil der Erde ungekränkt leben könnte, wenn ich niemanden kränkte, und ohne zu leiden, wenn ich auf Freuden verzichtete. Zu diesem Entschluß bewog mich auch der Gedanke, daß du vielleicht dem menschlichen Geschlecht nur ein einziges Klima der Erde bestimmt hast (wie du es ja für jede andere Tier- und Pflanzengattung getan hast) und gewisse Gegenden, außerhalb derer die Menschen weder gedeihen noch ohne Mühe und Elend leben könnten, so daß die Schuld nicht dich, sondern sie allein trifft, wenn sie die Grenzen, die deine Gesetze den menschlichen Ansiedlungen bestimmen, verachtet und verletzt haben. Fast die ganze Welt habe ich durchstreift und fast alle Länder kennengelernt, und immer bin ich meinem Vorsatz treu geblieben, die andern Geschöpfe so wenig als möglich zu belästigen und nur nach einem ruhigen Leben zu streben. Ich bin aber in den Tropen von der Hitze versengt worden und an den Polen vor Kälte erstarrt, und in den gemäßigten Zonen habe ich unter der Unbeständigkeit der Witterung gelitten, und der Aufruhr der Elemente hat mich überall heimgesucht. Viele Orte habe ich gesehen, wo kein Tag ohne ein Gewitter vergeht, wo du also Menschen, die dir nichts zuleide getan haben, jeden Tag angreifst und ihnen eine ordentliche Schlacht lieferst. In anderen Gegenden wird die beständige Heiterkeit des Himmels aufgewogen durch die Häufigkeit der Erdbeben, durch die Vielzahl und die Wut der Vulkane und durch das Brodeln und Gären des Erdinnern. Maßlos heftige Winde und Wirbelstürme regieren in Gegenden und Jahreszeiten, die von andern Himmelsgewalten verschont bleiben. Es kam vor, daß mir das Dach über dem Kopf unter der großen Schneelast zusammenbrach, andere Male hat sich mir die Erde vor den Füßen aufgetan, weil sich unter dem Übermaß der Regengüsse Spalten in ihr öffneten, und oft mußte ich in größter Eile vor den Flüssen fliehen, die mich verfolgten, als hätte ich mich ihnen gegenüber irgendeiner Beleidigung schuldig gemacht. Viele wilde Tiere, die ich nicht im geringsten gereizt hatte, wollten mich verschlingen, viele Schlangen mich vergiften, und an manchen Orten fehlte nicht viel, daß die Insekten mich bis auf die Knochen aufgezehrt hätten. Ich übergehe die unzähligen täglichen Gefahren, die den Menschen fortwährend bedrohen, so daß ein Philosoph der Antike[65] kein wirksameres Mittel gegen die Furcht kennt als die Erkenntnis, alles sei zu fürchten. Auch die Krankheiten haben mich nicht verschont, obwohl ich in den leiblichen Genüssen nicht nur maßvoll, sondern enthaltsam war und immer noch bin. Ich habe mich oft darüber gewundert, was für eine tiefe und unersättliche Gier nach dem Genuß du uns eingeflößt hast, ohne den unser Leben unvollkommen ist, weil ihm fehlt, was es naturgemäß begehrt, und wie du es anderseits eingerichtet hast, daß dieser Genuß der Kraft und der Gesundheit des Körpers mehr schadet als irgend etwas anderes, für jedermann die unheilvollsten Auswirkungen hat und das Leben am meisten verkürzt. Doch wenn ich mich auch fast immer und vollständig jedes Genusses enthielt, habe ich es nicht vermeiden können, mir viele und mannigfaltige Krankheiten zuzuziehen, von denen einige mich in Todesgefahr brachten, andere mich beinahe des Gebrauchs meiner Glieder beraubten oder damit bedrohten, in Zukunft ein noch elenderes Leben als früher führen zu müssen, und alle haben mir mehrere Tage oder Monate lang Leib und Seele mit tausend Schmerzen und Qualen bedrückt. Und doch, obwohl jeder von uns, wenn er krank ist, Leiden erduldet, die ihm neu und ungewohnt sind, und noch größeres Unglück, als er sonst zu ertragen hat (als ob das menschliche Leben nicht schon elend genug wäre), hast du dem Menschen zum Ausgleich keine Zeit der überreichen und ungewöhnlichen Gesundheit gegeben, in der er auch Freuden von außerordentlicher Art und Stärke genießen könnte. In den Ländern, die fast immer von Schnee bedeckt sind, bin ich fast erblindet, wie das auch den Lappländern in ihrer Heimat geschieht. Von der Sonne und der Luft, die für unser Leben wichtig, ja so notwendig sind, daß wir sie nicht meiden können, werden wir fortwährend gepeinigt: von der einen durch Feuchtigkeit und Rauheit, von der andern durch die Hitze und das Licht, so daß der Mensch sich beiden nie ohne größere oder kleinere Unannehmlichkeiten oder Gefahren aussetzen kann. Kurz, ich erinnere mich nicht, einen einzigen Tag meines Lebens ohne irgendeinen Kummer verbracht zu haben, während diejenigen Tage, an denen ich auch den Schatten eines Genusses entbehrte, zahllos sind. Ich sehe ein, daß uns das Leiden ebenso vorbestimmt und unvermeidlich ist wie das Nicht-Genießen, daß es ebenso unmöglich ist, irgendwie in Ruhe zu leben wie ohne Elend in Unruhe, und muß daraus folgern, da du die offene Feindin der Menschen und der anderen Lebewesen und aller deiner Werke bist: bald lauerst du uns auf, bald drohst du uns, bald greifst du uns an, bald stichst, schlägst, zerreißt du uns, und nie hörst du auf, uns zu mißhandeln oder zu verfolgen; du bist aus Gewohnheit oder Anlage die Mörderin deiner Familie, deiner Kinder und sozusagen deines eigenen Fleisches und Blutes. Darum bleibt mir nicht die geringste Hoffnung; denn ich habe erkannt, daß die Menschen zwar aufhören, denjenigen zu verfolgen, der sie flieht oder sich verbirgt in der ehrlichen Absicht, sie zu fliehen oder sich zu verbergen; du aber läßt dich durch nichts davon abhalten, uns zu verfolgen, bis du uns vernichtet hast. Und schon sehe ich die bittere und düstere Zeit des Alters mir bevorstehen, dieses wahre und offenbare Übel, diese Anhäufung von schlimmstem Kummer und Elend, das nicht zufällig, sondern durch dein Gesetz allen Geschöpfen bestimmt ist, und von jedem von uns seit der Kindheit vorausgesehen und vom fünften Lustrum an in ihm vorbereitet wird durch ein trauriges Verfallen und Hinschwinden, an dem er schuldlos ist, so daß kaum ein Drittel des menschlichen Lebens für das Blühen bestimmt ist, wenige Augenblicke für die Reife, der ganze Rest für den Verfall und das Ungemach, das aus ihm entspringt.

NATUR: Hast du dir vielleicht eingebildet, die Welt sei für euch geschaffen worden? So erfahre denn, daß ich in allem, was ich tue, anordne und bewirke, mit sehr wenigen Ausnahmen, immer ganz andere Ziele habe als das Glück oder das Unglück der Menschen. Wenn ich euch in irgendeiner Weise mißhandle, merke ich es nur selten, wie ich es gewöhnlich auch nicht weiß, wenn ich euch erfreue oder wohltue, da ich nichts erschaffe, um euch zu erheitern oder zu nützen. Und selbst wenn ich versehentlich euer ganzes Geschlecht vernichtete, ich würde es nicht einmal wahrnehmen.

Isländer: Gesetzt den Fall, es würde mich jemand aus freien Stücken und nachdrücklich in sein Landhaus einladen und ich ginge hin, um ihm einen Gefallen zu tun. Dort gäbe man mir als Wohnung einen ganz morschen und baufälligen Raum, der mir ständig über dem Kopf zusammenzufallen drohte und der feucht, stinkend und für Regen und Sturm durchlässig wäre. Mein Gastgeber nähme sich nicht die geringste Mühe, mich zu erheitern oder für meine Bequemlichkeit zu sorgen, sondern ließe mir im Gegenteil kaum das Nötigste für meinen Unterhalt zukommen und mich darüber hinaus von seinen Kindern und seiner übrigen Familie beschimpfen, verspotten, bedrohen und schlagen. Wenn er nun auf meine Klagen über diese Mißhandlungen antwortete: Habe ich vielleicht dieses Landhaus für dich gebaut? Oder sorge ich für meine Kinder und meine Leute, damit sie dir zu Diensten seien? Ich habe an andere Dinge zu denken als an deine Unterhaltung und deine Bequemlichkeit – dann würde ich ihm entgegnen: Sieh, mein Freund, da du dieses Landhaus nicht für mich gebaut hast, so stand es dir auch frei, mich nicht hierhin einzuladen. Weil du aber aus eigenem Antrieb wolltest, daß ich hier wohne, gehört es sich nicht auch, dafür zu sorgen, daß ich, soviel in deiner Macht steht, hier wenigstens ohne Beschwerde und Gefahr lebe? Das sage ich auch jetzt. Ich weiß wohl, daß du die Welt nicht eigens für die Menschen geschaffen hast. Eher glaubte ich, du habest sie eigens zu ihrer Qual geschaffen und eingerichtet. Nun frage ich: Habe ich dich vielleicht gebeten, mich in dieses Universum hineinzusetzen, oder habe ich mich selbst mit Gewalt und gegen deinen Willen eingedrängt? Wenn du mich aber nach deinem Willen und ohne mein Wissen, so daß ich weder widersprechen noch widerstehen konnte, hier hingestellt hast; ist es da nicht deine Pflicht, mich in deinem Reich, wenn nicht fröhlich und zufrieden zu machen, so doch wenigstens vor Qualen und Plagen zu schützen, so daß ich nicht darunter leiden muß, hier zu wohnen? Und was ich von mir sage, das gilt für das ganze Menschengeschlecht, für alle anderen Tiere und für jedes deiner Geschöpfe.

NATUR: Du hast offenbar nicht erkannt, daß das Leben dieses Universums ein ewiger Kreislauf von Schöpfung und Zerstörung ist, die beide so zusammengehören, daß jede beständig der anderen und der Erhaltung der Welt dienen muß; denn wenn eine der beiden aufhörte, würde sich auch die Welt auflösen. Deshalb gereichte es ihr zum Schaden, wenn irgend etwas in ihr vom Leiden befreit wäre.

ISLÄNDER: Das gleiche höre ich alle Philosophen behaupten. Da aber das, was zerstört wird, leidet und das Zerstörende nicht genießt und bald selber zerstört wird, so sage mir, was kein Philosoph mir zu sagen weiß: Wem gefällt oder wem nützt dieses unglückselige Leben des Universums, das durch die Vernichtung und den Tod aller Dinge, aus denen es besteht, erhalten wird?

Während sie diese oder ähnliche Erwägungen anstellten, heißt es, seien zwei Löwen erschienen, die vor Hunger so abgezehrt und schwach waren, daß sie kaum die Kraft hatten, den Isländer aufzufressen, was sie aber doch taten und dadurch sich ein wenig erholten, so daß sie diesen Tag überleben konnten. Andere aber bestreiten das und erzählen, während der Isländer redete, habe sich ein heftiger Wind erhoben, ihn zu Boden geworfen und über ihm ein prächtiges Mausoleum aus Sand errichtet; unter diesem sei er vollständig ausgetrocknet und eine schöne Mumie geworden, die später von Reisenden gefunden und im Museum irgendeiner Stadt Europas ausgestellt worden sei.

Giuseppe Parini[66] oder Vom literarischen Ruhm

Erstes Kapitel

Giuseppe Parini ist in unserem Andenken einer der wenigen Italiener, die mit ihrer hervorragenden literarischen Begabung Gedankentiefe und Kenntnis der gegenwärtigen Philosophie vereinigten: Eigenschaften, die heutzutage in der schönen Literatur so notwendig sind, daß man nicht begreifen würde, wie diese ohne sie auskommen könnte, gäbe es dafür in Italien nicht unzählige Beispiele. Zu seinem Charakter gehörten auch Unschuld, Liebe zu den Unglücklichen und zum Vaterland, Treue gegenüber den Freunden, Seelenadel und Standhaftigkeit angesichts der Drangsale der Natur und des Schicksals, die sein elendes und dürftiges Leben heimsuchten, bis der Tod ihn aus dem Dunkel befreite. Er hatte mehrere Schüler, die er lehrte, zuerst die Menschen und deren Angelegenheiten zu erkennen und sie dann mit Redekunst und Poesie zu erfreuen. Unter ihnen war ein Jüngling, der sich mit unglaublicher Glut und wunderbaren Erwartungen dem Studium hingab, und an ihn, der erst seit kurzem seinem Unterricht folgte, richtete er eines Tages die folgenden Betrachtungen.

Du strebst, o mein Sohn, nach jenem Ruhm, der sozusagen der einzige ist, den zu erreichen einem Menschen gewöhnlicher Herkunft vergönnt ist: das heißt nach jenem, zu dem man hie und da durch Weisheit und das Studium der Philosophie und der Philologie kommt. Du weißt aber von Anfang an, daß jener Ruhm, obschon unsere großen Vorfahren ihn nicht vernachlässigten, von ihnen im Vergleich zu anderem gering geschätzt wurde; und du hast bemerkt, wie oft und wie eifrig Cicero, der glühende und glückliche Anhänger jenes Ruhmes, sich bei seinen Mitbürgern für die Zeit und die Arbeit entschuldigte, die er aufwandte, um ihn zu erlangen. Bald führte er an, das Studium der Literatur und der Philosophie beeinträchtige seine öffentliche Tätigkeit keineswegs, bald betonte er, die schlimmen Zeiten nötigten ihn, auf größere Geschäfte zu verzichten und sich den Studien zu widmen, um seine Muße würdig auszunützen und immer stellte er den Ruhm seines Konsulates und derjenigen Dinge, die er zum Nutzen der Republik vollbrachte, demjenigen seiner Schriften voran. In der Tat, wenn der erste Gegenstand der Literatur das menschliche Leben ist und die wichtigste Aufgabe der Philosophie die Koordination unserer Tätigkeiten, dann ist es ohne Zweifel würdiger und edler zu handeln, als nachzudenken oder zu schreiben, so wie das Ziel edler ist als das Mittel und Dinge und Personen wichtiger als Worte und Überlegungen. Denn die Natur hat keinen Geist fürs Studium geschaffen, und der Mensch wird nicht zum Schreiben geboren, sondern zum Handeln. Daher sehen wir, daß die meisten hervorragenden Schriftsteller und vor allem die berühmten Dichter unserer eigenen Zeit, wie zum Beispiel Vittorio Alfieri, anfänglich vor allem nach großen Taten trachteten, und nur weil die Zeiten ungünstig waren oder ihr eigenes Schicksal sie daran hinderte, sich darauf verlegten, große Werke zu schreiben. Auch sind nicht diejenigen wirklich zum Schreiben fähig, die keine Neigung und keine Kraft zum Handeln haben. Du kannst auch sehen, daß in Italien, wo die meisten Autoren ihren Geist von den außerordentlichen Taten abgewandt haben, es nur sehr wenigen gelingt, mit dem Schreiben dauerhaften Ruhm zu gewinnen. Ich glaube, man könnte das Altertum, vor allem dasjenige der Griechen und der Römer, angemessen in der gleichen Art darstellen, wie die Dichterin, Kriegerin und Retterin des Vaterlandes Telesilla[67] in Argos abgebildet wurde. Ihre Statue hält einen Helm in der Hand, den sie mit Wohlgefallen betrachtet, während sie sich anschickt, ihn aufzusetzen, und zu ihren Füßen liegen ein paar Bücher, die von ihr als bescheidener Teil ihres Ruhmes kaum beachtet werden.

Unter uns modernen Autoren dagegen, die wir von anderen Wegen zur Berühmtheit ausgeschlossen sind, beweisen diejenigen, die den Weg des Studiums einschlagen, in ihrer Wahl die größte Seelenstärke, die man heute zeigen kann, und haben es nicht nötig, sich bei ihrem Vaterland zu entschuldigen. Daher zolle ich der Großherzigkeit deines Vorsatzes höchstes Lob. Da man diesen Weg jedoch, welcher der Natur des Menschen nicht gemäß ist, nur einschlagen kann, indem man Nachteile für den Körper in Kauf nimmt und das naturgegebene Unglück der eigenen Seele in mancher Hinsicht vervielfältigt – aus diesem Grunde halte ich es für richtig und durch mein Amt nicht weniger geboten als durch die große Liebe, die du verdienst und die ich für dich hege, daß ich dir die mannigfaltigen Schwierigkeiten bewußt mache, die sich der Erlangung des Ruhms, nach dem du strebst, in den Weg stellen werden und auch die Folgen, die derselbe für dich haben wird, wenn du ihn erlangst. Gemäß dem, was mir bis heute aus Erfahrung oder Gesprächen bekannt ist, möchte ich zusammen mit dir auf der einen Seite erwägen, welcher Wert und welche Bedeutung deinem Ziel zukommen und wie groß die Hoffnung ist, es zu erreichen, auf der andern Seite die Nachteile, die Sorgen und die Anstrengungen (die ich bei anderer Gelegenheit im einzelnen erörtern werde), die das Streben nach dem Ruhm mit sich bringt, so daß du in voller Kenntnis überlegen und entscheiden magst, ob es für dich nützlicher ist, nach Ruhm zu streben oder dich einem andern Ziel zuzuwenden.

Zweites Kapitel

Ich könnte mich zunächst verbreiten über den Wetteifer, den Neid, die herbe Kritik, die Verleumdungen, die Voreingenommenheit, die heimlichen und öffentlichen Ränke und Intrigen und zahllose andere Hindernisse, welche die Bosheit der Menschen dir auf dem Weg, den du eingeschlagen hast, entgegensetzen wird. Diese Hindernisse, die immer schwieriger zu beseitigen und oft unüberwindbar sind, haben zur Folge, daß mehr als ein Schriftsteller nicht nur im Leben, sondern auch nach dem Tod um die Ehre, die ihm gebührt, betrogen wird. Denn wer durch den Haß oder den Neid der anderen im Leben kein Ansehen erwirbt, gerät nach dem Tod ins

Dunkel der Vergessenheit, weil es kaum möglich ist, daß der Ruhm in einer Zeit entstehe oder wieder auflebe, da außer dem stummen Papier sich niemand seiner annimmt. Doch will ich die Schwierigkeiten, die aus der Bosheit der Menschen erwachsen, auf der Seite lassen, da sie von andern, auf die du zurückgreifen magst, schon ausführlich geschildert worden sind. Ebensowenig habe ich im Sinn, von den Hindernissen zu reden, die ihren Ursprung im persönlichen Schicksal des Schriftstellers haben und auch im bloßen Zufall oder in nebensächlichen Gründen, die nicht selten bewirken, daß Schriften, die des höchsten Lobes würdig und die Frucht unendlichen Schweißes sind, ewig von der Berühmtheit ausgeschlossen bleiben oder für kurze Zeit im Lichte stehen und dann vollständig aus dem Gedächtnis der Menschen dahinschwinden, während andere Schriften von geringerem Wert, oder jenen doch nicht überlegen, in großen Ehren gehalten werden. Ich will dir nur diejenigen Schwierigkeiten und Hindernisse darstellen, die ohne das Zutun menschlicher Bosheit den Preis des Ruhmes in Frage stellen, und zwar nicht unter außergewöhnlichen Umständen, sondern üblicherweise und bei den meisten großen Schriftstellern.

Du weißt wohl, daß keiner sich dieses Titels würdig erweist, noch zu echtem und beständigem Ruhm gelangt, wenn nicht durch hervorragende und vollkommene oder der Vollkommenheit irgendwie nahe Werke. Nun mußt du aber den sehr wahren Ausspruch eines unserer lombardischen Autoren bedenken, ich meine den Verfasser des Cortegiano[68], der sagt: „Es kommt selten vor, daß wer im Schreiben keine Übung hat, so gelehrt er sonst auch sein mag, imstande ist, die Anstrengungen und den Fleiß der Autoren ganz zu ermessen und die Anmut und Vortrefflichkeit des Stils und die verborgenen Lehren, die man oft bei den antiken Schriftstellern findet, zu genießen." Überlege nun als erstes, wie klein die Zahl derjenigen ist, die des Schreibens kundig sind, und folglich wie wenige Menschen, sei es in der Gegenwart oder in der Zukunft, dir die großmütige Anerkennung zollen werden, die du dir als Ziel deines Lebens vorgenommen hast. Betrachte darüber hinaus, wie wichtig die Kraft des Stils beim Schreiben ist; von seinen Vorzügen und seiner Vollkommenheit hängt in erster Linie die Unsterblichkeit der Werke ab, die in irgendeiner Weise zur Gattung der schönen Literatur gehören. Denn wenn du ein berühmtes Werk, von dem du glaubtest, sein Wert liege vornehmlich in den Lehren, seines Stils entkleidest, so wird es dir häufig ganz wertlos vorkommen. Nun ist die Sprache aber so sehr ein Teil des Stils und mit ihm so innig verbunden, daß man eines vom andern kaum getrennt betrachten kann; sie gehen ständig ineinander über, nicht nur in den Worten der Menschen, sondern auch im Denken, und unzählige ihrer Eigenschaften, ihrer Vorzüge und Fehler, kann man mit der feinsten und genauesten Überlegung nicht unterscheiden und dem einen oder anderen zuordnen, da sie untereinander fast unteilbar sind. Doch hat gewiß kein Fremder, um auf Castigliones Worte zurückzukommen, darin Übung, in deiner Sprache elegant zu schreiben. So kommt es, daß der Stil, ein großer und wichtiger Bestandteil des Schreibens und eine Angelegenheit von unsagbarer Mühe und Schwierigkeit, sowohl beim Erlernen der geheimsten und vollkommensten Kunstmittel als auch bei deren Anwendung, tatsächlich keinen andern Richter noch andere geziemende Verehrer hat, die fähig sind, ihn nach Verdienst zu loben, als diejenigen, die in einer einzelnen Nation auf der Welt im Schreiben Übung haben. Und gegenüber dem ganzen Rest des Menschengeschlechtes erweisen sich diese für den Stil aufgewendeten unendlichen Mühen und Anstrengungen zum größten Teil als nutzlos und in den Wind gestreut. Ich übergehe die unendliche Vielfalt der Ansichten und Neigungen der Gebildeten, welche die Zahl jener, die fähig sind, die lobenswerten Eigenschaften dieses oder jenes Werkes zu empfinden, noch viel geringer macht.

Du mußt aber auch wissen, daß, um die Vorzüge eines vollkommenen oder der Vollkommenheit nahen Werkes ganz zu erkennen, es nicht genügt, im Schreiben Übung zu haben; man muß vielmehr fast ebenso vollkommen schreiben können wie der Schriftsteller selber, den man zu beurteilen hat. Deshalb wird die Erfahrung dir zeigen, daß du in dem Maße, in dem du die Vorzüge des vollkommenen Schreibens erkennst und die unendlichen Schwierigkeiten, die es kostet, sie zu erreichen, auch lernen wirst, diese zu überwinden und jene zu erlangen, so daß kein Unterbruch und kein Unterschied vom Erkennen zum Lernen und Aneignen sein wird, sondern das eine und das andere zusammenfallen. Deshalb kommt der Mensch nicht dazu, die Vortrefflichkeit der besten Schriftsteller ganz zu erkennen und zu genießen, bevor er nicht selber die Fähigkeit erworben hat, sie in seinen eigenen Schriften zu verwirklichen: denn diese Vortrefflichkeit erkennt und genießt man nur ganz durch eigene Anwendung und Übung, das heißt indem man sie auf sich selbst überträgt. Und vorher weiß wahrhaftig keiner, was es mit dem vollkommenen Schreiben auf sich hat, und ist nicht imstande, die größten Schriftsteller gebührend zu bewundern. Und die Mehrzahl jener, die sich den Studien widmen und leicht schreiben und gut zu schreiben glauben, sind überzeugt, auch wenn sie das Gegenteil sagen, daß gut zu schreiben eine einfache Sache sei. Nun siehst du, wie sehr sich die Zahl derjenigen verringert, die fähig sein werden, dich zu bewundern und angemessen zu loben, wenn es dir mit Schweiß und unsäglicher Mühsal am Ende gelungen sein wird, ein außerordentliches und vollkommenes Werk zu schreiben. Ich sage dir (und du kannst meinem weißhaarigen Alter glauben), daß es heute in Italien kaum zwei oder drei Autoren gibt, die die Kunst des guten Schreibens beherrschen. Und wenn dir diese Zahl auch übertrieben klein vorkommt, so brauchst du doch nicht anzunehmen, sie sei in irgendeiner andern Zeit noch an einem andern Ort viel größer.

Oft staune ich ganz für mich, wie etwa Vergil, eines der größten Beispiele der Vollkommenheit unter den Dichtern, diesen Gipfel des Ruhms erreicht und behauptet hat. Denn so wenig ich mir auch anmaße, jede Schattierung seines Wertes und seiner Meisterschaft zu erkennen und zu genießen, halte ich es doch für gewiß, daß die Mehrzahl seiner Leser und Lobredner in seinen Gedichten nicht mehr als eine Schönheit entdeckt unter den zehn oder zwanzig Schönheiten, die sie mir enthüllen, indem ich sie häufig wiederlese und über sie nachdenke. Ich bin nämlich überzeugt, daß die hohe Achtung und die Ehrfurcht vor den größten Dichtern im allgemeinen auch bei denjenigen, die sie lesen und studieren, eher aus einer blind übernommenen Überlieferung kommt als aus eigenem Urteil und eigenem Erkennen ihrer Vorzüge. Und ich erinnere mich an die Zeit meiner Jugend, da ich die Gedichte Vergils studierte, einerseits, was nicht häufig ist, in vollkommener Freiheit des Urteils und unbekümmert um andere Autoritäten, anderseits mit der diesem Alter eigenen Unerfahrenheit, die aber vielleicht nicht größer war als diejenige, die viele Leser lebenslänglich bewahren. Damals weigerte ich mich, dem allgemeinen Urteil beizupflichten, da ich bei Vergil nicht viel größere Züge entdeckte als bei mittelmäßigen Dichtern. Fast wunderte ich mich auch, daß der Ruf Vergils größer ist als derjenige Lukans[69]. Du siehst, nicht nur in Epochen des falschen und verdorbenen Geschmackes, sondern auch in Zeiten einer gesunden und ausgewogenen Literatur erfreut sich die Mehrzahl der Leser mehr an den auffälligen als an den zarten und verborgenen Schönheiten, mehr an der Aufdringlichkeit als an der Zurückhaltung, mehr am Schein als am Wesen und meistens auch mehr am Mittelmäßigen als am Außerordentlichen. Als ich kürzlich die Briefe eines wahrhaft geistvollen Fürsten[70] las, der aber die Vortrefflichkeit des Schreibens fast ganz im Witz, im Scharfsinn und in den Einfällen sieht, habe ich bemerkt, daß er in seinen verborgensten Gedanken die Henriade der Äneis vorzieht, obwohl er dieses Urteil nicht auszusprechen wagt aus Furcht, die Ohren der Menschen zu verletzen. Schließlich wundere ich mich, wie das Urteil weniger Menschen sich gegen dasjenige der Mehrzahl durchsetzen und in der gesamten Menschheit jene allgemeine Wertschätzung hervorbringen kann, die nicht weniger blind als richtig ist. Das trifft allerdings nicht immer zu; doch bin ich der Ansicht, daß der Ruhm der besten Schriftsteller eher ein Ergebnis des Zufalls als ihrer Verdienste ist, was die Fortsetzung meiner Überlegungen dir vielleicht bestätigen wird.

Drittes Kapitel

Wir haben schon gesehen, daß nur sehr wenige fähig sein werden, dich zu bewundern, wenn du die Vortrefflichkeit erreicht hast, die du dir vornimmst. Bedenke nun, daß auch diese wenigen unter Umständen daran gehindert sein können, sich eine angemessene Vorstellung deines Wertes zu machen, obwohl sie seine Anzeichen wahrnehmen. Ohne Zweifel werden poetische Werke jeglicher Art nicht so sehr nach den ihnen eigenen Qualitäten beurteilt als vielmehr nach dem Eindruck, den sie im Geist dessen, der sie liest, hervorrufen. Auf diese Weise betrachtet sie der Leser, der sich über sie ein Urteil bildet, sozusagen mehr bei sich selbst als in ihrer Eigenart. Daher kommt es auch, daß Menschen, die zur Trägheit neigen und ein kaltes Herz und wenig Einbildungskraft haben, auch wenn sie Schreibtalent, Scharfsinn und mehr als eine mittelmäßige Bildung besitzen, fast ganz unfähig sind, in gebührender Weise über solche Werke zu urteilen; denn ihre eigene Seele kann sich auf keiner Seite in die Seele des Dichters einfühlen, und gewöhnlich verachten sie in ihrem Innersten diese Werke, da sie um ihre große Berühmtheit wissen, deren Grund aber nicht herausfinden, ähnlich wie diejenigen, die aus einer solchen Lektüre zu keiner Bewegung, keiner Vorstellung und folglich auch zu keinem nennenswerten Vergnügen angeregt werden. Aber selbst diejenigen, die von Natur aus fähig und bereit sind, jedes Bild und jedes Gefühl, das von einem Schriftsteller angemessen ausgedrückt wurde, aufzunehmen und in sich zu erneuern, leiden häufig unter Kälte, Gleichgültigkeit und seelischer Mattigkeit und sind in einer Stimmung, die sie denjenigen, von denen vorher die Rede war, gleich oder ähnlich macht, und dies aus sehr verschiedenen, inneren oder äußeren Gründen, die den Geist oder den Körper betreffen und vorübergehend oder dauerhaft sein können. In solchen Zeiten ist niemand, selbst wer sonst ein hervorragender Schriftsteller ist, ein guter Richter von Werken, die das Herz und die Einbildungskraft bewegen wollen. Ich übergehe die Sättigung durch Vergnügen, das man kurz zuvor bei anderer Lektüre empfunden hat, und die mehr oder minder heftigen Leidenschaften, die den Menschen von Zeit zu Zeit heimsuchen und seine Seele zu einem so großen Teil ausfüllen, daß kein Raum bleibt für die Bewegung, die bei anderer Gelegenheit durch das Gelesene erregt würde. Aus diesen oder ähnlichen Gründen erfahren wir oft, daß die gleichen Orte, die gleichen Naturschauspiele, die gleiche Musik und hundert andere Dinge, die uns in anderen Zeiten bewegten, uns heute weder Rührung noch Freude empfinden lassen; deshalb sind sie aber an sich nicht weniger schön oder weniger wirksam, als sie es damals waren.

Wenn der Mensch aber aus irgendeinem der erwähnten Gründe nicht fähig ist, die Redekunst oder die Poesie auf sich wirken zu lassen, so unterläßt oder verschiebt er es dennoch nicht, über die Bücher, die zu dieser oder jener Gattung gehören, zu urteilen, selbst wenn er sie zum erstem Mal liest. Mir passiert es nicht selten, daß ich Homer oder Cicero oder Petrarca wieder in die Hand nehme und von der Lektüre in keiner Weise bewegt werde. Da mir jedoch die Qualität dieser Schriftsteller bewußt ist, sowohl weil ihr Ruhm fortdauert als auch weil sie mir andere Male Freude bescherten, lasse ich mich von dieser augenblicklichen Schalheit in meiner Hochschätzung nicht beirren. Bei den Werken aber, die man zum ersten Mal liest und die, da sie neu sind, noch keinen großen Ruhm erwerben oder bestätigen konnten, so daß niemand ihren Wert bezweifelte, kann nicht verhindert werden, daß der Leser sie nach der Wirkung beurteilt, die sie im gegenwärtigen Augenblick auf seine Seele ausüben, und daß er sich eine geringe Vorstellung von hervorragenden Autoren und Werken macht, wenn seine Seele nicht in der Stimmung ist, die Gefühle und Bilder in sich aufzunehmen, die der Autor entwirft. Von dieser Vorstellung ist er nicht leicht abzubringen, auch

wenn er später die gleichen Bücher in besserer Verfassung wieder liest; denn die Langeweile, die er bei der ersten Lektüre empfand, wird ihn von vornherein entmutigen; man weiß ja, wie wichtig die ersten Eindrücke sind und das Voreingenommensein durch ein Urteil, wie falsch es auch immer sein mag.
Manchmal befinden sich die Seelen dagegen aus dem einen oder dem andern Grund in einem Zustand von so großer Bewegung, Empfindsamkeit, Kraft und Wärme, daß sie jeder geringsten Anregung der Lektüre folgen, die leichteste Berührung lebhaft empfinden und, während sie lesen, in sich selber tausend Empfindungen und Vorstellungen entstehen lassen, so daß sie manchmal in einem süßen Wahn schweifen und vor Entzücken fast außer sich geraten. Da geschieht es dann leicht, daß sie in Anbetracht des Vergnügens, das ihnen die Lektüre bereitet hat, die Wirkungen der eigenen Veranlagung und Stimmung mit denjenigen des Buchs verwechseln und von großer Liebe und Bewunderung zu diesem ergriffen werden und sich von ihm eine viel zu hohe Meinung machen und es auch anderen Werken vorziehen, die bedeutender sind, aber unter weniger günstigen Umständen gelesen wurden. Erwäge also, welch großer Unsicherheit die Wahrheit und die Redlichkeit des Urteils unterworfen sind, auch bei Menschen, die fähig wären, über die Werke und die Begabung anderer zu befinden, und bei denen auch keinerlei Bosheit oder Begünstigung im Spiel ist. Diese Unsicherheit ist so groß, daß der Mensch mit sich selber uneinig ist in der Beurteilung von Werken gleichen Wertes und auch desselben Werks in verschiedenen Lebensaltern, unter verschiedenen Umständen und sogar zu verschiedenen Stunden des gleichen Tages.

Viertes Kapitel

Damit du aber nicht annimmst, die erwähnten, aus dem unaufmerksamen Geist des Lesers entspringenden Schwierigkeiten seien selten und ungewöhnlich, solltest du bedenken, daß nichts verbreiteter ist als das altersbe-

dingte Schwinden der natürlichen Fähigkeit, den Reiz der Redekunst und der Poesie, nicht weniger als der anderen nachahmenden Künste und jeglicher weltlicher Schönheit zu empfinden. Dieser Niedergang, der unserem Leben von der Natur selbst bestimmt wurde, ist heute viel größer als in der Vergangenheit; er beginnt früher und schreitet rascher vorwärts, vor allem bei den Gelehrten, da die Erfahrung jedes einzelnen durch das Wissen und die Erfahrung der vielen Jahrhunderte vergrößert wird. Dieser Umstand und die gegenwärtigen Lebensbedingungen verscheuchen die Bilder der Kindheit leicht aus der Erinnerung der Menschen und damit die Hoffnungen der Seele und mit den Hoffnungen einen großen Teil der Wünsche, der Leidenschaften, des Feuers und der Lebendigkeit. Deshalb staune ich viel eher, wenn Menschen reifen Alters, die gelehrt sind und gewöhnt, über menschliche Dinge nachzudenken, die Wirkung der Redekunst und der Poesie noch empfinden, als wenn diese gar keine Wirkung mehr ausüben. Eines ist gewiß: Um durch dargestellte Größe und Schönheit ergriffen zu werden, ist es nötig zu glauben, daß es im menschlichen Leben echte Größe und Schönheit gibt und daß die Poesie der Welt nicht nur ein Märchen ist. Das sind Dinge, die der junge Mensch immer glaubt, auch wenn er das Gegenteil weiß, bis seine eigene Erfahrung dieses Wissen einholt; es ist aber schwierig, an diese Dinge zu glauben, wenn man die traurige Lehre der praktischen Erfahrung hinter sich hat, vor allem wenn diese Erfahrung gepaart ist mit der Veranlagung zum Nachdenken und mit Gelehrsamkeit.
Aus diesen Überlegungen müßte man folgern, junge Menschen seien fähiger, über Werke zu urteilen, die dazu bestimmt sind, Gefühle und Bilder zu wecken, als alte und reife Menschen. Andererseits weiß man, daß junge Menschen, die im Lesen noch unerfahren sind, darin einen Genuß suchen, der übermenschlich, unerhört und von unmöglicher Vollkommenheit sei, und da sie ihn nicht finden, verachten sie die Schriftsteller. Junge Menschen, die sich mit Literatur beschäftigen, zeigen sowohl im Schreiben als auch im Urteilen über die

Werke anderer oft eine Vorliebe für das Übertriebene anstelle des Gemäßigten, für die prächtigen und auffälligen Redensarten und Verzierungen anstelle des Schlichten und Natürlichen und für die falschen anstelle der echten Schönheiten, was an ihrer geringen Erfahrung und dem Ungestüm ihres Alters liegen mag. So sind denn die jungen Menschen nur sehr selten fähig, die reife Vollkommenheit literarischer Werke zu genießen, obwohl sie gewiß denjenigen Teil der Menschheit darstellen, der am meisten geneigt ist zu loben, was ihm gut erscheint, da sie offener und aufrichtiger sind. Mit dem Fortschreiten der Jahre nimmt die Urteilsfähigkeit durch den Umgang mit der Kunst zu, während die natürliche Neigung, sich bewegen und ergreifen zu lassen, schwindet. Dennoch sind für die Wirkung des Kunstwerks beide notwendig.
Wenn einer zudem in einer großen Stadt lebt, sofern er von lebhaftem Gemüt und wachen Herzen und Vorstellungsvermögen ist, so weiß ich nicht, wie er von der Schönheit der Natur oder der Literatur je ein zartes oder großes Gefühl, ein hohes oder anmutiges Bild empfangen kann (ausgenommen er verbringe, wie du zum Beispiel, die meiste Zeit in der Einsamkeit). Denn wenig Dinge sind dem Zustand der Seele, der uns zu solchen Freuden fähig macht, so abträglich wie der Anblick der eitlen Pracht, der Leichtfertigkeit der Geister, der fortwährenden Falschheit, der elenden Sorgen und des noch elenderen Müßiggangs, die dort herrschen. Was die große Menge der Literaten betrifft, so möchte ich sagen, daß sie in den großen Städten über Bücher weniger gut zu urteilen wissen, als es die der kleinen Städte verstehen. Denn in den großen Städten, wo die meisten Dinge falsch und eitel sind, ist auch die Literatur gewöhnlich falsch, eitel und oberflächlich. Und wenn die Schriftsteller der Antike die Beschäftigung mit Literatur und Wissenschaften im Vergleich zu den Geschäften als Erholung und Vergnügen betrachteten, so betreiben tatsächlich fast alle, die in den großen Städten als Gelehrte leben, das Studium und das Schreiben als ein Vergnügen und eine Erholung von anderen Vergnügen.

Ich glaube, die bedeutenden Werke der Malerei, der Bildhauerei und der Architektur würden viel mehr geschätzt, wenn sie in den Provinzen, in den mittleren und kleinen Städten verteilt wären, als so wie jetzt in den Hauptstädten angesammelt, wo die Menschen teils mit unendlichen Sorgen, teils mit zahllosen Vergnügen beschäftigt sind, und die Seelen, von Natur aus oder gezwungenermaßen, sich Zerstreuung, Eitelkeit und Tand zuwenden und sich nur ganz selten zu den inneren Freuden des Geistes erheben. Überdies zerstreut die Menge der vielen an einem Ort versammelten Schönheiten die Seele derart, daß sie keinen lebhaften Eindruck empfangen kann, da sie jeder von ihnen nur wenig Aufmerksamkeit widmen kann, oder diese Menge bewirkt eine so große Sättigung, daß sie mit derselben inneren Kälte betrachtet werden wie irgendein gewöhnlicher Gegenstand. Dasselbe gilt von der Musik, die in anderen Städten nicht so vollkommen und mit so großem Aufwand gepflegt wird wie in den Hauptstädten, wo die Seelen der wunderbaren Bewegung dieser Kunst weniger geneigt und sozusagen weniger musikalisch sind als anderswo. Aber nichtsdestoweniger müssen die Künste in den großen Städten wohnen, sowohl um ihre Vollkommenheit zu erreichen als auch um sie ins Werk zu setzen, und anderseits ist es doch nicht weniger wahr, daß die Freuden, die sie hier den Menschen verschaffen, kleiner sind, als sie an einem andern Ort wären. So kann man sagen, daß die Künstler in der Einsamkeit und in der Stille, mit beharrlichem Wachen, mit Anstrengung und Eifer zur Unterhaltung von Menschen wirken, die in der Menge und im Lärm leben und nur einen sehr kleinen Teil der Frucht von so vielen Mühen genießen werden. Dieses Schicksal der Künstler trifft in einem gewissen Maß auch den Schriftsteller.

Fünftes Kapitel

Doch sei das nur beiläufig gesagt. Um auf unser Thema zurückzukommen, halte ich dafür, daß die der Vollkommenheit am nächsten stehenden Werke die Eigenschaft haben, bei der zweiten Lektüre meistens mehr zu gefallen als bei der ersten. Das Gegenteil trifft bei vielen Büchern zu, die mit nur mittelmäßiger Kunst und Hingabe verfaßt wurden, sich aber durch auffällige äußerliche Vorzüge auszeichnen und beim Wiederlesen der Meinung nicht standhalten, die man sich bei der ersten Lektüre von ihnen gebildet hatte. Wenn aber die einen und die andern nur einmal gelesen werden, so täuschen sich oft auch die Gelehrten und Erfahrenen so sehr, daß die hervorragenden den mittelmäßigen Werken hintangestellt werden. Nun mußt du bedenken, daß heute auch Menschen, die sich dem Studium als Lebensberuf widmen, neue Bücher nur selten wiederlesen, vor allem wenn sie zur unterhaltenden Gattung gehören. Dieser Sachverhalt machte den Menschen der Antike nicht zu schaffen, weil damals der Überfluß an Büchern noch nicht so groß war. In unserer Zeit jedoch, die überreich ist an Werken, die uns über Jahrhunderte hinweg überliefert wurden, und eine große Zahl von gebildeten Nationen kennt, die täglich Unmengen von Büchern hervorbringen und gegenseitig austauschen, wozu noch eine große Vielfalt von antiken und modernen geschriebenen Sprachen und eine beachtliche Ausdehnung der Wissenschaften und Lehren jeglicher Art kommt, die alle untereinander so eng verknüpft und verbunden sind, daß der Gelehrte sich notwendigerweise bemühen muß, nach seinen Möglichkeiten alle zu überblicken – da siehst du wohl, daß die Zeit weder zu einer ersten noch viel weniger zu einer zweiten Lektüre reicht. Dennoch, welches Urteil auch immer über ein neues Buch einmal gefällt wird, es hält schwer, davon wieder abzukommen. Aus den gleichen Gründen wendet man auch bei der ersten Lektüre der erwähnten Bücher, vor allem der unterhaltenden Gattung, nur selten genug Aufmerksamkeit und Fleiß auf, um die wohlbedachte Vollkommenheit, die verborgene Kunst und die bescheidenen und geheimen Vorzüge dieser Werke zu entdecken. So daß alles in allem die vollkommenen Bücher heute schlechtere Voraussetzungen haben als die mittelmäßigen, deren falsche oder echte Schönheiten und Werte sich den Augen so darbieten, daß sie, auch wenn sie gering sind, auf den ersten Blick leicht bemerkt werden. Und wir können tatsächlich sagen, daß heutzutage das Streben, vollkommen zu schreiben, für den Ruhm fast unnötig ist. Anderseits gehen die Bücher, die, wie fast alle modernen Werke, in Eile und fern jeglicher Vollkommenheit geschrieben wurden, in kurzer Zeit wieder unter, auch wenn sie während einiger Zeit gelobt werden. Und es wird heute vom Schreiben soviel Gebrauch gemacht, daß viele des Andenkens würdige Werke, bevor sie ihre Berühmtheit verankern konnten, von der unendlichen Flut der neuen Bücher, die jeden Tag ans Licht treten, mitgerissen werden und grundlos verschwinden, um anderen, würdigen oder unwürdigen, Büchern Platz zu machen, die ebenfalls nur für kurze Zeit Ruhm genießen. So ist uns denn von den vielen Möglichkeiten, Ruhm zu gewinnen, die sich den Menschen der Antike boten, nur eine einzige geblieben, und diese zu nutzen, ist heute viel schwieriger als damals.

In diesem fortwährenden und allgemeinen Schiffbruch sowohl der edlen als auch der niedrigen Werke überleben einzig die Bücher des Altertums, die dank ihres gefestigten und durch lange Zeit gestärkten Ruhms nicht nur aufmerksam gelesen, sondern auch wiedergelesen und gründlich studiert werden. Ein modernes Werk, auch wenn es an Vollkommenheit mit antiken Werken vergleichbar wäre, erreicht kaum denselben Grad von Berühmtheit, und es kann andern auch nicht so viel Freude bereiten, wie man sie von den Autoren der Antike empfängt, und dies aus zweierlei Gründen. Erstens würde man sie nicht mit jener Sorgfalt und Genauigkeit lesen, die man auf Werke verwendet, die seit langer Zeit berühmt sind, und nur wenige würden sie wiederlesen und gründlich studieren, weil man Bücher nicht-wissenschaftlicher Art nicht studiert, bevor sie nicht antik geworden sind. Zweitens vermehrt der dauerhafte und universale Ruhm von Werken, angenommen, er habe anfänglich keinen anderen Ursprung als ihre eigenen Vorzüge, wenn er einmal entstanden und gewachsen ist, deren Wert so sehr, daß sie erfreulicher zum Lesen werden, als sie es früher waren, und oft entsteht der größte Teil des Vergnügens, das man dabei empfindet, aus der Gewißheit solchen Ruhms. In diesem Zusammenhang kommen mir die bemerkenswerten Betrachtungen eines französischen Philosophen[71] in den Sinn, der in bezug auf den Ursprung des menschlichen Vergnügens im wesentlichen folgendes sagte: „Viele Anlässe zum Genuß erfindet und erschafft unser eigener Geist, indem er vor allem verschiedene Dinge unter sich in Verbindung bringt. Deshalb geschieht es häufig, daß, was einmal gefiel, auch ein anderes Mal wieder gefällt, nur weil es früher schon gefallen hat, da wir mit dem Bild der Gegenwart dasjenige der Vergangenheit verbinden. Zum Beispiel wird eine Schauspielerin, die den Zuschauern auf der Bühne gefiel, denselben wahrscheinlich auch in ihrer Wohnung gefallen, da man sowohl aus dem Klang ihrer Stimme und der Art ihres Spiels als auch aus der Tatsache, daß man dem Applaus, den sie erzielte, beiwohnte und irgendwie auch aus der Rolle der Prinzessin im Vergleich zu ihrer eigenen Person sozusagen eine Mischung mehrerer Aspekte herstellen wird, die ein einziges Vergnügen bewirkt. Gewiß ist jedermanns Geist reich an Bildern und Erwägungen, die ergänzend neben den wichtigen stehen. Daher kommt es, daß Frauen von großem Ansehen, das durch irgendeinen kleinen Fehler beeinträchtigt wird, sich manchmal diesen Fehler zur Ehre anrechnen und den andern Grund dazu geben, ihn als besondern Reiz zu betrachten. Und tatsächlich gründet die besondere Liebe, die wir gegenüber der einen oder andern Frau empfinden, meistens nur auf den Vorurteilen, die zu ihren Gunsten sprechen: entweder ihr adliges Blut oder ihr Reichtum oder die Ehren, die ihr bezeugt werden, oder die Achtung, die ihr von vielen gezollt wird." Häufig sind es auch echte oder falsche Bewunderung der Schönheit oder der Anmut und die Liebe, die ihr früher oder gegenwärtig von anderen Personen entgegengebracht wurde. Und wer weiß nicht, daß fast alle Freuden viel mehr aus unserer Einbildungskraft kommen als aus den Eigenschaften der Dinge, die uns gefallen.

Da diese Bemerkungen für die Bücher nicht weniger als für die anderen Dinge stimmen, bin ich der Meinung, daß wenn heute ein solches Epos erschiene, dessen Wert dem der Ilias gleichkäme oder überlegen wäre, und irgendeiner der vollkommensten Richter poetischer Werke läse es sehr aufmerksam – dann wäre es für ihn weniger willkommen und erfreulich als jene, und er schätzte es deshalb viel weniger hoch. Denn die Vorzüge des neuen Epos würden nicht vom Ruhm von siebenundzwanzig Jahrhunderten und auch nicht von tausend Erinnerungen und Ehrbezeugungen unterstützt wie die Vorzüge der Ilias. Ebenso glaube ich, daß wer immer das „Befreite Jerusalem" oder den „Rasenden Roland" genau läse und von ihrer Berühmtheit nichts oder nur wenig wüßte, bei der Lektüre viel weniger Vergnügen fände. Daher kommt es, daß im allgemeinen die ersten Leser jedes großen Werkes und die Zeitgenossen dessen, der es schrieb, falls es bei der Nachwelt zu Ruhm kommt, diejenigen sind, die beim Lesen weniger Genuß haben als alle übrigen, was für die Schriftsteller ein sehr großer Nachteil ist.

Sechstes Kapitel

Dies sind zum Teil die Schwierigkeiten, die dir den Erwerb des Ruhms streitig machen bei den Gelehrten und bei denjenigen, die sich selber in der Kunst des Schreibens und in der Wissenschaft auszeichnen. Und was jene betrifft, die das Studium und das Lesen nicht als Beruf, sondern nur zum Zeitvertreib ausüben, obwohl sie geziemend ausgerüstet sind mit dem Wissen, das heute zur Bildung sozusagen notwendig ist – so weißt du wohl, daß sie nicht fähig sind, die Vorzüge eines Buches wirklich zu genießen, und dies, über das schon Erwähnte hinaus, aus einem Grund, den ich noch ausführen will. Sie suchen nämlich in dem, was sie lesen, nichts anderes als das unmittelbar gegenwärtige Vergnügen. Die Gegenwart ist aber naturgemäß für den Menschen beschränkt und nichtssagend. So daß die schönsten Dinge und, wie Homer sagt,

Venus, der Schlaf, Gesang und Reigentanz schnell und notwendigerweise langweilig werden, wenn mit der gegenwärtigen Tätigkeit nicht die Hoffnung auf zukünftige Freuden und Annehmlichkeiten verbunden ist. Deshalb fehlt den Menschen die Voraussetzung zu einem großen Genuß, der nicht vor allem in der Hoffnung besteht. Deren Kraft ist so groß, daß viele Tätigkeiten, die an sich gar nicht erfreulich, ja langweilig und mühsam sind, sobald sich die Hoffnung auf ein Ergebnis mit ihnen verbindet, willkommen und angenehm werden, so langwierig sie auch sein mögen. Andere Dinge dagegen, die man an und für sich für erfreulich hält, werden, wenn sie der Hoffnung entbehren, kaum hat man sie versucht, verdrießlich. Darum sind die Gelehrten in bezug auf die Literatur, auch wenn sie oft sehr trocken ist, fast unersättlich und finden in ihren Studien, denen sie während eines großen Teils des Tages obliegen, einen dauerhaften Genuß, da sie in beidem immer ein zukünftiges Ziel vor Augen haben und eine Hoffnung auf irgendeinen Fortschritt und Nutzen. Selbst wenn sie manchmal fast nur aus Muße oder zum Zeitvertreib lesen, so bleibt ihr Sinn neben dem gegenwärtigen Genuß immer auch auf einen andern, mehr oder weniger bestimmten Nutzen gerichtet. Die andern dagegen, die beim Lesen nach keinem Ziel trachten, das nicht sozusagen in den Grenzen dieser Lektüre bereits enthalten ist, fühlen sich auf den ersten Seiten der unterhaltsamsten und angenehmsten Bücher nach oberflächlichem Genuß schon satt, so daß sie dann angewidert von Buch zu Buch irren, und am Ende wundern sich die meisten von ihnen, daß andere aus einer langen Lektüre einen ebenso langen Genuß ziehen können. Auch hieraus kannst du ersehen, daß Kunst, Ausdauer und Anstrengung dessen, der schreibt, fast ganz verloren sind in bezug auf solche Menschen, zu deren Zahl der größte Teil der Leser gehört. Und auch die Gelehrten, bei denen sich, wie das im Verlauf der Jahre nicht selten geschieht, die Themen und die Art und Weise der Studien verändern, ertragen oft die Lektüre von Büchern kaum mehr, die ihnen in andern Zeiten großen Genuß bereitete oder hätte bereiten können; und wenn sie auch noch die Intelligenz und die Erfahrung haben, die nötig ist, um deren Wert zu erkennen, so empfinden sie doch nichts anderes als Überdruß, weil sie von ihnen keinen Nutzen erwarten.

Siebtes Kapitel

Bisher haben wir vom Schreiben im allgemeinen gesprochen und von Dingen, die sich vor allem auf die schöne Literatur beziehen, zu deren Studium ich dich mehr als zu irgend etwas anderem geneigt sehe. Nun wollen wir im besonderen von der Philosophie reden, obwohl ich nicht die Absicht habe, sie von jener zu trennen, da alles ganz von ihr abhängig ist. Da die Philosophie aus der Vernunft kommt, an der die Allgemeinheit der gebildeten Menschen vielleicht mehr teilhat als an der Einbildungskraft und den Gaben des Herzens, denkst du vielleicht, der Wert der philosophischen Werke werde leichter und von einer größeren Zahl von Menschen erkannt als derjenige der Poesie und der andern Werke, die das Unterhaltende und das Schöne betreffen. Nun habe ich jedoch für mich den Eindruck, daß ein angemessenes Urteil und ein vollkommenes Verständnis bei beiden selten ist. Denn um in der Philosophie bemerkenswerte Fortschritte zu machen, genügen ein scharfer Geist und die Fähigkeit nachzudenken nicht, sondern es braucht auch viel Einbildungskraft, und Descartes, Galilei, Leibniz, Newton und Vico hätten auch hervorragende Dichter sein können wie umgekehrt Homer, Dante und Shakespeare große Philosophen. Weil aber dieses Thema, um es vollständig zu behandeln, nach ausführlichen Erklärungen verlangte und uns von unserem Vorsatz zu weit abbringen würde, will ich mich mit diesem Hinweis begnügen und fortfahren, indem ich sage, daß nur die Philosophen imstande sind, den Wert der philosophischen Werke ganz zu schätzen und zu genießen. Damit meine ich ihre Substanz und nicht irgendeinen Schmuck, den sie im Wort, im Stil oder in anderem haben können. So wie also Menschen unpoetischer Natur, auch wenn sie die Worte und die Bedeutung verstehen, die Bewegung und die Bilder der Poesie nicht wahrnehmen: so geschieht es auch oft, daß jene, die nicht gewöhnt sind, für sich zu argumentieren und zu philosophieren, oder nicht fähig, tiefe Gedanken zu fassen, nur die Worte des Philosophen und das, was er sagen will, verstehen, nicht aber die Wahrheit seiner Aussagen, so klar und genau seine Überlegungen und Schlüsse auch sein mögen und so deutlich er auch die einen und die andern darlegt. Da sie weder die Gabe noch die Übung haben, mit den Gedanken ins Innerste der Dinge einzudringen, noch ihre eigenen Ideen in ihre winzigsten Teile aufzulösen und zu zergliedern, noch eine gewisse Zahl von Ideen zu gruppieren und zusammenzufassen, noch mit ihrem Verstand viele Einzelheiten auf einmal zu betrachten, um ihnen eine allgemeine Regel zu entnehmen, noch mit den Augen des Geistes beharrlich eine lange Reihe von Wahrheiten zu beobachten, die sich nach und nach verknüpfen, noch die feinen und verborgenen Zusammenhänge zu entdecken, die jede Wahrheit mit hundert anderen Wahrheiten verbinden – so können sie in ihrem Geist die vollzogenen Gedankengänge schwerlich oder überhaupt nicht wiederholen und auch die Eindrücke nicht empfinden, die der Geist des Philosophen wahrgenommen hat. Das wäre aber der einzige Weg, um die Gründe einzusehen, zu begreifen und gebührend zu schätzen, die diesen Philosophen dazu bewegt haben, dieses oder jenes Urteil zu fällen, diese oder jene Sache zu bejahen oder zu verneinen und das eine oder das andere zu bezweifeln. Mögen diese Menschen also seine Gedanken auch verstehen, so begreifen sie doch nicht, ob sie mehr oder weniger wahr und wahrscheinlich sind, da sie die Erfahrung ihrer Wahrheit oder Wahrscheinlichkeit nicht haben und nicht machen können. Sehr ähnlich geht es den von Natur aus kalten Menschen in bezug auf die Vorstellungen und Gefühle, die von den Dichtern ausgedrückt werden. Und du weißt, daß sowohl der Dichter als auch der Philosoph in die Tiefe der Menschenseelen eindringen und ihre verborgensten Eigenschaften und Verschiedenheiten, ihre

Neigungen und Gefühle und deren Ursachen und Wirkungen ans Licht ziehen. Und diejenigen, die nicht fähig sind, in sich selbst die Entsprechung zwischen den poetischen Gedanken und der Wahrheit zu empfinden, können sie auch zwischen den philosophischen Gedanken und der Wahrheit nicht erkennen.

Aus den erwähnten Gründen entsteht, was wir jeden Tag beobachten: daß nämlich viele vortreffliche Werke, die gleichermaßen klar und verständlich für alle sind, den einen tausend sichere Wahrheiten zu enthalten scheinen, den anderen dagegen tausend offensichtliche Irrtümer. Deswegen werden sie öffentlich oder privat angefochten; nicht nur aus Bosheit oder Interesse, sondern auch aus Dummheit und Unfähigkeit, die Sicherheit ihrer Grundsätze, die Richtigkeit ihrer Ableitungen und Schlüsse und ganz allgemein die Angemessenheit, die Wirksamkeit und die Wahrheit ihrer Aussagen zu empfinden und zu verstehen. Häufig werden die großartigsten philosophischen Werke auch der Dunkelheit bezichtigt, woran nicht die Schriftsteller schuld sind, sondern die Tiefe oder die Neuheit der Gefühle einerseits und anderseits das Unverständnis derer, die sie in keiner Weise begreifen können. Beachte also, wie schwierig es auch im Bereich der Philosophie ist, Ruhm zu gewinnen, so verdient er auch sein mag. Denn du kannst nicht bezweifeln, daß die Zahl der wahren und tiefen Philosophen, außer denen es niemanden gibt, der die anderen gebührend zu schätzen wüßte, sehr klein ist, auch in unserer Zeit, die sich der Philosophie mit mehr Liebe widmet als frühere Epochen. Ich übergehe die verschiedenen Parteien, oder wie man sie immer nennen soll, in welche diejenigen, die von Berufs wegen philosophieren, heute aufgespalten sind und es auch immer waren, und von denen jede den andern das Lob und die Achtung versagt, die ihnen gebühren, nicht nur absichtlich, sondern auch, weil ihr Geist mit andern Grundsätzen beschäftigt ist.

Achtes Kapitel

Wenn du aber (da es nichts gibt, was ich mir von deinem Geist nicht versprechen könnte) mit dem Wissen und dem Nachdenken zu einer so großen Höhe aufstiegest, daß es dir wie ein paar auserwählten Geistern vorbehalten wäre, eine sehr wichtige Wahrheit zu entdecken, die vorher nicht nur unbekannt war, sondern auch außerhalb der Erwartung der Menschen und den gegenwärtigen Ansichten ganz und gar entgegengesetzt, dann erwarte nicht, für diese Entdeckung in deinem Leben irgendein ungewöhnliches Lob zu empfangen. Im Gegenteil: Du wirst selbst von den Gelehrten (mit Ausnahme vielleicht einiger weniger) nicht gelobt werden, bis nicht die gleiche Wahrheit bald vom einen, bald vom andern wiederholt wird und die Menschen nach und nach im Laufe der Zeit zuerst ihre Ohren und dann ihren Verstand an sie gewöhnen. Denn keine Wahrheit, die von den gängigen Ansichten ganz und gar verschieden ist, auch wenn sie vom ersten, der sie entdeckte, mit geometrischer Klarheit und Sicherheit bewiesen worden wäre, ist je in der Welt sogleich angenommen worden, sondern erst im Laufe der Zeit dank der Gewohnheit und dem Beispiel, da die Menschen sich ans Glauben gewöhnen wie an alles andere. Ja, im allgemeinen glauben sie eher aus Gewohnheit als aus der im Geist begriffenen Gewißheit der Beweise, so daß am Ende diese Wahrheit den Kindern gelehrt und allgemein anerkannt wird und man sich mit Staunen an die Zeit erinnert, da man nichts von ihr wußte, und die Ansichten der Vorfahren verspottet. Das ist aber umso schwieriger und langwieriger, je größer und gewichtiger diese neuen und unglaublichen Wahrheiten sind und je zahlreicher daher die in den Seelen eingewurzelten Meinungen, die sie umstürzen. Auch scharfsinnigen und geübten Geistern fällt es nicht leicht, die ganze Eindringlichkeit der Gründe zu empfinden, die für solche neuen und unerhörten Wahrheiten sprechen, welche die Grenzen ihrer Kenntnisse und die Gewandtheit ihres Verstandes übersteigen, vor allem wenn solche Gründe und Wahrheiten

ihren althergebrachten Überzeugungen widerstreben. Descartes wurde zu seiner Zeit in der Geometrie, die er durch die Verwendung der Algebra und durch andere Entdeckungen in wunderbarer Weise erweiterte, nur von ganz wenigen begriffen. Dasselbe geschah Newton. Die Lage der Menschen, die ihrem Zeitalter an Wissen ungewöhnlich überlegen sind, ist wahrhaftig nicht sehr verschieden von derjenigen der Schriftsteller und Gelehrten, die in Städten oder Provinzen leben, in denen die Wissenschaften brachliegen: weil diese von ihren Mitbürgern in der Stadt und der Provinz, jene von ihren Zeitgenossen nicht so hoch geschätzt werden, wie sie es verdienten. Sehr häufig verhöhnt man sie sogar wegen der Andersartigkeit ihres Lebens und ihrer Ansichten, oder weil man ganz allgemein nicht imstande ist, den Wert ihrer Fähigkeiten und Werke zu erkennen.
Es kann aber kein Zweifel darüber bestehen, daß die Menschheit in unserer Zeit und seit der Wiederbelebung der antiken Zivilisation im Wissen unaufhaltsam vorwärtsschreitet. Doch ist dieses Vorwärtsschreiten langsam und gemächlich, während die hervorragenden und außerordentlichen Geister, die sich der Erforschung der für den Menschen mit den Sinnen oder dem Verstande wahrnehmbaren Welt und der Entdeckung der Wahrheit widmen, sehr rasch und manchmal sogar in maßloser Eile vorwärtslaufen. Es ist aber nicht möglich, daß die Welt, wenn sie die Entdecker so schnell voraneilen sieht, deswegen ihre Gangart beschleunigt, damit sie mit ihnen oder wenig später dort ankommt, wo sie am Ende sein werden. Im Gegenteil, sie fällt nicht aus ihrem Schritt und erreicht dieses oder jenes Ziel erst ein oder mehrere Jahrhunderte, nachdem ein großer Geist es bereits erreicht hat.
Es ist eine, man kann wohl sagen, auf der ganzen Welt verbreitete Ansicht, daß das menschliche Wissen den größten Teil seines Fortschritts jenen großen Geistern verdankt, die von Zeit zu Zeit wie Naturwunder auftauchen. Ich bin aber überzeugt, daß es den gewöhnlichen Geistern sehr viel, den außerordentlichen nur wenig verdankt. Einer dieser letzteren wird, nehmen wir einmal

an, er habe den Erkenntnisraum seiner Zeitgenossen mit seiner Gelehrtheit ausgemessen, in der Wissenschaft fortschreiten und sozusagen zehn Schritte voraus sein. Die andern Menschen sind jedoch nicht nur nicht gewillt, ihm zu folgen, sondern machen sich über seine Fortschritte lustig, indessen viele mittelmäßige Geister, die sich teils auf die Gedanken und die Entdeckungen dieses Auserwählten stützen, vorwiegend aber auf eigene Studien, zusammen einen Schritt vorwärts machen, bei dem man ihnen dank der geringen Neuheit der Erkenntnis und auch dank der Vielzahl der Erkennenden nach ein paar Jahren allgemein folgt. Indem sie dergestalt nur gerade soweit als möglich vorwärtsgehen, gelingt es den Menschen, durch das Werk und das Vorbild mittelmäßiger Geister, am Ende den letzten Schritt zu tun, so daß die Erkenntnisse jenes Auserwählten in allen gebildeten Nationen allgemein anerkannt werden, obwohl er selbst längst tot ist und sich durch diesen Erfolg nicht einmal einen späten und unzeitgemäßen Nachruhm erwirbt. Und dies teils weil die Erinnerung an ihn schon verblaßt ist oder weil die falsche Meinung, die man während seines Lebens von ihm hatte, durch die lange Gewöhnung jedes andere Urteil verhindert; teils weil die Menschen nicht durch sein Werk den neuen Stand des Wissens erreicht haben und auch weil sie im Wissen nun gleich weit sind wie er und ihm bald voraussein werden, da sie in der langen Zeitspanne fähig geworden sind, die Wahrheiten, die er fand, besser zu beweisen und zu erklären, seine Vermutungen in Gewißheiten zu verwandeln und seine Entdeckungen eine bessere Ordnung und Form zu geben und sie sozusagen reifen zu lassen. Falls nicht vielleicht ein Gelehrter sich der Vergangenheit erinnert und die Ansichten dieses Großen mit denjenigen seiner Nachfahren vergleicht und entdeckt, wie sehr er dem Menschengeschlecht voraus war, und ihm einiges Lob zollt, das nicht viel Staub aufwirbelt und bald wieder in Vergessenheit gerät.

Obwohl der Fortschritt des menschlichen Wissens, so wie der Fall der Körper, von Augenblick zu Augenblick größere Geschwindigkeit gewinnt, geschieht es dennoch selten, daß dieselbe Generation ihre Ansicht ändert oder die eigenen Irrtümer erkennt, so daß sie heute das Gegenteil von dem glaubt, was sie früher glaubte. Sie schafft diese Möglichkeit aber für die folgende Generation, die in vielen Dingen das Gegenteil von ihr erkennt und glaubt. Doch so wie niemand die fortwährende Bewegung empfindet, die uns zusammen mit der Erde im Kreise dreht, so nimmt die Allgemeinheit der Menschen weder den stetigen Fortschritt ihrer Kenntnisse noch die beständige Veränderung ihrer Urteile wahr. Und nie ändert sie ihre Ansichten dergestalt, daß sie glauben muß, sie zu ändern. Das ist aber nur möglich, wenn sie sich nie zu einer Meinung bekennt, die sehr verschieden ist von derjenigen, die sie bisher vertrat. Deshalb wird keine neue Wahrheit, ausgenommen die Sinne könnten sie wahrnehmen, dem ersten, der sie erkannt hat, von seinen Zeitgenossen geglaubt.

Neuntes Kapitel

Nehmen wie an, du überwändest alle Hindernisse, das Glück stünde deinen Fähigkeiten bei und du schaffst dir tatsächlich nicht nur einen Namen, sondern gewännest Ruhm und dies nicht nach dem Tod, sondern während du lebst. Laß uns sehen, welchen Vorteil du daraus ziehen wirst. In erster Linie jenen Wunsch der Menschen, dich zu sehen und persönlich zu kennen, jenes Mit-dem-Finger-gezeigt-Werden, jene Ehre und Bewunderung, welche die Anwesenden dir in Worten und Handlungen bezeugen. Darin besteht der größte Nutzen des Ruhmes, den man durch Schreiben gewinnt. Man erwirbt ihn leichter in den kleinen als in den großen Städten, wo Augen und Gemüt zerstreut und abgelenkt sind, teils durch die Macht, teils durch den Reichtum und erst zuletzt durch die Künste, die der Unterhaltung und der Erheiterung eines oberflächlichen Lebens dienen. Da aber in den kleinen Städten meistens die Mittel und die Möglichkeiten fehlen, um in der Literatur oder in der Wissenschaft Außerordentliches zu leisten, und da alles

Seltene und Wertvolle sich in den großen Städten versammelt und vereinigt, sind die kleinen Städte selten von Gelehrten bewohnt, und meistens werden in ihnen keine ernsthaften Studien betrieben. Auch schätzt man in ihnen nicht nur die Gelehrsamkeit und die Weisheit, sondern sogar den Ruhm so gering, daß weder dieser noch jene auch nur Neid auf sich ziehen. Und wenn zufällig ein bedeutender oder ein durch seinen Geist und seine Studien hervorragender Mann in einer kleinen Stadt wohnt, so erhöht dort seine Einzigartigkeit seinen Wert nicht, sondern schadet ihm vielmehr, so daß er häufig trotz seiner Berühmtheit im Leben ihrer Bürger der unbekannteste und belangloseste Mensch ist. An einem Ort, wo Gold und Silber wertlos sind, ist jemand, der außer diesen Metallen keinen andern Besitz hat, nicht reicher als die andern, sondern arm, und ebenso ist dort, wo Geist und Bildung unbekannt sind und deshalb nicht geschätzt werden, jemand, der damit reichlich versehen ist, den andern nicht überlegen und wird, wenn er keine andern Güter besitzt, verachtet. Und er ist an solchen Orten so weit davon entfernt, Beachtung zu finden, daß man ihn oft für bedeutender hält, als er in Wirklichkeit ist, ohne ihm deswegen aber irgendwelche Anerkennung zu zollen. In der Zeit, da ich mich als Jüngling oft in mein kleines Bosisio[72] zurückzog, das bekannt wurde als Ort, an dem ich mich den Studien zu widmen pflegte und mich im Schreiben übte, hielten mich die Einwohner für einen Dichter, Philosophen, Physiker, Mathematiker, Arzt, Juristen, Theologen und Kenner aller Sprachen der Welt und befragten mich, ohne den geringsten Unterschied zu machen, über einen beliebigen Punkt irgendeiner dieser Wissenszweige, auf den sie im Gespräch zufällig stießen. Nicht, daß sie mich um dieses Glaubens willen hoch geschätzt hätten, im Gegenteil: sie achteten mich weniger als die Gelehrten, die anderswo wohnten. Wenn ich sie jedoch vermuten ließ, meine Gelehrtheit sei nicht ganz so unermeßlich, wie sie annahmen, sank ich in ihrer Meinung noch viel tiefer, und am Ende waren sie überzeugt, mein Wissen reiche gar nicht weiter als das ihre.

Wie viele Hindernisse sich in den großen Städten sowohl dem Erwerb des Ruhmes als auch dem Genuß des Erworbenen entgegenstellen, wirst du leicht dem entnehmen, was ich zu diesem Thema schon früher gesagt habe. Nun füge ich noch hinzu, daß – obwohl kein Ruhm schwieriger zu gewinnen ist als derjenige des hervorragenden Dichters oder Schriftstellers oder Philosophen, nach dem du vor allem strebst – dennoch kein anderer Ruhm demjenigen, der ihn besitzt, weniger einbringt. Die ewigen Klagen, die alten und neuen Beispiele der Armut und des Unglücks der größten Dichter sind dir nicht unbekannt. Die Gestalt Homers ist irgendwie verschwommen und unbestimmt, sowohl im Werk als auch im Leben; sein Vaterland, seine Existenz, alle Einzelheiten sind für die Menschen ein unergründliches Geheimnis. In soviel Unsicherheit und Nichtwissen gibt es nur die unveränderliche Überlieferung, daß Homer arm und unglücklich war, fast als ob die Sage und die Erinnerung der Jahrhunderte keinen Zweifel daran aufkommen lassen wollten, daß das Glück der andern hervorragenden Dichter dem größten unter ihnen versagt war. Doch lassen wir die anderen Güter beiseite und reden wir nur von der Dichterehre: es gibt keinen anderen Ruhm, der im Leben weniger Ehre und Nutzen bringt. Es mag sein, daß die große Zahl von Personen, die ihn unverdient erlangen, und die unsägliche Schwierigkeit, ihn zu verdienen, diesem Ruhm Wert und Glaubwürdigkeit nehmen und auch, daß fast alle Menschen von einer gewissen Bildung glauben, in der Philosophie und in der schönen Literatur hätten sie selbst Fähigkeiten oder könnten sie sich leicht erwerben, so daß sie diejenigen, die in diesem Bereich wirklich etwas wert sind, nicht als überlegen anerkennen. Sicher ist, daß der Ruf eines mittelmäßigen Mathematikers, Physikers, Philologen, Altertumsforschers, Malers, Bildhauers, Musikers oder die mittelmäßige Kenntnis einer einzigen antiken oder modernen Sprache bei der Allgemeinheit der Menschen, auch in den bedeutenden Städten, viel mehr Anerkennung und Achtung einbringen, als man je erreichen kann, wenn man als hervorragender Philosoph oder

Dichter oder Schriftsteller erkannt und gepriesen wird. So sind denn die beiden edelsten und großartigsten Disziplinen, die beiden Gipfel der Kunst und des menschlischen Wissens, ich meine die Dichtung und die Philosophie, bei denen, die sie ausüben, vor allem heute die am meisten vernachlässigten Begabungen auf der Welt, die sogar den handwerklichen Künsten hintangestellt werden, weil man nicht glaubt, diese ausüben zu können, ohne sie zuvor mit Eifer und Anstrengung erlernt zu haben. So kommt es, daß Dichter und Schriftsteller im Leben keinen andern Preis für ihre Anstrengungen haben als vielleicht ein wenig Ruhm, der unter einer sehr kleinen Zahl von Menschen entsteht und auf sie beschränkt bleibt. Und auch das ist eines der vielen Dinge, in denen die Dichtung mit der Philosophie übereinstimmt, die, wie Petrarca[73] sagt, arm und nackt ist, da es ihr nicht nur an andern Gütern, sondern auch an Achtung und Ehre mangelt.

Zehntes Kapitel

Da du in der Gesellschaft der Menschen kaum Gelegenheit hast, deinen Ruhm zu genießen, wirst du den besten Nutzen aus ihm ziehen, wenn du ihn in deinem Geist betrachtest und dich in deiner Einsamkeit an ihm erfreust und aus ihm Trost und Anregung zu neuen Anstrengungen schöpfst und ihn zur Grundlage neuer Hoffnung nimmst. Denn der Ruhm der Schriftsteller erscheint nicht nur wie alle übrigen Güter der Menschen von weitem angenehmer als aus der Nähe; er ist sozusagen niemals gegenwärtig bei denen, die ihn besitzen, und läßt sich nirgends auffinden.
Am Ende wirst du dich aber mit der Einbildungskraft jenem letzten Trost und Zufluchtsort zuwenden, den die Nachwelt für die großen Geister darstellt. So wie Cicero, der einen vielfältigen und außerordentlichen Ruhm genoß, wie er einem großen Römer im Altertum gebührte, seinen Wunsch dennoch auf die zukünftigen Generationen richtete, indem er, freilich unter anderem Namen, sagte[74]: „Meinst du, ich hätte mich dazu bewegen lassen,

bei Tag und bei Nacht, in der Stadt und auf dem Land, soviel Anstrengungen auf mich zu nehmen, wenn ich nicht sicher gewesen wäre, daß mein Ruhm über die Grenzen meines Lebens hinaus dauern wird? Wäre es sonst nicht besser gewesen, ein müßiges und ruhiges Leben zu wählen, ohne irgendeine Mühe oder Anstrengung? Doch strebte mein Geist, kaum war er erwacht, fortwährend nach dem Ruhm in der Nachwelt, als ob er, wenn das Leben vorbei wäre, dann endlich zu leben beginnen würde." Cicero spricht hier vom Unsterblichkeitsgefühl der Seele, das die Natur den Menschen eingepflanzt hat. Doch der wahre Grund ist, daß alle Güter der Erde, kaum sind sie erworben, sich der aufgewandten Mühe und Anstrengung als unwürdig erweisen, vor allem der Ruhm, für den man den höchsten Preis bezahlt und den geringsten Nutzen davon hat. Doch wie Simonides[75] sagt:

> Die schöne Hoffnung nährt uns alle
> mit seligem Schein;
> deshalb müht jeder sich vergebens;
> die Morgenröte ersehnt
> der eine, der andere das Alter.
> Und keiner lebt auf Erden,
> dem für die Zukunft nicht der Geist
> mit Pluto und den andern Göttern
> viel Schönes und auch Liebliches verheißt.

So wird nach und nach in dem Maße, als die Eitelkeit des Ruhms sich immer klarer erweist, die Hoffnung immer weiter verjagt und verschoben, und wenn sie am Ende im Leben keinen Raum mehr findet, nicht aufgegeben, sondern jenseits des Todes in der Nachwelt angesiedelt. Deshalb ist der Mensch immer geneigt und bestrebt, sich ans zukünftige Glück zu halten, da die Gegenwart ihn stets nur ungenügend befriedigt. Daher erfreuen sich diejenigen, die nach Ruhm streben, selbst wenn sie ihn im Leben erlangen, vor allem an jenem, den sie nach dem Tod zu gewinnen hoffen; denn keiner ist heute so glücklich, daß er das eitle Glück der Gegenwart nicht verachtete und sich nicht mit dem ebenso eitlen Glück tröstete, das er sich von der Zukunft verspricht.

Elftes Kapitel

Doch was bedeutet es eigentlich, daß wir unsere Zuflucht in der Nachwelt suchen? Sicher ist die menschliche Einbildungskraft so beschaffen, daß man sich von den Nachkommen eine bessere Meinung macht als von den Zeitgenossen oder auch von den Vorfahren, weil wir von den Menschen, die noch nicht da sind, weder aus Erfahrung noch vom Hörensagen Kenntnis haben können. Doch wenn wir den Verstand und nicht die Einbildungskraft befragen, glauben wir dann wirklich, daß diejenigen, die kommen werden, besser sein müssen als die Zeitgenossen? Ich glaube eher das Gegenteil und halte das Sprichwort, daß die Welt nicht nur älter, sondern auch schlechter wird, für wahr. Mir scheint, die außerordentlichen Geister wären in einer besseren Lage, wenn sie sich an die Vorfahren wenden könnten, die, wie Cicero sagte, an Zahl nicht geringer, an Tugend aber viel reicher waren. Doch ist es gewiß, daß auch der tüchtigste Mann dieses Jahrhunderts von den Menschen des Altertums keinerlei Lob empfinge. Man mag einräumen, die Nachkommen könnten, da sie uns gegenüber frei sind von Wetteifer, Neid, Liebe und Haß, unsere Werke besser beurteilen als die Zeitgenossen. Werden sie auch in anderer Hinsicht bessere Richter sein? Wird es unter ihnen eine größere Zahl von ausgezeichneten Dichtern, guten Schriftstellern und wahren und tiefen Philosophen geben, da, wie wir gesehen haben, sie allein fähig sind, ihresgleichen angemessen zu beurteilen? Wird ihr Urteil in der Menge ein größeres Gewicht haben als heute? Und werden die Fähigkeiten des Herzens, der Einbildungskraft und des Verstandes bei der Allgemeinheit der Menschen größer sein, als sie es heute sind?
Sehen wir nicht, wieviele Jahrhunderte in bezug auf die schöne Literatur ein so verderbtes Urteil hatten, daß sie die wahre Vorzüglichkeit des Schreibens verachteten,

die besten alten und neuen Schriftsteller verhöhnten und irgendeinem barbarischen Stil huldigten, den sie allein für schicklich und natürlich hielten? Denn eine Gewohnheit, so fragwürdig und schlecht sie auch sein mag, läßt sich nur schwer von der Natur unterscheiden. Und ist das nicht auch in Epochen und bei Nationen geschehen, die sich im übrigen durch Anmut und Adel auszeichneten? Was haben wir für eine Gewißheit, daß die Nachwelt inmer die Art zu schreiben loben wird, die wir heute für lobenswert halten? Zweifellos sind die Urteile und Neigungen, was die Schönheit des Schreibens betrifft, sehr veränderlich und verschieden je nach den Epochen, den Ländern und Völkern, den Bräuchen und Sitten der Menschen. Und es ist nicht zu vermeiden, daß der Ruhm der Schriftsteller dieser Vielfalt und Unbeständigkeit gleichermaßen unterworfen sei.

Noch wandelhafter und vielfältiger sind die Verhältnisse bei der Philosophie und den anderen Wissenschaften: wenn sich auf den ersten Blick auch das Gegenteil vermuten ließe, da die Literatur eine Vorstellung des Schönen betrifft, die zu einem großen Teil von Gewohnheiten und Meinungen abhängig ist, die Wissenschaft jedoch die Wahrheit, die dauerhaft ist und keine Veränderungen erfährt. Da diese Wahrheit den Sterblichen aber verborgen ist und nur im Laufe der Jahrhunderte nach und nach entdeckt wird und sich die Menschen andererseits bemühen, sie zu finden, indem sie Vermutungen aufstellen und diese oder jene Spur verfolgen und sich in viele Ansichten und Sekten aufspalten: so entsteht auch in den Wissenschaften eine beträchtliche Vielfalt. Anderseits schreiten die Wissenschaften dank neuer Erkenntnisse und neuer Vermutungen über die Wahrheit, die nach und nach erworben werden, ständig vorwärts, und da in verschiedenen Epochen verschiedene Meinungen vorherrschen, geschieht es, daß diese Meinungen kaum je übereinstimmen, sondern sich in Form und Wesen immer wieder verändern. Ich übergehe den ersten Punkt, das heißt die Vielfalt, die dem Ruhm der Philosophen oder der Wissenschaftler bei der Nachwelt wahrscheinlich zu nicht geringerem Schaden gereicht als bei den Zeitgenossen. Und was denkst du, wie sehr die Wandelbarkeit der Philosophie und der Wissenschaften ihrem Ruhm bei der Nachwelt schaden mag? Wenn durch neu gemachte Entdeckungen oder durch neue Annahmen und Vermutungen der Stand der einen oder andern Wissenschaft sich von demjenigen unseres Jahrhunderts beträchtlich entfernt hat, wie wird man dann die Werke und die Ansichten derjenigen Männer beurteilen, die heute in diesen Wissenschaften mit hohem Lob bedacht werden? Wer liest heute noch die Werke des Galilei? Sie waren jedoch in seiner Zeit höchst bewunderungswürdig, und man hätte damals in jenen Disziplinen weder bessere noch eines großen Geistes würdigere, noch an Einfällen und vornehmen Gedanken reichere Werke schreiben können. Trotzdem ist heute jeder mittelmäßige Physiker oder Mathematiker in der einen wie der andern Wissenschaft Galilei weit überlegen. Wieviele lesen heute noch die Schriften des Kanzlers Bacon? Wer kümmert sich noch um Malebranche? Und wie lange wird selbst Lockes Werk in den Händen der Menschen bleiben, wenn die Fortschritte der Wissenschaft, die er sozusagen begründete, in der Zukunft so rasch sein werden, wie es den Anschein hat?

Tatsächlich sind eben die Geistesgaben, der Fleiß und die Anstrengung, die Philosophen und Wissenschaftler darauf verwenden, Ruhm zu erlangen, auch der Grund, daß dieser im Verlauf der Zeit zerstört oder verdunkelt wird. Der Fortschritt, den jeder von ihnen seiner Wissenschaft bringt und der ihnen Berühmtheit einträgt, führt zu neuen Fortschritten, die bewirken, daß ihre Namen und ihre Schriften nach und nach in Vergessenheit geraten. Und es ist für die meisten Menschen recht schwierig, in andern ein Wissen zu verehren und zu bewundern, das dem eigenen unterlegen ist. Wer kann aber daran zweifeln, daß die kommende Zeit nicht die Unwahrheit von sehr vielen Dingen erkennt, die heute von denen, die in den Wissenschaften an erster Stelle stehen, bestätigt und geglaubt werden, und daß sie die Gegenwart in der Erkenntnis des Wahren um ein großes Stück überholt.

Zwölftes Kapitel

Vielleicht möchtest du zuletzt meinen ausdrücklichen Rat hören, ob es für dich besser sei, den Weg des Ruhmes weiterzugehen oder ihn zu verlassen – denn dieser Ruhm ist so arm an Nutzen und so schwierig und unsicher sowohl zu gewinnen als auch zu bewahren, ähnlich dem Schatten, den du in deiner Hand weder fühlen noch festhalten kannst. Ich werde dir meine Meinung kurz und ohne etwas zu verheimlichen kundtun. Ich halte dafür, daß die wunderbare Kraft und Feinheit deines Verständnisses, der Adel, die Wärme und Fruchtbarkeit deiner Empfindungen und deiner Einbildungskraft zu den Eigenschaften gehören, die dem Empfänger viel Schaden und Tränen bringen. Wenn man sie jedoch empfangen hat, ist es schwierig, dem Schaden auszuweichen, und andererseits ist dieser Ruhm heutzutage fast der einzige Nutzen, den sie einbringen, wenn man sie im Bereich der Literatur und der Philosophie einsetzt. Denn so wie jene Armen, die durch einen Unfall an einem Glied Schaden genommen oder es verloren haben, sich bemühen, aus ihrem Unglück den größtmöglichen Gewinn zu ziehen, indem sie an das Mitleid und die Freigebigkeit ihrer Mitmenschen appellieren, so sollst du meiner Ansicht nach auf jede erdenkliche Weise versuchen, aus deinen Eigenschaften jenes einzige Gut herauszuschlagen, das sie, so gering und ungewiß es auch sein mag, dir einbringen können. Im allgemeinen hält man sie für Wohltaten und Geschenke der Natur, und wer sie nicht besitzt, beneidet oft diejenigen, denen sie in der Vergangenheit oder in der Gegenwart beschieden waren. Das ist so vernunftwidrig, wie wenn ein gesunder Mensch jene Elenden, von denen ich sprach, um ihr körperliches Gebrechen beneiden würden, als ob sie ihr Unglück freiwillig gewählt hätten um des traurigen Gewinnes willen, den es ihnen einbringt. Alle andern regen sich, soweit es ihnen die Umstände gestatten, und genießen, soviel es die menschliche Hinfälligkeit erlaubt. Die großen Schriftsteller, aus Veranlagung oder Gewohnheit zu vielen menschlichen Genüssen unfähig und auf viele aus eigenem Willen verzichtend, von der menschlichen Gesellschaft nicht selten vernachlässigt, wenn man von jenen wenigen absieht, die sich den gleichen Studien widmen – ihr Schicksal ist, ein Leben zu führen, das dem Tode gleicht und, wenn es hoch kommt, zu leben, nachdem sie begraben sind. Doch unserem Los müssen wir, wohin es uns immer führen mag, mit großer und starker Seele folgen. Das ist es, was von deiner Tugend vor allem verlangt wird und auch von jenen, die dir gleichen.

Dialog zwischen Friedrich Ruysch[76] und seinen Mumien

CHOR DER TOTEN *im Studierzimmer Friedrich Ruyschs:*

Du einzig Ewiges in der Welt,
Ziel jeder Kreatur,
in dir, o Tod, ruht aus
unsre leblose Natur;
nicht glücklich, doch beschützt
vor altem Schmerz. Mit tiefer Nacht
umhüllst du im verstörten Sinn
die quälenden Gedanken;
zu Wunsch und Hoffnung fehlt dem
teilnahmslosen Geist die Kraft:
so fühlt er sich von Müh und Furcht befreit,
und ohne Überdruß bringt er
die leere träge Zeit dahin.
Wir lebten. Und wie bange Träume
und Schreckgespenster
des Säuglings Hirn durchirren,
so bleibt uns das Gedächtnis
an unser Erdenleben; doch frei von Furcht
ist das Erinnern. Was waren wir?
Was war in jener frühen Zeit,
die Leben hieß?
Ein wundersam Geheimnis

scheint uns das Leben heute, so rätselhaft
wie denen, die noch leben,
der unbekannte Tod. Wie vor dem Tod
wir flohen, da wir lebten, so fliehet
vor der Lebensflamme jetzt
unsre leblose Natur,
nicht glücklich, doch beschützt;
denn Seligkeit versagt das Schicksal
den Sterblichen wie den Toten.

RUYSCH *vor dem Studierzimmer, durch eine Türritze spähend:* Zum Teufel! Wer hat diesen Toten Musikunterricht gegeben, daß sie um Mitternacht zu singen anfangen wie die Hähne. Mir bricht der kalte Schweiß aus, und es braucht nicht viel, und ich bin toter als sie. Nie hätte ich gedacht, daß sie mir wieder lebendig werden könnten, nur weil ich sie vor der Verwesung bewahrt habe. Auf jeden Fall zittere ich jetzt mit all meiner Philosophie vom Kopf bis zu den Füßen. Der Schlag soll den Teufel treffen, der mich verlockte, diese Gesellschaft in mein Haus zu nehmen. Ich weiß nicht, was tun. Wenn ich sie hier eingesperrt lasse, wer weiß, ob sie dann nicht vielleicht die Tür aufbrechen oder durchs Schlüsselloch hinausschlüpfen und mich in meinem Bett besuchen? Und nach Hilfe zu rufen aus Angst vor den Toten steht mir schlecht an. Nun, ich will mir ein Herz fassen und versuchen, ihnen ein wenig Angst zu machen.
Er tritt ein: Kinder, was treibt ihr da für ein Spiel? Habt ihr vergessen, daß ihr tot seid? Was soll dieser Lärm? Seid ihr vielleicht durch den Besuch des Zaren übermütig geworden und glaubt nun, den Naturgesetzen nicht mehr unterworfen zu sein? Ich stelle mir vor, ihr habt das zum Scherz gemacht und nicht im Ernst. Wenn ihr wieder aufgewacht seid, so gratuliere ich euch; ich bin aber nicht so reich, daß ich den Unterhalt von Lebenden bestreiten könnte wie den von Toten; schert euch deshalb aus meinem Haus. Wenn es wahr ist, was man von den Vampiren erzählt, und ihr etwa zu ihnen gehört, so sucht euch anderes Blut zum

Trinken; ich bin nicht bereit, mir meines aussaugen zu lassen, nachdem ich euch schon jenes künstliche geschenkt habe, das ich in eure Adern spritzte. Kurz, wenn ihr euch weiterhin so still und ruhig verhalten wollt wie bisher, bleiben wir Freunde, und es soll euch in meinem Haus an nichts fehlen; wenn nicht, nehme ich die Türstange und schlage euch alle tot.

TOTER: Reg dich nicht auf; ich verspreche dir, wir bleiben alle so tot, wie wir sind, ohne daß du uns totschlägst.

RUYSCH: Wie seid ihr denn auf den Einfall gekommen zu singen?

TOTER: Kurz vorher, gerade um Mitternacht, ist zum ersten Mal das große mathematische Jahr[77] zu Ende gegangen, über das die Autoren des Altertums so viel geschrieben haben, und es ist auch das erste Mal, daß die Toten sprechen. Und nicht bloß wir, sondern in jedem Friedhof, in jedem Grab, auf dem Grund des Meers, unter Schnee und Sand, unter freiem Himmel, wo auch immer Tote liegen, haben sie um Mitternacht wie wir das Liedchen gesungen, das du gehört hast.

RUYSCH: Und wie lange werden sie noch singen und reden?

TOTER: Mit dem Singen ist's schon vorbei. Reden können sie noch eine Viertelstunde. Dann schweigen sie wieder, bis das große Jahr von neuem abgelaufen ist.

RUYSCH: Wenn das stimmt, so glaube ich nicht, daß ihr mich noch ein zweites Mal im Schlafe stören werdet. Redet nur miteinander, wie es euch paßt; ich werde beiseite stehen und euch gern zuhören, aus Neugier, ohne euch zu stören.

TOTER: Wir können nur reden, wenn wir einem lebenden Menschen antworten müssen. Wer keinem Lebenden zu replizieren hat, verstummt, sobald das Lied zu Ende ist.

RUYSCH: Das tut mir wirklich leid; ich stelle mir vor, es müßte ergötzlich sein zu hören, was ihr euch sagen würdet, wenn ihr miteinander plaudern könntet.

TOTER: Wenn wir es auch könnten, du würdest nichts hören: wir haben uns nichts zu sagen.

Ruysch: Tausend Dinge fallen mir ein, die ich euch fragen möchte. Weil aber die Zeit so beschränkt ist und mir keine Wahl läßt, so gebt mir Auskunft darüber, was Körper und Seele im Augenblick des Todes empfinden.

Toter: Den Augenblick des Todes habe ich nicht wahrgenommen.

Die andern Toten: Wir auch nicht!

Ruysch: Was soll das heißen?

Toter: Zum Beispiel, daß du den Augenblick, in dem du einschläfst, auch nicht wahrnimmst, selbst wenn du dich aufzupassen bemühst.

Ruysch: Das Einschlafen ist aber etwas Natürliches.

Toter: Und das Sterben etwa nicht? Zeig mir einen Menschen oder ein Tier oder eine Pflanze, die nicht sterben.

Ruysch: Ich wundere mich nicht mehr, daß ihr singt und redet, wenn ihr vom Sterben nichts merkt.

Er spürte nicht die tödlichen Streiche
und kämpfte weiter noch als Leiche,[78]

sagt ein italienischer Dichter. Ich dachte, daß ihr über den Tod etwas besser Bescheid wißt als die Lebenden. Doch zur Sache: Habt ihr im Augenblick des Todes gar keinen Schmerz empfunden?

Toter: Was könnte das für ein Schmerz sein, der von dem, der ihn erleidet, nicht wahrgenommen wird?

Ruysch: Dabei ist doch jedermann überzeugt, daß die Empfindung des Todes sehr schmerzhaft sein muß.

Toter: Als ob der Tod eine Empfindung wäre und nicht vielmehr das Gegenteil.

Ruysch: Und doch sind diejenigen, die über die Natur der Seele wie die Epikureer denken, wie auch jene, die sie in der üblichen Weise betrachten, alle oder doch in der Mehrzahl der gleichen Ansicht wie ich; das heißt, sie glauben, daß der Tod seinem Wesen nach und ohne jeden Vergleich ein sehr heftiger Schmerz sei.

Toter: Nun, du kannst bei uns die Anhänger dieser oder jener Lehre fragen: wenn der Mensch nicht fähig ist, den Augenblick wahrzunehmen, in dem seine Lebensvorgänge durch Schlaf oder Lähmung oder Ohnmacht oder irgendeine andere Ursache mehr oder weniger unterbrochen werden – wie könnte ihm dann der Augenblick bewußt werden, in dem diese Vorgänge ganz und gar aufhören, und zwar nicht für kurze Zeit, sondern für immer? Überdies, wie könnte es im Augenblick des Todes ein lebendiges Gefühl geben? Vielmehr, wie könnte das Sterben seinem Wesen nach ein lebendiges Gefühl sein? Wenn die Fähigkeit zu fühlen nicht nur geschwächt und vermindert, sondern so sehr herabgesetzt ist, daß sie schwindet und auslöscht: glaubt ihr, daß der Mensch dann noch einer starken Empfindung fähig sei? Mehr noch, glaubt ihr, daß jenes Erlöschen der Fähigkeit zu fühlen an sich eine starke Empfindung sein könnte? Seht doch nur, wie selbst diejenigen, die an heftigen und schmerzhaften Krankheiten sterben, wenn der Tod sich nähert, längere oder kürzere Zeit vor dem Hinschied ruhig und still werden. Daran läßt sich erkennen, wie sehr ihre Lebenskraft schon herabgemindert ist, so daß sie nicht mehr zum Schmerz fähig sind und dieser vor jener erlischt. Das kannst du in unserem Namen jedem sagen, der glaubt, er werde im Augenblick des Todes vor Schmerz sterben.

Ruysch: Den Epikureern mögen diese Gründe vielleicht genügen, nicht aber denen, die über das Wesen der Seele anders denken, wie ich das bisher tat und in Zukunft noch viel mehr tun werde, da ich die Toten reden und singen gehört habe. Da wir nämlich der Ansicht sind, daß im Sterben die Seele sich vom Körper trennt, begreifen wir nicht, wie diese beiden Dinge, die miteinander eng verbunden, ja fast verschmolzen sind, so daß sie zusammen ein einziges Wesen bilden, sich ohne größte Gewalt und unsagbare Qual trennen können.

Toter: Sag mir, ist vielleicht der Geist durch irgendeinen Nerv oder Muskel oder eine Membran mit dem Körper verbunden, die notwendig zerreißen müßten, wenn der Geist sich entfernt? Oder ist er etwa ein Glied des Körpers, das gewaltsam ausgerissen oder abgeschnitten werden müßte? Siehst du nicht ein, daß die Seele den Körper nur verläßt, weil sie darin nicht mehr bleiben kann und keinen Platz mehr findet, und nicht weil irgendeine Kraft sie herausrisse oder entwurzelte? Sage mir ferner: Fühlt sie wohl beim Eintritt in den Körper, daß sie an ihn befestigt, mit ihm verbunden oder, wie du sagst, verschmolzen werde? Warum sollte sie sich also beim Austritt von ihm abtrennen müssen und eine sehr heftige Empfindung verspüren? Du kannst gewiß sein, daß der Eintritt wie der Austritt der Seele in gleicher Weise ruhig, sanft und leicht sind.

RUYSCH: Was ist denn der Tod, wenn er nicht Schmerz ist?

TOTER: Am ehesten ein Lustgefühl. Du mußt wissen, daß das Sterben, wie das Einschlafen nicht in einem einzigen Augenblick, sondern stufenweise geschieht. Nun gibt es mehr oder weniger, größere oder kleinere Stufen, je nach den Ursachen und Arten des Todes. Im letzten dieser Augenblicke verursacht der Tod weder Schmerz noch Lust, gleich wie der Schlaf. In den vorangehenden Momenten kann er keinen Schmerz auslösen, weil der Schmerz etwas Lebendiges ist und die Sinne des Menschen im Zeitpunkt des Sterbens hinschwinden. Er kann aber sehr wohl ein Lustgefühl hervorrufen, denn die Lust ist nicht immer eine lebhafte Empfindung; der größte Teil aller menschlichen Lustgefühle besteht vielmehr in einer Art Ermattung. Demnach sind die Sinne der Menschen auch kurz vor dem Erlöschen zur Lust fähig, da die Ermattung selber ja sehr häufig ein Lustgefühl ist, vor allem, wenn sie euch von einem Leiden befreit. Denn du weißt wohl, daß das Aufhören eines jeden Schmerzes oder Unbehagens schon an und für sich ein Vergnügen ist. So muß denn die Ermattung des Todes umso angenehmer sein, je größer das Leiden ist, von dem er den Menschen befreit. Was mich betrifft – obwohl ich in der Todesstunde dem, was ich fühlte, nicht viel Aufmerksamkeit schenkte, weil die Ärzte mir verboten hatten, das Gehirn anzustrengen –, so erinnere ich mich doch, daß die Empfindung, die ich hatte, nicht sehr verschieden war vom Genuß, den die Menschen beim Verdämmern des Bewußtseins empfinden, wenn sie einschlafen.

DIE ANDERN TOTEN: Auch unsere Erinnerungen sind ähnlich.

RUYSCH: Es mag sein, wie ihr sagt; obwohl alle, mit denen ich Gelegenheit hatte, über diesen Gegenstand zu diskutieren, ganz anderer Ansicht waren: doch so weit ich mich erinnere, berief sich keiner auf seine eigene Erfahrung. Nun sagt mir aber: Da ihr jenes Wohlgefühl empfandet, glaubtet ihr da zu sterben und hieltet jenen Genuß für eine Wohltat des Todes, oder habt ihr euch etwas anderes vorgestellt?

TOTER: Bevor ich tot war, habe ich nie daran gezweifelt, daß ich dieser Gefahr noch entrinnen könnte; und wenigstens so lange ich die Fähigkeit zu denken bewahrte, hoffte ich, ich würde noch eine oder zwei Stunden zu leben haben. Und ich glaube, so ergeht es vielen Menschen beim Sterben.

DIE ANDERN TOTEN: Uns ist es gleich ergangen.

RUYSCH: So sagt Cicero, keiner sei so hinfällig, daß er nicht damit rechnete, noch mindestens ein Jahr zu leben. Aber wie habt ihr zuletzt bemerkt, daß der Geist den Körper verlassen hatte? Sagt: Wie habt ihr erkannt, daß ihr tot wart? Sie antworten nicht. Kinder, versteht ihr mich nicht? Die Viertelstunde ist wohl vorbei. Wir wollen sie ein wenig betasten. Sie sind wieder vollkommen tot: es besteht keine Gefahr, daß sie mich nochmals erschrecken – nun kann ich wieder schlafen gehen.

Filippo Ottonieris[79] denkwürdige Betrachtungen

Erstes Kapitel

Filippo Ottonieri, von dem ich ein paar denkwürdige Betrachtungen aufschreiben will, die ich zum Teil aus seinem eigenen Mund gehört habe und die mir zum andern Teil erzählt worden sind, kam in Wolkenheim in der Provinz Windtal zur Welt, wo er den größten Teil seines Lebens verbrachte und vor kurzem gestorben ist und wo niemand sich erinnert, von ihm je mit Worten oder Handlungen beleidigt worden zu sein. Von seinen Mitbürgern wurde er dennoch allgemein gehaßt, weil er wenig Gefallen zu finden schien an Dingen, die die meisten Menschen sehr lieben und erstreben, obwohl er nie zu verstehen gab, daß er diejenigen verachte oder tadle, die mehr als er nach diesen Dingen trachteten und sich an ihnen ergötzten. Man glaubt, daß er nicht nur im Denken, sondern auch in der Praxis das gewesen ist, wozu sich andere Menschen seiner Zeit bloß öffentlich bekannten: nämlich ein Philosoph. Aus diesem Grund schien er von den andern Menschen verschieden zu sein, obwohl er sich nicht bemühte, sich in irgendeiner Weise von der Mehrheit zu unterscheiden. Diesbezüglich sagte er, die größte Regelabweichung, die man heute in den Sitten und Absichten oder in den Angelegenheiten irgendeines gebildeten Menschen finden könne, sei im Vergleich zu dem, was in der Antike als ungewöhnlich galt, nicht nur anderer Art, sondern auch sehr viel weniger verschieden vom allgemeinen Gebrauch der Zeitgenossen, und so groß sie auch immer den Menschen der Gegenwart scheinen möge, den Menschen der Antike wäre sie geringfügig oder nichtig vorgekommen, selbst in Zeiten und bei Völkern, die gebildeter oder verderbter waren. Und indem er einen Vergleich zog zwischen der Singularität von Jean-Jacques Rousseau, den unsere Ahnen für sehr außergewöhnlich hielten, und derjenigen Demokrits und der ersten Kyniker, fügte er hinzu, wer heute so verschieden von uns lebte wie jene Philosophen von den Griechen ihrer Zeit, würde von uns nicht nur als außergewöhnlich betrachtet, sondern von der öffentlichen Meinung sozusagen aus dem menschlichen Geschlecht ausgeschlossen. Und er war der Ansicht, am Maße des Außergewöhnlichen, das bei den Menschen irgendeines Landes oder irgendeiner Zeit zu finden sei, lasse sich das Maß der menschlichen Bildung dieser Zeit und dieses Landes ablesen.

Obwohl er ausgesprochen mäßig war, bekannte er sich im Leben, wohl mehr im Scherz als im Ernst, zum Epikureertum. Er verurteilte jedoch Epikur und sagte, in dessen Zeit und Volk habe das Trachten nach Tugend und Ruhm viel größeren Genuß geboten als die Muße, die Gleichgültigkeit und die körperliche Wollust, die von diesem Philosophen für die höchsten Güter des Menschen gehalten wurden. Und er behauptete, die epikureische Lehre, die unserer modernen Epoche vollkommen entspreche, sei der Antike fremd gewesen.

In der Philosophie nannte er sich gern einen Sokratiker, und sehr häufig verbrachte er wie Sokrates einen großen Teil des Tages damit, mit diesem oder jenem und vor allem mit einigen seiner Familienangehörigen philosophische Gespräche zu führen über irgendwelche Themen, die ihm die Umstände lieferten. Er besuchte aber nicht wie Sokrates die Werkstätten der Schuhmacher, der Schreiner, der Schmiede und anderer Handwerker, weil er dafür hielt, daß die Schmiede und Schreiner Athens wohl Zeit zum Philosophieren hatten, diejenigen von Wolkenheim aber, wenn sie dasselbe tun würden, vor Hunger sterben müßten. Er führte das Gespräch auch nicht auf sokratische Weise, fortwährend fragend und begründend; denn er sagte, auch wenn man heute mehr Geduld hätte als in der Antike, so würde man doch niemanden finden, der es aushielte, nacheinander auf tausend Fragen zu antworten und sich hundert Folgerungen anzuhören. In Wirklichkeit hatte er von Sokrates nur die bald ironische, bald indirekte Art des Sprechens. Und wenn er dem Ursprung der berühmten Sokratischen Ironie nachging, sagte er, Sokrates, der mit einem sehr edlen Gemüt und einer großen Bereitschaft zur Liebe geboren wurde, sei in seiner körperlichen Erscheinung überaus häßlich gewesen und vermutlich seit seiner Jugend daran verzweifelt, ob er je eine andere Liebe als diejenige der Freundschaft finden würde, die ein empfindsames und glühendes Herz, das gegenüber anderen zartere Gefühle hegt, nicht erfüllen kann. Und obwohl er mit dem Mut, der aus der Vernunft entspringt, sehr reich begabt war, fehlte ihm anscheinend jener, der aus der Natur kommt, sowie auch andere Eigenschaften, die in jener Zeit der Kriege und Aufstände und der athenischen Zügellosigkeit nötig waren, um die Staatsgeschäfte zu führen. Auch seine mißförmige und lächerliche Gestalt wäre ihm dabei von nicht geringem Nachteil gewesen bei einem Volk, das in der Sprache zwischen schön und gut kaum unterschied und überdies immer zum Spott bereit war. In einer freien Stadt, in der es viel Lärm, Leidenschaft, Tätigkeit, Zeitvertreib und Reichtum gab, lebte Sokrates also arm, ohne Liebe, zu öffentlichen Ämtern ungeeignet und dennoch mit einem sehr großen Verstand versehen, der ihn diese Umstände als unerträglich empfinden ließ. In seiner Untätigkeit begann er die Handlungen, die Sitten und die Eigenschaften seiner Mitbürger zu beobachten und mit einer gewissen Ironie zu beurteilen, was ganz natürlich ist bei jemandem, der sozusagen verhindert ist, am Leben teilzunehmen. Die Sanftheit und die Großzügigkeit seiner Natur und auch die Berühmtheit, die er sich mit seinen Betrachtungen erwarb und die seine Selbstachtung in gewisser Hinsicht stärkte, bewirkten aber, daß diese Ironie nicht etwa verächtlich und bitter, sondern ruhig und sanft war.

So wurde die Philosophie, nach Ciceros berühmtem Ausspruch, zum ersten Mal vom Himmel heruntergeholt und von Sokrates in die Häuser der Menschen gebracht. Sie kam ab vom Nachgrübeln über die okkulten Dinge, dem sie sich bis zu jener Zeit gewidmet hatte, und wandte sich der Beobachtung der Sitten und des Lebens der Menschen zu und erwog die Laster und die Tugenden, die guten und die nützlichen Dinge sowie ihr Gegenteil. Sokrates hatte am Anfang aber weder im Sinn, diese Neuerung zu bewirken, noch irgend etwas zu lehren und den Namen eines Philosophen zu erringen, der in jener Zeit nur den Physikern oder Metaphysikern vorbehalten war. Seine Gespräche und Diskussionen gaben ihm keinen Anlaß, sich etwas zu erhoffen; er erklärte sogar offen, er wisse überhaupt nichts, und nahm sich nichts anderes vor, als sich zu unterhalten, indem er über die Schicksale der anderen sprach und diesen Zeitvertreib der Philosophie selbst und jeder anderen Wissenschaft oder Kunst vorzog, weil er von Natur aus viel mehr zum Handeln als zum Nachdenken neigte und sich nur der Schwierigkeiten halber, die ihn am Handeln hinderten, dem Gespräch zugewandt hatte. Und immer wieder führte er seine Gespräche am liebsten mit jungen und schönen Menschen, fast als wollte er seine Sehnsucht täuschen, indem er sich über die Achtung derjenigen freute, von denen er sich Liebe wünschte. Und da alle griechischen Philosophenschulen, die seitdem entstanden, in irgendeiner Weise von der Sokratischen Schule herzuleiten sind, so folgerte Ottonieri, der Ursprung fast der ganzen griechischen Philosophie, aus der auch diejenige der Moderne stamme, sei die stumpfe Nase und das Satyrgesicht eines Mannes von hervorragendem Geist und glühendem Herzen. Er sagte auch, in den Schriften der Sokratiker erscheine die Person des Sokrates wie eine jener Masken, von denen in unseren alten Komödien jede ihren Namen, ihr Kleid und ihren Charakter hat, im übrigen aber in jeder Komödie verschieden ist.

Er hinterließ nichts Geschriebenes zur Philosophie noch zu irgend etwas anderem, was nicht zu seinem privaten Gebrauch gehörte. Und als man ihn fragte, warum er nicht auch schriftlich philosophiere, so wie er das im Gespräch zu tun pflege, und seine Gedanken dem Papier anvertraue, antwortete er: „Das Lesen ist ein Gespräch, das man mit demjenigen führt, der geschrieben hat. Nun langweilen sich aber an Festen und öffentlichen Belustigungen diejenigen, die nicht zum Schauspiel gehören oder nicht zu gehören glauben, sehr rasch, und so ist auch im Gespräch im allgemeinen das Reden beliebter als das Zuhören. Die Bücher sind aber wie Menschen, die in Gesellschaft immer selbst sprechen und nie zuhören. Darum ist es nötig, daß ein Buch sehr viele schöne und gute Dinge sage und sie sehr gut sage, damit die Leser ihm verzeihen, daß es immer spricht. Sonst macht sich jedes Buch sowie jeder unersättliche Sprecher notwendigerweise verhaßt."

Zweites Kapitel

Er erkannte keinen Unterschied zwischen Geschäft und Vergnügen an und sagte, er habe sich bei allen seinen Beschäftigungen ergötzt, so ernsthaft sie auch sein mochten. Nur wenn er ab und zu, was selten vorkam, eine Stunde ohne Beschäftigung gewesen war, gab er zu, daß ihm in diesem Zeitraum die Kurzweil gefehlt habe.

Er sagte, das wahrste Glück, das es in unserem Leben gebe, sei dasjenige, das aus falschen Vorstellungen entstehe; die Kinder seien fähig, alles in Nichts, und die Erwachsenen, das Nichts in allem zu finden.

Er verglich jeden Genuß, den man allgemein als wirklich bezeichnet, mit einer Artischocke, von der man alle Blätter abnagen und herunterschlucken muß, bevor man zu ihrem Herzen gelangt. Und er fügte hinzu, daß solche Artischocken auch sehr selten seien und daß es sehr viele andere gebe, die äußerlich gleich aussähen, aber kein Herz hätten, und daß er selbst, da er die Blätter nur ungern verzehre, es meist vorziehe, auf beides zu verzichten.

Einem, der ihn fragte, was der schlimmste Augenblick des menschlichen Lebens sei, antwortete er: „Mit Ausnahme des Schmerzes und der Furcht glaube ich für mich, daß die schlimmsten Augenblicke diejenigen des Genusses sind, da die Hoffnung auf diese Augenblicke und die Erinnerung an sie, die den Rest des Lebens ausfüllen, viel besser und süßer sind als der Genuß selbst."

Und er verglich die menschlichen Genüsse insgesamt

mit den Gerüchen, weil er fand, diese ließen mehr Verlangen nach sich zurück als irgendeine andere Empfindung, und von allen Sinnen des Menschen hielt er den Geruchsinn am weitesten davon entfernt, durch Genuß befriedigt zu werden. Er verglich die Gerüche auch mit der Erwartung des Glücks, indem er sagte, bei den wohlriechenden Dingen stehe im allgemeinen der Geschmack dem Geruch nach, da sie auf der Zunge weniger gut schmeckten, als ihr Duft annehmen lasse. Und er erzählte, er habe manchmal die Verzögerung irgendeines Genusses, der ihm sicher war, mit Ungeduld ertragen und dies nicht wegen des Verlangens, das er nach diesem Genuß hegte, sondern aus Furcht, ihn zu mindern durch Einbildungen und Erwartungen, die ihn viel größer erscheinen ließen, als er dann in Wirklichkeit sein würde. Und daß er sich deshalb auf jede nur mögliche Weise bemüht habe, seinen Geist von der Beschäftigung mit diesem Genusse abzulenken, so wie man sich von bösen Gedanken ablenkt.

Er sagte auch, daß jeder von uns, wenn er auf die Welt kommt, jemandem gleicht, der sich in ein hartes und unbequemes Bett legt, in dem er sich nicht wohl fühlt, und anfängt, sich bald auf diese, bald auf jene Seite zu drehen und Lage und Ort fortwährend zu ändern, und so geht es die ganze Nacht, und er hofft stets, er werde am Ende ein wenig schlafen können, und manchmal glaubt er, er sei im Begriff einzuschlafen, bis die Stunde da ist und er, ohne sich ausgeruht zu haben, aufsteht.

Als er einmal in Gesellschaft Bienen beobachtete, die ganz in ihre Geschäfte vertieft waren, sagte er: „Ihr seid glücklich, wenn ihr euer Unglück nicht begreift."

Er glaubte, man könne weder alle Arten von Unglück des Menschen aufzählen, noch eine von ihnen genug beklagen.

Auf jene Frage des Horaz[80], wie es komme, daß denn niemand mit seinem Los zufrieden sei, antwortete er: „Der Grund ist, daß kein Los glücklich ist. Sowohl die Untertanen als auch die Fürsten, die Armen und die Reichen, die Schwachen und die Mächtigen wären sehr zufrieden mit ihrem Schicksal und würden niemanden mehr beneiden, wenn sie glücklich wären; denn die Menschen sind nicht anspruchsvoller als irgendeine andere Gattung: sie können sich aber nur mit dem Glück zufrieden geben, und da ihr Unglück immer währt, ist es kein Wunder, daß sie nie zufrieden sind."

Er wies darauf hin, daß ein Mensch, der sich in der glücklichsten Lage der Welt befinde, aber ohne die Aussicht, in irgendeiner Weise Fortschritte zu machen, sozusagen der unglücklichste aller Menschen sei. Selbst die Ältesten hätten immer noch Pläne und Hoffnungen, ihre Lage irgendwie zu verbessern. Und er erinnerte an eine Stelle bei Xenophon[81], der den Rat gibt, wer ein Grundstück kaufen wolle, solle eines wählen, das schlecht bebaut sei. „Denn", sagt er, „ein Grundstück, das dir nicht mehr Ertrag bringen wird, als es jetzt trägt, erfreut dich nicht so sehr wie eines, das immer besser wird, und die Güter, die wir zunehmen sehen, geben uns mehr Befriedigung als die andern."

Andererseits stellte er fest, daß kein Zustand so elend ist, daß er sich nicht noch verschlimmern kann, und daß kein Sterblicher, er möge noch so unglücklich sein, sich trösten oder rühmen kann, sein Unglück sei so groß, daß es nicht mehr zunehmen könne. Obschon die Hoffnung keine Grenzen habe, sei das Glück der Menschen begrenzt; man könne sogar sagen, der Reiche und der Arme, der Herr und der Diener, wenn wir ihre Lebensumstände mit ihren Gewohnheiten und ihren Wünschen vergleichen, besäßen im allgemeinen dasselbe Maß an Glück. Unserem Unglück habe die Natur jedoch keine Grenzen gesetzt, und sogar unsere Phantasie sei nicht fähig, sich ein so gewaltiges Unglück vorzustellen, das jetzt nicht jemanden unserer Gattung treffen könnte oder schon getroffen habe oder zumindest in Zukunft treffen werde. Wenn die meisten Menschen in Wirklichkeit nicht auf eine Zunahme des Guten, das sie besitzen, hoffen könnten, so fehle doch keinem von ihnen im Laufe dieses Lebens der wohlbegründete Anlaß zur Furcht, und wenn uns das Schicksal auch sehr bald keine Wohltaten mehr spende, so verliere es doch nie die Möglichkeit, uns mit neuem und großem Ungemach

heimzusuchen, das selbst die Gefaßtheit der Verzweiflung erschüttere und besiege.
Er lachte oft über jene Philosophen, die meinen, der Mensch könne sich der Macht des Schicksals entziehen, indem er das Gute und das Böse als etwas betrachte, das nicht ihm gehöre und das er weder erreichen noch vermeiden könne, und das eigene Glück oder Unglück nur in dem suche, was ganz von ihm abhänge. Zu dieser Meinung sagte er unter anderem: „Wir wollen nicht untersuchen, ob es je einen Menschen gab, der als wahrer und vollkommener Philosoph mit den andern zusammenlebte; keiner aber hat für sich selbst in dieser Weise je gelebt, und es ist ebenso unmöglich, sich um die eigenen Angelegenheiten nicht mehr zu kümmern als um diejenigen der andern, als sich um diejenigen der andern ebenso zu kümmern wie um die eigenen. Doch nehmen wir einmal an, daß die geistige Haltung, die jene Philosophen meinen, nicht nur möglich wäre, was sie nicht ist, sondern auch gegenwärtig und wirklich in einem von uns bestünde und sogar noch vollkommener als sie meinen, und daß sie durch lange Übung verstärkt und in Fleisch und Blut übergegangen wäre und sich in tausend Fällen erprobt hätte – läge dann vielleicht das Glück und das Unglück dieses Menschen nicht in der Macht des Schicksals? Wäre die Geisteshaltung, die ihn nach ihrer Meinung vom Schicksal frei machen sollte, diesem denn nicht doch unterworfen? Ist die Vernunft des Menschen nicht während des ganzen Tages unzähligen Zufällen ausgeliefert und können nicht zahlreiche Krankheiten – die Verblödung, Wahnsinn, Tobsucht, Raserei, Wut und tausend andere Arten von kurzfristiger oder dauernder Verrücktheit bewirken – sie stören, verwirren, schwächen und auslöschen? Nützt sich das Gedächtnis, das die Weisheit bewahrt, nicht schon von der Jugend an immer mehr ab, bis es schließlich schwindet? Und wieviele Menschen werden, wenn sie alt sind, im Geist wieder zu Kindern! So pflegen auch bei irgendeiner Krankheit des Körpers, wenn der Verstand und das Gedächtnis noch heil und unversehrt sind, der Mut und die Standhaftigkeit, bald mehr und bald weniger, zu er-

matten und nicht selten ganz zu versagen. Schließlich ist es eine große Torheit zuzugeben, daß unser Körper für Dinge anfällig ist, die außerhalb unserer Macht liegen, und gleichzeitig zu verneinen, daß der Geist, der vom Körper in fast allem abhängig ist, notwendigerweise auch Dingen, die außerhalb von uns selbst sind, unterworfen ist.“ Und er folgerte, der ganze Mensch sei immer und unwiderlegbar in der Gewalt des Schicksals.

Auf die Frage, wozu die Menschen geboren werden, antwortete er scherzhaft: „Um zu erkennen, wieviel besser es wäre, nicht geboren zu sein.“

Drittes Kapitel

Im Hinblick auf ein ihm zugestoßenes Unglück sagte er, einen geliebten Menschen durch einen plötzlichen Unfall oder eine kurze und heftige Krankheit zu verlieren, sei nicht so schmerzlich, wie wenn man zuschauen müsse (das war ihm zugestoßen), wie er von einer langen Krankheit nach und nach zerstört werde und, bevor er sterbe, sich körperlich und geistig so sehr verändere, daß er kaum mehr wiederzuerkennen sei. Das sei ein sehr großes Elend; denn in einem solchem Fall entschwinde der geliebte Mensch nicht, indem er an seiner Stelle das Bild zurücklasse, das du von ihm in deinem Geist aufbewahrst und das nicht weniger liebenswürdig ist, als er selber früher war, sondern er stehe vor deinen Augen als ein ganz anderer als derjenige, den du früher geliebt hast, so daß alle Illusionen der Liebe gewaltsam zerstört würden, und wenn er dann für immer hinscheide, sei das erste Bild, das du von ihm in deiner Vorstellung besaßest, vom neuen ausgelöscht. Auf diese Weise verlörest du den geliebten Menschen ganz und gar, und er hinterlasse dir anstelle irgendeines Trostes nichts als Trauer. Und ein solches Unglück gebe dir auch nicht die geringste Möglichkeit, im Schmerz, den es dir bereitet, Ruhe zu finden.

Als einmal jemand über irgendeinen Kummer jammerte und sagte, wenn er den nicht hätte, würde er alle seine

andern Sorgen leichter ertragen, gab er ihm zur Antwort: „Im Gegenteil, dann würden sie schwer wiegen, jetzt aber scheinen sie dir leicht."
Und als ein anderer sagte: „Wenn dieser Schmerz länger gedauert hätte, wäre er unerträglich geworden", antwortete er: „Im Gegenteil, dank der Gewöhnung hättest du ihn besser ertragen."
In vielen Dingen, welche die Natur des Menschen betreffen, wich er vom allgemeinen Urteil der Mehrheit ab und hie und da auch von demjenigen der Weisen. So verneinte er zum Beispiel, daß es günstig sei, etwas zu verlangen oder zu erbitten in einem Augenblick, da diejenigen, an die sich die Bitte oder das Verlangen richten, ganz besonders fröhlich seien. „Vor allem dann nicht", sagte er, „wenn das Anliegen nicht durch ein rasches Einverständnis befriedigt werden kann, denn ich glaube, daß die Freude den Menschen gefühllos macht und dem Mitgefühl nicht weniger abträglich ist als der Schmerz. Denn beide Empfindungen erfüllen den Menschen so sehr, daß in ihm kein Platz mehr bleibt für die Anliegen der andern. Der Schmerz und die Freude lenken unseren Geist auf sich selbst und machen ihn unfähig, sich um die Sorgen und Wünsche der andern zu kümmern. Auch zum Mitleid ist man in einem wie im andern Fall sehr wenig geneigt; im Schmerz ist der Mensch ganz mit Selbstmitleid erfüllt, und in der Freude erscheinen uns alle menschlichen Dinge und das ganze Leben so heiter und angenehm, daß Unheil und Mißgeschick uns fast als leere Einbildungen vorkommen und wir den Gedanken an sie zurückweisen, weil er unserer gegenwärtigen Stimmung zu sehr widerspricht. Will man jemanden dazu bewegen, zum Wohl eines andern zu handeln, so tut man das am besten, wenn er von ruhiger und maßvoller Freude erfüllt ist oder noch besser von einer Heiterkeit, die keinen bestimmten Grund hat, sondern aus unbestimmten Gefühlen und Gedanken entsteht und eine sanfte Erregung des Gemüts bewirkt. In diesem Zustand sind die Menschen mehr als sonst zum Mitleid bereit und ergreifen oft gern die Gelegenheit, den andern zu helfen und ihre innere Bewegtheit und den angeneh-

men Schwung ihrer Gedanken in eine lobenswerte Handlung zu verwandeln."
Er verneinte auch, daß der Unglückliche, der seine Mißgeschicke erzähle oder irgendwie darstelle, im allgemeinen mehr Mitleid und Trost bei jenen finde, die an ähnlichen Kummer wie er gewöhnt sind. Im Gegenteil: „Wenn diese deine Klagen hören und deine Lage erfahren, so warten sie nur darauf, sich selber vorzudrängen und ihren Kummer über deinen zu stellen, und wenn du glaubst, sie seien von deinem Zustand gerührt, so geschieht es oft, daß sie dich unterbrechen, um dir ihr eigenes Schicksal zu erklären und dich zu überzeugen, daß es unerträglicher ist als deines." Und er sagte, in diesen Fällen geschehe dann meistens das, was die Ilias von Achilles erzählt, als Priamus sich flehend und weinend vor seine Füße geworfen habe. Nach seiner elenden Klage habe Achilles zu weinen begonnen, aber nicht über das Leid des Königs, sondern über sein eigenes Unglück und im Gedenken an seinen Vater und den getöteten Freund. Er fügte hinzu, es sei dem Mitleid förderlich, wenn man schon einmal denselben Kummer erfahren habe, den man bei andern Menschen wahrnehme, aber nicht, wenn man im selben Augenblick darunter leide.
Er sagte, viel Böses und Grausames werde aus Nachlässigkeit und Unbesonnenheit begangen, die deshalb häufig den Anschein von Bosheit und Grausamkeit gewännen, wie zum Beispiel im Falle eines Menschen, der sich zu irgendeinem Zeitvertreib außerhalb des Hauses aufhalte und seine Diener unter freiem Himmel vom Regen naß werden lasse, nicht weil er hart oder unmenschlich sei, sondern weil er nicht daran denke und nicht imstande sei, ihr Unbehagen zu ermessen. Er war der Ansicht, daß die Unbesonnenheit unter den Menschen viel verbreiteter sei als die Bosheit, die Unmenschlichkeit und ähnliches und daß ein großer Teil des menschlichen Handelns und Verhaltens, das man schlechten moralischen Eigenschaften zuschreibe, in Wirklichkeit nichts anderes als unüberlegt sei.
Bei einer gewissen Gelegenheit sagte er, die volle und

ausdrückliche Undankbarkeit sei für einen Wohltäter minder betrüblich, als wenn er für eine große Wohltat mit einer kleinen entschädigt werde, mit welcher der Begünstigte sich aus Mangel an Einsicht oder aus Bosheit von jeglicher Verpflichtung ihm gegenüber befreien wolle. Denn damit werde er einerseits der nackten und unfruchtbaren Dankbarkeit der Seele beraubt, mit der er wahrscheinlich in jedem Fall gerechnet habe, und anderseits werde ihm die Möglichkeit genommen, sich freimütig über die Undankbarkeit zu beklagen oder zumindest als einer dazustehen, dessen Großzügigkeit schlecht und unbillig erwidert worden sei, was ja der Wahrheit entspreche.
Auch die folgende Überlegung soll, wie ich gehört habe, von ihm stammen: „Wir sind meistens geneigt, bei den Personen, mit denen wir uns unterhalten, die Klugheit und die Begabung vorauszusetzen, die sie befähigen, unsere wahren Vorzüge oder das, was wir dafür halten, zu erkennen und die Schönheit und alle anderen Tugenden dessen, was wir tun oder sagen, wahrzunehmen, sowie auch viel Scharfsinn und einen ausgeprägten Hang zum Nachdenken und ein gutes Gedächtnis, um unsere Tugenden und Vorzüge zu schätzen und nicht zu vergessen – auch wenn wir in bezug auf alles andere diese Eigenschaften bei ihnen nicht entdecken können."

Viertes Kapitel

Er machte darauf aufmerksam, daß unentschlossene Menschen manchmal allen Schwierigkeiten zum Trotz sehr beharrlich sind und dies eben wegen ihrer Unentschlossenheit, im Hinblick darauf, daß sie, um die getroffene Entscheidung aufzugeben, sich nochmals entscheiden müßten. „Sie sind oft sehr flink und geschickt in der Ausführung dessen, was sie beschlossen haben. Da sie selbst befürchten, sie könnten jeden Augenblick den gefaßten Entschluß aufgeben und wieder in die mühselige Ratlosigkeit und Ungewißheit vor dem Entscheid zurückfallen, beschleunigen sie die Ausführung mit aller Kraft, wobei ihr Ansporn mehr die Angst und die Ungewißheit ist, ob es ihnen gelingen wird, sich selbst zu besiegen, als das Ziel ihres Unternehmens oder die anderen Hindernisse, die sie überwinden müssen, um es zu erreichen."

Er sagte zuweilen lachend, daß Menschen, die gewohnt seien, ihre Gedanken und Gefühle den andern mitzuteilen, sich auch allein laut beklagten, wenn eine Mücke sie steche oder eine Vase ihnen aus der Hand falle. Jene dagegen, die üblicherweise für sich in ihren vier Wänden lebten, gäben auch in Gegenwart anderer keinen Ton von sich, selbst wenn sie vom Schlag gerührt werden sollten.

Er war der Ansicht, daß ein guter Teil der Menschen der Antike und der Moderne, die als groß und ungewöhnlich gelten, diesen Ruf erlangt hätten, weil irgendeine ihrer Eigenschaften übermäßig stark ausgebildet war. Ein Mensch dagegen, dessen Eigenschaften unter sich ausgewogen und im richtigen Verhältnis seien, auch wenn sie an sich groß und ungewöhnlich wären, werde schwerlich Dinge vollbringen, die des einen oder des andern Attributes würdig seien, und den Zeitgenossen oder den Nachfahren weder groß noch ungewöhnlich scheinen.

Er unterschied bei den zivilisierten Völkern der Neuzeit drei Kategorien von Menschen. Zur ersten zählte er die Menschen, bei denen die eigene Natur, sowie ein guter Teil der allgemein menschlichen Natur, durch die Kunst und die Gewohnheiten des städtischen Zusammenlebens verändert und umgestaltet seien. Zu dieser Kategorie gehörten, wie er sagte, alle jene Menschen, die zu privaten und öffentlichen Geschäften tüchtig seien und sich des gesellschaftlichen Umgangs mit anderen Menschen erfreuten und denjenigen angenehm seien, mit denen sie zufällig zusammenkämen oder in der einen oder anderen Weise Kontakt hätten. Und er sagte, daß nur dieser Kategorie von Menschen die allgemeine Achtung gebühre und zukomme. Zur zweiten Kategorie gehörten diejenigen, deren Natur sich von ihrem ursprünglichen Zustand nicht genügend weiterentwickelt habe, entweder weil sie, wie man zu sagen pflege, nicht genug Bildung hätten oder weil sie durch ihre Enge und Beschränktheit nicht fähig gewesen seien, die Wirkungen der Kunst, der Praxis und des Vorbilds aufzunehmen und zu bewahren. Dies sei die größte der drei Kategorien, und sie verachte sich selbst nicht minder, als sie von andern verachtet werde. Sie sei geringer Beachtung wert und bestehe kurz gesagt aus jenen Leuten, die den Namen Pöbel trügen oder verdienten, in welchen Rang oder in welche Stellung sie auch durch Glück gekommen sein mögen. Zur dritten Kategorie, die unvergleichlich geringer an Zahl sei als die beiden andern und fast ebenso oder noch mehr verachtet werde als die zweite, gehörten diejenigen Menschen, die aus einem Überfluß an Kraft unserer gegenwärtigen Lebenskunst widerstanden und sich dadurch ausgeschlossen und auf sich selber zurückgeworfen hätten. Sie hätten von ihr nicht einmal so viel angenommen, daß es ihnen für die Geschäfte und den Umgang mit Menschen genügte oder sie zu angenehmen oder geschätzten Gesprächspartnern machte. Und er unterteilte diese Kategorie in zwei Gruppen, von denen die eine aus überaus starken und kühnen Menschen bestehe, die sich über die Verachtung, die ihnen allgemein zuteil werde, hinwegsetzten und sich darüber sogar mehr freuten als über Ehrbezeugungen, denn sie seien von den andern Menschen nicht nur ihrer Natur gemäß verschieden, sondern auch aus freiem Willen und mit größter Freude. Sie seien weit entfernt von den Hoffnungen und Vergnügungen des geselligen Umgangs mit Menschen und einsam inmitten der Städte, weil sie die andern Menschen mieden und von ihnen gemieden würden. Die Menschen, die zu dieser Gruppe gehörten, seien sehr selten. In der Natur der andern Gruppe sei, sagte er, mit der Stärke eine gewisse Schwäche und Schüchternheit verbunden und vermischt, so daß diese Natur mit sich selbst im Streit sei. Deshalb seien die Menschen dieser Gruppe gar nicht abgeneigt, mit den andern zu verkehren, und hätten den Wunsch, in vielen und verschiedenen Dingen den Menschen der erwähnten ersten Kategorie ähnlich oder gleich zu sein, und sie litten in ihrem Herzen darunter, daß sie geringer geschätzt würden als Menschen, die ihnen an Verstand und Gefühl unermeßlich unterlegen seien. Deshalb gelinge es ihnen bei aller Mühe und allem Fleiß weder, sich ans praktische Leben zu gewöhnen, noch im Gespräch sich selbst, geschweige denn andern, erträglich zu sein. Dieser Art seien in der letzten Zeit wie in der Gegenwart nicht wenige der größten und erlesensten Geister gewesen. Und als berühmtes Beispiel nannte er Jean-Jacques Rousseau und fügte als weiteres Beispiel aus der Antike Vergil hinzu, von dem in der Vita latina des Grammatikers Donatus erzählt werde, er sei im Reden sehr langsam gewesen und habe sich von den Ungebildeten kaum unterschieden. Daß dies wahr sei und daß Vergil wegen der wunderbaren Feinheit seines Geistes wenig begabt war, mit anderen Menschen zu verkehren, lasse sich sowohl aus seinem subtilen und kunstreichen Stil als auch aus der Eigenart seiner Poesie begreifen und auch aus dem, was am Ende des zweiten Georgicons zu lesen sei. Dort bekenne der Dichter gegen die Gewohnheit der alten Römer und vor allem der großen unter ihnen seine Sehnsucht nach einem verborgenen und einsamen Leben auf eine Art und Weise, die begreiflich mache, daß er ein Bedürfnis seiner Natur und nicht nur eine Neigung ausspreche und daß er dieses einsame Leben nicht nur als Annehmlichkeit, sondern als Medizin und Zuflucht begehre. Und da also die Menschen beider Gruppen nicht geschätzt würden, mit Ausnahme derjenigen, die nach ihrem Tode zu Ruhm gelangten, und da diejenigen der zweiten Kategorie weder tot noch lebendig beachtet würden, war er der Ansicht, heutzutage erlange man die Achtung der Menschen im Leben nur, indem man sich soweit als möglich vom Naturzustand entferne. Und da gegenwärtig sozusagen das ganze zivilisierte Leben in der Hand von Menschen liege, die zur ersten Kategorie gehörten und deren Natur also einen Mittelwert der beiden übrigen Kategorien darstelle, folgerte er zudem, daß heute die Verwaltung und Beherrschung der Dinge fast vollkommen bei der Mittelmäßigkeit liege.

Er unterschied auch drei Zustände des Alters in bezug

auf die verschiedenen Epochen der Menschheit. „Am Anfang, da die Sitten und Bräuche aller Altersstufen gerecht und tugendhaft waren und Erfahrung und Kenntnis der Menschen die Seele dem Anstand und der Ehrlichkeit nicht entfremdeten, da war das Alter die ehrwürdigste aller Lebensstufen, da man in ihm neben Gerechtigkeit und ähnlichen guten Eigenschaften, die damals allen gemeinsam waren, mehr Weisheit und Vorsicht fand als in den andern. Später dagegen, als die Sitten verdarben und zerfielen, war keine Lebensstufe gemeiner und verabscheuungswürdiger als das Alter, das mehr als die andern dem Bösen zuneigte, weil seine Kenntnis und Erfahrung der menschlichen Dinge größer sind und es die Auswirkungen der Bosheit anderer länger und vielfältiger ertragen hat und weil es naturgemäß kalt und gleichzeitig unfähig zum Handeln ist, es sei denn, es nehme Zuflucht zu Verleumdungen, Betrügereien, Falschheiten, Listen und Heucheleien, kurz zu den gemeinsten unter den ruchlosen Künsten. Als jedoch die Verderbtheit der Völker jedes Maß überschritten hatte und die Menschen Redlichkeit und Tugend verachteten, bevor sie die Welt und die traurige Wahrheit überhaupt erkannt und erfahren hatten, so daß Erfahrung und Erkenntnis sozusagen dem Alter vorausgingen und der Mensch schon in der Kindheit erfahren, gebildet und verdorben war – damals war das Alter, ich will nicht sagen verehrungswürdig, denn von da an verdienen nur noch sehr wenige Dinge dieses Attribut, aber doch erträglicher als die andern Lebensstufen. Denn das Feuer der Seele und die Kraft des Körpers, die früher die Einbildungsgabe und die edlen Gedanken gefördert hatten, waren nur noch Antrieb und Werkzeug des bösen Willens und spornten die Niedertracht an, die gegen das Ende des Lebens jedoch von der Kälte des Herzens und der Unsicherheit der Glieder – die sonst eher zum Laster als zur Tugend führen – gemildert und besänftigt wurde. Dazu kam, daß die große Erfahrung und Kenntnis menschlicher Dinge, die diese unangenehm, lästig und gemein erscheinen ließ, die Guten nicht mehr wie früher bösartig machte, sondern die Bosheit der Schurken verringerte und manchmal auslöschte. Daher kann man über das Alter im Vergleich zu den andern Lebensstufen in den verschiedenen Epochen sagen, daß es sich ursprünglich wie das Beste in bezug auf das Gute verhält, in den verderbten Zeiten wie das Schlimmste in bezug aufs Schlechte; in den späteren, noch schlimmeren Zeiten verwandelt es sich wieder ins Gegenteil."

Fünftes Kapitel

Er sprach oft über jene Art der Eigenliebe, die man heute Egoismus nennt, da sich ihm, wie ich glaube, oft Gelegenheit bot, sich damit auseinanderzusetzen. Zu diesem Thema werde ich einige seiner Überlegungen wiedergeben. Er sagte, wenn heutzutage jemand gelobt oder getadelt werde von einer Person, die mit ihm zu tun hatte oder noch hat, so erfahre man eigentlich nur, ob diese Person zufrieden oder unzufrieden mit ihm sei; sie sei zufrieden, wenn ihr Urteil gut, unzufrieden, wenn es schlecht sei.

Er verneinte, daß heute irgendwer ohne Rivalen lieben könne, und nach dem Grund gefragt, antwortete er: weil der Geliebte oder die Geliebte ganz gewiß glühende Rivalen des Liebenden seien.

„Nehmen wir an", sagte er, „du bittest irgendeine Person um einen Gefallen, der sich nicht erweisen läßt, ohne den Haß oder den Widerwillen eines Dritten zu erwekken, und dieser Dritte, du und die angesprochene Person wären mehr oder weniger in der gleichen Lage und hätten die gleichen Möglichkeiten. Dann, glaube ich, wird dein Anliegen in keiner Weise erfüllt, selbst wenn anzunehmen ist, daß seiner Erfüllung dich zu so großer Dankbarkeit verpflichtete, daß du ihm viel liebevoller gesinnt sein würdest als jener Dritte feindselig. Doch die Furcht vor dem Haß und dem Zorn der Menschen ist größer als die Hoffnung auf ihre Dankbarkeit, und zwar mit Recht; denn im allgemeinen läßt sich feststellen, daß jene beiden Leidenschaften viel wirksamer sind als ihr Gegenteil. Der Grund dafür ist, daß, wer sich bemüht, denen zu schaden, die er haßt, und wer Rache sucht, für sich selber tätig ist; wer sich dagegen denen erkenntlich zeigen will, die er liebt, und wer die empfangenen Wohltaten vergelten möchte, für Freunde und Wohltäter handelt."

Er sagte, daß Ehrbezeugungen und Dienste, die man andern in der Hoffnung und in der Absicht auf persönlichen Nutzen erweist, ihr Ziel selten erreichen, da die Menschen, und vor allem heute, da sie mehr Erfahrung und Vernunft als früher haben, wohl leicht empfangen, aber nur mühsam schenken. Von diesen Ehrbezeugungen und Diensten erreichen allerdings diejenigen häufig, ja meistens ihr Ziel, die manche junge Männer alten Frauen, die reich oder mächtig sind, erweisen.

Die nachfolgenden Betrachtungen, die sich vor allem auf die heutigen Sitten beziehen, habe ich aus seinem Munde gehört. „Heute gib es nichts mehr, was die wissenden und welterfahrenen Menschen Scham empfinden ließe, außer dem Umstand, daß sie sich selbst manchmal schämen.

Wunderbar ist die Macht der Mode, die selbst dort, wo die Menschen sehr hartnäckig sind in ihren Bräuchen und eigensinnig nach der Überlieferung urteilen und handeln, sogar wenn es gegen die Vernunft und zu ihrem Schaden ist, bewirkt, daß Sitten, Gewohnheiten und Urteile aufgegeben, verändert und neu übernommen werden, auch wenn das Aufgegebene vernünftig, nützlich, schön und sinnvoll und das Neue das Gegenteil ist.

Über viele Dinge, die im Leben allgemein oder bei einzelnen Menschen lächerlich sind, wird selten gelacht, und wenn es einer versucht, hört er bald auf, da es ihm nicht gelingt, die andern mit seinem Lachen anzustekken. Dagegen lacht man den ganzen Tag über tausend ernsthafte und sinnvolle Dinge und bringt auch die anderen mit Leichtigkeit dazu, über sie zu lachen.

Wir sagen und hören beständig ‚die guten Alten', ‚unsere guten Vorfahren', ‚ein Mann von altem Schrot und Korn', wenn von guten und vertrauenswürdigen Menschen die Rede ist. Jede Generation glaubt einerseits, daß die Vergangenheit besser war als die Gegenwart, an-

dererseits, daß die Völker besser werden, indem sie sich jeden Tag von ihrem Naturzustand mehr entfernen, und wenn sie wieder zu ihm zurückkehrten, müßten sie zweifellos schlechter werden.
Ganz gewiß ist das Wahre nicht schön. Dennoch kann es manchmal angenehm sein, und wenn im Leben der Menschen das Schöne auch dem Wahren voranzustellen ist, so ist dieses doch, wo das Schöne fehlt, allem andern vorzuziehen. Nun bist du aber in den großen Städten weit weg vom Schönen, weil das Schöne im Leben der Menschen keinen Platz mehr hat. Du bist jedoch auch vom Wahren weit entfernt, weil in den großen Städten alles falsch und unecht ist. So daß du dort sozusagen nur Falsches siehst, hörst, berührst und einatmest und dieses Falsche zudem häßlich und lästig ist. Für empfindliche Seelen ist dies wohl das größte Elend auf der Welt.
Diejenigen, die für ihre Bedürfnisse nicht selber aufkommen müssen und diese Sorgen den andern überlassen, können gewöhnlich auch ein anderes sehr wichtiges Bedürfnis, das sie in jedem Fall haben, nicht oder nur mit großen Schwierigkeiten befriedigen. Ich meine das Bedürfnis, sich im Leben mit etwas zu beschäftigen, das viel größer ist als einzelne Bedürfnisse, für die man sorgt, auch größer als das Bedürfnis zu leben. Denn das Leben an sich ist kein Bedürfnis, weil es losgelöst vom Glück keinen Wert hat. Wo man sein Leben auch zubringt, das erste und größte Bedürfnis ist es, so wenig unglücklich als möglich zu leben. Nun ist einerseits das untätige und leere Leben überaus unglücklich, anderseits ist die Beschäftigung, die das Leben weniger unglücklich macht als irgendeine andere, diejenige, die darin besteht, für seine eigenen Bedürfnisse zu sorgen."
Er sagte, der Brauch, Menschen zu kaufen und zu verkaufen, sei für das Menschengeschlecht sehr nützlich, und fügte bei, die Sitte der Pockenimpfung sei aus Zircassien nach Konstantinopel und von dort nach England und in die übrigen Teile Europas gelangt; bei den Zircassiern habe nämlich die Pockenkrankheit, die das Leben und das Aussehen der Kinder bedrohte, dem Han-

del geschadet, den diese Völker mit ihren jungen Mädchen trieben.
Er erzählte von sich selbst, daß er als unerfahrener und wahrheitsliebender junger Mann, als er die Schule verließ und ins Leben trat, den Vorsatz faßte, nie einen Menschen oder eine Sache, die ihm im Umgang mit den Menschen begegneten, zu loben, wenn sie ihm nicht wirklich lobenswert erschienen. Als er nach einem Jahr, sich an seinen Vorsatz haltend, weder einen Menschen noch ein Ding gelobt hatte, da fürchtete er aus Mangel an Übung das zu vergessen, was er kurz vorher in der Rhetorik über die Lobrede gelernt hatte, und er brach seinen Vorsatz und kam bald ganz von ihm ab.

Sechstes Kapitel

Er pflegte sich bald aus diesem, bald aus jenem Buch, meistens von Schriftstellern der Antike, vorlesen zu lassen und unterbrach den Verlauf der Lektüre mit Anmerkungen zu dieser oder jener Stelle. Einmal wurde ihm aus den Leben der Philosophen von Diogenes Laertios vorgelesen, daß Chilon auf die Frage, worin sich die Gebildeten von den Ungebildeten unterschieden, antwortete, jene hätten mehr Hoffnungen. Da sagte er: „Heute gilt genau das Gegenteil: denn die Unwissenden hoffen, die Wissenden dagegen hoffen nichts."
Desgleichen hörte er in den erwähnten Leben der Philosophen, wie Sokrates die Ansicht äußerte, es gebe im Leben ein einziges Gut, und das sei das Wissen, und ein einziges Übel: die Unwissenheit. Darauf sagte er: „Ich weiß nicht, wie es in der Antike mit dem Wissen und der Unwissenheit bestellt war; doch heute würde ich diesen Ausspruch umkehren."
Im gleichen Buch wird das Dogma der Sekte der Hegesiaker[82] angeführt, das sagt, was auch immer der Weise tue, es gereiche ihm zu seinem eigenen Wohl. Dazu sagte er, wenn alle, die auf diese Weise handelten, Philosophen seien, dann könne Plato kommen und seine Republik in der ganzen zivilisierten Welt in die Tat umsetzen.

Großes Lob zollte er dem Ausspruch des Bion von Borysthenes, den man auch bei Laertios findet und der besagt, daß die geplagtesten Menschen diejenigen seien, die das größte Glück suchen. Dem fügte er bei, diejenigen seien am glücklichsten, die sich mit einem winzigen Glück zufrieden gäben, und wenn dieses vergangen sei, es in der Erinnerung in Ruhe nochmals genössen.
„Die Jungen handeln, die Reifen beraten, die Alten wünschen" – diesen griechischen Vers bezog er auf die verschiedenen Epochen der zivilisierten Völker und sagte, in der Gegenwart bleibe uns tatsächlich nichts anderes übrig, als zu wünschen.
Zu einer Stelle aus Plutarch, die der junge Marcello Adriani mit den folgenden Worten übersetzt hat: „Die Spartaner litten weniger unter der Unverschämtheit und den Possen des Stratokles[83], der das Volk (das waren die Athener) überzeugt hatte, ihn als Sieger zu feiern, und als das Volk den wahren Sachverhalt erfuhr und sich empörte, sagte er: ‚Warum seid ihr gekränkt, daß ich euch dazu veranlaßt habe, während dreier Tage zu feiern und euch zu freuen?'" – zu dieser Stelle fügte Ottonieri bei, daß man die gleiche Antwort sehr wohl auch denjenigen geben könne, die sich über die Natur beklagen und gekränkt sind, daß sie jedem von uns die Wahrheit verbirgt und mit heiteren, aber vergänglichen Freuden verschleiert; diese könne man ebenfalls fragen: „Warum seid ihr gekränkt, daß sie euch drei oder vier schöne Tage schenkt?" Und bei einer andern Gelegenheit sagte er, man könne in bezug auf die natürlichen Täuschungen der Menschen die Worte Tassos auf unser Geschlecht ganz allgemein anwenden, der von einem Kind, das man durch Irreführung dazu bringt, eine Medizin einzunehmen, sage: „Und seine Täuschung schenkt ihm Leben."
Aus den Paradoxa des Cicero wurde ihm einmal eine Stelle vorgelesen, die man wie folgt übersetzen kann: „Macht die Wollust den Menschen etwa besser oder lobenswerter? Und gibt es zufällig jemanden, der sich rühmt oder damit brüstet, sie genossen zu haben?" Dazu sagte er: „Lieber Cicero, ich wage nicht zu sagen, ob die

Zeitgenossen durch die Wollust besser oder lobenswerter geworden sind; doch ganz gewiß werden sie dafür sehr gelobt. Ich kann dir sogar sagen, daß heutzutage fast alle jungen Leute sich nur diesen Weg zum Lob vornehmen. Man rühmt sich nicht nur, daß man Wollust genossen hat, sondern man erzählt den Freunden und den Fremden, denen, die hören und denen, die nicht hören wollen, zahllose Geschichten darüber, und man erstrebt sie nicht nur als eigentliche Wollust, sondern vielmehr als Gelegenheit, Ruhm und Ansehen zu gewinnen, und viele prahlen mit Genüssen, die sie gar nicht erlangt, ja nicht einmal erstrebt haben und die ganz und gar erfunden sind."

In der Geschichte des Arrian über die Unternehmungen Alexanders des Großen las er, daß Dareios am Tage von Issos die griechischen Söldner im vordersten Glied seines Heeres aufstelle, Alexander dagegen seine ebenfalls griechischen Söldner zuhinterst, und war der Ansicht, daß man allein aus diesem Umstand den Erfolg der Schlacht habe voraussehen können.

Er tadelte es nicht, im Gegenteil, er lobt und liebte es, daß Schriftsteller viel von sich selbst reden: „Darin sind sie fast alle beredt und haben einen guten und angemessenen Stil, selbst gegen ihre eigene Gewohnheit oder gegen die Gewohnheit ihrer Zeit oder ihres Volkes. Und das ist kein Wunder; denn wer über die eigenen Dinge schreibt, ist von seinem Thema so erfüllt, daß ihm Gedanken und Gefühle zuströmen und sein Geist nicht an andere Orte schweift und nicht aus andern Quellen, die gewöhnlich fade schmecken, trinkt. Er verzichtet auch mit Leichtigkeit auf leeren oder unechten Schmuck, auf falsche Anmut und Schönheit, auf Geziertheit und alles, was nicht natürlich ist. Und es ist ganz falsch zu glauben, daß die Leser sich im allgemeinen wenig dafür interessieren, was die Schriftsteller von sich selbst berichten, denn was von Schriftstellern wirklich überlegt und empfunden und in natürlicher und passender Weise gesagt wird, weckt Aufmerksamkeit und macht Eindruck; dazu kommt, daß man über die Angelegenheiten anderer Menschen nie mit so großer Wahrheit und Lebhaftigkeit redet wie über die eigenen. Auch sind alle Menschen ähnlich, sowohl in ihren natürlichen Anlagen als auch in den vom Schicksal abhängigen Erfahrungen, und die menschlichen Angelegenheiten kennt man bei sich selbst besser und empfindet sie stärker." Um diese Überlegungen zu untermauern, wies er unter anderem auf die Kranzrede des Demosthenes hin, in welcher der Redner, indem er beständig von sich spricht, sich selbst an Beredsamkeit übertreffe, und auch auf Cicero, dem, wenn er von seinen Angelegenheiten redet, meistens dasselbe passiere, was vor allem in der Rede für Milo sichtbar werde, die ganz großartig sei, am großartigsten jedoch, wo der Redner auf sich selbst zu sprechen kommt. „So wie auch in Bossuets Predigten jene Stelle schöner und eindrucksvoller als alle andern ist, wo der Redner nach dem Lob des Prince de Condé auf sein eigenes Alter und den nahenden Tod zu sprechen kommt. Unter den Schriften Kaiser Julians, die sonst durchwegs sophistisch und oft unerträglich sind, gibt es eine geistvolle und lobenswerte Satire mit dem Titel Misopogon, das heißt ‚Gegen den Bart', in der er auf den Spott und die Verleumdungen antwortet, die man in Antiochia über ihn verbreitete. In dieser Satire steht er, abgesehen von anderen Qualitäten, Lukian weder an komischer Grazie noch an Reichtum, Schärfe und Lebhaftigkeit des Witzes nach, während sein Buch über die Kaiser, in dem er ebenfalls Lukian nachahmt, ohne Anmut und arm an Pointen und zudem schwach und fast abgeschmackt ist. In der italienischen Literatur, der es übrigens an Werken der Redekunst mangelt, ist die Apologie, die Lorenzo de' Medici zur eigenen Rechtfertigung schrieb, in jeder Hinsicht ein Beispiel großer und vollkommener Beredsamkeit; auch Torquato Tasso ist gerade in den Prosaschriften, in denen er viel von sich selbst spricht, nicht selten redegewandt und fast immer in seinen Briefen, in denen er sozusagen ausschließlich von seinen eigenen Angelegenheiten berichtet."

Siebentes Kapitel

Man erinnert sich auch zahlreicher witziger Aussprüche und treffender Antworten Ottonieris, wie zum Beispiel jener, die er einem jungen Mann gab, der sehr eifrig Literatur studierte, aber im Leben wenig Erfahrung hatte, und der sagte, daß man über Lebenskunst und Menschenkenntnis hundert Seiten im Tage lernen könne – dem antwortete er: „Ja, aber dieses Buch hat fünf Millionen Seiten."

Ein anderer unbesonnener und kühner Jüngling, dem man Vorwürfe machte wegen seiner täglichen Mißgeschicke und der Schande, die sie ihm einbrachten, pflegte zu antworten, das Leben sei nicht höher zu schätzen als eine Komödie. Zu ihm sagte Ottonieri einmal, auch in der Komödie sei es besser, applaudiert als ausgepfiffen zu werden, und der Schauspieler, der in seiner Kunst schlecht unterwiesen oder ungeschickt in ihrer Ausübung sei, werde am Ende Hungers sterben.

Als einmal ein ruchloser Mörder von der Hofwache gefaßt wurde, weil er hinkte und nach seinem Verbrechen nicht rasch genug fliehen konnte, sagte er: „Seht ihr, meine Freunde, daß die Gerechtigkeit, obschon man ihr immer vorwirft, sie hinke, den Missetäter einholen kann, wenn dieser hinkt."

Auf einer Reise durch Italien sagte ihm ein Höfling, der ihn beleidigen wollte, er werde aufrichtig mit ihm reden, wenn er ihm das gestatte. Darauf antwortete er: „Ich werde Ihnen sogar gern zuhören, denn wer reist, ist auf der Suche nach seltenen Dingen."

Einmal zwangen ihn ich weiß nicht welche Umstände, jemanden zu bitten, ihm Geld zu leihen; dieser entschuldigte sich, daß ihm das leider nicht möglich sei, und fügte hinzu, wenn er reich wäre, so hätte er keine größere Sorge als die Bedürfnisse seiner Freunde. Ihm antwortete er: „Es täte mir leid, wenn du dich unseretwegen sorgen würdest. Ich werde zu Gott beten, daß er dich nie reich mache."

Als Jüngling hatte er Gedichte geschrieben, in denen er gewisse altertümliche Wörter verwendete. Einer älteren

Dame, der er die Gedichte auf ihren Wunsch vorlas und die ihm sagte, sie könne diese Wörter nicht verstehen, da sie zu ihrer Zeit nicht üblich gewesen seien, antwortete er: „Ich glaubte, sie seien üblich gewesen: denn sie sind sehr alt.“

Von einem reichen Geizhals, dem wenig Geld gestohlen worden war, sagte er, selbst den Dieben gegenüber habe er sich geizig gezeigt.

Von einem Menschen, der Berechnungen über alles, was er hörte und sah, anstellte, sagte er: „Die andern vollbringen die Dinge, und er zählt sie.“

Von einem Dummkopf, der glaubte, ein großer Denker zu sein, und beständig von der Logik sprach, sagte er: „Dies ist genau ein Mensch nach der griechischen Definition, das heißt ein logisches Tier.“

Vor seinem Tod schrieb er die folgende Inschrift, die ihm dann auf sein Grab gemeißelt wurde:

KNOCHEN
DES FILIPPO OTTONIERI
DER GEBOREN ZU TUGENDHAFTEN WERKEN
UND ZUM RUHM
SEIN LEBEN MÜSSIG UND UNNÜTZ VERBRACHTE
UND RUHMLOS STARB
NICHT IN UNKENNTNIS SEINER NATUR
NOCH SEINES SCHICKSALS

Dialog zwischen Christoph Kolumbus und Pietro Gutierrez[84]

KOLUMBUS: Eine schöne Nacht, mein Freund.

GUTIERREZ: Sehr schön, und ich glaube, vom Festland aus gesehen, wäre sie noch schöner.

KOLUMBUS: Richtig: auch du hast genug von der Seefahrt.

GUTIERREZ: Nicht von der Seefahrt überhaupt, aber diese Seereise hier dauert länger, als ich geglaubt hatte, und langweilt mich ein wenig. Du mußt aber nicht denken, daß ich dir das übelnehme wie die andern. Im Gegenteil: Du kannst sicher sein, daß ich dich wie bisher in all deinen Entschlüssen unterstützen werde. Ich möchte nur, daß du mir jetzt im Gespräch aufrichtig und genau erklärst, ob du immer noch so sicher bist wie am Anfang, daß es in diesem Teil der Welt Land gibt, oder ob du nach so langer Zeit und gegenteiliger Erfahrung nicht ein wenig zu zweifeln beginnst.

KOLUMBUS: Wenn ich mit einem verschwiegenen Freund offen reden soll, muß ich meine Zweifel zugeben, denn verschiedene Zeichen, die mir auf der Fahrt große Hoffnung weckten, haben sich als Täuschungen erwiesen, wie zum Beispiel die Vögel, die von Westen her über uns hinzogen, wenige Tage nachdem wir die Insel Gomera[85] verlassen hatten, und die ich für Boten nahen Landes hielt. So habe ich auch Tag für Tag gesehen, daß mehr als eine Vermutung und mehr als eine Prognose, die wir aufstellten, ehe wir Anker lichteten, sich nicht bewahrheitet haben. Darum beschäftigt mich der Gedanke, daß mich nicht nur diese Prognosen, die mir fast sicher schienen, täuschen, sondern daß auch unsere wichtigste Vermutung – die Existenz von Land jenseits des Ozeans – ein Irrtum sein könnte. Sie ist allerdings so gut begründet, daß ich, sollte sie falsch sein, den Eindruck habe, man könnte keinem menschlichen Urteil mehr trauen, sondern nur Dingen, die man mit Augen sieht und mit Händen greift. Anderseits bin ich der Meinung, daß die Praxis häufig, ja meistens, der Theorie widerspricht, und so sage ich mir: Wie kannst du wissen, ob jeder Teil der Welt allen andern Teilen gleicht und ob die westliche Hemisphäre aus Land und Wasser bestehen muß, nur weil unsere östliche Hemisphäre so beschaffen ist? Kannst du wissen, ob sie nicht vielleicht aus einem einzigen und riesigen Meer besteht? Oder ob sie nicht statt Land, oder statt Land und Wasser, irgendein anderes Element enthält? Und angenommen, sie bestünde aus Festland und Meer wie die andere Hälfte, könnte sie dann nicht unbewohnt sein? Oder vielmehr unbewohnbar? Und nehmen wir an, sie sei nicht weniger bewohnt als unsere Hälfte: Wer gibt dir die Gewißheit, daß es dort vernünftige Menschen gibt wie bei uns? Und wenn es welche gibt, wie kannst du sicher sein, daß es Menschen sind und nicht irgendeine andere Gattung vernunftbegabter Tiere? Und wenn es Menschen sind, daß sie nicht ganz verschieden sind von denen, die du kennst? Zum Beispiel viel größer an Gestalt, kühner, geschickter, von der Natur mit weit größerem Verstand und Geist begabt, auch zivilisierter und reicher an Wissenschaft und Kunst? Diese Dinge gehen mir oft durch den Kopf. Die Natur ist in der Tat so mächtig und kann so viel bewirken, daß man sich nicht nur kein Urteil anmaßen kann, was sie in sehr entlegenen und unbekannten Gegenden getan hat und tut, sondern auch annehmen muß, daß es eine große Täuschung wäre, von der bekannten auf die unbekannte Welt zu schließen, und es wäre durchaus nicht unwahrscheinlich, sich vorzustellen, die Dinge jener unbekannten Welt seien, ganz oder zum Teil, wunderbar und seltsam für uns. Wir sehen ja mit eigenen Augen, daß die Kompaßnadel in diesen Meeren vom Polarstern deutlich nach Westen abweicht: etwas ganz Neues und bisher bei allen Seefahrern Unerhörtes, wofür ich, soviel ich auch darüber nachsinne, keine befriedigende Erklärung finde. Ich will mit all dem nicht sagen, daß man den antiken Sagen von den Wundern der unbekannten Welt und dieses Ozeans Glauben schenken soll, wie zum Beispiel der von Hanno berichteten Sage[86] von den Ländern, die nachts voll Flammen stehen, und von den Feuerströmen, die sich von dort ins Meer ergießen; im Gegenteil, wir sehen ja, wie gegenstandslos bis heute die Furcht vor Wundern und unerhörten Schrecknissen geblieben ist, die unsere Schiffsleute auf diese Fahrt mitbrachten – wie damals, als sie jene große Menge Algen sahen, die das Meer fast zu einer Wiese machten und uns am Vorwärtskommen ziemlich hinderten: da dachten sie, wir seien an der äußersten Grenze des schiffbaren Meeres. Ich will, um auf deine Frage zu antworten, nur folgern, daß meine Vermutung, so wohl begründet sie auch sein mag – nicht nur in meinem eigenen Urteil, sondern auch in demjenigen vieler ausgezeichneter Geographen, Astronomen und Seefahrer, mit denen ich mich, wie du weißt, in Spanien, Italien und Portugal beraten habe –, sich als irrig erweisen könnte. Denn, wie gesagt, wir sehen immer wieder, daß viele Schlüsse, die aus den besten Überlegungen gezogen werden, der Erfahrung nicht standhalten; und das vor allem, wenn sie Dinge betreffen, von denen wir sehr wenig wissen.

Gutierrez: So hast du also dein Leben und dasjenige deiner Gefährten aufgrund einer rein theoretischen Meinung aufs Spiel gesetzt?

Kolumbus: Das stimmt; ich kann es nicht bestreiten. Aber davon abgesehen, daß die Menschen sich täglich aus weit schwächeren Motiven und für sehr unwichtige Dinge oder sogar ganz gedankenlos in Lebensgefahr begeben, überlege doch folgendes: Wenn jetzt du und ich und alle unsere Gefährten nicht auf diesen Schiffen wären, mitten in diesem Meer, in dieser fremden Einsamkeit, in einer Lage, die so ungewiß und gefährlich ist, wie man nur will – in was für einer andern Lebenssituation würden wir uns befinden? Womit wären wir beschäftigt? Wie würden wir diese Tage verbringen? Vielleicht fröhlicher? Oder hätten wir nicht vielleicht mehr Kummer oder Verdruß oder Langeweile? Kann man sich einen Zustand ohne Unsicherheit und Gefahr vorstellen? Fühlt man sich dabei glücklich und zufrieden, ist er besser als jeder andere, bringt er Überdruß und Elend, so sehe ich nicht ein, welcher andere Zustand ihm nicht vorzuziehen wäre. Ich will nicht vom Ruhm und vom Gewinn sprechen, den wir heimbringen, wenn unser Unternehmen so gelingt, wie wir hoffen. Wenn wir auch keinen andern Vorteil von dieser Seefahrt haben, so scheint sie mir doch sehr lohnend, weil sie uns für eine gewisse Zeit vor Langeweile schützt, uns das Leben lieb und viele Dinge schätzenswert macht, die wir sonst nicht beachten würden. Die Autoren der Antike schreiben , wie du gelesen oder gehört haben wirst, daß unglücklich Liebende, die sich vom Felsen von Santa Maura[87] (der damals der Leukadische hieß) ins Meer stürzen und mit dem Leben davon kamen, durch die Gnade Apollos von ihrer Liebesleidenschaft befreit wurden. Ich weiß nicht, ob man das glauben soll, aber ich bin sicher, daß sie, dieser Gefahr entgangen, auch ohne die Gnade Apollos das Leben, das sie vorher haßten, nun liebten oder auf jeden Fall mehr liebten und schätzten als vorher. Jede Seefahrt ist meiner Meinung nach eine Art Sprung vom Leukadischen Felsen, da sie dieselbe Wirkung hat, nur dauerhafter und in dieser Beziehung jenem weit überlegen. Man glaubt gewöhnlich, daß Seeleute und Krieger, da sie ständig in Todesgefahr sind, weniger Wert auf das eigene Leben legen als andere Menschen. Ich glaube aus demselben Grund, daß das Leben von wenig Menschen so sehr geliebt und geschätzt wird wie von Schiffern und Soldaten. Wie viele Güter schätzt man nicht mehr, wenn man sie hat, mehr noch: wieviele Dinge, die man nicht einmal als Güter bezeichnen kann, erscheinen den Seefahrern sehr lieb und kostbar, nur weil sie ohne sie auskommen müssen! Wer hat es je zu den menschlichen Gütern gerechnet, ein Stück Erde zu haben, auf dem man stehen kann? Niemand, außer den Seeleuten und vor allem uns, die wir wegen der großen Ungewißheit dieser Reise keinen größeren Wunsch haben als den Anblick eines Stückes Land; das ist der erste Gedanke, wenn wir erwachen, und der letzte, bevor wir einschlafen; und wenn wir eines Tages von weitem die Spitze eines Berges oder eines Waldes oder die Spitze von etwas Ähnlichem entdecken, so werden wir vor Freude außer uns sein, und wenn wir gelandet sind, so wird der bloße Gedanke, daß wir uns wieder auf festem Boden befinden und in alle Richtungen frei gehen können, uns für mehr als einen Tag glücklich machen.

GUTIERREZ: Das ist alles sehr wahr, und wenn deine theoretische Meinung so richtig ist wie deine Rechtfertigung, daß wir ihr gefolgt sind, so werden wir unfehlbar dieses Glück früher oder später genießen können.

KOLUMBUS: Was mich betrifft, so hoffe ich, daß es bald soweit ist, obschon ich mich nicht erkühne, es sicher zu versprechen. Seit ein paar Tagen faßt das Senkblei, wie du weißt, Grund, und die Beschaffenheit der Materie, die an ihm hängen bleibt, scheint mit ein gutes Indiz. Gegen Abend sind die Wolken rund um die Sonne von anderer Form und Farbe als in den vergangenen Tagen. Die Luft ist, wie du fühlen kannst, etwas weicher und lauer als früher. Der Wind weht nicht mehr so voll in einer Richtung und so regelmäßig wie sonst, sondern eher schwächer und wechselhaft, als würde er von einem Hindernis aufgehalten. Denk auch an das Schilfrohr, das auf der Meeresoberfläche herangeschwommen kam und deutlich sehen ließ, daß es vor kurzem abgeschnitten wurde, und an jenes Baumzweiglein mit den frischen roten Beeren. Auch die Vögelschwärme, obwohl sie mich andere Male getäuscht haben, sind jetzt so häufig und so groß und mehren sich von Tag zu Tag, daß man darauf wohl etwas geben kann, vor allem weil man unter ihnen Vögel sieht, die mir der Gestalt nach keine Seevögel zu sein scheinen. Kurz, alle diese Zeichen zusammen halten mich, so mißtrauisch ich auch sein möchte, in großer und freudiger Erwartung.

GUTIERREZ: Gebe Gott, daß sie sich diesmal erfülle!

Lob der Vögel

Amelius[88], der einsame Philosoph, saß an einem Frühlingsmorgen mit seinen Büchern im Schatten eines seiner Landhäuser und las. Die Vögel zwitscherten so laut um ihn herum, daß er ihnen allmählich zuzuhören und über sie nachzudenken begann, mit Lesen aufhörte und schließlich zur Feder griff und das Folgende niederschrieb.

Die Vögel sind ihrer Natur nach die fröhlichsten Geschöpfe der Welt. Ich sage das nicht, weil sie dich stets erfreuen, wenn du sie hörst oder siehst, sondern ich meine, daß sie selbst fröhlich sind und mehr als irgendein anderes Geschöpf Lust und Freude empfinden. Die anderen Tiere sind im allgemeinen ernst und stumpf, und manche von ihnen wirken auch melancholisch; man bemerkt an ihnen nur selten flüchtige Anzeichen von Freude; sie äußern kaum Lust und Vergnügen, und selbst wenn sie sich grüner Wiesen, anmutiger offener Ausblicke, strahlender Sonne und milder kristallklarer Luft erfreuen, lassen sie sich gegen außen nichts anmerken, mit Ausnahme der Hasen, von denen Xenophon schreibt, daß sie nachts beim Mondenschein, vor allem aber bei Vollmond, aus Freude an dessen Licht herumhüpfen und spielen. Die Vögel dagegen zeigen in Bewegung und Aussehen meistens viel Heiterkeit und erfreuen uns daher mit ihrem Anblick; sie scheinen von der Natur zum Genuß und zur Freude besonders begabt. Wenn irgend etwas sie ergötzt, singen sie, und je größer ihr Genuß oder ihre Zufriedenheit ist, desto eifriger und kunstvoller ist ihr Gesang. Und da sie häufig singen, kann man annehmen, daß sie gewöhnlich guter Stimmung sind und sich wohl fühlen. Obwohl man beobachtet hat, daß sie während der Paarungszeit schöner, häufiger und länger als sonst singen, braucht man daraus nicht zu schließen, außer der Liebe gebe es keine anderen Freuden, die sie zum Singen bewegen. Es ist aber offensichtlich, daß sie an einem heiteren und ruhigen Tag eher singen, als wenn das Wetter trüb und stürmisch ist, und während des Gewitters schweigen sie, wie auch wenn sie aus andern Gründen Furcht verspüren, und sobald es vorüber ist, fangen sie wieder an zu singen und sich miteinander zu vergnügen. Desgleichen singen sie morgens beim Erwachen, weil sie über den neuen Tag frohlocken und sich wie die übrigen Tiere nach dem Schlaf erholt und gestärkt fühlen. Sie freuen sich auch sehr an heiterem Grün, fruchtbaren Tälern, reinen und leuchtenden Wassern, schönen Landschaften. Dabei ist bemerkenswert, daß, was uns lieblich und anmutig erscheint, auch ihnen gefällt; man ersieht es aus den Orten, an denen die Vogelfänger ihre Netze oder Leimruten auslegen. Dasselbe zeigt sich auch in der Beschaffenheit jener ländlichen Orte, wo es besonders viele Vögel gibt und ihr Gesang am eifrigsten und lebhaftesten ist. Die anderen Tiere dagegen, mit Ausnahme der Haustiere, die es gewöhnt sind, mit den Menschen zu leben, stimmen in bezug auf die Anmut und die Schönheit der Landschaft nie oder nur selten mit den Menschen überein. Und das ist kein Wunder, denn sie erfreuen sich nur am Natürlichen. Ein großer Teil dessen, was wir natürlich zu nennen pflegen, ist viel eher künstlich: wie zum Beispiel die bebauten Felder, die in Reihen gepflanzten Bäume und die eingedämmten und in ihrem Lauf korrigierten Flüsse. Und der Anblick eines Dorfes, das seit Generationen von zivilisierten Menschen bewohnt ist – gar nicht zu reden von den Städten, in denen die Menschen zusammengepfercht leben –, ist etwas Künstliches und sehr verschieden von dem, was man hier natürlicherweise sehen würde. Man sagt, und das paßt zu diesen Überlegungen, die Stimme der Vögel sei in unseren Breiten anmutiger und süßer und ihr Gesang reicher moduliert als in Ländern, wo die Menschen roh und wild sind, und daraus könne man schließen, daß die Vögel selbst in voller Freiheit etwas von der Gesittung der Menschen annehmen, in deren Nähe sie leben.

Ob das nun stimmt oder nicht, auf jeden Fall war es eine wichtige Vorsorge der Natur, den Gesang und den Flug der gleichen Tiergattung zuzuweisen, so daß die Vögel, die die anderen Geschöpfe mit ihrem Gesang erheitern, sich meistens in Höhen befinden, von wo ihre Stimme sich in weite Räume verbreitet und viele Ohren erreicht und die Luft, die das Element des Klanges ist, mit Musik erfüllt. Denn das Zwitschern der Vögel bringt uns, und meiner Ansicht nach auch den Tieren, tatsächlich viel Trost und Vergnügen. Und das liegt, vermute ich, weniger an der Anmut der Töne, so groß sie auch sein mag, und auch nicht an ihrer Vielfalt und Harmonie, sondern an der Freude, die sich naturgemäß in jedem Gesang, und ganz besonders im Gesang der Vögel, ausdrückt. Er ist sozusagen ein Lachen, mit dem der Vogel bekundet, daß er sich wohl und zufrieden fühlt.

Daher könnte man sagen, die Vögel hätten Anteil am Vorrecht des Menschen zu lachen, das sonst kein anderes Tier hat; und da der Mensch als vernünftiges Tier definiert wird, wurde auch gesagt, man könne ihn nicht weniger treffend als lachendes Tier definieren, denn das Lachen sei dem Menschen ebenso eigentümlich wie die Vernunft. Und es ist ja gewiß wunderbar, daß ausgerechnet der Mensch, der unter allen Geschöpfen das geplagteste und elendeste ist, die Fähigkeit zu lachen hat, die man sonst bei keinem andern Tier findet. Wunderbar ist auch der Gebrauch, den wir von dieser Fähigkeit machen; denn es gibt Menschen, die unter schrecklichen Umständen oder in großer Trauer leben oder, von der Eitelkeit aller menschlichen Güter überzeugt, unfähig zur Freude und jeder Hoffnung entblößt sind und dennoch lachen. Mehr noch, je besser sie die Eitelkeit der erwähnten Güter und das Unglück des Lebens kennen und je weniger sie hoffen und genießen, desto mehr sind die Menschen oft zum Lachen geneigt. Die Natur desselben und seine verborgenen Beweggründe lassen sich, da sie in den Bereich des Gemütes gehören, nur schwer definieren und erklären; doch könnte man vielleicht sagen, das Lachen sei eine Art vorübergehende Tollheit oder Wahn. Da die Menschen ja nie wirkliche Befriedigung und Freude erfahren, können sie auch keinen vernünftigen oder sinnvollen Grund zum Lachen haben. Auch wäre es lohnend nachzuforschen, wo und bei welcher Gelegenheit der Mensch zum ersten Mal dazu kam, diese Gabe zu benützen und wahrzunehmen. Denn ohne Zweifel war er in seinem ursprünglichen Naturzustand meist ernst wie die übrigen Tiere und von melancholischem Ausdruck. Deshalb bin ich der Ansicht, das Lachen sei nicht nur nach dem Weinen in die Welt gekommen, was unumstritten ist, sondern es sei auch eine ziemlich lange Zeit verstrichen, bis es zum ersten Mal ausprobiert und gesehen wurde, eine Zeit, in der weder die Mutter ihrem Kind zulächelte, noch dieses sich in ihrem Lächeln erkannte, wie Vergil[89] schreibt. Denn wenn die Menschen zumindest dort, wo sie zivilisiert zusammenleben, bald nach der Geburt zu lachen beginnen, tun sie es vor allem aus Nachahmungstrieb, weil sie die andern lachen sehen. Und ich glaube, die erste Gelegenheit und der erste Grund zum Lachen muß die Trunkenheit gewesen sein, ein anderer nur den Menschen eigentümlicher Zustand, dessen Ursprung in eine Zeit zurückgeht, da sie noch keinerlei Zivilisation kannten. Denn es gibt kein noch so primitives Volk, das nicht ein Getränk oder ein anderes Mittel, sich zu berauschen, kennt und gierig benützt. Darüber braucht man sich nicht zu wundern, wenn man bedenkt, daß die Menschen die unglücklichsten aller Tiere sind und deshalb voll Sehnsucht nach einer schmerzlosen Ablenkung ihres Geistes, nach Selbstvergessenheit und sozusagen nach dem Stillstand des Lebens. Denn für sie ist es eine große Wohltat, wenn ihr Bewußtsein des eigenen Unglücks für einige Zeit unterbrochen oder verringert wird. Selbst die Wilden, sie mögen in gewöhnlichen Zeiten noch so ernst und traurig blicken, lachen in der Trunkenheit ausgiebig und reden und singen auch gegen ihre Gewohnheit. Doch werde ich diese Dinge in einer Geschichte des Lachens, die ich zu schreiben beabsichtige, ausführlicher darstellen. In ihr werde ich seine Entstehung ergründen und dann seine Entwicklung bis in die Gegenwart schildern, da es wichtiger denn je geworden ist und bei den zivilisierten Völkern die Aufgabe erfüllt, die in andern Zeiten von der Tugend, der Gerechtigkeit und der Ehre wahrgenommen wurde, indem es die Menschen in mancher Hinsicht von bösen Taten abschreckt.

Was nun aber den Gesang der Vögel betrifft, so möchte ich abschließend sagen, die Natur habe in sehr lobenswerter Weise dafür gesorgt, daß er als Kundgebung der Freude und eine Art Lachen allgemein gehört wird, während das Singen und Lachen der Menschen in bezug auf den Rest der Welt privat bleiben. Mit großer Weisheit hat sie die Erde und die Luft mit Geschöpfen bevölkert, die den ganzen Tag mit festlichen und fröhlichen Stimmen das Leben auf der ganzen Welt zu loben und alle übrigen Wesen zur Heiterkeit aufzufordern scheinen und fortwährend, auch wenn es falsch ist, Zeugnis ablegen von der Glückseligkeit aller Dinge.

Daß die Vögel fröhlicher als die übrigen Tiere sind, hat seinen guten Grund. Sie sind tatsächlich, wie ich anfangs angedeutet habe, von der Natur besser ausgerüstet, um glücklich zu sein und zu genießen. Vor allem scheinen sie die Langeweile nicht zu kennen. Sie wechseln jeden Augenblick ihren Ort; sie fliegen von Land zu Land, soweit es auch sein mag, und erheben sich in kurzer Zeit und mit wunderbarer Leichtigkeit aus der Tiefe bis hoch in die Luft hinauf; sie erfahren in ihrem Leben unendlich viele verschiedene Dinge; sie üben ihren Körper unaufhörlich und sind überaus reich an äußerem Leben. Alle anderen Tiere pflegen der Muße, wenn sie für sich und ihre Bedürfnisse gesorgt haben, und keines, ausgenommen die Fische und gewisse fliegende Insekten, treibt sich nur zu seinem Vergnügen herum. Auch der in der Wildnis lebende Mensch, wenn er nicht mit seinem Unterhalt beschäftigt ist, was geringe Anstrengung braucht, oder wenn nicht ein Gewitter, ein Raubtier oder etwas anderes ihn zur Flucht zwingt, tut kaum einen Schritt und liebt vor allem Muße und Trägheit; er verbringt ganze Tage behaglich schweigend in seiner Hütte oder im Freien oder in den Spalten und Höhlen der Felsen. Die Vögel dagegen halten sich nur kurze Zeit am gleichen Ort auf; sie bewegen sich fortwährend und ohne jede Notwendigkeit hin und her und fliegen zu ihrem Vergnügen. Sie sind imstande, zum Spaß Hunderte von Meilen weit von dem Orte wegzufliegen, an dem sie leben, und am Abend wieder dorthin zurückzukehren. Auch in der kurzen Zeit, die sie an einem Ort verbringen, sieht man sie nie stillstehen; beständig drehen sie sich hin und her, bücken, strecken, schütteln und bewegen sich mit unglaublicher Lebhaftigkeit, Anmut und Gewandtheit. Kurz, vom Moment, da der Vogel aus dem Ei schlüpft, bis zu seinem Tod ruht er, abgesehen von den Intervallen des Schlafs, keinen Augenblick aus. Und angesichts dieser Beobachtung könnte man sagen, der natürliche Zustand der Tiere, die Menschen inbegriffen, sei die Ruhe, derjenige der Vögel dagegen die Bewegung.

Diesen äußeren Eigenschaften und Umständen entsprechen diejenigen der Seele, die sie ebenfalls fähiger zum Glück machen als die andern Tiere. Da sie ein so feines Gehör und so scharfe Augen haben, wie wir es uns kaum vorstellen können, genießen sie täglich unendliche und abwechslungsreiche Schauspiele und entdecken aus der Höhe in einem Augenblick so weite Räume und unterscheiden so viele Länder, wie es der Mensch im Geist kaum fassen kann. Daraus läßt sich folgern, daß sie eine Einbildungskraft von überaus großer Stärke und Lebendigkeit haben müssen. Nicht die tiefe, glühende und stürmische Einbildungskraft, die Dante und Tasso besaßen und die eine höchst unheilvolle Gabe und die Ursache von Sorgen und schweren Ängsten ist, sondern eine bewegliche, vielfältige, unbeständige und kindliche Einbildungskraft, die eine unerschöpfliche Quelle für angenehme und heitere Gedanken, süße Irrtümer, Trost und Ergötzen ist und die größte und fruchtbarste Gabe darstellt, welche die Natur einer Menschenseele schenken kann. Die Vögel haben also von dieser Fähigkeit nur das, was gut und der Heiterkeit der Seele zuträglich ist, und bleiben von allem Schädlichen und Quälenden verschont. Und so sind sie ebenso reich an innerem wie an äußerem Leben; dergestalt jedoch, daß dieser Reichtum ihnen wie den Kindern nur Gewinn und Ergötzen bringt und nicht Schaden und unendliches Unglück wie den meisten Erwachsenen. Denn die Vögel haben nicht nur äußerlich in ihrer Lebhaftigkeit und Beweglichkeit eine offensichtliche Ähnlichkeit mit den Kindern, sie

gleichen ihnen auch in den Eigenschaften ihres Gemüts. Und wenn die Gaben der Kindheit allen Lebensaltern gemeinsam wären und die Übel nie größer als in der Kindheit, so hätten die Menschen wohl allen Grund, das Leben mit Geduld zu ertragen.
Ich bin der Meinung, daß die Vögel in mancher Hinsicht vollkommener sind als die anderen Tiere. Wenn wir zum Beispiel bedenken, daß die Vögel alle anderen Tiere übertreffen in der Fähigkeit des Sehens und des Hörens, der wichtigsten Sinne der Lebewesen, so geht daraus hervor, daß die Natur des Vogels vollkommener ist als diejenige der andern Lebewesen. Auch neigen die anderen Tiere, wie ich schon dargestellt habe, natürlicherweise zur Ruhe, die Vögel jedoch zur Bewegung, und da die Bewegung lebendiger ist als die Ruhe und das Leben eigentlich in der Bewegung liegt, sind die Vögel reicher an Leben und damit vollkommener als irgendein anderes Tier. Es darf nicht unerwähnt bleiben, daß die Vögel auch gemacht sind, die größte Hitze und die größte Kälte zu ertragen und ohne Übergang von einer zur andern zu wechseln. Denn oft sehen wir, wie sie sich in einem Augenblick von der Erde weit in die Höhe erheben, wo es eiskalt sein kann, und viele von ihnen durchfliegen in kurzer Zeit verschiedene Klimazonen.
Es ist bekannt, daß Anakreon wünschte, sich in einen Spiegel zu verwandeln, um von seiner Geliebten fortwährend betrachtet zu werden, oder aber in ein Kleid, um sie zu bedecken, oder in eine Salbe, um sie zu salben, oder in Wasser, um sie zu waschen, oder in ein Tuch, das sie an ihre Brust drückte, oder in eine Perle, die sie am Hals trüge, oder in ein Schühlein, das wenigstens ihre Füße umfaßte. Desgleichen möchte ich mich für einige Zeit in einen Vogel verwandeln, um die Zufriedenheit und Heiterkeit seines Lebens zu erfahren.

Der Gesang des wilden Hahnes

Gewisse jüdische Schriftsteller[90] behaupten, zwischen der Erde und dem Himmel, das heißt, halb hier und halb dort, lebe ein wilder Hahn, der mit den Füßen auf der Erde stehe und mit dem Schnabel den Himmel berühre. Dieser riesige Hahn habe, abgesehen von anderen Eigenschaften, die man bei den erwähnten Schriftstellern nachlesen kann, die Gabe der Vernunft oder er sei von irgendwem wie ein Papagei dazu abgerichtet worden, wie die Menschen zu sprechen; denn auf einem antiken Pergament mit hebräischen Buchstaben fand man einen Gesang mit dem Titel *Schir detarnegòl bara lezafra*, das heißt *Morgengesang des wilden Hahnes*, der in einer Sprache zwischen dem Chaldäischen, Aramäischen, Rabbinischen, Kabbalistischen und Talmudischen verfaßt ist. Es ist mir nicht ohne große Mühe und nicht ohne Nachfragen bei Rabbinern, Kabbalisten, jüdischen Theologen und Juristen gelungen, ihn zu verstehen und zu übersetzen. Ich habe aber noch nicht in Erfahrung bringen können, ob der Hahn diesen Gesang von Zeit zu Zeit oder jeden Morgen wiederholte oder ob er ihn nur ein einziges Mal gesungen hat, und auch nicht, wer ihn hörte und ob die erwähnte Sprache diejenige des Hahns ist oder ob der Gesang aus einer andern Sprache übertragen wurde. Was die nachstehende Übersetzung betrifft, so habe ich sie, um so genau als möglich zu sein (was ich in jeder Beziehung anstrebte), in Prosa und nicht in Versen geschrieben, obwohl es sich um einen poetischen Text handelt. Der unregelmäßige und vielleicht oft hochtrabende Stil darf nicht mir zur Last gelegt werden, da er dem Original entspricht, in dem sich der Sprachgebrauch der orientalischen Dichter spiegelt.

Auf, Sterbliche, erwacht. Der Tag bricht an: die Wahrheit kehrt auf die Erde zurück, und die Wahnbilder verschwinden. Steht auf, nehmt das Joch des Lebens wieder auf euch; kehrt aus der Welt der Täuschung ins Wahre zurück. Zu dieser Stunde besinnt sich jeder auf sein Leben und ruft sich seine Absichten und Pläne in Erinnerung und bedenkt Freude und Ärger, die ihm im Laufe des neuen Tages zustoßen können. Und jeder wünscht in diesem Augenblick mehr denn je, daß er in seinem Geist schöne Erwartungen und liebliche Gedanken finde. Doch nur wenigen wird dieser Wunsch erfüllt, und das Erwachen ist für alle schmerzlich. Kaum ist der Unglückliche wach, wird er von seinem Elend wieder umfangen. Wie schön war doch der Schlaf, der durch Heiterkeit oder Hoffnung begünstigt wurde. Beide werden heil und ganz bis zum Morgen bewahrt; dann aber weichen sie oder verschwinden.

Wenn der Schlaf der Sterblichen ewig währte und mit dem Leben eins wäre, wenn beim Licht des Tages alle Lebewesen in tiefster Ruhe lägen und die Kühe auf den Wiesen nicht muhten, die Raubtiere im Wald nicht brüllten, die Vögel in der Luft nicht sängen und die Bienen nicht summten und außer den Wassern, dem Wind und den Gewittern kein Geräusch und keine Bewegung die Stille unterbrächen, so wäre die Welt gewiß überflüssig: ob es auf ihr jedoch weniger Glück und mehr Unglück als heute gäbe? Ich frage dich, o Sonne, Erzeugerin des Tages und Herrin der Wachezeit, hast du in den Jahrhunderten, die du auf- und untergehend durchmaßest, je einen glücklichen Menschen gesehen? Glaubst du, daß unter den unzähligen Werken der Menschen, die du bis heute erblicktest, eines war, das seinen Schöpfer vorübergehend oder dauernd zufriedenstellte? Und hast du in Gegenwart oder Vergangenheit das Glück je innerhalb der Grenzen des Universums angetroffen? Auf welchen Feldern hält es sich auf, in welchem Wald, auf welchem Berg, in welchem Tal, in welchem bewohnten oder einsamen Land, auf welchen Planeten, die deine Strahlen erleuchten und wärmen? Vielleicht verbirgt es sich vor deinem Angesicht und wohnt im Grunde der Höhlen oder in der Tiefe der Erde oder des Meers? Welches Geschöpf, welches Tier oder welche Pflanze, denen du Leben schenkst, haben Anteil am Glück? Und du selbst, du unermüdliche Riesin, die du Tag und Nacht, ohne Rast und Ruhe den unermeßlichen Weg zurücklegst, der dir vorgeschrieben ist, bist du denn glücklich oder unglücklich?

Sterbliche, steht auf. Ihr seid vom Leben noch nicht befreit. Die Zeit wird kommen, da keine Kraft von außen oder innen euch aus dem Frieden des Schlafes aufrütteln wird, in dem ihr immer und unersättlich ruhen werdet. Einstweilen ist euch der Tod aber noch nicht vergönnt: nur ab und zu und für kurze Zeit ist euch ein todähnlicher Zustand gestattet. Denn das Leben ließe sich nicht bewahren, wenn es nicht häufig unterbrochen würde. Ein allzulanges Ausbleiben des kurzen und hinfälligen Schlafes ist ein Übel, das tödlich ist und zu ewigem Schlaf führt. Um das Leben zu ertragen, ist es nötig, es hie und da abzulegen und Atem zu schöpfen und sich mit einem Vorgeschmack des Todes zu stärken.
Es hat den Anschein, als wäre das Sterben das einzige Ziel jeder Kreatur. Weil, was nie war, nicht sterben kann, entstehen die Dinge dieser Welt aus dem Nichts. Der letzte Grund des Seins ist sicher nicht das Glück; denn nichts ist glücklich. Wahr ist nur, daß alle Lebewesen in allem, was sie tun, das Glück erstreben; doch erreichen sie es nie, und in Wirklichkeit mühen und plagen sie sich ein ganzes Leben lang für nichts anderes, als um das Ziel der Natur zu erfüllen, das der Tod ist.
Auf jeden Fall pflegt die erste Zeit des Tages für die Menschen die erträglichste zu sein. Wenige finden beim Erwachen in ihrem Geist ergötzliche und heitere Dinge; doch fast alle denken an solche Dinge, weil die Gemüter in dieser Stunde zur Heiterkeit geneigt sind oder mehr als in anderen Zeiten bereit, das Unglück mit Geduld zu ertragen. Daher kommt es, daß, wer in verzweifelter Stimmung vom Schlaf übermannt wird, beim Erwachen neue Hoffnung schöpft, auch wenn er gar keinen Grund dazu hat. Viele Sorgen und Mühen, viel Kummer und Furcht erscheinen in dieser Stunde weniger schlimm als am Vorabend. Und oft lacht man sogar über die Ängste des vergangenen Tages, weil sie einem als Ausgeburten von Täuschungen und törichten Einbildungen erscheinen. Der Abend läßt sich mit dem Alter vergleichen; im Gegensatz dazu ist der frühe Morgen der Jugend ähnlich; dieser ist meist vertrauensvoll und zufrieden, jener dagegen mutlos und zu schlimmen Erwartungen ge-

neigt. Doch wie die Jugend im Vergleich zum ganzen Leben, so ist auch das, was die Sterblichen jeden Morgen empfinden, sehr kurz und flüchtig, und bald wandelt sich der Tag zum fortgeschrittenen Alter.
Die Blüte der Jahre ist, obschon das beste im Leben, eine klägliche Sache. Nicht nur, weil auch dieses bescheidene Gut in kurzer Zeit schwindet, sondern weil der Mensch die Zeichen seines Niedergangs bemerkt, kaum hat er seine Erfahrung erlebt, und seine Kräfte abnehmen, bevor er sie richtig empfinden und erproben kann. Bei allen sterblichen Wesen besteht der größte Teil ihres Lebens im Verwelken. Denn die Natur ist in jedem ihrer Werke auf den Tod ausgerichtet, und deshalb überwiegt das Alter so offensichtlich und weitgehend im Leben und auf der Welt. Jedes Teilchen der Welt eilt unermüdlich und mit wunderbarer Emsigkeit und Raschheit dem Tod entgegen. Nur das Universum selbst erscheint unberührt von Niedergang und Auflösung, und wenn es auch im Herbst und im Winter krank und alt erscheint, so verjüngt es sich doch jedesmal wieder mit der neuen Jahreszeit. Da aber die Sterblichen, auch wenn sie am Anfang jedes Tages einen kleinen Teil ihrer Jugend wiedergewinnen, doch jeden Tag älter werden und am Ende sterben, so wird auch das Universum, obschon es sich am Anfang jedes Jahres verjüngt, dennoch fortwährend älter. Eine Zeit wird kommen, da dieses Universum und die ganze Natur ausgelöscht sein werden. Und dergestalt bleiben von den großen menschlichen Reichen und ihren wunderbaren Entwicklungen, die in anderen Epochen überaus berühmt waren, kein Zeichen und keine Erinnerung, so wie auch von der ganzen Welt und den unendlichen Wechselfällen und Drangsalen der Schöpfung keine Spur übrigbleiben wird; nur ein nacktes Schweigen und eine sehr große Ruhe werden in dem unendlichen Raum sein. So wird das wunderbare und schreckliche Geheimnis der universellen Existenz, bevor es verstanden und begriffen ist, sich auflösen und verschwinden.

Apokryphes Fragment des Straton von Lampsakos

Vorrede

Dieses Fragment, das ich zum Zeitvertreib aus dem Griechischen übersetzt habe, stammt aus einem handgeschriebenen Kodex, der vor ein paar Jahren entdeckt wurde und sich vielleicht immer noch in der Bibliothek der Mönche vom Berge Athos[91] befindet. Ich gebe ihm den Titel *Apokryphes Fragment*, weil, wie man erkennen kann, das Kapitel „Vom Ende der Welt" vor noch nicht langer Zeit geschrieben sein muß, während der peripatetische Philosoph Straton von Lampsakos, genannt der Physiker, dreihundert Jahre vor Christus lebte. Es ist wohl richtig, daß das Kapitel über den Ursprung der Welt fast übereinstimmt mit dem wenigen, was uns die antiken Schriftsteller über die Ansichten dieses Philosophen überliefert haben. Demnach könnte man glauben, das erste Kapitel, und auch vielleicht der Anfang des zweiten, stammten tatsächlich von Straton und den Rest habe ein gelehrter Grieche im vergangenen Jahrhundert hinzugefügt.

Vom Ursprung der Welt

So wie alle materiellen Dinge verschwinden und zu Ende gehen, so haben sie auch einen Anfang. Die Materie hat aber keinen Anfang, das heißt, sie existiert aus eigener Kraft seit jeher. Wenn man aber sieht, daß die materiellen Dinge wachsen, abnehmen und sich zuletzt auflösen, und daraus schließt, daß sie nicht seit jeher existieren, sondern geschaffen wurden, so wird man dagegen annehmen, daß, was weder wächst noch schwindet und nie vergeht, auch nie geschaffen wurde und auf keinerlei Ursachen beruht. Und es ist unmöglich zu beweisen, eine dieser Argumentationen sei falsch oder richtig. Wenn wir daher sicher sind, daß die eine stimmt, so müssen wir der andern das ebenfalls zubilligen. Nun sehen wir, daß die Materie nie um die geringste Menge zunimmt und nicht das geringste Teilchen verliert, dergestalt, daß die Materie der Vergänglichkeit nicht untertan ist. Obschon die verschiedenen Daseinsformen der Materie, wie wir sie in den Geschöpfen sehen, vergänglich und flüchtig sind, läßt sich doch in der universellen Materie kein Zeichen von Tod oder Vergänglichkeit entdecken, kein Indiz, daß sie geschaffen wurde oder daß sie, um zu existieren, eines Ursprungs oder einer Kraft außerhalb ihrer selbst bedürfe. Die Welt, das heißt eine gewisse Daseinsform der Materie, ist dagegen etwas Angefangenes und Vergängliches. Nun sei die Rede vom Ursprung der Welt.

Die universelle Materie, vor allem die Pflanzen und die Lebewesen, enthält naturgemäß eine oder mehrere Kräfte in sich, die sie ständig in sehr verschiedener Weise bewegen. Wir können diese Kräfte nach ihren Wirkungen benennen und über sie Vermutungen anstellen; wir können sie aber in ihrer Eigenart nicht erkennen. Und wir können auch nicht wissen, ob die Wirkungen, die wir der gleichen Kraft zuschreiben, in Wirklichkeit von einer oder von mehreren Kräften herrühren und ob anderseits die Kräfte, die wir mit verschiedenen Namen bezeichnen, auch wirklich verschiedene Kräfte darstellen oder auf eine einzige Kraft zurückzuführen sind. Auch bei den Menschen bezeichnet man eine einzige Leidenschaft oder Kraft mit verschiedenen Ausdrücken, so entspringen zum Beispiel der Ehrgeiz, die Vergnügungssucht und ähnliches, die oft verschiedene und sogar gegensätzliche Wirkungen haben, der gleichen Leidenschaft, nämlich der Eigenliebe, die sich in verschiedenen Fällen verschieden auswirkt. Diese Kräfte, oder vielleicht sollte man sagen, diese Kraft der Materie, die, wie wir gesehen haben, die Materie beständig aufrührt und bewegt, bildet aus ihr unzählige Geschöpfe, das heißt, sie verwandelt sie in vielfältiger Weise. Diese Geschöpfe alle zusammen, die in Gattungen und Arten eingeteilt und unter sich durch Ordnungen und Beziehungen verbunden sind, bilden die Welt. Da aber die erwähnte Kraft nie aufhört, die

Materie zu bearbeiten und zu verändern, zerstört sie die Geschöpfe, die sie beständig formt, auch immer wieder und bildet aus ihrer Materie neue Geschöpfe. Solange die individuellen Geschöpfe zerstört werden, die Gattungen und Arten derselben jedoch erhalten bleiben und ihre Ordnungen und Beziehungen sich untereinander nicht verändern, kann man sagen, die Welt bestehe. Unzählige Welten haben jedoch im unendlichen Raum der Ewigkeit kürzere oder längere Zeit gedauert und sind schließlich untergegangen, da durch die fortwährenden Umwälzungen der Materie die Arten und Gattungen, aus denen diese Welt bestand, verloren gingen und ihre Ordnungen und Beziehungen sich auflösten. Deshalb ist aber nicht das kleinste Teilchen der Materie verschwunden, und eine andere Daseinsform, das heißt eine andere Welt, ist unverzüglich an die Stelle der verschwundenen getreten.

Vom Ende der Welt

Es ist nicht einfach zu sagen, seit wie langer Zeit diese gegenwärtige Welt besteht, zu der die Menschen als eine der Gattungen gehören, aus denen sie sich zusammensetzt, und man kann auch nicht wissen, wie lange Zeit sie von heute an noch dauern wird. Die Gesetze, die sie regieren, scheinen unwandelbar, da sie sich nur sehr langsam und innerhalb eines großen Zeitraums verändern, so daß ihre Wandlungen von den Menschen kaum begriffen und noch weniger empfunden werden können. Dieser Zeitraum, so groß er auch sein mag, ist doch winzig im Vergleich zur ewigen Dauer der Materie. In dieser gegenwärtigen Welt sieht man ein fortwährendes Vergehen der Individuen und ein fortwährendes Sich-Verwandeln der Dinge; da aber die Zerstörung beständig aufgewogen wird durch die Schöpfung und die Gattungen weiterbestehen, glaubt man, diese Welt habe in sich keine Ursache unterzugehen und weise kein Zeichen von Vergänglichkeit auf. Dennoch läßt sich das Gegenteil feststellen und zwar aus mehreren Indizien.
Wir wissen, daß die fortwährende Drehung der Erde um

ihre eigene Achse bewirkt, daß der Äquator vom Mittelpunkt flieht und die Pole gegen ihn gedrückt werden. So verändert sich ihre Form, indem sie am Äquator immer voller, an den Polen dagegen immer flacher wird. Deshalb wird nach einer gewissen Zeitspanne, die an sich berechenbar, aber den Menschen doch nicht bekannt ist, die Erde sich zu beiden Seiten des Äquators so abplatten, daß sie ihre Kugelform vollkommen verliert und sich in eine dünne runde Scheibe verwandelt. Dieses Rad, das sich beständig um seinen Mittelpunkt dreht, wird dabei immer flacher und größer und bekommt allmählich, da alle seine Teile den Mittelpunkt fliehen, in der Mitte ein Loch. Dieses Loch erweitert sich von Tag zu Tag, bis die Erde die Form eines Rings hat und schließlich in Stücke zerspringt, die aus der gegenwärtigen Umlaufbahn der Erde fallen und auf die Sonne oder irgendeinen Planeten stürzen werden.
Es ließe sich zur Bestätigung dieser Überlegungen ein Beispiel anführen, ich meine den Ring des Saturn, über dessen Natur die Physiker sich nicht einig sind. Und es wäre wohl eine neue und unerhörte, aber doch nicht unwahrscheinliche Annahme, dieser Ring sei ursprünglich ein kleiner Planet im Gefolge des Saturn gewesen, der aus ähnlichen Gründen wie die Erde eingeebnet und dann durchlöchert wurde und, da er vielleicht aus leichterem und weicherem Material bestand, aus seiner Umlaufbahn fiel und von der Anziehungskraft des Saturn aufgehalten wurde, um dessen Mittelpunkt er nun kreist. Und man könnte annehmen, dieser Ring werde immer dünner und weiter und der Zwischenraum zwischen ihm und dem Himmelskörper vergrößere sich beständig, obschon das so langsam vor sich geht, daß es den Menschen nicht möglich ist, diese Veränderungen aus so großer Distanz zu sehen und zu erkennen. Diese Dinge seien im Ernst oder auch nur scherzhaft zum Ring des Saturn erwähnt.
Nun kann aber kein Zweifel darüber bestehen, daß dieser Umwandlungsprozeß, der die Form der Erde täglich verändert, aus ähnlichen Gründen auch alle anderen Planeten betrifft, obwohl er für uns nicht so sichtbar ist wie

bei Jupiter. Und zwar betrifft er nicht nur jene Planeten, die wie die Erde um die Sonne kreisen, sondern auch jene, die – wie man vernünftigerweise annehmen muß – zu jedem Stern gehören. Deshalb werden alle Planeten in der gleichen Weise, wie sie bei der Erde beschrieben wurde, nach einer gewissen Zeitspanne in Stücke gehen und die einen auf die Sonne, die andern auf ihren Stern stürzen. Und in ihren Flammen werden nicht nur einige oder viele Geschöpfe untergehen, sondern alle Gattungen und Arten, die jetzt auf der Erde und den Planeten leben, restlos zerstört werden. Dies oder etwas Ähnliches hatten auch die griechischen und barbarischen Philosophen im Sinn, die behaupteten, die Welt werde im Feuer untergehen. Da wir aber sehen, daß auch die Sonne sich um die eigene Achse dreht und man dasselbe auch für die Sterne annehmen kann, so muß man daraus den Schluß ziehen, daß alle diese Himmelskörper sich in Flammen auflösen werden. Dergestalt wird die Kreisbewegung der Gestirne, welche die natürliche Ordnung des ganzen Universums aufrecht erhält, auch die Ursache der Zerstörung dieses Universums und seiner Ordnung sein.

Wenn die Planeten, die Erde, die Sonne und die Sterne, nicht aber ihre Materie, verschwunden sind, werden neue Geschöpfe entstehen und aus der ewigen Kraft der Materie neue Gattungen und Arten und eine neue Welt geschaffen werden. Über die Art der zahllosen Welten, die untergegangen sind und die sein werden, können wir aber nicht einmal Vermutungen anstellen.

Dialog zwischen Timander und Eleander[92]

TIMANDER: Ich will, ja, ich muß es Ihnen offen sagen: Der Inhalt und die Absicht Ihres Schreibens und Redens scheinen mir höchst tadelnswert.

ELEANDER: Wenn Sie nicht auch mein Handeln zu tadeln finden, so betrübt mich das nicht besonders, denn Worte und Schriften haben nicht viel zu bedeuten.

TIMANDER: An Ihrem Handeln finde ich nichts auszusetzen. Ich weiß, daß Sie andern nichts Gutes tun, weil Sie nicht können, und sehe, daß Sie nichts Böses tun, weil Sie nicht wollen. Doch Ihre Reden und Schriften halte ich für schädlich. Und ich kann Ihnen nicht einräumen, daß diese Dinge wenig zu bedeuten haben, denn heutzutage besteht unser Leben ja sozusagen aus nichts anderem. Wissen Sie nicht, daß Ihr beständiges Tadeln und Verspotten des Menschengeschlechtes gar nicht mehr Mode ist?

ELEANDER: Auch mein Gehirn ist aus der Mode gekommen. Und es ist bekannt, daß die Söhne den Vätern nachschlagen.

TIMANDER: Dann ist es wohl auch bekannt, daß Ihre Bücher wie alles, was gegen den Zeitgeschmack verstößt, keinen Erfolg haben?

ELEANDER: Das schadet nichts. Deshalb werden sie ihr Brot nicht an den Türen erbetteln müssen.

TIMANDER: Vor vierzig oder fünfzig Jahren pflegten die Philosophen das Menschengeschlecht anzuklagen; doch in diesem Jahrhundert tun sie genau das Gegenteil.

ELEANDER: Glauben Sie, daß die Philosophen vor vierzig oder fünfzig Jahren mit ihren Klagen über die Menschen recht oder unrecht hatten?

TIMANDER: Eher recht als unrecht.

ELEANDER: Glauben Sie, daß sich das Menschengeschlecht in diesen vierzig oder fünfzig Jahren in das Gegenteil von dem verwandelt hat, was es früher war?

TIMANDER: Nein, aber das tut nichts zur Sache.

ELEANDER: Warum nicht? Hat es etwa an Macht und Würde so sehr zugenommen, daß die Schriftsteller heutzutage gezwungen wären, ihm zu schmeicheln oder es zu verehren?

TIMANDER: Sie scherzen über einen ernsthaften Gegenstand.

ELEANDER: Nun denn, um wieder zur Sache zu kommen, ich weiß wohl, daß die Menschen in diesem Jahrhundert, während sie ihren Nächsten in alter

Weise Böses tun, sich angewöhnt haben, dennoch gut von ihnen zu sprechen, im Gegensatz zum vergangenen Jahrhundert. Da ich aber weder meinen Nächsten noch meinen Fernsten Böses tue, fühle ich mich auch nicht verpflichtet, gegen mein Gewissen Gutes von ihnen zu sagen.

TIMANDER: Sie haben aber wie alle andern Menschen die Pflicht, sich für das Wohlergehen Ihrer Gattung einzusetzen.

ELEANDER: Wenn meine Gattung sich für das Gegenteil einsetzt, so sehe ich nicht ein, wieso ich diese Pflicht haben soll. Doch nehmen wir an, ich hätte sie. Was soll ich tun, wenn ich dazu nicht fähig bin?

TIMANDER: Sie sollen nichts tun; Taten vollbringen nur wenige; doch mit Ihren Schriften könnten und sollten Sie sich nützlich erweisen. Mit Büchern, die den Menschen immer nur verhöhnen, nützt man aber nicht, sondern man schadet.

ELEANDER: Daß man nichts nützt, gebe ich zu; ich glaube aber, man schadet auch nichts. Halten Sie es denn für möglich, daß Bücher dem Menschengeschlecht nützen können?

TIMANDER: Nicht nur ich, jedermann glaubt es.

ELEANDER: Was wären das denn für Bücher?

TIMANDER: Bücher verschiedener Gattung, besonders aber moralische Schriften.

ELEANDER: Das glaubt nicht jedermann, denn ich zum Beispiel glaube es nicht. Wenn irgendeine moralische Schrift nützen könnte, so müßten, glaube ich, die poetischen Schriften am nützlichsten sein. Ich sage poetisch, indem ich dieses Wort im weitesten Sinne auffasse: Bücher also, die dazu bestimmt sind, die Phantasie anzuregen, und zwar sowohl in Prosa als auch in Versen. Ich halte nicht viel von Poesie, die nach der Lektüre im Geist des Lesers nicht ein so edles Gefühl zurückläßt, daß es ihn eine halbe Stunde lang hinderte, einen niederen Gedanken zu fassen und eine unwürdige Handlung zu begehen. Wenn aber der Leser eine Stunde nach der Lektüre seinen besten Freund verrät, so verachte ich darum jene

Dichtung nicht; sonst müßte ich die schönsten, glühendsten und edelsten Dichtungen der Welt verachten. Auch nehme ich dabei die Leser aus, die in großen Städten leben; denn sie können, selbst wenn sie aufmerksam lesen, durch keine Gattung der Poesie auch nur eine halbe Stunde gefördert, unterhalten oder gerührt werden.

TIMANDER: Sie reden wie immer boshaft, so daß man merken kann, wie schlecht Sie von den andern im allgemeinen aufgenommen und behandelt wurden; denn dies ist in den meisten Fällen die Ursache des Widerwillens und der Verachtung, zu der sich ein Mensch gegenüber der Menschheit bekennt.

ELEANDER: Ich kann allerdings nicht sagen, daß die Menschen mich besonders gut behandelt hätten oder behandelten; denn damit würde ich mich als einziges Beispiel meiner Art hinstellen. Aber sie haben mir auch nicht besonders viel Böses getan; denn da ich nichts von ihnen verlangte, mit ihnen nicht in Wettstreit trat, habe ich mich ihren Kränkungen kaum ausgesetzt. Weil ich aber einsehe, daß ich nicht den geringsten Teil von dem zu tun vermag, was man tun muß, um sich bei den Menschen beliebt zu machen, und auch so ungeeignet als nur möglich zum Gespräch mit den andern und zum Leben überhaupt bin – mag nun meine Natur oder ich selber daran schuld sein –, so würde ich die Menschen, wenn sie mich besser behandelten, als sie es jetzt tun, nur noch weniger achten als bisher.

TIMANDER: Dann sind Sie also noch viel tadelnswerter: denn wenn Sie die Menschen haßten oder sich gleichsam an ihnen zu rächen wünschten, weil Sie durch sie ungerechterweise gekränkt worden wären, ließe sich das noch entschuldigen. Ihr Haß hat jedoch nach dem, was Sie sagen, gar keine besondere Ursache, wenn nicht vielleicht den ungewöhnlichen und kläglichen Ehrgeiz, wie Timon[93] durch Menschenhaß berühmt zu werden: ein Wunsch, der an und für sich abscheulich und in unserm, der Menschenliebe ergebenen, Jahrhundert ganz besonders befremdlich ist.

Eleander: Was den Ehrgeiz betrifft, brauche ich Ihnen nicht zu antworten, da ich schon gesagt habe, daß ich von den Menschen nichts begehre; und wenn Ihnen das, so wahr es ist, nicht glaubwürdig scheint, könnten Sie wenigstens glauben, daß nicht der Ehrgeiz mich dazu treibt, Dinge zu schreiben, die heute, wie Sie selber bestätigen, nur Tadel und kein Lob einbringen. Vom Haß gegen unser ganzes Geschlecht bin ich jedoch so weit entfernt, daß ich nicht einmal diejenigen, die mich kränken, hassen will oder kann; denn ich bin zum Haß unfähig und ihm unzugänglich, was nicht wenig zu meiner Untauglichkeit, mit der Welt zu verkehren, beiträgt. Ich kann mich aber nicht ändern, denn ich denke immer, daß einer, der glaubt, sich selber einen Vorteil oder ein Vergnügen zu verschaffen, indem er andere schädigt oder ärgert, nicht den andern Böses zufügen will – was ja nie der Zweck einer Handlung oder eines Gedankens sein kann –, sondern nur sich selber wohltun möchte, was ein natürlicher Wunsch ist und keinen Haß verdient. Zudem prüfe ich mich selbst bei jedem Fehler und bei jeder Schuld, die ich bei andern sehe, indem ich mir, bevor ich unwillig werde, die gleiche Vorgeschichte und die gleichen Begleitumstände für mich vorstelle, und da ich mich dann immer derselben Fehler schuldig oder fähig finde, habe ich keinen Anlaß, zornig zu werden. Ich hebe meinen Zorn immer für jenen Fall auf, da ich eine Bosheit sehen würde, die meiner Natur fremd wäre: bisher ist mir aber eine solche nicht vorgekommen. Schließlich erfüllt die Vorstellung von der Vergänglichkeit der menschlichen Dinge meinen Geist so sehr, daß ich mich nicht entschließen kann, mich für irgendeines von ihnen besonders aufzuregen, und Wut und Zorn sind für mich viel zu große und zu heftige Leidenschaften, die der Nichtigkeit unseres Lebens unangemessen sind. Sie sehen nun wohl, wie groß der Unterschied ist zwischen Timon und mir. Timon, der alle andern Menschen haßte und floh, liebte und hegte nur Alkibiades, in dem er die künftige Ursache vieler Leiden für ihr gemeinsames Vaterland sah. Ich dagegen, ohne ihn zu hassen, würde ihn mehr als die andern gemieden, die Bürger vor der Gefahr gewarnt und sie dazu aufgemuntert haben, ihr vorzubeugen. Einige sagen, Timon habe nicht die Menschen gehaßt, sondern die Tiere in Menschengestalt. Ich hasse weder Menschen noch Tiere.

TIMANDER: Aber Sie lieben auch niemanden?

ELEANDER: Hören Sie mir zu, mein Freund. Ich bin zum Lieben geboren worden, und ich habe vielleicht mit mehr Leidenschaft geliebt als irgendein anderer Mensch. Heute, obwohl ich, wie Sie sehen, noch nicht in einem Alter bin, das naturgemäß kalt ist, ja vielleicht noch nicht einmal lauwarm, schäme ich mich doch nicht zu sagen, daß ich niemanden liebe außer mich selbst, und dies, weil es die Natur verlangt, und so wenig als möglich. Dennoch bin ich gewohnt und bereit, wenn ich die Wahl habe, lieber selber zu leiden, als andern Leiden zu verursachen. Und das werden Sie mir, so wenig Sie mich auch kennen, wohl bezeugen können.

TIMANDER: Das muß ich Ihnen zugestehen.

ELEANDER: Darum suche ich unablässig, indem ich den eigenen Vorteil zurückstelle, den Menschen jenes größte, ja einzige Gut zu verschaffen, das ich mir selbst noch zu wünschen imstande bin, nämlich nicht zu leiden.

TIMANDER: Aber bekennen Sie denn wirklich ganz offen, daß Sie das Menschengeschlecht nicht einmal im allgemeinen lieben?

ELEANDER: Ja, ganz offen. Wenn es auf mich ankäme, ließe ich die Schuldigen allerdings bestrafen, obwohl ich sie nicht hasse, und wenn ich könnte, würde ich meinem Geschlecht jede Wohltat erweisen, obwohl ich es nicht liebe.

TIMANDER: Gut, es mag so sein. Wenn aber weder Kränkungen noch Haß, noch Ehrgeiz Sie bewegen, was treibt Sie denn eigentlich dazu, auf Ihre Art zu schreiben?

ELEANDER: Verschiedene Gründe. Vor allem die Abneigung gegen jede Heuchelei und Verstellung, zu denen ich mich beim Reden manchmal nötigen lasse, beim Schreiben aber niemals; denn zu reden bin ich häufig gezwungen, zu schreiben aber nie, und wenn ich schreiben sollte, was ich nicht denke, würde es kein großes Vergnügen machen, mir den Kopf über dem Papier zu zerbrechen. Alle Weisen lachen, wenn einer heute noch lateinisch schreibt, weil niemand diese Sprache mehr spricht und wenige sie verstehen. Ich sehe aber nicht ein, warum es nicht ebenso lächerlich ist, beim Schreiben und Reden beständig gewisse Eigenschaften bei den Menschen vorauszusetzen, von denen jeder weiß, daß sie heutzutage bei niemandem mehr zu finden sind, und an gewisse vernünftige oder phantastische Wesen zu glauben, die vor langer Zeit verehrt wurden, die aber heute jeder, der sie nennt oder nennen hört, für ein reines Nichts hält. Daß man Masken und Verkleidungen verwendet, um andere zu täuschen oder nicht erkannt zu werden, wundert mich nicht; daß sich jedoch alle auf die gleiche Art maskieren und verkleiden, ohne einander täuschen zu können, kommt mir kindisch vor. Nähmen sie ihre Masken ab und behielten ihre gewöhnlichen Kleider an, würden sie deswegen nicht weniger Eindruck machen und sich wohler fühlen. Denn dieses ewige, nutzlose Täuschen und dieses Vorstellen einer von der eigenen so verschiedenen Person läßt sich nicht ohne Verlegenheit und großen Ärger durchhalten. Wenn die Menschen aus ihrem ursprünglichen, einsamen Waldleben auf einmal und nicht stufenweise zur modernen Zivilisation übergegangen wären, würden sich dann wohl in ihren Sprachen die Namen der obengenannten Dinge und bei den Völkern die Sitte finden, sie immer wieder zu erwähnen und tausend Mutmaßungen über sie anzustellen? Diese Sitte kommt mir tatsächlich vor wie jene alten Zeremonien oder Bräuche, die unseren heutigen Vorstellungen sehr fremd sind, sich aber dennoch kraft der Gewohnheit behaupten. Ich aber, der ich mich den Zeremonien nicht unterwerfen kann, füge mich auch dieser Sitte nicht und schreibe in moderner Sprache und nicht wie zur Zeit der Trojaner. Zweitens versuche ich in meinen Schriften, nicht so sehr unsere Gattung zu verhöhnen als mich über das Schicksal zu beklagen. Nichts, glaube ich, ist offenkundiger und greifbarer als das unvermeidliche Unglück aller Lebewesen. Wenn dieses Unglück nicht wahr ist, so ist alles falsch, und wir können diese und jede Unterhaltung abbrechen. Wenn es aber wahr ist, warum soll es mir dann nicht erlaubt sein, mich offen und frei darüber zu beklagen und zu sagen, daß ich leide? Wenn ich mich aber mit Tränen beklagte (und dies ist der dritte Grund, der mich bewegt), würde ich mich selbst und die andern nur langweilen und nichts davon haben. Lache ich aber über unser Leiden, so finde ich darin ein wenig Trost und tröste in gleicher Weise auch die andern. Gelingt mir das nicht, so bin ich doch überzeugt, daß das Lachen über unsere Leiden der einzige Vorteil ist, den man aus ihnen ziehen kann, und das einzige Heilmittel, das man gegen sie findet. Die Dichter sagen, die Verzweiflung habe immer ein Lächeln auf den Lippen. Glauben Sie nicht, daß ich das menschliche Unglück nicht beklage. Da ich aber mit keiner Gewalt, keiner Kunst, keinem Fleiß, keinem Bündnis dagegen Abhilfe schaffen kann, halte ich es für des Menschen und einer hochherzigen Verzweiflung würdiger, über das gemeinsame Leiden zu lachen, als darüber mit andern zu seufzen, zu weinen und zu wehklagen oder sie dazu aufzufordern. Schließlich muß ich noch sagen, daß ich so sehr wie Sie oder irgendein anderer das Wohl meiner Gattung wünsche; doch habe ich gar keine Hoffnung und kann mich nicht an guten Erwartungen erfreuen und ergötzen, wie es viele Philosophen in diesem Jahrhundert tun. Und meine Verzweiflung, die vollständig und endgültig und in einem klaren Urteil und einer eindeutigen Gewißheit begründet ist, läßt mir weder Raum für heitere Träume und Vorstellungen über die Zukunft noch Mut, irgend etwas zu unternehmen, um diese zu verwirklichen. Und Sie wissen wohl, daß der Mensch nicht geneigt ist, etwas zu versuchen, von dem er weiß oder glaubt, daß es ihm nicht gelingen werde, und wenn er es doch versucht, handelt er widerwillig und kraftlos, und wenn man etwas anderes oder das Gegenteil von dem schreibt, was man glaubt, sollte dieser Glaube auch falsch sein, bringt man nie etwas zustande, was der Beachtung würdig ist.

TIMANDER: Man sollte aber sein eigenes Urteil ändern, wenn es wie das Ihre der Wahrheit widerspricht.

ELEANDER: Ich für meinen Teil halte mich für unglücklich und weiß, daß ich mich darin nicht täusche. Sind die andern es nicht, so freut mich das von ganzem Herzen. Ich bin auch sicher, daß ich mein Unglück nicht loswerde, bevor ich sterbe. Haben die andern eine bessere Hoffnung als ich, so freut mich das ebenfalls.

TIMANDER: Wir sind alle unglücklich, und alle Menschen sind es stets gewesen. Aber Sie wollen sich nicht etwa rühmen, damit etwas Neues zu sagen? Der Zustand der Menschen kann jedoch viel besser werden, als er ist, so wie er schon besser geworden ist, als er war. Sie scheinen nicht daran zu denken oder nicht daran denken zu wollen, daß der Mensch fähig ist, sich zu vervollkommnen.

ELEANDER: Für fähig, sich zu vervollkommnen, will ich ihn auf Ihr Wort hin halten; doch weiß ich nicht, wann und auf wessen Bürgschaft hin ich ihn, was wichtiger ist, für vollkommen halten kann.

TIMANDER: Er ist noch nicht zur Vollkommenheit gelangt, weil die Zeit dazu nicht gereicht hat; man kann aber nicht daran zweifeln, daß er auf dem Weg zu ihr ist.

ELEANDER: Auch ich zweifle nicht daran. Die wenigen Jahre, die seit dem Anfang der Welt bis heute vergangen sind, konnten dazu nicht ausreichen, und man darf sich über die Anlagen, das Schicksal und die Fähigkeiten des Menschen noch kein Urteil bilden, auch weil man bisher mit so vielen andern Dingen beschäftigt war. Heute aber widmet man sich nichts anderem mehr als der Vervollkommnung unserer Gattung.

TIMANDER: Gewiß, man widmet sich ihr in der ganzen

zivilisierten Welt mit größter Aufmerksamkeit. Und angesichts der Menge und der Wirksamkeit der Mittel, die in letzter Zeit unglaublich zugenommen haben, darf man annehmen, daß das Ziel über kurz oder lang tatsächlich erreicht werde, und diese Hoffnung ist selber von nicht geringem Vorteil, da sie viele nützliche Unternehmungen und Tätigkeiten anregt oder hervorbringt. Wenn es darum je schädlich und tadelnswert war, Verzweiflung zur Schau zu tragen und den Menschen die Notwendigkeit ihres Elends, die Nichtigkeit des Lebens, die Blödheit und Ohnmacht ihrer Gattung und die Bösartigkeit ihrer Natur einzuhämmern, so ist es heute unverantwortlich und verabscheuungswürdig; da es keine andere Folge haben kann, als sie zu entmutigen, ihnen die Selbstachtung zu rauben, auf der ein ehrliches, nützliches und ruhmreiches Leben vor allem beruht, und sie davon abzuhalten, für ihr eigenes Wohl zu sorgen.

ELEANDER: Ich möchte, daß Sie mir deutlich erklären, ob Sie das, was ich über das Unglück der Menschen sage, für wahr oder falsch halten.

TIMANDER: Sie greifen wieder zu Ihrer alten Waffe, und wenn ich Ihnen gestehe, daß, was Sie sagen, wahr sei, dann glauben Sie den Streit gewonnen zu haben. Nun entgegne ich Ihnen aber: nicht jede Wahrheit soll man allen und jederzeit predigen.

ELEANDER: Bitte, antworten Sie mir auch auf eine andere Frage. Sind die Wahrheiten, die ich ausspreche und nicht predige, in der Philosophie grundsätzliche oder nebensächliche Wahrheiten?

TIMANDER: Ich für meinen Teil glaube, daß sie die Substanz aller Philosophie sind.

ELEANDER: Dann täuschen sich aber diejenigen, die sagen und predigen, die Vollkommenheit des Menschen bestehe in der Erkenntnis der Wahrheit und alle seine Leiden kämen von falschen Meinungen und Unwissenheit und das Menschengeschlecht werde erst dann wahrhaft glücklich sein, wenn jeder oder doch die Mehrzahl der Menschen die Wahrheit kenne und nach ihr das Leben ordne und einrichte. Darin stimmen fast alle antiken und modernen Philosophen überein. Nun müßten aber nach Ihrer Meinung diese Wahrheiten, die die Substanz aller Philosophie sind, der Mehrzahl der Menschen verborgen werden, und ich glaube, Sie hätten nichts dagegen, wenn sie allen unbekannt blieben oder von allen vergessen würden; denn wenn sie einem bewußt und gegenwärtig wären, könnten sie nur schaden. Das heißt aber, daß die Philosophie aus der Welt ausgerottet werden sollte. Ich weiß wohl, daß die letzte Folgerung, die man aus der wahren und vollkommenen Philosophie zieht, darauf hinausläuft, daß man nicht philosophieren soll. Woraus sich ergibt, daß die Philosophie erstens unnütz ist, da man, um nicht zu philosophieren, kein Philosoph zu sein braucht; zweitens höchst schädlich, weil man jene letzte Schlußfolgerung nur auf eigene Kosten lernt, und hat man sie einmal gelernt, so kann man sie doch nicht verwirklichen, da es nicht in der Macht des Menschen liegt, erkannte Wahrheiten zu vergessen, und jede andere Gewohnheit sich leichter ablegen läßt als das Philosophieren. Kurz, die Philosophie, die anfangs hofft und verspricht, unsere Leiden zu heilen, muß sich zuletzt auf den vergeblichen Wunsch beschränken, sich selber aufzuheben. Nach alledem frage ich, warum man glauben soll, die heutige Zeit sei der Vollkommenheit näher und besser für sie vorbereitet als die vergangenen Zeiten. Etwa wegen ihrer besseren Erkenntnis des Wahren, die doch, wie wir sehen, dem Glück des Menschen höchst feindlich ist? Oder vielleicht, weil heute ein paar wenige wissen, daß man nicht philosophieren soll, ohne jedoch darauf verzichten zu können? Aber die ersten Menschen haben ja in der Tat nicht philosophiert, und die Wilden verzichten ohne Mühe darauf. Haben wir andere, neue und bessere Mittel als unsere Vorfahren, um uns der Vollkommenheit zu nähern?

TIMANDER: Viele und sehr wirksame; doch sie hier darzulegen, würde zu weit führen.

ELEANDER: Lassen wir sie also beiseite. Um aber auf mich selber zurückzukommen, möchte ich sagen:

Wenn ich in meinen Schriften ein paar harte und traurige Wahrheiten ausspreche, nur um mein Herz zu erleichtern oder mich lachend zu trösten, so versäume ich doch nicht, in den gleichen Büchern die Erforschung jener elenden und kalten Wahrheit zu beklagen, zu tadeln und von ihr abzuraten, da ihre Erkenntnis nur Gleichgültigkeit und Trägheit oder Niedrigkeit der Gesinnung, unbillige und unehrenhafte Handlungen und Sittenverderbnis zur Folge hat, während ich im Gegenteil jene Ansichten lobe und preise, die, wenn sie auch falsch sind, edles, starkes, hochherziges und tugendhaftes Handeln hevorbringen, das dem Wohl der Gemeinschaft und des einzelnen nützlich ist; jene schönen und glücklichen, wenn auch leeren Einbildungen, die dem Leben seinen Wert geben, die natürlichen Selbsttäuschungen des Gemüts und schließlich die Irrtümer des Altertums, die so verschieden sind von den Irrtümern der Barbaren, daß nur die letzteren durch die moderne Zivilisation und Philosophie hätten aufgeklärt werden müssen. Diese beiden aber haben meiner Meinung nach, indem sie, wie es bei menschlichen Dingen unvermeidlich ist, übers Ziel hinausschossen, nicht lange nachdem sie uns von einer Barbarei befreiten, uns in eine andere gestürzt, die nicht geringer war als die erste, obwohl sie aus der Vernunft und dem Wissen entstanden ist und nicht aus der Unwissenheit; deshalb tritt sie am Körper und in den Handlungen weniger wirksam und sichtbar hervor als im Geist und bleibt sozusagen verborgener und innerlicher. Auf jeden Fall fürchte ich und neige dazu anzunehmen, daß es jeden Tag schwieriger, ja unmöglicher wird, die Irrtümer des Altertums, die für das Wohlbefinden zivilisierter Völker notwendig wären, neu zu beleben. Was die menschliche Vollkommenheit betrifft, so schwöre ich Ihnen, wenn sie schon erreicht wäre, so hätte ich auch schon zumindest einen Band zum Lob des Menschengeschlechtes geschrieben. Da es mir aber nicht vergönnt war, sie zu sehen, und ich nicht annehme, daß es mir in meinem Leben noch vergönnt sein wird, bin ich bereit, in meinem Testament einen großen Teil meines Vermögens dazu zu bestimmen, daß man dem Menschengeschlecht, wenn es vollkommen sein wird, jedes Jahr eine Lobrede schreibe und öffentlich vortrage und ihm auch nach antiker Sitte einen kleinen Tempel oder eine Statue errichte oder was man sonst für passend halten mag.

Kopernikus
Dialog

Erste Szene
Die erste Stunde und die Sonne

Erste Stunde: Guten Tag, Exzellenz.

Sonne: Sag lieber gute Nacht.

Erste Stunde: Die Pferde sind bereit.

Sonne: Gut.

Erste Stunde: Der Morgenstern ist schon vor einiger Zeit aufgegangen.

Sonne: Schön. Er mag kommen oder gehen, wie es ihm beliebt.

Erste Stunde: Wie meinen Exzellenz?

Sonne: Ich meine, daß du mich in Ruhe lassen sollst.

Erste Stunde: Aber, Exzellenz, die Nacht hat schon so lange gedauert, daß sie nicht länger dauern kann, und wenn wir noch weiter zögern, so mögen Exzellenz zusehen, daß keine Unordnung entsteht.

Sonne: Mag entstehen, was will; ich rühre mich nicht.

Erste Stunde: Oh, Exzellenz, was soll das heißen? Fühlen Sie sich nicht wohl?

Sonne: Nein, nein, ich fühle gar nichts, als daß ich mich nicht von der Stelle rühren will, und du magst drum deinen Geschäften nachgehen.

Erste Stunde: Wie soll ich gehen, wenn Sie nicht kommen? Ich bin ja die erste Stunde des Tages, und wie kann es Tag werden, wenn Eure Exzellenz nicht wie üblich herauszukommen geruhen?

SONNE: Wenn du nicht zum Tag gehören kannst, so schlägst du dich halt zur Nacht; oder die Nachtstunden tun doppelten Dienst, und du kannst mit deinen Gefährtinnen müßig sein. Denn, weißt du, ich habe es satt, ständig zu kreisen, um ein paar winzigen Lebewesen Licht zu geben, die auf einer Handvoll Schlamm leben, so klein, daß es mir, obschon ich gute Augen habe, nicht gelingt, sie zu sehen. Heute nacht habe ich beschlossen, mich nicht länger damit abzuplagen. Wenn die Menschen Licht wollen, mögen sie ihre Feuer brennen lassen oder sich auf andere Weise behelfen.

ERSTE STUNDE: Aber, Exzellenz, wie sollen die Ärmsten das anfangen? Wenn sie ihre Lampen brennen lassen oder soviele Kerzen beschaffen, daß es für den ganzen Tag ausreicht, so ist der Aufwand viel zu groß. Hätte man schon jene Luft erfunden, die zum Brennen dient und mit der man Straßen, Zimmer, Läden und Keller beleuchten kann, und zwar mit geringen Kosten, dann wäre die Sache nicht weiter schlimm. Tatsache ist aber, daß noch ungefähr dreihundert Jahre vergehen müssen, bis die Menschen diese Erfindung machen, und bis dahin werden ihnen Öl und Wachs und Pech und Talg ausgehen, und sie werden nichts mehr zu verbrennen haben.

SONNE: Sie werden auf die Jagd nach Leuchtkäfern und Glühwürmchen gehen.

ERSTE STUNDE: Und wie sollen sie sich vor der Kälte schützen? Denn ohne die Hilfe Eurer Exzellenz wird das Feuer aller Wälder nicht ausreichen, sie zu erwärmen. Außerdem werden sie auch verhungern, denn die Erde wird keine Früchte mehr tragen. Und so wird nach wenigen Jahren das Geschlecht dieser armen Tiere verschwinden: Denn wenn sie eine Zeitlang auf der Erde herumgetappt sind, um etwas zum Essen und zum Heizen zu finden, werden sie schließlich, wenn alles Verschlingbare aufgezehrt und der letzte Funken eines Feuers erloschen ist, alle im Dunkel sterben, so hart gefroren wie Bergkristalle.

SONNE: Was kümmert mich das? Bin ich etwa die Amme

des Menschengeschlechts oder vielleicht sein Koch, daß ich ihm seine Speisen verschaffen und zubereiten muß? Soll ich mir Sorgen machen, wenn eine winzige Zahl unsichtbarer Geschöpflein Millionen Meilen von mir entfernt ohne mein Licht nichts sehen und der Kälte nicht widerstehen kann? Und wenn ich dieser Menschenfamilie schon als Ofen oder Feuerstelle dienen soll, so ist es doch wohl vernünftig, daß diese Familie, will sie sich wärmen, zur Feuerstelle kommt und nicht, daß die Feuerstelle ums Haus kreist. Wenn also die Erde meine Gegenwart nötig hat, so soll sie sich auf den Weg machen und zu mir kommen; ich für meinen Teil brauche nichts von der Erde, daß ich sie aufsuchen müßte.

Erste Stunde: Eure Exzellenz, wenn ich recht verstehe, meinen, daß die Erde jetzt tun solle, was Sie bisher getan haben.

Sonne: Ja: jetzt und in aller Zukunft.

Erste Stunde: Gewiß haben Eure Exzellenz damit sehr recht; zudem können Sie über sich verfügen, wie es Ihnen paßt. Dennoch mögen Eure Exzellenz erwägen, wieviele schöne Dinge notwendig untergehen müßten, wenn diese neue Ordnung eingeführt würde. Der Tag wird seinen schönen goldenen Wagen nicht mehr haben mit den schönen Pferden, die im Meere baden, und um andere Einzelheiten zu übergehen: Wir armen Stunden werden keinen Platz mehr am Himmel haben und aus himmlischen zu irdischen Mädchen werden, wenn wir uns nicht lieber, wie ich vermute, in Rauch auflösen. Doch sei dem, wie ihm wolle: Der Hauptpunkt ist, die Erde zum Herumkreisen zu überreden, was wohl recht schwierig sein wird; denn sie ist daran nicht gewöhnt, und es wird ihr seltsam vorkommen, daß sie sich nun immer beeilen und anstrengen soll, wo sie sich doch bis heute nie von ihrem Fleck bewegt hat. Und wenn Eure Exzellenz nun, wie mir scheint, der Faulheit Ihr Ohr zu leihen beginnen, so glaube ich nicht, daß die Erde heute mehr Lust hat, sich anzustrengen als in früheren Zeiten.

Sonne: Die Notwendigkeit wird sie schon anspornen

und dazu bringen, zu laufen und zu springen, wie es sich gehört. Doch wäre hier auf jeden Fall der sicherste und der kürzeste Weg, einen Dicher oder einen Philosophen zu finden, der die Erde dazu überredete, sich in Bewegung zu setzen, oder der sie, wenn es ihm anders nicht gelänge, mit Gewalt zum Laufen brächte. Denn schließlich liegt der wichtigste Teil dieser Angelegenheit in der Hand der Philosophen und der Dichter, ja auf sie kommt es fast allein an. Die Dichter sind es gewesen, die mich vorzeiten, da ich jung war und ihnen Gehör schenkte, mit ihren schönen Liedern dazu brachten, ganz freiwillig, und als wäre es ein Vergnügen oder ein ehrenvoller Zeitvertreib, diese einfältige Mühsal auf mich zu nehmen und, groß und dick wie ich bin, wie eine Verrückte um ein Sandkörnchen herumzulaufen. Doch nun, da ich reifer geworden bin und mich der Philosophie zugewandt habe, suche ich bei allem das Nützliche und nicht das Schöne, und die Gefühle der Dichter reizen mich zum Lachen, wenn sie mich nicht geradezu anwidern. Wenn ich etwas tun soll, muß ich dafür gute und stichhaltige Gründe haben; und ich sehe nicht ein, warum ich einem müßigen und bequemen Leben ein tätiges vorziehen sollte, das mir nichts einbringt, was die Mühe, ja nur den Gedanken daran lohnte. Darum habe ich beschlossen, die Anstrengungen und Strapazen den andern zu überlassen und für meinen Teil friedlich und unbeschäftigt zu Hause zu leben. Diese Sinnesänderung haben, wie ich dir schon sagte, neben meinem Alter die Philosophen bewirkt, Leute, die in letzter Zeit an Macht gewonnen haben und täglich dazugewinnen. Und da es nun darum geht, daß die Erde sich bewege und an meiner Stelle kreise, wäre einerseits ein Dichter geeigneter als ein Philosoph; denn die Dichter mit ihren Possen machen einem weis, die Dinge dieser Welt hätten Wert und Gewicht, sie seien sehr schön und ergötzlich, und indem sie tausend frohe Hoffnungen entstehen lassen, bringen sie die Leute dazu, sich anzustrengen, während die Philosophen sie davon abbringen. Da andererseits aber die

Philosophen wichtiger geworden sind, bezweifle ich, daß heute ein Dichter bei der Erde mehr Gehör finden würde als bei mir oder ob er, falls er angehört würde, etwas bewirken könnte. Darum wird es das beste sein, wir wenden uns an einen Philosophen; denn obschon die Philosophen gewöhnlich nicht sehr geschickt und noch weniger geneigt sind, andere zum Handeln zu bringen, kann es immerhin sein, daß sie in diesem außergewöhnlichen Fall von ihrer Gewohnheit abweichen werden. Es sei denn, die Erde hielte es für sinnvoller, zugrunde zu gehen als sich anzustrengen, worin ich ihr nicht unrecht geben könnte. Genug, wir wollen es abwarten. Du wirst also auf die Erde hinuntergehen oder eine deiner Gefährtinnen hinunterschicken, und wenn sie einen jener Philosophen antrifft, der vor dem Haus im Kühlen den Himmel und die Sterne beobachtet, was sie angesichts dieser ungewöhnlich langen Nacht wohl tun werden, so soll sie ihn ohne weiteres aufheben, ihn auf ihren Rücken setzen und zu mir bringen, damit ich ihn zu dem, was nötig ist, überreden kann. Hast du das begriffen?

ERSTE STUNDE: Ja, Exzellenz. Euer Befehl wird ausgeführt.

Zweite Szene

KOPERNIKUS *auf der Terrasse seines Hauses, den Himmel gegen Osten durch eine Papierrolle betrachtend, da das Fernrohr noch nicht erfunden war:* Das ist großartig. Entweder gehen alle Uhren falsch, oder die Sonne müßte schon seit mehr als einer Stunde aufgegangen sein, und von hier aus sieht man nicht einmal einen Schimmer im Osten, obwohl der Himmel klar und rein ist wie ein Spiegel. Die Sterne glänzen, als wäre es Mitternacht. Für diesen Fall finde ich im Almagest[94] oder bei Sacro Bosco[95] keine Erklärung. Von der Nacht, die Zeus mit der Gattin Amphitryons[96] verbrachte, habe ich öfters gehört, und vor kurzem las ich im Buch eines Spaniers[97], die Peruaner erzählten, es habe in ihrem Land vorzeiten einmal eine unermeßlich lange Nacht gegeben und die Sonne sei dann schließlich aus einem See, den sie Titicacasee nennen, aufgestiegen. Doch bisher habe ich das wie alle vernünftigen Menschen für Geflunker gehalten. Jetzt aber, da ich sehe, daß Vernunft und Wissenschaft, offen gesagt, keinen Deut nützen, fange ich an zu glauben, daß diese und ähnliche Dinge am Ende doch wahr sein können; ja ich will sogar an alle möglichen Seen und Sümpfe gehen und schauen, ob es mir nicht gelingt, die Sonne herauszufischen. Doch was höre ich da für ein Rauschen wie von den Flügeln eines großen Vogels?

Dritte Szene
Die letzte Stunde und Kopernikus

Letzte Stunde: Kopernikus, ich bin die letzte Stunde.

Kopernikus: Die letzte Stunde? Schön, da muß man sich fügen. Nur, wenn es geht, gib mir soviel Zeit, daß ich mein Testament machen und meine Angelegenheiten ordnen kann, bevor ich sterbe.

Letzte Stunde: Wie denn, sterben? Ich bin doch nicht die letzte Stunde des Lebens.

Kopernikus: Wer bist du denn? Etwa die letzte Stunde im Brevier[98]?

Letzte Stunde: Ich glaube wohl, daß dir die letzte Stunde lieber ist als alle andern, wenn du im Chor sitzest.

Kopernikus: Woher weißt du denn, daß ich Kanonikus bin? Und woher kennst du mich? Du hast mich ja vorhin beim Namen genannt.

Letzte Stunde: Ich habe mich schon nach dir erkundigt bei ein paar Leuten, die da unten auf der Straße waren. Kurz: Ich bin die letzte Stunde des Tages.

Kopernikus: Ah, ich verstehe: Die erste Stunde ist krank, und darum kann es noch nicht Tag werden.

Letzte Stunde: Hör mich an. Es wird überhaupt nicht mehr Tag werden, weder heute noch morgen, noch später, wenn du nicht dafür sorgst.

KOPERNIKUS: Das wäre ja gut, wenn es meine Aufgabe sein sollte, den Tag zu machen.

LETZTE STUNDE: Ich werde dir sagen, wie. Als erstes mußt du aber unverzüglich mit mir kommen zum Haus der Sonne, meiner Gebieterin. Den Rest wirst du unterwegs hören, und einiges wird dir Ihre Exzellenz selber sagen, wenn wir angekommen sind.

KOPERNIKUS: Das ist alles gut und schön. Doch muß der Weg, wenn ich mich nicht täusche, ziemlich weit sein. Wie kann ich da soviel Proviant mitnehmen, wie ich brauche, um nicht ein paar Jahre vor unserer Ankunft Hungers zu sterben? Auch glaube ich nicht, daß die Länder Ihrer Exzellenz etwas hervorbringen, das mir auch nur zum Frühstück dienen könnte.

LETZTE STUNDE: Laß diese Zweifel fahren. Du wirst dich im Hause der Sonne nicht lange aufhalten müssen, und die Reise wird nur einen Augenblick dauern; denn ich bin ein Geist, falls du es noch nicht weißt.

KOPERNIKUS: Ich bin aber ein Körper.

LETZTE STUNDE: Schon gut. Du brauchst dich nicht auf solche Argumente einzulassen, denn du bist ja kein metaphysischer Philosoph. Komm! Steige mir auf den Rücken und überlaß mir den Rest.

KOPERNIKUS: Wohlan, das wäre geschafft. Und nun wollen wir sehen, wie diese seltsame Geschichte weitergeht.

Vierte Szene

KOPERNIKUS UND DIE SONNE

KOPERNIKUS: Gnädige Frau.

SONNE: Verzeih, Kopernikus, wenn ich dich nicht zum Sitzen auffordere; hier gibt es keine Stühle. Doch wir werden bald fertig sein. Du hast von meiner Magd schon gehört, worum es geht. Nach dem, was das Mädchen mir von deinen Fähigkeiten berichtet hat, eignest du dich vorzüglich für meinen Plan.

KOPERNIKUS: Gnädige Frau, ich sehe bei dieser Sache große Schwierigkeiten.

SONNE: Die Schwierigkeiten sollten einen Mann wie dich nicht erschrecken; vielmehr sagt man, daß sie den Mutigen nur noch mutiger machen. Doch was sind das denn für Schwierigkeiten?

KOPERNIKUS: Vorerst diese: So groß auch die Macht der Philosophie sein mag – ich bin nicht sicher, ob sie groß genug ist, um die Erde zu überreden, daß sie laufen solle, anstatt bequem zu sitzen, und daß sie sich anzustrengen habe, anstatt müßig zu sein, besonders in diesen Zeiten, die nicht mehr heroisch sind.

SONNE: Wenn du sie nicht überreden kannst, mußt du sie zwingen.

KOPERNIKUS: Sehr gern, gnädige Frau, wenn ich ein Herkules wäre oder wenigstens ein rasender Roland und nicht ein Kanonikus aus Thorn.

SONNE: Was tut das zur Sache? Erzählt man nicht von einem eurer alten Mathematiker, er habe gesagt, wenn man ihm einen Ort außerhalb der Welt gebe, so traue er sich zu, Himmel und Erde aus den Angeln zu heben. Nun brauchst du den Himmel nicht zu bewegen und befindest dich hier an einem Ort außerhalb der Erde. Wenn du also nicht weniger geschickt bist als jener Alte, so mußt du die Erde bewegen können, ob sie nun wolle oder nicht.

KOPERNIKUS: Das ließe sich wohl machen, gnädige Frau; doch brauchte man einen Hebel, der so lang sein müßte, daß weder ich noch Sie, so reich Sie auch sein mögen, auch nur die Hälfte der Kosten für sein Material und seine Herstellung bezahlen könnten. Dazu kommt eine andere noch größere Schwierigkeit, ja, wie ich Ihnen gleich sagen werde, ein ganzer Knäuel von Schwierigkeiten. Die Erde hat bis heute den ersten Platz in der Welt eingenommen, nämlich die Mitte; und da sie, wie Sie wissen, unbeweglich war und nichts anderes zu tun hatte, als sich umzuschauen, sind alle anderen Himmelskörper, die größten wie die kleinsten, die leuchtenden wie die dunklen, oben und unten und an den Seiten fortwährend um sie gekreist mit einer Eile, einem Eifer und einer Raserei, daß einem Hören und Sehen verging. So zeigten sich alle Dinge in ihrem Dienst beschäftigt, und das Universum glich einem Hof, in dem die Erde gleichsam auf einem Thron saß und die anderen Himmelskörper ringsum als Höflinge, Wächter und Diener ihr Amt versahen. So hat denn die Erde immer geglaubt, sie sei die Kaiserin der Welt, und so wie die Dinge sich verhalten, kann man ihr tatsächlich nicht unrecht geben; im Gegenteil möchte ich einräumen, daß ihre Vorstellung sehr wohl begründet war. Und was soll ich Ihnen nun noch von den Menschen sagen, die sich immer für die allerersten und allerwichtigsten Geschöpfe hielten und halten werden? Jeder von uns, wenn er auch nur in Lumpen gekleidet ist und nicht einmal eine trockene Brotrinde zu beißen hat, war fest überzeugt, ein Kaiser zu sein; nicht von Konstantinopel oder Deutschland oder der halben Erde wie die römischen Kaiser, sondern ein Kaiser des Universums, ein Kaiser der Sonne, der Planeten, aller sichtbaren und unsichtbaren Sterne und damit auch der Endzweck der Sterne, der Planeten, ja selbst von Ihnen, gnädige Frau, und von allen Dingen. Wenn Sie nun aber verlangen, daß die Erde ihren Platz in der Mitte verlasse, wenn wir sie dazu bringen zu laufen, zu kreisen, sich ständig abzumühen und das zu leisten, was die anderen Himmelskörper bisher vollbrachten, so daß sie schließlich unter die Planeten eingereiht wird, so wird das dazu führen, daß ihre Majestät die Erde und ihre Majestäten die Menschen den Thron räumen und auf die Herrschaft verzichten müssen und mit ihren Lumpen und ihrem Elend, das nicht klein ist, allein zurückbleiben.

SONNE: Was will mein Don Nicola mit dieser Rede erreichen? Hat er vielleicht Gewissensbisse und meint, das wäre eine Majestätsbeleidigung?

KOPERNIKUS: Nein, Gnädigste, denn weder die Codices noch die Digesten, noch die Bücher über das Staats-, Reichs-, Völker- oder Naturrecht erwähnen, so viel ich weiß, dieses Majestätsverbrechen. Es geht mir darum zu sagen, daß es sich da nicht um eine rein materielle Angelegenheit handelt, wie es auf den ersten

Blick den Anschein hat, und daß ihre Wirkungen nicht nur die Physik betreffen; denn sie wird die Stufenfolge der Dinge und die Rangordnung der Wesen durcheinanderbringen, den Endzweck der Geschöpfe verändern und dadurch auch in der Metaphysik, ja in allem, was sich auf den spekulativen Teil des Wissens bezieht, eine gewaltige Umwälzung bewirken. Und die Folge wird sein, daß die Menschen, wenn sie noch vernünftig diskutieren können und wollen, entdecken werden, daß sie etwas ganz anderes sind, als was sie bisher waren oder zu sein glaubten.

SONNE: Das alles, mein Sohn, macht mir keine Angst, denn ich habe soviel Respekt vor der Metaphysik wie vor der Physik oder auch vor der Alchimie oder der Nekromantie[99]. Und die Menschen werden sich damit abfinden, das zu sein, was sie sind, und wenn ihnen das nicht paßt, mögen sie Beweise gegen die Vernunft führen und der offensichtlichen Wahrheit zum Trotz argumentieren, was ihnen sehr leichtfallen wird, und auf diese Weise fortfahren, sich zu halten, wofür sie wollen, für Barone oder Grafen oder Kaiser oder was ihnen sonst beliebt. Das wird sie trösten, und mich werden sie mit ihren Einbildungen nicht im geringsten ärgern.

KOPERNIKUS: Nun wohl, wir wollen von den Menschen und der Erde absehen. Bedenken Sie aber, Gnädigste, was vernünftigerweise bei den andern Planeten passieren wird. Wenn die sehen werden, daß die Erde alles tut, was sie tun, und einer von ihnen geworden ist, dann werden sie nicht mehr so glatt, einfach und schmucklos, so öde und traurig bleiben wollen, wie sie immer waren, während die Erde allein so viel Schmuck besitzt. Dann werden auch sie ihre Flüsse, Meere, Berge, Pflanzen und unter anderem auch ihre Tiere und Bewohner haben wollen, da sie nicht einsehen, warum sie nun noch in irgendeinem Punkt hinter der Erde zurückstehen sollen. Das wird dann eine weitere gewaltige Revolution in der Welt geben, unzählige neue Familien und Bevölkerungen, die in einem Augenblick überall wie Pilze emporschießen werden.

SONNE: Laß sie nur kommen, sie mögen so zahlreich sein, wie sie wollen; ich habe Licht und Wärme für alle, ohne daß mich das mehr kostet, und die Welt wird sie nähren, kleiden, beherbergen und reichlich versorgen, ohne sich deswegen in Schulden zu stürzen.

KOPERNIKUS: Denken Sie aber, gnädige Frau, nur etwas weiter, und Sie werden noch eine ganz andere Verwirrung entstehen sehen. Wenn nämlich die Sterne bemerken, daß Sie sich hingesetzt haben, und zwar nicht auf einen Schemel, sondern auf einen Thron, und daß Sie diesen schönen Hofstaat und dieses Volk von Planeten um sich haben, dann werden sie nicht nur sitzen und ausruhen, sondern auch regieren wollen, und wer regiert, braucht auch Untertanen; deshalb werden sie auch ihre Planeten haben wollen wie Sie, jeder die seinen. Und diese neuen Planeten werden gleichfalls bewohnt und geschmückt sein müssen wie die Erde. Und da will ich nun gar nicht von dem armen Menschengeschlecht reden, das schon vorher im Vergleich zu dieser einzigen Welt zu wenig mehr als einem Nichts zusammengeschrumpft ist, aber was wird aus ihm werden, wenn so viele Tausende anderer Welten hervorbrechen, so daß es kein winziges Sternchen in der Milchstraße mehr geben wird, das nicht die seine hätte. Wenn ich aber nur an Ihr Interesse denke, muß ich sagen, daß Sie bis jetzt, wenn nicht die Erste, so doch die Zweite im Universum gewesen und gleich nach der Erde gekommen sind und keine Rivalen gehabt haben, da die Sterne sich mit Ihnen nicht zu vergleichen wagten. In diesem neuen Zustand des Universums werden Sie so viele Gleichgestellte haben, wie es Sterne geben wird mit ihren Welten. Nehmen Sie sich in acht, daß die Veränderung, die wir vorhaben, Ihrer Würde nicht abträglich sei.

SONNE: Erinnerst du dich, was euer Cäsar sagte, als er über die Alpen zog und nahe bei einem kleinen Dorf vorbeikam, das von armen Barbaren bewohnt war: er möchte lieber der Erste in jenem Dörfchen sein als der Zweite in Rom? Und so wird es auch mir besser gefallen, die Erste in unserer Welt zu sein als die Zweite im Universum. Aber nicht der Ehrgeiz treibt mich dazu, den gegenwärtigen Zustand zu verändern, sondern nur die Liebe zur Ruhe oder, genauer gesagt, die Trägheit. So daß es mich wenig kümmert, ob andere mir gleich sind oder nicht und ob ich an erster oder letzter Stelle stehe; denn im Gegensatz zu Cicero[100] schätze ich die Muße mehr als die Würde.

KOPERNIKUS: Was mich betrifft, gnädige Frau, so werde ich mein Bestes tun, Ihnen diese Muße zu verschaffen. Aber auch wenn wir unser Ziel erreichen, zweifle ich, ob sie sehr lange dauern wird. Denn erstens bin ich fast sicher, daß Sie schon nach wenigen Jahren gezwungen sein werden, sich zu drehen wie die Rolle an einem Ziehbrunnen oder wie ein Mühlenstein, ohne aber Ihren Ort zu wechseln. Ferner vermute ich, daß Sie nach längerer oder kürzerer Zeit doch wieder zu laufen beginnen werden; ich meine nicht um die Erde, doch was zählt das für Sie? Und vielleicht wird gerade die Tatsache, daß Sie sich im Kreise drehen werden, Anlaß sein, daß Sie sich auch wieder zum Gehen entschließen. Genug, sei dem wie ihm wolle, wenn Sie auf Ihrem Entschluß bestehen, werde ich trotz aller Schwierigkeiten und Bedenken versuchen, Ihnen zu dienen; in der Hoffnung; daß Sie, sollte die Sache nicht gelingen, glauben, daß es mir nicht möglich war, und nicht annehmen, daß es mir an Mut fehlte.

SONNE: Schön, mein Kopernikus, versuch es.

KOPERNIKUS: Es bleibt nur noch eine Schwierigkeit.

SONNE: Nun, was für eine?

KOPERNIKUS: Ich möchte nämlich wegen dieser Sache nicht lebendig verbrannt werden wie Phönix: denn wenn mir das geschähe, bin ich sicher, daß ich nicht wie dieser Vogel aus meiner Asche wiederauferstehen und das Antlitz Eurer Gnaden je wieder erblicken könnte.

SONNE: Hör, Kopernikus, du weißt, daß ich in einer Zeit, als ihr Philosophen noch kaum auf der Welt wart, in einer Zeit also, da die Poesie regierte, eine

Prophetin war. Laß mich nun ein letztes Mal prophezeien und schenke mir Glauben im Gedenken an jene meine alte Fähigkeit. Ich sage dir also, daß vielleicht nach dir einige andere, die dir zustimmen, ein paar Verbrennungen oder ähnliches erleiden werden; dir aber wird, soviel ich sehen kann, wegen dieses Unternehmens kein Leid geschehen. Und wenn du ganz sicher gehen willst, so widme das Buch, das du über diesen Gegenstand schreiben willst, dem Papst[101]. Auf diese Weise, verspreche ich dir, wirst du nicht einmal dein Kanonikat verlieren.

Dialog zwischen Plotin und Porphyrios

„Als ich, Porphyrios, einmal auf den Gedanken gekommen war, mir das Leben zu nehmen, merkte es Plotin, kam unerwartet zu mir, als ich zu Hause war, und nachdem er mir gesagt hatte, ein solcher Gedanke komme nicht aus den Überlegungen eines gesunden Geistes, sondern aus einer melancholischen Verstimmung, bewog er mich zu einem Ortswechsel." Porphyrios im Leben des Plotin. Dasselbe im Leben des Porphyrios, beschrieben von Eunapios, der beifügt, daß Plotin das Gespräch, das er bei dieser Gelegenheit mit Porphyrios führte, in einem Buch[102] niederlegte.

PLOTIN: Du weißt, Porphyrios, daß ich dein Freund bin, und du weißt auch, wie sehr ich es bin, und mußt dich deshalb nicht wundern, wenn ich dein Tun und Reden mit einer gewissen Neugier beobachte, die ihren Ursprung darin hat, daß du mir am Herzen liegst. Schon seit mehreren Tagen sehe ich, wie du traurig und nachdenklich bist; du hast einen seltsamen Blick und lässest seltsame Worte fallen; kurz, ohne weitere Einleitungen und Umschweife: ich glaube, du hast schlimme Absichten.

PORPHYRIOS: Wieso, was meinst du damit?

PLOTIN: Schlimme Absichten gegen dich selbst. Die Tat

zu nennen gilt als schlechtes Vorzeichen. Sieh, mein Porphyrios, verschweige mir nicht die Wahrheit; kränke nicht die Liebe, die uns seit so langer Zeit verbindet. Ich weiß wohl, daß ich dir mit meinen Worten Kummer bereite, und begreife, daß du deinen Vorsatz gern geheimhalten würdest. In einer so wichtigen Sache kann ich aber nicht schweigen, und du solltest nicht unwillig sein, mit jemandem zu sprechen, der dich so lieb hat wie sich selbst. Laß uns ruhig darüber reden und die Gründe abwägen; du sollst mir dein Herz ausschütten, klagen und weinen; das habe ich wohl um dich verdient, und zuletzt werde ich dich gewiß nicht darin hindern, das zu tun, was wir für vernünftig und dir nützlich halten werden.

PORPHYRIOS: Ich habe dir nie etwas abgeschlagen, worum du mich gebeten hast, mein Plotin. Und nun gestehe ich dir, was ich gern geheimgehalten hätte und was ich andern um nichts in der Welt gestehen würde – ich hege die Absicht, die du vermutest. Wenn du dieses Thema mit mir erörtern möchtest, bin ich bereit, deinem Wunsch zu entsprechen, obschon mir das widerstrebt und ich glaube, daß dergleichen Entschlüsse tiefes Schweigen verlangen und daß der Geist bei solchen Gedanken mehr denn je einsam und für sich sein möchte. Ich will sogar selbst anfangen und dir sagen: Mein Vorsatz ist nicht auf ein Unglück zurückzuführen, das mir zugestoßen ist oder vor dem ich mich fürchte, sondern auf einen Ekel am Leben, einen Überdruß, den ich so heftig empfinde, daß er einem Schmerz oder Krampf gleicht; auf die Tatsache, daß ich die Nichtigkeit aller Dinge, die mir im Laufe des Tages begegnen, nicht nur erkenne, sondern sehe, schmecke und berühre, so daß nicht nur mein Geist, sondern alle meine Gefühle, auch diejenigen des Körpers, ganz erfüllt sind von dieser Nichtigkeit (um einen seltsamen, aber hier passenden Ausdruck zu verwenden). Und du wirst mir nicht sagen, diese Stimmung sei unvernünftig, obwohl ich gern zugebe, daß sie zu einem großen Teil von einem körperlichen Unwohlsein herrührt. Sie ist aber dennoch sehr vernünftig, und alle andern Stimmungen der Menschen, durch die man in irgendeiner Weise lebt und glaubt, das Leben und die menschlichen Dinge hätten einen Wert, sind von der Vernunft mehr oder weniger entfernt und beruhen auf Täuschungen und falschen Vorstellungen. Nichts aber ist vernünftiger als die Langeweile. Alle Freuden sind nichtig. Selbst der Schmerz, ich rede von dem der Seele, ist meistens nichtig: denn wenn du seine Ursache und seinen Gegenstand betrachtest und wohl erwägst, hat er nur wenig oder gar keine Realität. Das gleiche gilt von der Furcht, das gleiche von der Hoffnung. Nur die Langeweile, die immer aus der Nichtigkeit der Dinge entsteht, ist nie nichtig, täuscht nie und beruht nie auf etwas Falschem. Und da alles andere nichtig ist, kann man sagen, daß alles, was das Leben der Menschen an Wesentlichem und Wirklichem besitzt, sich auf die Langeweile beschränkt und in ihr besteht.

PLOTIN: Es mag so sein. Ich will dir in diesem Punkt nicht widersprechen. Aber wir müssen nun die Tat, die du planst, erwägen; ich meine, diese Tat an und für sich. Ich brauche dich nicht daran zu erinnern, daß Plato sagte, dem Menschen sei es nicht erlaubt, sich aus eigener Macht wie ein flüchtender Sklave aus dem Kerker zu befreien, in dem er sich nach dem Willen der Götter befindet, das heißt, sich selber das Leben zu nehmen.

PORPHYRIOS: Ich bitte dich, lieber Plotin, lassen wir jetzt Plato und seine Lehren und seine Phantasien beiseite. Eine Sache ist es, gewisse Ansichten in Schulen und Büchern zu loben, zu erklären und zu verteidigen, eine andere Sache dagegen, sie in der Praxis zu befolgen. In der Schule und in den Büchern sei es mir gestattet, Platos Meinungen zuzustimmen und sie zu befolgen, da das heute üblich ist: im Leben stimme ich ihnen nicht nur nicht zu, sondern ich verabscheue sie. Ich weiß, daß man sagt, Plato habe in seinen Schriften jene Lehren[103] vom zukünftigen Leben verbreitet, um in den Menschen Zweifel und Unruhe über ihren Zustand nach dem Tod zu wecken und sie durch diese

Ungewißheit und die Furcht vor zukünftigen Strafen und Leiden davon abzuhalten, in diesem Leben Unrechtes und Böses zu tun. Wenn ich glaubte, daß Plato der Urheber dieser Zweifel und dieses Glaubens wäre, würde ich sagen: du siehst, Plato, wie sehr die Natur oder das Schicksal oder die Notwendigkeit, oder welche Macht auch immer die Schöpferin oder die Herrin des Universums sein mag, unserem Geschlecht immer feindlich war und bleibt. Viele, ja zahllose Gründe können uns die Überlegenheit streitig machen, die wir vor den Tieren für uns beanspruchen; doch wird man keinen Grund finden, der uns jenen Vorrang entreißt, den schon Homer uns zuerkannte: den Vorrang des Unglücks. Doch hat uns die Natur als Heilmittel für alles Leid den Tod bestimmt, der von denen, die wenig denken, nicht besonders gefürchtet, von den andern aber ersehnt werden sollte. Und so könnte die Erwartung und der Gedanke unseres Endes ein gar süßer Trost in unserem leiderfüllten Leben sein. Nun hast du aber mit diesem schrecklichen Zweifel, den du im Geist der Menschen geweckt hast, diesen Gedanken all seiner Süße beraubt und ihn bitterer gemacht als alle anderen. Du bist schuld, daß die unseligen Sterblichen den Hafen mehr fürchten als den Sturm und in ihrem Geist vor dem einzigen Heil und der einzigen Ruhe zurückfliehen zu den gegenwärtigen Ängsten und Qualen des Lebens. Du warst grausamer gegen die Menschen als das Schicksal oder die Notwendigkeit oder die Natur. Und da es unmöglich ist, diesen Zweifel irgendwie zu beseitigen und unser Gemüt jemals wieder davon zu befreien, hast du die Menschen für immer dazu gebracht, daß sie einen schrecklichen Tod haben werden, der noch schlimmer ist als ihr Leben. Du hast auf ewig bewirkt, daß die Ruhe und die Gelassenheit der Seele aus der letzten Stunde des Menschen verbannt sind, während alle andern Lebewesen ohne jede Furcht sterben. Das hat, o Plato, zum übrigen Unglück des Menschengeschlechts nur noch gefehlt.

Ich schweige davon, daß du dein Ziel, die Menschen

von Gewalttaten und Ungerechtigkeiten abzuhalten, nicht erreicht hast. Denn jene Zweifel und Erwartungen ängstigen alle Menschen in den letzten Stunden, wenn sie nicht mehr fähig sind, Böses zu tun; im Laufe des Lebens erschrecken sie jedoch häufig die Guten, die nichts Böses tun, sondern nützlich sein möchten; sie erschrecken auch die Furchtsamen und Schwächlichen, die zu Gewalttat und Bosheit weder von Natur geneigt noch mutig und stark genug sind. Die Kühnen und Starken und diejenigen, die wenig Einbildungskraft haben, kurz alle, die im allgemeinen einen andern Zügel als nur das Gesetz nötig hätten, lassen sich nicht erschrecken und von Übeltaten abhalten, wie wir täglich aus Beispielen sehen und wie die Erfahrung aller Jahrhunderte zeigt, von deiner Zeit bis auf den heutigen Tag. Gute Gesetze und noch mehr eine gute Erziehung und Pflege der Sitten und des Geistes erhalten in der menschlichen Gesellschaft Gerechtigkeit und Sanftmut; und Menschen, deren Seele durch ein wenig Bildung verfeinert und veredelt wurde und die sich daran gewöhnt haben, alle Dinge zu erwägen und ihren Verstand zu brauchen, schrekken fast immer und notwendigerweise davor zurück, sich tätlich und blutig an ihren Mitmenschen zu vergehen. Es widerstrebt ihnen meistens, anderen irgendwie zu schaden, und nur selten und mit Mühe lassen sie sich dazu bewegen, den Gefahren zu trotzen, welche die Verletzung der Gesetze mit sich bringt. Die bedrohlichen Einbildungen und die Vorstellungen grausamer und schrecklicher Dinge ermangeln jedoch dieser guten Wirkungen. Sie verstärken vielmehr wie die vielfältigen und grausamen Strafen, die der Staat verhängt, einerseits die Feigheit, anderseits die Wildheit des Gemüts, jene schlimmsten Feinde und Seuchen der menschlichen Gesellschaft.

Du hast aber auch den Guten Lohn in Aussicht gestellt und versprochen. Was ist das für eine Belohnung? Ein Zustand, der uns höchst langweilig und noch unerträglicher als dieses Leben erscheint. Die Härte deiner Strafen ist für jedermann offensichtlich;

die Süße deiner Belohnungen ist jedoch versteckt und geheim und keinem menschlichen Geist verständlich. Daher verlocken uns diese Belohnungen durchaus nicht zu Tugend und Rechtschaffenheit. In der Tat, wenn nur sehr wenige Schurken aus Furcht vor deinem schrecklichen Tartarus sich von irgendeiner Missetat abhalten lassen, so wage ich zu behaupten, daß ein guter Mensch niemals im geringsten zu gutem Handeln bewogen wurde durch die Hoffnung auf dein Elysium, das unserer Phantasie nicht als wünschenswert erscheinen kann. Abgesehen davon, daß auch die sichere Erwartung dieses Gutes nur ein kleiner Trost wäre: Welche Hoffnung können selbst die Tugendhaften und die Gerechten sich darauf machen, wenn dein Minos und Aiakos und Rhadamanthys[104], jene strengen und unerbittlichen Richter, nicht den leichtesten Schatten einer Schuld verzeihen dürfen? Welcher Mensch könnte sich so rein und makellos fühlen, wie du es verlangst? So wird denn die Erlangung dieser wie auch immer gearteten Glückseligkeit fast unmöglich, und das Bewußtsein des rechtschaffensten und mühseligsten Lebens wird nicht genügen, um den Menschen in seiner letzten Stunde zu schützen vor der Ungewißheit über seine Zukunft und der Furcht vor Strafen. So wird durch deine Lehren die Furcht, die die Hoffnung unendlich weit hinter sich läßt, zum Herrscher des Menschen eingesetzt, und das Ergebnis dieser Lehren ist schließlich nur, daß das Menschengeschlecht, denkwürdiges Beispiel von Unglück in diesem Leben, darauf gefaßt sein muß, der Tod werde ihm nicht das Ende seines Elends bringen, sondern es werde darnach noch viel unglücklicher sein. Damit hast du an Grausamkeit nicht nur die Natur und das Schicksal übertroffen, sondern auch den grausamsten Tyrannen und den unerbittlichsten Henker, den es auf der Welt je gab.

Mit welcher Barbarei läßt sich aber dein Gebot vergleichen, es sei dem Menschen nicht erlaubt, seinen Leiden, Schmerzen und Ängsten ein Ende zu machen, indem er den Schrecken des Todes überwindet und sich aus freiem Willen des Atems beraubt? Gewiß kennen die Tiere den Wunsch nicht, das Leben zu beenden; denn ihr Unglück hat engere Grenzen als das Unglück des Menschen, und sie hätten auch nicht den Mut, es aus freien Stücken auszulöschen. Wenn sich jedoch die Anlage dazu in den Tieren fände, so wären diese durch nichts daran gehindert, den Tod zu suchen; kein Verbot, kein Zweifel würde ihnen die Fähigkeit nehmen, sich ihren Leiden zu entziehen. Auch in dieser Hinsicht bewirkst du also, daß wir den Tieren unterlegen sind: jene Freiheit, welche die Tiere hätten, wenn sie sie gebrauchen könnten, und welche die Natur, die uns gegenüber sonst so geizig war, uns nicht versagt hat, wird dem Menschen deinetwegen vorenthalten. So daß die einzigen Lebewesen, die der Sehnsucht nach dem Tode fähig sind, es allein nicht in der Hand haben zu sterben. Natur, Schicksal und Glück peitschen uns fortwährend bis aufs Blut zu unserer unsäglichen Qual und Pein, und du eilst herzu und bindest uns die Arme und fesselst uns die Füße, so daß wir vor ihren Hieben weder uns schützen noch zurückweichen können. In der Tat, wenn ich die Größe des menschlichen Unglücks bedenke, so glaube ich, man muß deinen Lehren mehr als irgend etwas anderem die Schuld daran geben, und die Menschen haben sich viel mehr über dich als über die Natur zu beklagen, die uns wohl ein sehr unglückliches Leben bestimmt hat, anderseits aber die Möglichkeit gab, es zu beenden, wann es uns beliebt. Und man kann ja nie sagen, ein Elend sei sehr groß, wenn es von mir abhängt, ob es von sehr kurzer Dauer sein wird. Und wenn man sich tatsächlich nicht entschließen sollte, das Leben zu verlassen, würde schon der Gedanke allein, daß man sich nach Belieben dem Elend entziehen könnte, soviel Trost und Erleichterung in jedem Unglück bringen, daß es dadurch leicht zu ertragen wäre. Derart läßt sich erkennen, daß das unerträgliche Gewicht unseres Unglücks hauptsächlich in jenem Zweifel besteht, ob man vielleicht, wenn man freiwillig aus dem Leben scheidet, in ein noch größeres

Elend als das gegenwärtige gerät. Ein Elend, das nicht nur größer, sondern auch von so unerhörter Grausamkeit und so langer Dauer wäre, daß, angenommen die Gegenwart sei gewiß und jene Qual ungewiß, dennoch die Furcht vor jener, die ohne Vergleich und Proportion ist, stärker sein muß als das Gefühl jedes noch so großen Unglücks in diesem Leben. Jenen Zweifel, o Plato, hast du wohl leicht wecken können; aber bevor das Menschengeschlecht ausgestorben ist, wird er nicht wieder beseitigt sein. Deshalb ist nichts geboren worden und wird in aller Zukunft nichts geboren werden, was so unheilvoll und verderblich war für das menschliche Geschlecht wie dein Geist.
Das alles würde ich sagen, wenn ich Plato für den Urheber oder Erfinder dieser Lehren hielte; ich weiß aber wohl, daß er es nicht war. Auf jeden Fall ist nun über dieses Thema genug geredet worden, und ich möchte jetzt gern darüber schweigen.

PLOTIN: Du weißt, Porphyrios, daß ich Plato aufrichtig liebe. Doch will ich mich deswegen nicht auf seine Autorität berufen, vor allem nicht dir gegenüber und in einer solchen Frage; sondern ich will mit der Vernunft argumentieren. Und wenn ich jenen Satz Platos flüchtig erwähnte, so tat ich das nur, um ihn als eine Art Einleitung zu verwenden. Um meinen Gedankengang wieder aufzunehmen, sage ich, daß nicht nur Plato oder irgendein anderer Philosoph, sondern die Natur selber uns zu lehren scheint, es sei nicht erlaubt, uns eigenmächtig aus der Welt zu schaffen. Diesen Punkt brauche ich nicht weiter auszuführen: denn wenn du ein wenig nachdenkst, mußt du aus dir selbst einsehen, daß es wider die Natur ist, sich ohne Notwendigkeit mit eigener Hand zu töten. Ja, besser gesagt, es ist die widernatürlichste Handlung, die man begehen kann. Denn die ganze Ordnung der Dinge würde umgestürzt, wenn diese sich selbst zerstörten. Und es muß auf jeden Fall Abscheu erregen, daß einer sich des Lebens bediene, um dieses Leben auszulöschen, daß das Sein uns zum Nichtsein behilflich sei. Und wenn uns von der Natur irgend etwas aufgetragen wurde, so ist es vor allem der strenge Befehl, der nicht nur den Menschen, sondern jedes andere Geschöpf des Universums betrifft, für seine Selbsterhaltung zu sorgen, also genau das Gegenteil des Selbstmordes. Und fühlen wir nicht auch ohne andere Beweisgründe, daß unsere eigene Neigung uns dazu treibt, auch wider unseren Willen den Tod zu hassen und zu fürchten und vor ihm zurückzuschrecken. Da es nun also gegen die Natur ist, sich das Leben zu nehmen, und wir haben gesehen, in wie hohem Grade, könnte ich mich nie davon überzeugen, daß es erlaubt sei.

PORPHYRIOS: Ich habe diese ganze Frage schon erwogen; denn, wie du sagst, es ist unmöglich, sie zu übersehen, wenn man über das Problem auch nur ein wenig nachdenkt. Mir scheint, daß man deinen Gründen mit vielen anderen Gründen und in verschiedener Weise antworten kann: ich will aber versuchen, mich kurz zu fassen. Du zweifelst, ob es uns erlaubt sei, ohne Notwendigkeit zu sterben; ich frage dich, ob es uns erlaubt ist, unglücklich zu sein. Die Natur verbietet den Selbstmord. Nun wäre es doch seltsam, daß sie, die den Willen oder die Macht nicht hat, mich glücklich oder doch frei von Elend zu machen, mich sollte zum Leben verpflichten können. Die Natur hat uns wohl den Trieb zur Selbsterhaltung und die Abscheu vor dem Tod eingepflanzt; sie hat uns aber nicht weniger mit der Abscheu vor dem Unglück und dem Streben nach unserem Besten begabt. Diese beiden letzteren Neigungen sind umso stärker und maßgebender, als das Glück das Ziel aller unserer Handlungen, unserer Liebe wie unseres Hasses, ist und wir den Tod nicht fliehen und das Leben nicht lieben um ihrer selbst willen, sondern aus Liebe zu unserem Besten und aus Abscheu vor unserem Unglück. Kann es also wider die Natur sein, wenn ich das Unglück fliehe auf die einzige Art, wie die Menschen es fliehen können, das heißt, indem sie aus dem Leben gehen? Denn solange man lebt, kann man ihm nicht ausweichen. Und wie soll die Natur mir verbieten, mich an den Tod zu klammern, der ohne Zweifel mein höchstes Gut ist, und das Leben zu verschmähen, das für mich offensichtlich nur schädlich und qualvoll ist, da es mir nur Leiden bringt?

PLOTIN: Auf jeden Fall überzeugt mich das alles nicht, daß der Selbstmord an und für sich nicht wider die Natur sei. Denn unser Gefühl schreckt zu deutlich und lebhaft vor dem Tode zurück; auch sehen wir, daß die Tiere, die (wenn sie nicht von den Menschen gezwungen oder irregeleitet werden) in allen Dingen natürlich handeln, nicht nur niemals dahin kommen, sich zu töten, sondern, selbst wenn sie gepeinigt und elend sind, dem widerstreben. Endlich aber findet man nur unter uns verdorbenen und heruntergekommenen Menschen, die wir nicht naturgemäß leben, solche, die Selbstmord begehen, während es unter den Völkern, die eine natürliche Lebensweise haben, niemanden gibt, der den Selbstmord nicht verabscheute, wenn er überhaupt einen Begriff oder eine Vorstellung davon hat.

PORPHYRIOS: Nun wohl, ich will dir auch einräumen, daß diese Handlung wider die Natur sei. Doch was kann das heißen, wenn wir selbst – ich meine wir zivilisierten Menschen – gewissermaßen keine natürlichen Geschöpfe sind? Vergleiche uns doch, ich sage nicht mit den Lebewesen jeder anderen beliebigen Gattung, sondern mit den Völkern in Indien oder Äthiopien, die, wie man sagt, noch ihre ursprünglichen und wilden Sitten bewahren, und du wirst sehen, daß es schwer hält, in ihnen Geschöpfe von der gleichen Gattung wie wir zu sehen. Und diese unsere Umgestaltung, wenn ich so sagen kann, und diese Veränderung des Lebens und der Seele sind meiner Ansicht nach nicht ohne unermeßliche Zunahme des Unglücks vor sich gegangen. Gewiß empfinden diese wilden Völker nie den Wunsch, dem Leben ein Ende zu setzen, und es fällt ihnen gar nicht ein, daß man den Tod wünschen könnte, während die Menschen, die ähnliche Sitten wie wir haben und, wie wir sagen, zivilisiert sind, ihn häufig wünschen und manchmal sich geben.

Wenn es nun dem zivilisierten Menschen erlaubt ist, gegen die Natur zu leben und gegen die Natur so elend zu sein, warum soll es ihm nicht erlaubt sein, gegen die Natur zu sterben? Denn wir können uns von diesem neuen Unglück, das aus der Veränderung unseres Zustandes erwachsen ist, nicht anders als durch den Tod befreien. Eine Rückkehr aber in jenen ursprünglichen Zustand und zu einem Leben, wie es die Natur uns vorschreibt, würde kaum und vielleicht überhaupt nicht gelingen, was die äußerlichen Dinge betrifft, und in bezug auf alles Innerliche, was doch am meisten ins Gewicht fällt, würde sie ohne Zweifel ganz unmöglich sein. Was ist weniger natürlich als die Medizin, sowohl die mit der Hand ausgeübte als auch die durch Arzneien wirkende? Beide sind zum größten Teil, sowohl durch die Eingriffe, die sie vornehmen, als auch durch Stoffe, Instrumente und Methoden, die sie anwenden, sehr weit von der Natur entfernt und den Tieren und den Wilden unbekannt. Dennoch, da auch die Krankheiten, die sie heilen wollen, außerhalb der Natur sind und nur durch die Zivilisation, das heißt durch die Verderbtheit unseres Zustandes, hervorgerufen werden, gelten diese Künste, obwohl sie nicht natürlich sind, für zweckmäßig, ja für notwendig. Daraus folgt, daß auch der Akt des Selbstmordes, der uns von dem Unglück befreit, das die Verderbtheit uns gebracht hat, nicht tadelnswert zu sein braucht, nur weil er wider die Natur ist; denn unnatürliche Übel fordern auch unnatürliche Heilmittel. Und es wäre doch hart und ungerecht, wenn die Vernunft, die, um uns elender zu machen, als wir von Natur aus sind, sich der Natur in andern Belangen widersetzt, sich nun hier mit ihr verbünden würde, um uns den letzten Ausweg, der uns bleibt, zu rauben und uns zu zwingen, weiter im Elend zu verharren.
Die Wahrheit ist diese, Plotin. Jene ursprüngliche Natur der antiken Welt und der wilden und unzivilisierten Völker ist unsere Natur nicht mehr; Gewohnheit und Vernunft haben in uns eine andere Natur geschaffen, die wir nun anstelle jener ersten haben und

immer haben werden. Anfangs war es für die Menschen nicht natürlich, freiwillig in den Tod zu gehen, aber es war auch nicht natürlich, den Tod zu wünschen. Heute ist dagegen beides natürlich, das heißt im Einklang mit unserer neuen Natur, die wie die alte gleichfalls nach dem strebt, was unser Bestes zu sein scheint, und daher bewirkt, daß wir häufig das wünschen und suchen, was in der Tat das größte Gut des Menschen ist, den Tod. Und dies ist kein Wunder; denn diese zweite Natur wird zum größten Teil von der Vernunft beherrscht und geleitet, die es für gewiß hält, daß der Tod kein Übel ist, wie es der ursprüngliche Eindruck war, sondern das einzige wirksame Heilmittel für unsere Leiden, das höchste Gut, das die Menschen sich wünschen können. Deshalb frage ich: Messen zivilisierte Menschen denn ihre übrigen Handlungen an der ursprünglichen Natur? Wann und bei welchen Handlungen würden sie das tun? Nein, nicht an der ursprünglichen Natur, sondern an unserer zweiten Natur oder sagen wir lieber: an der Vernunft. Warum soll nun einzig der Akt des Selbstmordes nicht an der neuen Natur oder an der Vernunft, sondern an der ursprünglichen Natur gemessen werden? Warum sollen die Gesetze der ursprünglichen Natur, die in unserem Leben nicht mehr gelten, für unseren Tod Geltung haben? Warum soll nicht die Vernunft den Tod beherrschen, da sie auch im Leben regiert? Und in der Tat sehen wir, wie die Vernunft und das Unglück unseres gegenwärtigen Zustandes jene angeborene Abscheu vor dem Tod, von der du sprachst, nicht nur auslöschen, sondern sie, bei den Unglücklichen und Schmerzbeladenen vor allem, in Sehnsucht und Liebe verwandeln. Wenn diese Sehnsucht und Liebe einmal entstanden sind, die in der ursprünglichen Natur nicht hätten entstehen können, und angesichts des Unglücks, das gegen den Willen der Natur durch unsere Verderbnis gezeugt wurde, wäre es ein offenbarer Widersinn und Widerspruch, das Verbot der Natur, sich zu töten, aufrechtzuerhalten. Dies scheint mir zu genügen in bezug auf die

Frage, ob der Selbstmord erlaubt sei. Es bleibt zu untersuchen, ob er nützlich sei.

Plotin: Darüber brauchst du mir nichts zu sagen, lieber Porphyrios; denn wenn jene Handlung erlaubt ist, so habe ich gar keinen Zweifel daran, daß sie auch sehr nützlich ist, während ich nie einräumen würde, daß eine Handlung, die nicht richtig und gerecht ist, Nutzen bringen könnte. Denn am Ende läuft die Frage darauf hinaus, ob es besser sei, nicht zu leiden oder zu leiden. Ich weiß wohl, daß wahrscheinlich fast alle Menschen ein mit Genuß vermischtes Leiden einem Zustand ohne Leid und ohne Genuß vorziehen würden, so groß ist der Wunsch und sozusagen der Durst, den die Seele nach dem Genuß hat. Die Frage läßt sich aber nicht auf diese Weise stellen; denn Genuß und Vergnügen sind genaugenommen so unmöglich wie das Leiden unvermeidlich. Und zwar ist das Leiden so unaufhörlich wie das Verlangen und das Bedürfnis, das wir nach Genuß und Glückseligkeit empfinden, welches nie gestillt werden kann; und dabei rede ich nicht von den besonderen und zufälligen Leiden, die jeden Menschen treffen und unvermeidbar sind und, wie ich meine, mehr oder weniger und in der einen oder anderen Art auch das glücklichste Leben der Welt behelligen. Und in der Tat, ein einziges kurzes Leiden, von dem ein Mensch sicher wüßte, daß er es erfahren müßte, wenn er weiterlebte, würde genügen, um nach Vernunftsgründen den Tod dem Leben vorzuziehen; denn dieses Leiden würde durch nichts aufgewogen werden, da es in unserem Leben kein wahres Gut und kein echtes Vergnügen gibt.

Porphyrios: Mir scheint, daß allein schon die Langeweile und das Fehlen der Hoffnung auf einen besseren Zustand und mehr Glück ausreichen, um den Wunsch hervorzubringen, dem Leben ein Ende zu machen, auch wenn ein Mensch sich in Umständen befindet, die nicht schlecht, sondern günstig sind. Und oft schon habe ich mich gewundert, daß man nirgends Fürsten erwähnt findet, die nur aus Ekel und Überdruß an ihrem eigenen Zustand zu sterben wünschten, wie man es von Privatleuten jeden Tag lesen und hören kann. Etwa jene, die die Vorlesungen des Philosophen Hegesias von Kyrene[105] über das Elend des Lebens hörten und – aus der Schule gekommen – hingingen und sich das Leben nahmen, weshalb Hegesias den Übernamen Todesverführer erhielt; man erzählt, wie du wohl auch weißt, daß König Ptolemäus ihm zuletzt verboten habe, diesen Gegenstand weiterhin zu erörtern. Wenn man auch einige Fürsten findet, wie den König Mithridates, Kleopatra und Kaiser Otho, und vielleicht noch ein paar andere, die sich selbst umgebracht haben, so kamen sie durch Unglück und Bedrängnis zu ihrem Entschluß und weil sie noch Schlimmerem entfliehen wollten. Mir würde es aber sehr glaubhaft vorkommen, daß Fürsten leichter als andere Abscheu vor ihrem Zustand und Ekel an allem empfinden würden und zu sterben wünschten. Da sie sich nämlich auf dem Gipfel der sogenannten menschlichen Glückseligkeit befinden und von den ersehnten menschlichen Gütern wenige oder vielleicht keines zu erhoffen haben, weil sie alles schon besitzen, kann für sie der nächste Tag nicht besser als der heutige sein. Und die Gegenwart, so glücklich sie auch immer sein mag, ist stets traurig und nichtliebenswert; nur die Zukunft kann gefallen. Doch wie dem auch sei, am Ende erkennen wir: was (abgesehen von der Furcht vor den Dingen einer anderen Welt) die Menschen davon abhält, freiwillig aus dem Leben zu scheiden, und was sie dazu bewegt, es zu lieben und dem Tode vorzuziehen, ist nichts anderes als sozusagen ein einfacher Meß- und Rechenfehler, den man begeht, wenn man die Vorteile und die Nachteile des Lebens berechnet, mißt und gegeneinander abwägt. Diesen Fehler macht man soviele Male, wie es für jeden Augenblicke gibt, in denen er das Leben annimmt, das heißt, einwilligt zu leben und sich zufriedengibt, sei es bewußt und willentlich, oder nur in der Tat.

PLOTIN: So ist es wirklich, lieber Porphyrios. Aber trotz alledem erlaube mir, dir einen Rat zu geben und dich zu bitten, du mögest in bezug auf deine Absicht eher der Natur als der Vernunft Gehör schenken. Ich meine jener ursprünglichen Natur, die unsere und des Universums Mutter ist und die, auch wenn sie uns keine Liebe bezeugt und uns unglücklich gemacht hat, doch weniger feindselig war und weniger Schaden anrichtete als wir selbst mit unserem eigenen Geist, mit unserer unersättlichen und maßlosen Neugier, mit unseren Spekulationen, Erörterungen und Träumen, unseren anmaßenden Meinungen und Lehren. Vor allem aber hat sie sich große Mühe gegeben, unser Unglück zu lindern, indem sie es uns zum größten Teil verschleierte oder verklärte. Und so sehr wir uns auch verändert haben und die Kraft der Natur in uns geschwunden ist, so ist sie doch nicht ganz zerstört und wir nicht so sehr umgestaltet und erneuert, daß nicht jedem von uns noch ein großer Teil des alten Menschen geblieben wäre. Das wird trotz all unserer Torheit nie anders sein können. Und deshalb wird das, was du einen Rechenfehler nennst und was tatsächlich ein großer und greifbarer Fehler ist, fortwährend begangen, und zwar nicht nur von den Dummen und Ungebildeten, sondern von den Gescheiten, Gelehrten und Weisen, und wird bis in alle Ewigkeit begangen werden, wenn nicht die Natur selbst, die unser Geschlecht hervorgebracht hat, und nicht etwa die vernünftige Überlegung und die eigene Hand des Menschen, das Leben wieder vernichtet. Glaube mir auch, daß kein Lebensüberdruß, keine Verzweiflung, kein Gefühl von der Nichtigkeit aller Dinge, der Vergeblichkeit aller Anstrengungen und der Einsamkeit des Menschen, kein Haß gegen die Welt und sich selbst lange dauern können, obwohl diese Empfindungen der Seele sehr vernünftig sind und ihr Gegenteil unvernünftig. Trotzdem kehrt aber, wenn ein wenig Zeit vergangen ist und die körperliche Verfassung sich nur leicht verändert hat, nach und nach und oft auch ganz plötzlich durch winzige und kaum wahrnehmbare Ursachen der Geschmack am Leben zurück; neue Hoffnungen erwachen, und die menschlichen

Dinge gewinnen wieder ihren täuschenden Schein, als seien sie der Sorge nicht unwert, allerdings nicht für den Verstand, aber doch sozusagen für den Sinn unserer Seele. Das genügt dann, um zu bewirken, daß man, so gut man auch die Wahrheit kennt und von ihr überzeugt ist, dennoch gegen die Vernunft im Leben ausharrt und darin fortschreitet wie alle anderen; denn wir werden von jenem Sinn und nicht vom Verstand gelenkt.

Es mag vernünftig sein, sich zu töten, und gegen die Vernunft, sich mit dem Leben abzufinden: jener Tod ist jedoch wild und unmenschlich. Und es ist nicht möglich, daß es einem besser gefällt und daß man sich lieber dazu entschließt, der Vernunft entsprechend ein Ungeheuer zu sein als der Natur entsprechend ein Mensch. Und warum sollten wir denn auch gar keine Rücksicht nehmen auf die Freunde, die Blutsverwandten, die Kinder, die Geschwister, die Eltern, die Gattin und alle Menschen, die zu unserer Familie gehören und mit denen wir seit langer Zeit zusammenleben und die wir, wenn wir sterben, für immer verlassen müssen. Werden wir in unserem Herzen gar keinen Schmerz fühlen über diese Trennung und uns auch nicht darum kümmern, was sie empfinden werden angesichts des Verlustes eines vertrauten Menschen und angesichts der Grausamkeit des Falles? Ich weiß wohl, daß das Herz des Weisen nicht allzu weich sein darf und sich von Mitleid und Kummer nicht so sehr überwältigen lassen soll, daß er verstört zu Boden sinkt, wie ein Feigling ohnmächtig wird und sich zu maßlosen Tränen und Handlungen hinreißen läßt, die eines gefestigten Menschen, der ein volles und klares Bewußtsein des menschlichen Loses hat, nicht würdig sind. Diese Seelenstärke soll man jedoch in den traurigen Wechselfällen beweisen, die das Schicksal bringt und die man nicht vermeiden kann, und sie nicht dazu mißbrauchen, uns freiwillig und für immer des Anblicks, des Gesprächs und des Umgangs unserer Liebe zu berauben. Wer sich nichts macht aus dem Kummer der Trennung und dem Verlust von Verwandten, Vertrauten und Gefährten und nicht fähig ist, darüber den geringsten Schmerz zu empfinden, ist kein Weiser, sondern ein Barbar. Wer sich nicht darum kümmert, daß er mit seinem Freitod seinen Freunden und Hausgenossen Leid zufügt, sorgt zuwenig für die andern und zuviel für sich selbst. Und in der Tat, wer sich selber das Leben nimmt, sucht nur seinen eigenen Vorteil und kehrt seinen Nächsten und dem ganzen Menschengeschlecht sozusagen den Rücken, so daß in dieser Handlung des Selbstmordes die nackteste, gemeinste oder doch die am wenigsten schöne und großzügige Selbstliebe erscheint, die man auf der Erde finden kann.

Zu guter Letzt, lieber Porphyrios, sind die Lasten und Leiden des Lebens, so zahlreich und endlos sie auch sein mögen, für einen weisen und starken Mann wie dich nicht schwer zu ertragen, wenn man nicht gerade unter außerordentlichen Unfällen und Schicksalsschlägen oder heftigen körperlichen Schmerzen zu leiden hat. Und das Leben ist von so geringer Bedeutung, daß der Mensch, was ihn betrifft, sich weder bemühen sollte, es zu bewahren, noch es aufzugeben. Wenn sich ihm deshalb der geringfügigste Grund zeigt, am Leben festzuhalten, sollte er, ohne die Sache allzu genau abzuwägen, sich nicht weigern, es zu tun. Und wenn ein Freund ihn darum bittet, warum sollte er ihm den Gefallen nicht tun? Und so bitte ich dich nun herzlich, lieber Porphyrios, im Namen der Freundschaft, die uns seit vielen Jahren verbindet, laß diesen Gedanken fahren. Sei nicht die Ursache eines so großen Schmerzes für deine Freunde, die dich von Herzen lieben, und für mich, der ich keinen teureren Menschen und keine angenehmere Gesellschaft kenne. Hilf uns lieber, das Leben zu ertragen, als uns rücksichtslos im Stiche zu lassen. Laß uns leben, mein Porphyrios, und uns gegenseitig beistehen; laß uns willig den Teil der Leiden unseres Geschlechtes tragen, den das Schicksal uns bestimmt hat. Wir wollen einander Gesellschaft leisten, uns gegenseitig ermutigen, unterstützen und helfen, damit wir dieses mühsame Leben so gut als möglich überstehen. Es wird ohne Zweifel kurz sein. Und wenn der Tod kommt, werden wir nicht klagen. Und auch in jener letzten Zeit werden die Freunde und Gefährten uns beistehen, und der Gedanke wird uns erheitern, daß sie auch nach unserem Tode unser gedenken werden und uns lieben.

Dialog zwischen einem Kalenderverkäufer und einem Passanten

VERKÄUFER: Kalender, neue Kalender! Neue Almanache! Brauchen Sie einen Kalender, mein Herr?

PASSANT: Einen Kalender fürs neue Jahr?

VERKÄUFER: Ja, mein Herr.

PASSANT: Glauben Sie, daß das neue Jahr glücklich sein wird?

VERKÄUFER: O ja, ganz gewiß, gnädiger Herr.

PASSANT: So wie dieses vergangene Jahr?

VERKÄUFER: Noch viel glücklicher.

PASSANT: So wie das vorletzte?

VERKÄUFER: Viel glücklicher, gnädiger Herr.

PASSANT: Wie welches andere denn? Möchten Sie nicht, daß das neue Jahr so würde wie eines der letzten Jahre?

VERKÄUFER: Nein, mein Herr, das möchte ich nicht.

PASSANT: Wieviele neue Jahre sind vergangen, seit Sie Kalender verkaufen?

VERKÄUFER: Ungefähr zwanzig, gnädiger Herr.

PASSANT: Und welchem dieser zwanzig Jahre wünschen Sie, daß das kommende Jahr gleiche?

VERKÄUFER: Ich weiß es nicht.

PASSANT: Erinnern Sie sich nicht an ein besonders glückliches Jahr?

VERKÄUFER: Nein, wahrhaftig nicht, gnädiger Herr.

PASSANT: Und doch ist das Leben schön. Nicht wahr?

VERKÄUFER: Versteht sich.

PASSANT: Möchten Sie diese zwanzig Jahre nicht noch

einmal leben, ja überhaupt die ganze Zeit seit Ihrer Geburt?

VERKÄUFER: Ja, lieber Herr, wollte Gott nur, daß man das könnte.

PASSANT: Wenn Sie aber Ihr Leben genau gleich wieder erleben sollten, mit allen Freuden und Leiden, die Sie durchgemacht haben?

VERKÄUFER: Das möchte ich nicht.

PASSANT: Nun, was für ein anderes Leben möchten Sie denn nochmals leben? Vielleicht mein Leben oder das des Fürsten oder irgendeines andern Menschen? Oder glauben Sie nicht, daß ich, der Fürst und jeder andere genau so antworten würde wie Sie und daß keiner das Leben, das er hinter sich hat, noch einmal anfangen möchte?

VERKÄUFER: Das glaube ich wohl.

PASSANT: Auch Sie möchten also unter dieser Bedingung nicht noch einmal anfangen?

VERKÄUFER: Nein, gewiß nicht.

PASSANT: Was für ein Leben wünschten Sie denn?

VERKÄUFER: Ein Leben, wie Gott es mir schickt, ohne weitere Bedingungen.

PASSANT: Ein Leben auf gut Glück, von dem man so wenig weiß wie vom neuen Jahr.

VERKÄUFER: Jawohl.

PASSANT: Das möchte auch ich, wenn ich noch einmal leben könnte; das möchten alle. Das zeigt aber auch, daß bis heute keiner mit dem Glück gut gefahren ist und daß jeder glaubt, er habe mehr Böses als Gutes erlebt, wenn unter der Bedingung, das frühere Leben mit all seinem Glück und Unglück noch einmal zu leben, kein Mensch ein zweites Mal auf die Welt kommen möchte. Das schöne Leben ist nicht das, welches man kennt, sondern das, welches man nicht kennt, nicht das vergangene Leben, sondern das zukünftige. Vom neuen Jahr an wird das Schicksal anfangen, Sie, mich und alle andern gut zu behandeln, und dann wird das glückliche Leben beginnen. Hab ich recht?

VERKÄUFER: Hoffentlich.

PASSANT: So zeigen Sie mir nun Ihren schönsten Kalender.

VERKÄUFER: Hier, gnädiger Herr. Der kostet dreißig Soldi.

PASSANT: Da sind die dreißig Soldi.

VERKÄUFER: Danke, gnädiger Herr. Auf Wiedersehen. Kalender, neue Kalender! Neue Almanache!

Dialog zwischen Tristan und einem Freund

FREUND: Ich habe Ihr Buch gelesen. Melancholisch, wie man es bei Ihnen gewohnt ist.

TRISTAN: Ja, wie man es bei mir gewohnt ist.

FREUND: Melancholisch, trostlos, verzweifelt: man sieht, daß Ihnen das Leben recht traurig vorkommt.

TRISTAN: Was soll ich Ihnen sagen? Ich hatte mir die verrückte Idee in den Kopf gesetzt, das menschliche Leben sei unglücklich.

FREUND: Unglücklich vielleicht. Und doch, am Ende …

TRISTAN: Nein, nein, im Gegenteil, sehr glücklich. Ich habe jetzt meine Meinung geändert. Aber als ich dieses Buch schrieb, hatte ich, wie gesagt, jene verrückte Idee im Kopf. Und ich war von ihr so überzeugt, daß ich auf alles andere eher gefaßt war, als hören zu müssen, daß man die Betrachtungen, die ich darüber anstellte, in Zweifel zog; denn mir schien, jeder einzelne Leser müßte sie sogleich bestätigen. Ich erwartete, daß man nur uneinig darüber sein könnte, ob solche Bemerkungen nützten oder schadeten, doch niemals über ihre Wahrheit. Ich nahm sogar an, da das Unglück allgemein ist, würden auch meine Klagen im Herzen jedes Lesers ein Echo finden. Und als mir nun nicht irgendeine einzelne Behauptung bestritten wurde, sondern das Ganze, und als man sagte, das Leben sei nicht unglücklich und wenn es mir so vorkomme, müsse eine Krankheit oder ein anderes persönliches Leid daran schuld sein, war ich anfangs betroffen, bestürzt, geradezu versteinert und glaubte mehrere Tage lang, mich in einer andern Welt zu befinden. Als ich dann wieder zu mir selbst kam, ärgerte ich mich ein wenig; dann lachte ich und sagte: die Menschen sind im allgemeinen wie die Ehemänner. Wenn Ehemänner ruhig leben wollen, müssen sie ihre Frauen für treu halten, jeder die seine, und das tun sie denn auch, obschon die halbe Welt weiß, daß die Wahrheit ganz anders aussieht. Wer in einem Land leben will oder muß, der tut am besten daran, wenn er dieses Land für das schönste auf der bewohnten Erde hält, und er tut es auch. Da die Menschen leben wollen, müssen sie glauben, das Leben sei schön und wertvoll, und sie tun es auch und werden böse auf jeden, der anders denkt. Denn das Menschengeschlecht glaubt grundsätzlich nicht das Wahre, sondern das, was ihm am besten paßt oder zu passen scheint. Das Menschengeschlecht, das so viele Torheiten geglaubt hat und in Zukunft glauben wird, will niemals glauben, daß es nichts wisse, nichts sei und nichts zu hoffen habe. Kein Philosoph, der einen dieser drei Sätze lehrte, würde Erfolg haben und Anhänger finden, vor allem nicht im Volk: denn abgesehen davon, daß alle drei Sätze einem Menschen, der leben will, wenig gelegen kommen, beleidigen die beiden ersten den Stolz der Menschen, und um den dritten, aber auch die beiden anderen, zu glauben, braucht es Mut und Seelenstärke. Die Menschen sind aber feige, schwach, von unedlem und beschränktem Sinn, immer bereit, sich Hoffnungen zu machen, weil sie immer geneigt sind, ihre Ansichten vom Glück zu ändern, je nach der Notwendigkeit, die ihr Leben regiert. Sie sind, wie Petrarca[106] sagt, immer bereit, die Waffen vor ihrem Glück zu strecken, immer bereit und rasch entschlossen, sich über jedes Unglück zu trösten und jede Entschädigung anzunehmen für das, was ihnen versagt wird oder was sie verloren haben, und sich unter jeder Bedingung mit dem grausamsten und ungerechtesten Schicksal abzufinden, und wenn sie alles Wünschenswerten beraubt sind, von Illusionen zu leben, an die sie so stark und fest glauben, als gäbe es auf der Welt nichts Wahreres und Zuverlässigeres. Ich für meinen Teil lache über das ins Leben verliebte Menschengeschlecht, so wie man im südlichen Europa über die Ehemänner lacht, die in ihre untreuen Frauen verliebt sind, und halte es für wenig männlich, daß man sich wie ein Tor betrügen und täuschen läßt und zu den Übeln, die man zu ertragen hat, auch noch der Natur und dem Schicksal zum Gespött wird. Dabei meine ich nicht die Täuschungen der Phantasie, sondern diejenigen des Verstandes. Ob meine Überzeugung von einer Krankheit herrührt, weiß ich nicht: ich weiß nur, daß ich, krank oder gesund, die Feigheit der Menschen verachte, jeden Trost und jeden kindischen Selbstbetrug zurückweise und den Mut habe, die vollständige Hoffnungslosigkeit zu ertragen, unverzagt die Wüste des Lebens zu betrachten, mir das menschliche Unglück in keiner Weise zu verschleiern und alle Folgen einer schmerzlichen, aber wahren Philosophie anzunehmen. Einer Philosophie, die, wenn sie zu nichts anderem nützlich ist, den starken Menschen die stolze Genugtuung verschafft, daß sie der verhüllten und geheimnisvollen Grausamkeit des menschlichen Schicksals jeden Schleier wegreißt. Das alles sagte ich für mich selbst, als ob diese schmerzliche Philosophie meine eigene Erfindung wäre, da ich sie von allen abgelehnt sah, so wie das Neue, noch nie Gehörte fast immer abgelehnt wird. Als ich dann aber noch einmal darüber nachdachte, erinnerte ich mich, daß sie so alt war wie Salomo und Homer und die ältesten uns bekannten Dichter und Philosophen, bei denen wir unzählige Bilder, Sagen und Sinnsprüche finden, welche die außerordentliche Unglückseligkeit des Menschen ausdrücken. Der eine von ihnen sagt, der Mensch sei das elendeste aller Tiere, ein anderer, das Beste sei, nicht geboren zu werden, und für den, der geboren wurde, in der Wiege zu sterben, noch ein anderer, wer den Göttern lieb sei, sterbe in der Jugend. Auch erinnerte ich mich, daß seit jenen Zeiten bis gestern oder vorgestern alle Dichter und Philosophen, alle großen und kleinen Schriftsteller in der einen oder andern Weise die gleichen Lehren wiederholt und bestätigt haben. So begann ich mich von neuem zu wundern und verblieb lange Zeit zwischen Verwunderung, Ärger und Lachen, bis ich tiefer in diese Materie eindrang und erkannte, daß das menschliche Unglück ein hartnäckiger Irrtum des Verstandes ist und die Aufdeckung dieses Irrtums und die Glückseligkeit des Lebens eine der großen Entdeckungen des neunzehnten Jahrhunderts. Da beruhigte ich mich, und ich gestehe nun, daß ich Unrecht hatte zu glauben, was ich glaubte.

FREUND: Und Sie haben Ihre Meinung geändert?

TRISTAN: Gewiß. Soll ich der im neunzehnten Jahrhundert entdeckten Wahrheit vielleicht widersprechen?

FREUND: Und Sie glauben alles, was das Jahrhundert glaubt?

TRISTAN: Gewiß. Was ist daran erstaunlich?

FREUND: Sie glauben also an die unbegrenzte Fähigkeit des Menschen, sich zu vervollkommnen?

TRISTAN: Selbstverständlich.

FREUND: Glauben Sie, daß das menschliche Geschlecht tatsächlich jeden Tag besser wird?

TRISTAN: Aber gewiß. Manchmal denke ich zwar, daß bei den Menschen des Altertums, was die Körperkraft betrifft, jeder einzelne so viel wert war wie vier von uns. Und der Körper ist der Mensch; denn – um von allem anderen zu schweigen – die Hochherzigkeit, der Mut, die Leidenschaften, die Fähigkeit zu handeln und alles zu genießen, was das Leben edel und lebendig macht, hängt von der Kraft des Körpers ab und ist ohne sie nicht möglich. Wer einen schwachen Körper hat, ist kein Mann, sondern ein Kind, ja sogar noch schlimmer, denn es ist sein Los zuzuschauen, wie die andern leben, und er selber kann höchstens reden; aber das Leben ist nicht für ihn. Darum war früher die körperliche Schwäche eine Schmach, selbst in Jahrhunderten höchster Bildung. Bei uns aber würdigen die Erzieher den Körper als etwas Niedriges und Verächtliches schon seit langem keines Gedankens mehr;

sie denken nur an den Geist, und gerade indem sie nur den Geist bilden wollen, richten sie den Körper zugrunde und bemerken nicht, daß sie damit auch den Geist ruinieren. Angenommen, man könnte die Erziehung in diesem Punkte verbessern, so würde man doch nie, ohne den heutigen Zustand der Gesellschaft von Grund auf umzugestalten, ein Mittel finden, um in denjenigen Teilen des privaten und öffentlichen Lebens Abhilfe zu schaffen, die einstmals ihrer Natur nach darauf angelegt waren, den Körper zu vervollkommnen oder zu erhalten, während sie ihn heute verderben. Die Folge ist, daß wir gemessen an den Menschen des Altertums nicht viel mehr als Kinder sind und daß man die Alten im Vergleich zu uns erst recht Männer nennen muß. Ich sage das von den Individuen im Vergleich zu den Individuen wie auch von den Massen (um dieses anmutige moderne Wort zu gebrauchen) im Vergleich zu den Massen. Und ich füge hinzu, daß die Alten auch in ihrer moralischen und metaphysischen Vorstellungswelt unvergleichlich viel männlicher waren als wir. Trotzdem lasse ich mich aber von so kleinen Einwänden nicht beeindrukken und glaube beharrlich, daß das Menschengeschlecht Fortschritte macht.

FREUND: So glauben Sie natürlich auch, daß das Wissen oder, wie man sagt, die Aufklärung beständig fortschreitet?

TRISTAN: Ganz gewiß. Wenn ich auch sehe, daß die Lust zu lernen wohl wächst, diejenige zu studieren jedoch schwindet. Und man wundert sich, wenn man die Gelehrten, die wahrhaft Gelehrten, zusammenzählt, die gleichzeitig vor hundertfünfzig Jahren oder auch später lebten, und feststellt, wie unverhältnismäßig viel zahlreicher sie damals waren als heutzutage. Man sage mir nicht, wir hätten heute weniger Gelehrte, weil die Kenntnisse im allgemeinen nicht mehr bei einigen Individuen angehäuft, sondern unter viele verteilt seien und daß die Menge dieser die Seltenheit jener wettmache. Kenntnisse lassen sich nicht wie Reichtümer verteilen und einsammeln, so daß sie immer die gleiche Summe ergeben. Wo alle wenig wissen, weiß man überhaupt wenig; denn Wissen zieht Wissen an und zerstreut sich nicht. Oberflächliche Bildung kann zwar nicht unter viele verteilt, aber doch vielen Ungelehrten gemeinsam sein. Das übrige Wissen gehört nur den Gelehrten und zum großen Teil nur den Gelehrtesten. Und abgesehen von Ausnahmen ist nur der Gelehrte, der für seine Person ein gewaltiges Kapital von Kenntnissen besitzt, imstande, das menschliche Wissen in zuverlässiger Weise zu vermehren und weiterzuführen. Scheint es Ihnen nun nicht, daß es von Tag zu Tag unmöglicher wird, jene echten Gelehrten anzutreffen, mit Ausnahme vielleicht von Deutschland, wo die Gelehrsamkeit noch nicht verjagt wurde? Ich mache diese Bemerkung nur, um zu plaudern und ein wenig zu philosophieren und ein paar Sophismen vorzubringen, nicht weil ich von dem, was Sie sagen, nicht überzeugt wäre. Im Gegenteil, auch wenn ich die Welt voll betrügerischer Ignoranten einerseits und hochmütiger Ignoranten andererseits sähe, würde ich dennoch am Glauben festhalten, daß Wissen und Aufklärung beständig fortschreiten.

FREUND: Sie glauben also, daß unser Jahrhundert allen vergangenen überlegen ist?

TRISTAN: Gewiß. Das haben alle Jahrhunderte, auch die barbarischsten, von sich geglaubt, und das glaubt auch das meine und ich mit ihm. Wenn Sie mich aber weiter fragen, worin es den andern Jahrhunderten überlegen sei, ob in körperlicher oder in geistiger Hinsicht, so würde ich auf das hinweisen, was ich vorhin gesagt habe.

FREUND: Alles in allem denken Sie also über die Natur und die Schicksale der Menschen und der Dinge (denn wir reden jetzt weder von Literatur noch von Politik) das gleiche wie die Zeitungen?

TRISTAN: Jawohl. Ich bin überzeugt von der tiefen Philosophie der Zeitungen, die jede andere Literatur und jedes andere Studium, besonders das schwierige und unbequeme, vernichten und Lehrer und Leuchten unserer Zeit sind. Ist es nicht so?

FREUND: Gewiß. Wenn das, was Sie sagen, im Ernst und nicht als Scherz gemeint ist, sind Sie einer der unseren geworden.

TRISTAN: Jawohl, einer der Ihren.

FREUND: Was werden Sie nun mit Ihrem Buch anfangen? Soll es der Nachwelt überliefert werden, obwohl es Ihren Ansichten gar nicht mehr entspricht?

TRISTAN: Der Nachwelt? Ich lache, weil Sie scherzen, und wäre es möglich, daß Sie nicht scherzten, würde ich noch mehr lachen. Nicht in bezug auf mich, sondern in bezug auf die Individuen und alles Individuelle im neunzehnten Jahrhundert müssen Sie einsehen, daß keine Nachwelt zu fürchten ist, die davon so viel wissen wird wie ihre Vorfahren. *Die Individuen sind angesichts der Masse verschwunden*, sagen die modernen Denker auf ihre elegante Weise. Das bedeutet, daß das Individuum sich nicht die geringste Mühe zu geben braucht, da es für keinen noch so großen Verdienst, weder im Wachen noch im Träumen, auf den armseligen Lohn des Ruhms zu hoffen hat. Lassen Sie nur die Massen machen; was diese freilich zustande bringen werden ohne Individuen, da sie doch aus Individuen bestehen, werden mir, wie ich wünsche und hoffe, die Kenner der Individuen und Massen erklären, die heute die Welt erleuchten. Doch um auf mein Buch und die Nachwelt zurückzukommen, so sehen Sie wohl, daß die Bücher, die jetzt zum größten Teil in kürzerer Zeit geschrieben werden, als man braucht, um sie zu lesen, nicht mehr kosten, als sie wert sind, und nur ihrem Wert entsprechend dauern. Ich für meinen Teil glaube, daß das kommende Jahrhundert einen wunderschönen Strich unter die ungeheure Bibliographie des neunzehnten Jahrhunderts machen wird – oder aber sagen: ich habe ganze Bibliotheken von Büchern, die zwanzig oder dreißig Jahre Anstrengung gekostet haben, einige auch weniger, alle jedoch sehr viel Mühe und Arbeit. Die wollen wir zuerst lesen; denn sie werden uns wahrscheinlich mehr Nutzen bringen, und erst wenn wir von dieser Sorte nichts mehr zu lesen haben, will ich zu schnell hingeschriebenen Büchern greifen. Mein Freund, dieses Jahrhundert ist ein Jahrhundert von Knaben, und die wenigen Männer, die es noch gibt, müssen sich vor Scham verstecken wie ein Mensch, der im Lande der Hinkenden gerade geht. Und diese Knaben wollen in allem dasselbe tun, was in andern Zeiten Männer getan haben, und sie tun es nach Knabenart, im Nu und ohne sich dafür anzustrengen. Sie glauben vielmehr, daß der Stand, den die Zivilisation erreicht hat, und die Beschaffenheit der gegenwärtigen und der zukünftigen Zeit sie und ihre Nachkommen für immer von der Notwendigkeit befreiten, unter Schweiß und Anstrengungen der Dinge Herr zu werden. Vor wenigen Tagen sagte mir ein Freund[107], der sich auskennt in den Dingen der Welt, daß auch die Mittelmäßigkeit sehr selten geworden sei; fast alle seien ungeschickt, fast alle könnten den Aufgaben und Pflichten nicht genügen, die ihnen die Notwendigkeit, das Schicksal oder die freie Wahl überbunden habe. Darin besteht, scheint mir, zum Teil der Unterschied zwischen diesem Jahrhundert und andern Epochen. Das Große ist immer sehr selten gewesen; doch früher hat die Mittelmäßigkeit das Feld behauptet, heute dagegen die Nichtigkeit. Da alle alles sein wollen, sind der Lärm und die Konfusion so gewaltig, daß man den wenigen Großen, die es doch gewiß noch gibt, überhaupt keine Beachtung schenkt und es ihnen bei der ungeheuren Menge von Konkurrenten nicht mehr möglich ist, sich einen Weg zu bahnen. Und während also die Unbedeutendsten sich für berühmt halten, wird die Dunkelheit und die Nichtigkeit zum gemeinsamen Schicksal der Niedrigsten wie der Höchsten. Doch es lebe die Statistik! Es leben die ökonomischen, moralischen und politischen Wissenschaften, die tragbaren Enzyklopädien, die Handbücher und all die andern schönen Erfindungen unseres Jahrhunderts! Und es lebe das neunzehnte Jahrhundert, das vielleicht arm ist an Dingen, aber sehr reich und freigebig an Worten, was, wie Sie wissen, immer ein gutes Zeichen war! Und es soll uns auch ein Trost sein, daß dieses Jahrhundert noch weitere sechsundsechzig Jahre lang ganz allein reden und seine Gründe geltend machen kann.

FREUND: Sie reden, wie mir scheint, ein wenig ironisch. Aber Sie sollten doch auch bedenken, daß wir in einem Jahrhundert des Übergangs leben.

TRISTAN: Nun, was wollen Sie damit sagen? Alle Jahrhunderte sind mehr oder weniger Jahrhunderte des Übergangs gewesen; denn die menschliche Gesellschaft steht niemals still, und es wird nie ein Jahrhundert geben, in dem sie einen Zustand erreicht, der dauern könnte. Dieses schöne Wort entschuldigt also das neunzehnte Jahrhundert durchaus nicht, oder es ist eine Entschuldigung, die für alle Jahrhunderte gilt. Es bleibt festzustellen, wohin die Gesellschaft auf dem Weg, den sie heute geht, gelangen wird, das heißt, ob der Übergang, in dem wir jetzt sind, vom Guten zum Bessern führt oder vom Schlechten zum Schlechtern. Vielleicht wollten Sie aber sagen, der gegenwärtige Übergang sei ein Übergang schlechthin, das heißt ein blitzschneller Wandel von einem Zustand der Zivilisation zu einem anderen, der von dem vorangehenden sehr verschieden ist. In diesem Fall gestatte ich mir, über den blitzschnellen Wandel zu lachen und Ihnen zu antworten, daß alle Übergänge langsam sein müssen, denn wenn sie blitzschnell geschehen, so fällt man in kürzester Zeit wieder zurück und muß den Weg schrittweise noch einmal machen. So ist es immer gewesen. Der Grund dafür ist, daß die Natur keine Sprünge macht, und wenn man der Natur Gewalt antut, sind die Ergebnisse nicht dauerhaft. Oder besser gesagt, die hastigen Übergänge sind nur scheinbare, keine wirklichen Übergänge.

FREUND: Ich bitte Sie, führen Sie solche Reden nicht vor vielen Leuten, Sie würden sich viele Feinde machen.

TRISTAN: Das kümmert mich wenig. Weder Feinde noch Freunde können mir von nun an viel zuleide tun.

FREUND: Noch wahrscheinlicher ist, daß man Sie verachten wird als jemanden, der von der neuesten Philosophie wenig versteht und dem am Fortschritt der Bildung und der Aufklärung wenig gelegen ist.

TRISTAN: Das tut mir leid, aber was kann ich machen? Wenn man mich verachtet, muß ich mich wohl damit abfinden.

FREUND: Aber haben Sie nun eigentlich Ihre Ansichten geändert oder nicht? Und was wird mit Ihrem Buch geschehen?

TRISTAN: Das Beste wäre, es zu verbrennen. Wenn man es nicht verbrennen will, kann man es aufbewahren als ein Buch voll poetischer Träume, voll melancholischer Einfälle und Launen, oder als ein Bekenntnis, wie unglücklich der Verfasser war. Denn im Vertrauen, lieber Freund, ich halte Sie und alle andern für glücklich, ich aber für meinen Teil bin mit Ihrer und des Jahrhunderts Erlaubnis sehr unglücklich und weiß, daß ich es bin, und alle Zeitungen der Neuen und der Alten Welt werden mich nicht vom Gegenteil überzeugen.

FREUND: Ich kenne die Ursache dieses Unglücks nicht, von dem Sie sprechen. Ob aber ein Mensch glücklich oder unglücklich sei, kann niemand beurteilen als er selbst, und sein Urteil kann nicht falsch sein.

TRISTAN: Sehr wahr. Und zudem gestehe ich Ihnen offen, daß ich mich in mein Unglück nicht ergebe und mich dem Schicksal nicht beuge oder mit ihm feilsche, wie die andern Menschen es tun. Ich wage es, den Tod zu wünschen, ihn zu wünschen wie nichts anderes auf der Welt, mit so viel Leidenschaft und Aufrichtigkeit, wie er, glaube ich, auf der Welt nur von wenigen herbeigesehnt wird. Ich würde Ihnen das nicht sagen, wenn ich nicht ganz sicher wäre, daß, wenn meine Stunde kommt, die Tatsachen meine Worte nicht Lügen strafen werden. Denn obwohl ich noch kein Ende für mein Leben sehe, läßt mich doch ein inneres Gefühl fast sicher sein, daß die letzte Stunde nicht fern ist. Allzu reif bin ich für den Tod; allzu unsinnig und unglaublich scheint es mir, so tot wie ich in meinem Geist bin, so fertig in jeder Hinsicht mit der Fabel des Lebens, daß ich noch vierzig oder fünfzig Jahre ertragen soll, wie es die Natur mir androht.

Der bloße Gedanke daran läßt mich schaudern. Wie es uns aber mit all diesen Übeln geht, die unsere Einbildungskraft sozusagen überwältigen, so kommt mir auch dieses wie ein Traum vor oder wie eine Täuschung, die sich unmöglich verwirklichen kann. Und wenn mir jemand von einer fernen Zukunft spricht, als würde sie mir gehören, kann ich für mich ein Lächeln nicht zurückhalten, so zuversichtlich glaube ich, daß der Weg, den ich noch vor mir habe, nicht lang ist. Und ich kann sagen, daß dies der einzige Gedanke ist, der mich aufrecht erhält. Bücher und Studien, die ich, was mich oft wundert, so sehr geliebt habe, große Pläne und Hoffnungen auf Ruhm und Unsterblichkeit sind Dinge, über die ich heute nicht einmal mehr lachen kann. Über die Pläne und Hoffnungen dieses Jahrhunderts lache ich nicht: ich wünsche ihnen von ganzem Herzen den besten Erfolg, und ich lobe und ehre den guten Willen aufrichtig; aber ich beneide weder die Nachkommen noch jene, die ein langes Leben vor sich haben. In anderen Zeiten habe ich die Unwissenden und die Toren beneidet und alle, die eine große Meinung von sich haben, und hätte gerne mit einem von ihnen getauscht. Heute beneide ich weder Toren noch Weise, weder Große noch Kleine, weder Schwache noch Mächtige. Ich beneide die Toten, und nur mit ihnen möchte ich tauschen. Alle angenehmen Vorstellungen, alle Gedanken an die Zukunft, mit denen ich mir in meiner Einsamkeit die Zeit vertreibe, drehen sich um den Tod und können sich von ihm nicht lösen. Auch stören mich in dieser Sehnsucht die Erinnerung an die Träume der Kindheit und der Gedanke, umsonst gelebt zu haben, nicht mehr wie früher. Wenn der Tod mir naht, werde ich so ruhig und so zufrieden sterben, als hätte ich nie etwas anderes auf der Welt gehofft und gewünscht. Dies ist die einzige Wohltat, die mich mit dem Schicksal versöhnen kann. Wenn mir auf der einen Seite das Glück und der Ruhm Cäsars oder Alexanders, rein von jedem Makel, geboten würden und auf der andern, heute noch zu sterben, und ich müßte wählen, so wollte ich heute sterben und brauchte dazu keine Bedenkzeit.

Zibaldone: Gedanken zur Literatur

deutsch von Sigrid Siemund

Der Nutzen ist nicht der Zweck der Poesie, obwohl sie nützen kann. Der Dichter kann sogar ausdrücklich Nutzen bezwecken und erreichen (Homer wird das vielleicht getan haben), ohne daß der Nutzen jedoch Zweck der Poesie ist, denn auch der Bauer kann sich des Beils bedienen, um Getreide oder anderes zu schneiden, ohne daß es Zweck des Beils ist, zu schneiden. Die Poesie kann indirekt nützlich sein, wie das Beil schneiden kann, aber der Nutzen ist nicht ihr natürlicher Zweck, ohne den sie nicht sein könnte, wogegen sie ohne Freude nicht sein kann, da es der natürliche Auftrag der Poesie ist, zu erfreuen.

Bei vielen Arbeiten mit der Hand, die Gefahr mit sich bringen (etwas falsch zu machen oder zu beschädigen), besteht, damit sie gut gelingen, vor allem die Notwendigkeit, nicht an diese Gefahr zu denken und sich ungezwungen zu verhalten. Die antiken Dichter dachten gar nicht an die Gefahr zu irren, in der sie sich befanden, sie (besonders Homer) wußten kaum, daß es diese gab, und deshalb verhielten sie sich ganz frei, mit dieser wunderschönen Ungezwungenheit, die das Werk als von Natur geschaffen, nicht durch Mühe, ausweist. Aber wir Überängstlichen, wir wissen nicht nur, daß man irren kann, sondern wir haben immer das Beispiel vor Augen, wer sich irrte und irrt, und denken deshalb immer an Gefahr (und zu Recht, sehen wir doch den korrumpierten Geschmack des Zeitalters, der uns sehr leicht zu schwersten Fehlern hinreißen könnte, und beobachten, wie viele stürzen, die durch eine gewisse Freiheit im Denken und beim Schreiben Monstren hervorbringen, wie gegenwärtig die Romantiker). Wir wagen es nicht, uns zu lösen, ich meine nicht vom Beispiel der antiken Schriftsteller und der Klassiker, über die sich viele doch hinwegsetzen werden, sondern von den Regeln (sehr guten und klassischen Regeln, die aber trotz allem Regeln bleiben), die wir durch den Verstand geschaffen haben, und wir setzen an zu niedrigem Flug, wagen nie, uns mit dieser ungezwungenen und sicheren und sorglosen, ich möchte sogar sagen ignoranten Freizügigkeit zu erheben, die notwendig ist für die größten Kunstwerke, und aus Angst, schlechte Sachen zu machen, wagen wir uns nicht daran, sehr gute zu machen, und wir machen Mittelmäßiges, ich meine nicht mittelmäßig von jener Mittelmäßigkeit, die Horaz tadelt, und die unerträglich ist in der Dichtkunst, sondern mittelmäßig in der Art guter Sachen, die also ausgearbeitet, durchdacht, sauber gemacht sind, mit ausdrucksvoller Harmonie, schönen Bildern, schönen Gleichnissen, höchster Wortbeherrschung (in der vor allem sich Kunst zeigt), kurzum, alles ist vorhanden, und doch sind sie nicht das, sie sind nicht die Jahrhundert- und Weltereignisse, kurzum Homer Dante Ariost gibt es nicht mehr, kurzum Parini Monti sind sehr schön, aber sie haben keine Fehler.

Hier eine sehr wichtige Bemerkung zu Übersetzungen, ich weiß nicht, ob sie bereits von anderen gemacht wurde, und mir fällt niemand ein, der sie sich zu Nutzen gemacht hätte. Viele Male finden wir bei dem Autor, den wir übersetzen, zum Beispiel einem griechischen, eine Verbindung ein Wort, die uns gewagt erscheinen, und wenn wir sie wiedergeben, versuchen wir etwas zu finden, was dem entspricht, und haben wir das geschafft, sind wir zufrieden. Sehr oft aber ist diese Verbindung oder dieses Wort, was immer es sei, nicht nur gewagt, sondern der Autor hatte es damals absichtlich gebildet, und deshalb machte es auf die griechischen Leser solchen Eindruck und hob sich vom Text wie ein funkelnagelneues Wort ab, wie es uns Italienern mit so vielen Wörtern Alfieris geht, zum Beispiel mit *entpiemontisieren* usw. usw. Selbst angenommen, man hätte beim Übersetzen ein ganz entsprechendes, höchst geeignetes und völlig gleichwertiges Wort gefunden, so ist dennoch nichts erreicht, wenn dieses Wort nicht neu ist und auf uns nicht den Eindruck macht, den es auf die Griechen gemacht hat. Hierbei gibt es allgemein so viel Unachtsamkeit wie sonst nie. Denn findest du beim Übersetzen ein solches Wort und verstehst es nicht, suchst du es in den Wörterbüchern, und weil es das Wort eines Klassikers ist, wirst du es in üblichen Wörtern erklärt finden, und mit üblichen Wörtern gibst du es wieder, ohne nachzuschauen, erstens, ob der Autor, den du übersetzt, der einzige ist, der es gebraucht hat; zweitens, ob als erster; denn auch nach ihm könnte es in Gebrauch gekommen sein, und dessen ungeachtet war es doch, als er es zum ersten Mal verwendete, weder weniger gewagt noch weniger neu oder ausdrucksvoll. Hier ein Beispiel. Lukian im *Dialog der Toten, Herkules und Diogenes* gebraucht das Wort *ἄνταvδρον*. Im Wörterbuch wird erklärt *succedaneus* usw., und blätterst du weiter *Substitut*, oder was weiß ich, auf keinen Fall wirst du etwas finden, das so burlesk und satirisch wirkt wie das neue Wort Lukians, es bedeutet *Gegenperson*, und durch seine Neuheit hatte es besonderen Reiz und Kraft, speziell als Spottwort. (Notabene. Ich weiß nicht, ob dieser Ausdruck Lukians nur von ihm gebraucht wurde: ich finde ihn in den Wörterbüchern ohne Hinweis auf ein Zitat, so könnte er in der Sprache bereits vorhanden gewesen sein: man muß über bessere Wörterbücher verfügen, als ich jetzt habe; denn würde dieses Beispiel hinfällig werden, so wäre es, ob zutreffend oder nicht, doch ausreichend, um meine Absicht und meine Bemerkung verständlich zu machen. Was ich über Wörter gesagt habe, gilt auch für Redewendungen, Ausdrucksweisen usw.)

Ich meine nicht, daß man hören sollte auf die da glauben, bestimmte erhabene Textstellen der Bibel überträfen jede andere erhabene Stelle jedes beliebigen Autors; und die das mit der materiellen Großartigkeit des Bildes begründen: sie sagen zum Beispiel, die Wasser mit der Handspanne messen und die Himmel mit der Handfläche berühren (Jesaia 40,12) ist weit mehr, als den Blitz von der Höhe des Athos oder der Rhodopen zu schleudern und die Herzen der Sterblichen mit Schrecken zu erfüllen, den Olymp mit einer Kopfbewegung zu erschüttern usw. Zweifellos geht immer unendlich viel an Wahrheit verloren, wenn über Gott gesprochen wird, und dennoch ist alles, was die Bibel sagt (und das trifft für die Bibel sehr viel weniger zu als für jedes andere Buch), überaus gering im Vergleich zur Wahrheit; und doch wage ich zu behaupten, daß diese biblischen Ausdrucksweisen Übertreibungen sind in der menschlichen Dichtung, und daß in der Poesie jener Zeus, der mit einer Kopfbewegung den Olymp erbeben läßt; jener Neptun, der mit wenigen Schritten Provinzen durchschreitet; jener Schrei des verwundeten Mars, der dem Schrei von zehntausend Kämpfern gleicht und beide Heere, das griechische und das trojanische, unversehens in Schrecken versetzt (Ilias 1,5); jener Sturz des Gottes selbst, der hingestreckt sieben Morgen Land bedeckt (Ilias 21,407), durchaus von größerem poetischem Wert sind als all die hocherhabenen Bilder der Bibel, weil es in der menschlichen Dichtkunst überall der Mitte bedarf, der Mitte als des großen Schauplatzes von Wahrheit und Natur, über die selbst mit dem Wahren nicht hinausgegangen werden darf: das Erhabene soll den Leser stark erschüttern, ihn aber nicht mit Dingen überschütten, die unser Auffassungsvermögen übersteigen. Das zur menschlichen Kunst. Aber die göttliche Kunst, wie die Heilige Schrift, muß die menschliche Fassungskraft tatsächlich überwältigen und übersteigen, und deshalb sind jene Bilder (weil sie an und für sich ganz und gar nicht übertrieben sind), dieser Art Dichtung durchaus angemessen, die sich von der unseren ganz wesentlich unterscheidet: unnachahmbar jedoch für uns, ohne poetisch schuldig zu werden. Übrigens bin ich wohl der Meinung, jene Bilder sind dieser Dichtung angemessen, aber ich glaube keineswegs, was einige sagen, daß sie eher auf das viel lebendigere Gefühl der jüdischen Lyriker für die göttliche Majestät als auf den orientalischen Geschmack zurückzuführen seien (Borgno, Dissertation über Foscolos „Gräber“, Mailand 1813, S. 8, Abs. 1): will man sich vom Gegenteil überzeugen, braucht man nur die Bibelstellen anzusehen, an denen weder von Gott noch von erhabenen Dingen überhaupt die Rede ist, wie zum Beispiel in dem ganzen Hohenlied, worin sogar über Liebe und delikate Dinge gesprochen wird, und in dem doch die gleichen überzogenen Metaphern und Translationen und übertriebenen Dinge vorkommen: ganz gewiß entstammen sie dem orientalischen Ge-

schmack, und ihm möchte ich keineswegs eine sowohl poetische als göttliche Inspiration absprechen, die den erwähnten Bildern, Vergleichen usw. größere Kraft verleiht.
Die Wirkung der Wörter entsteht recht oft lediglich aus der Neuheit. Es wird viele Male vorkommen, daß der gebräuchliche Ausdruck kräftiger wahrer energischer ist, und doch verliert er an Kraft, weil er gebräuchlich ist, und wird schwächer: ersetzt der Dichter ihn durch einen anderen, weniger kräftigen, vielleicht auch weniger geeigneten, aber neuen Ausdruck, wird er die Phantasie des Lesers stark beeindrucken, er wird das Bild in ihr wecken, das der andere Ausdruck nicht hervorrufen könnte: tatsächlich wird seine Schreibweise wirkungsvoller sein, nicht an und für sich, sondern aus dem Umstand heraus, daß sie neu ist.

In diesem Augenblick habe ich aufgehört, im *Spettatore*[1] Nr. 91 die Bemerkungen über die moderne Poesie, oder die romantische, wie wir sie nennen wollen, zu lesen, und da ich darin eine Reihe von Argumenten gefunden habe, die in die Irre führen und beunruhigen können, und ich von Natur aus zum Zweifel neige, auch bei als unzweifelhaft geltenden Dingen, will ich doch, um meiner Ruhe willen, die Antworten niederschreiben, die ich im Sinn habe, und mit denen man auf diese Argumente erwidern kann und muß. So will der Verfasser[2] (wie alle Romantiker), daß die moderne Poesie sich auf dem Ideal gründe, das er pathetisch nennt, im allgemeinen heißt es sentimental, und zu Recht unterscheidet er das Pathetische vom Melancholischen, weil das Pathetische, wie er sagt, jene Gefühlstiefe ist, die in empfindlichen Herzen durch natürliche Sinneseindrücke bemerkbar wird, zum Beispiel durch das Glockengeläut im Heimatort (wie er schreibt), und ich füge hinzu, durch den Anblick einer Landschaft, eines zerfallenen Turmes usw. usw. Zwischen moderner und antiker Poesie besteht für ihn also der Unterschied, daß die antiken Schriftsteller diese Gefühle nicht oder weitaus weniger empfanden: deshalb sind wir ihm zufolge *darin* den Alten überlegen, und weil ihm zufolge *darin* die wahrhafte Poesie besteht, sind wir unendlich mehr Dichter als die Alten. (Und das wird gesagt von der Dichtung des Chateaubriand des Delille des Saint-Pierre usw. usw., ganz zu schweigen von den Romantikern, die in mancher Hinsicht vielleicht doch anders sind usw. Und pathetisch ist das, was die Franzosen *sensibilité* nennen, wir könnten es als Empfindsamkeit bezeichnen.) Nun muß also dieses Pathetische, diese Gefühlstiefe in den Herzen erregt werden: darin wird natürlich die höchste Kunst des Dichters bestehen. Und hier ist es, wo Breme und alle Romantiker und Chateaubristen usw. usw. insgesamt vom Weg abkommen. Was ist es, das diese Gefühle in den Menschen erregt? Es ist die Natur, die reinste, so wie sie ist, so wie die antiken Menschen sie gesehen haben; es sind die natürlichen Zustände, die doch nicht absichtlich geschaffen wurden, sondern spontan entstanden sind: jener Baum, jener Vogel, jenes Lied, jenes Gebäude, jener Wald, jener Berg, alles wirkt von selbst, ohne Kunstgriff, ohne daß dieser Berg im entferntesten davon wüßte, diese Gefühle erregen zu sollen, noch daß andere irgend etwas hinzufügten, damit er sie erregen könnte usw. usf. Diese Gegenstände also, die Natur von selbst ruft also durch eigene, ihr innewohnende, von nichts anderem geliehene Kraft diese Gefühle wach. Was taten nun die antiken Schriftsteller? Sie schilderten ganz einfach die Natur und diese Gegenstände und Zustände, die aus eigener Kraft diese Gefühle wachrufen, und sie konnten sie in einer Weise schildern und nachahmen, daß wir eben diese Gegenstände in ihren Versen sehen, das heißt, es scheint uns, soweit das möglich ist, sie so zu sehen, wie sie in Natur sind, und weil sie in der Natur diese Gefühle in uns wecken, rufen sie, auch wenn sie mit so großer Vollkommenheit geschildert und nachgeahmt wurden, diese gleichermaßen in uns wach, um so mehr, weil die Gegenstände vom Dichter ausgewählt wurden, der sie uns in ihrem wahren Licht zeigt und mit seiner Kunst so darbringt, daß wir diesen Eindruck erhalten, wohingegen in der Natur die Gegenstände jeglicher Art miteinander vermengt sind, und man beachtet sie nicht, wenn man sie sehr oft sieht (die große Macht der nachahmenden Künste liegt in ihrer außergewöhnlichen Art, die gewöhnlichen Gegenstände zu zeigen, das heißt, sie werden so nachgeahmt, daß man sie in der Dichtung beachtet, wohingegen sie in der Realität nicht beachtet wurden, und daß man daraus die Überlegungen ableitet, die sie, weil sie gewöhnlich sind, in der Realität nicht eingegeben haben usw. usf., siehe Gravina in der *Poetischen Vernunft*), und sollen sie diese Gefühle hervorrufen, muß man sie am rechten Ende zu fassen bekommen: nur so haben die antiken Schriftsteller die große Wirkung erzielt, die von den Romantikern gefordert wird, und sie haben sie in einer Weise erzielt, daß sie uns hinreißen und erheben und in einem Meer von Süße vergehen lassen, alle Zeitalter, alle Jahrhunderte und alle großen Männer und Dichter, die nach ihnen gekommen sind, bezeugen das. Wie denn? Als die Dichter so die Natur nachahmten und den Lesern diese Fülle an Gefühlen darbrachten, haben sie selbst entweder nicht dasselbe empfunden oder nichts davon gesagt? Schlicht und einfach wie Hirten beschrieben sie, was sie sahen, und fügten nichts eigenes hinzu? Ist das die große Sünde der antiken Dichtkunst, weshalb sie keine Dichtkunst mehr ist und die modernen Dichter der antiken hundertmal überlegen sind usw. usf.? Und die Romantiker merken nicht, daß, wenn diese Gefühle von der *bloßen* Natur hervorgerufen worden sind, man die *bloße* Natur wiedergeben muß, um sie zu wecken, und man muß diese einfachen und unschuldigen Gegenstände, die *aus eigener Kraft, unbewußt* in unserem Gemüt diese Wirkungen hervorbringen, so wie sie sind, nicht mehr und nicht minder, in die Dichtkunst übertragen: wurden sie so gut und göttlich nachgeahmt und kommt dann hinzu, daß die kleinsten Einzelheiten, die in der Realität nicht gesehen wurden, mit Bewunderung und Spannung in der Nachahmung erkannt werden, so rufen sie zwangsläufig dieselben Gefühle in uns wach, nach denen jene auf der Suche sind, die Gefühle, die jene nicht im entferntesten in uns wachrufen können: denn sie merken nicht, daß der Dichter desto weniger nachahmt, je mehr er in eigener

Person spricht und je mehr Eigenes er hinzufügt (was Aristoteles bereits feststellte, zu dem man, ob man will oder nicht, unversehens zurückkehrt), und daß das Sentimentale nicht durch Sentimentales hervorgerufen wird, sondern durch die Natur, *so wie sie ist*, und die Natur, *so wie sie ist*, muß man nachahmen, und sie wurde von den antiken Schriftstellern nachgeahmt, und deshalb lösen ein ganz einfaches Gleichnis Homers, ohne viel Aufhebens, und eine Ode Anakreons eine Unmenge von Vorstellungen aus, sie erfüllen Geist und Herz unvergleichlich mehr als hunderttausend sentimentale Verse: sie merken nicht, daß gerade dieses große Ideal unserer Zeit, unser Herz zuinnerst zu kennen, seine kleinsten Gefühle eines ums andere zu analysieren, vorauszusehen und zu unterscheiden, kurzum diese psychologische Kunst, die Illusion zerstört, ohne die es in aller Ewigkeit keine Poesie geben wird, daß sie die Größe des Denkens und Handelns zerstört, und da der Mensch (im großen gesehen) sich von der Kindheit entfernt, in der alles einzigartig und wunderbar ist und der Einbildungskraft keine Grenzen gesetzt zu sein scheinen, da er sich von der Kindheit entfernt, die der Welt eigen war in der Zeit der antiken Schriftsteller, wie sie jedem Mensch zu seiner Zeit gegeben ist, verliert er die Fähigkeit, sich fangen zu lassen, er wird unnatürlich und arglistig, ihn kann nicht mehr bewegen, was er unklar erkennt, er gerät in die Fänge der Vernunft, und spürt er Bewegung *(denn unser Herz hat sich nicht verändert, nur der Verstand)*, kommt ihm dieser gesegnete Verstand, um alle Geheimnisse dieser Bewegung zu untersuchen, und jede Inspiration schwindet, es schwindet alle Poesie: und sie merken nicht, daß die Sprache der Natur verlorengegangen ist, daß dieses Sentimentale nichts weiter ist als das Altern unseres Sinns, es läßt uns nicht mehr sprechen ohne Kunst, und die heilige Einfachheit, die der Natur nicht verlorengehen kann, weil die Natur nicht altert mit dem Menschen – und sie allein kann jene wahren und süßen Gefühle in uns wecken, die wir suchen –, sie besitzen wir nicht mehr, wie der antike Mensch sie besessen hat: doch um zu sprechen, wie diese Einfachheit spricht und wie die Natur es lehrt, um die Gefühle zu wecken, die nur die Natur wachrufen kann, kommen wir in diesem tieftraurigen Jahrhundert der Vernunft und der Aufklärung zwangsläufig dahin, daß wir uns selbst fliehen, und wir sehen, wie die antiken Menschen sprachen, die noch Kinder waren, die nicht mit arglistigen und begehrlichen, sondern mit naiven und klaren Augen die heilige Natur sahen und nachahmten: sie merken also nicht, daß jene Freunde der Natur allein tatsächlich Kunst predigen, und wir Freunde der Kunst wirklich und wahrhaftig Natur predigen. Hier wäre es an der Zeit, von der Affektation zu reden, die allgemeine Unsitte in den schönen Künsten ist und fast alle Unsitten miteinschließt, und wie sehr leicht das Sentimentale zu reiner Affektation wird und sehr oft die Gefühle, die es anstrebt, auslöscht, anstatt sie zu wecken, wenn vielleicht der natürliche Gegenstand, sei er gesehen oder beschrieben worden, sie gerade wachzurufen begann, und wie unendlich lauter diese Gefühle sind. Wenn aber Breme die moderne Dichtkunst ausschließlich auf das Pathetische beschränkt (und sei es noch so genau vom Melancholischen unterschieden, wie oben gesagt), fast als sollten das Erhabene und Kraftvolle, Lobpreis und Jubel (ich weiß wohl, daß auch die Freude pathetisch sein kann, nicht aber in den vor mir genannten Fällen) der unbefangene Liebreiz und schließlich fast die gesamte Poesie der Alten, das Epos, die nichtsentimentale Lyrik, die Triumphgesänge, die Schlachtenschilderungen, die Psalmen Davids, die anakreontischen Oden usw. usf. keine Poesie sein oder zumindest den Modernen nicht mehr als solche erscheinen oder (wird beides Vorhergesagte zugegeben, wüßte man nicht wozu auch) von den Modernen nicht mehr gepflegt, wie sollte das nicht als ein Wahnsinn erscheinen, und kaum zu glauben ist, daß ein kluger Mensch davon befallen sei: So ist Vergil also nur Dichter im vierten Gesang der *Äneis* und in der Episode von Nisos[3] und Euryalos, oder was weiß ich? Es wird also nur noch eine poetische Gattung geben? Und in einem Text wird man nur noch eine Tonart anschlagen dürfen? (Und dann werden uns Vorhaltungen gemacht wegen der Monotonie in den antiken Fabeln.) Wie denn? Hat sich unsere Natur tatsächlich verändert? Gibt es keine Freude mehr, außer melancholischer, gibt es keinen Zorn mehr, gibt es keine großen und hohen Gedanken mehr, ohne diese Würze des Pathetischen? (Und wenn die Poesie nachahmende Kunst ist und ihr Zweck zu erfreuen, da soll sie keine einzige Sache nachahmen, auch nichts, was erfreut? Im allgemeinen scheint Breme nicht viel von der Natur zu halten und vom Zweck der Poesie, der darin besteht, mittels der Bewunderung, die die Nachahmung findet, zu erfreuen usw.) Aber das sind Torheiten, über die zu sprechen sich erübrigt. Geht man Bremes Argumenten mit Sorgfalt nach, entdeckt man darin einen verborgenen Widerspruch, der aber sehr real ist und von grundlegender Bedeutung für sein System und für das romantische. Anfangs sagt er, daß die antiken Menschen alles glaubten und Tausende Tollheiten hinnahmen, daß die Unwissenheit die Furcht die Vorurteile damals ihrer Dichtkunst viel Material lieferten und es in unserer Zeit nicht mehr liefern können: kurz und gut, er scheint offensichtlich zu dem Schluß zu kommen, unsere Dichtkunst müsse vernünftig sein, den Gedanken der Aufklärung unseres Zeitalters entsprechend, und tatsächlich sagt er, die Religion, die Philosophie, die Gesetze der Gesellschaft usw. usf. müßten uns das Material liefern. Das sagen auch die Romantiker. Aber ist es an dem, so ist die Illusion vergangen, und kann der Dichter keine Illusionen wecken, ist er kein Dichter mehr, denn eine vernünftige Poesie, das ist genauso, als wollte man ein Tier vernünftig nennen. Auch die Romantiker, auf der Suche nach tausenderlei Aberglauben und den verrücktesten Dingen, die man sich überhaupt vorstellen kann, lassen die Poesie nicht vernünftig werden: Breme sagt weiter, daß die Vorstellung auch in der Gegenwart ihre volle Kraft besitzt, und er möchte erfüllt hingerissen usw. und AUCH *gefangen* (das mußte hier kommen) sein, nur nicht von GÄNZLICH *willkürlichen oder wirklichkeitsfernen* Dingen usw. In diesen Worten, besonders in diesem *auch* und in diesem *gänzlich* scheint mir sehr deutlich die Enge des

Metaphysikers sichtbar zu werden, der zu Worten Zuflucht sucht, wenn er merkt, daß seine Argumentation schlingert und ins Wanken gerät. Aber wenn ihr endlich feststellt, daß unsere Vorstellung gefangen werden muß (und das bestätigt dann Breme später ganz unzweifelhaft an verschiedenen anderen Stellen), dann wird eure Argumentation gänzlich hinfällig: denn beginnt einer vor uns, ein Gedicht zu lesen, und er weiß, daß er gefangen werden soll, es auch werden will, dann glaubt er an das Falscheste wie an weniger Falsches, dann glaubt er ebenso Milton wie Homer, ebenso an die Gespenster von Bürger wie an die Schrecken der *Odyssee* und der *Äneis*: und zu sagen, die Fiktionen sollten nicht *gänzlich willkürlich* sein, ist ein Elend, beinahe, als könnte die Vorstellungskraft der Modernen nur so viel getäuscht werden, und nicht mehr, und unser Verstand erkenne bei der Lektüre, während unsere Phantasie der Täuschung unterliegt, nicht die Erfindungen Klopstocks ebenso wie die Homers und Vergils als falsch. Es geht allein darum, ob unsere Vorstellung durch die Dichtung gefangen werden kann und soll oder nicht, wenn ja, sind alle Gründe, die ihr noch anführt, aus der Luft gegriffen, der Dichter muß daran denken, so gefangenzunehmen, wie er es für richtig hält, verfängt er nicht, ist das seine Schuld und nicht die der Gattung, die er gewählt hat. Ein weiteres Versehen unterläuft Breme (und wahrscheinlich allen Angehörigen seiner Sekte) dort, wo er sich mit griechischer Mythologie befaßt, und sagt, die Natur ist Leben, die menschliche Phantasie und die Poesie finden Gefallen an der Vorstellung, alles lebe und erkenne, zu sein, und hier verliert er sich in der Verherrlichung dieser Quelle der modernen Poesie, die darin besteht, nichts mit Unbeschwertheit zu betrachten, *jeder Sache einen Sinn zu geben und Leben in allen möglichen Formen zu erkennen,* kurzum, die Natur mittels *poetisch analoger Ideen* zu beleben usw. usf. Er gesteht also nicht nur zu, daß die Natur sich belebe, sondern will es recht eigentlich, sagt sogar, er stelle dieses *vitale System* dem mythologischen entgegen usw. So bedient er sich beispielsweise dieser Belebung, die etwas anderes ist, als was die

Schöpfer der Mythen taten, bei einer Stelle von Lord Byron, und schreibt der verliebten Rose *wohlriechende Seufzer*[4] zu. Wie denn? Will er nicht, daß sich die Natur, individuell und indirekt, belebe, sagen wir, wie es die Schöpfer der Mythen taten, die Gefühle Schutzgötter Pflanzen usw. personifizierten, sondern daß sich die Natur direkt belebe, ohne daß er *sie in Individuen verwandelt, da er Leben in allen Formen erkennt, nicht ausschließlich in Gestalt des Menschen,* kurzum, daß *alles* belebt und mit Empfindung begabt sei, gebe es selbst keine Menschen überall? Aber merkt denn Breme nicht, merken die Romantiker nicht, daß die, von denen die Natur belebt werden soll, diese Dichter, Menschen sind, und sie können natürlich aus innerstem Antrieb kein anderes Leben in die Dinge bringen als das menschliche Leben, denn den unbeseelten Gegenständen, den Göttern, ja selbst den eigenen Gefühlen, menschliche Gedanken, Formen und Gefühle zu geben, ist für den Menschen so natürlich, daß er von diesem Laster nur geheilt werden könnte, wenn er neu gemacht würde; merkt er denn nicht, daß den Dingen, beispielsweise den unbeseelten, eine andere Art Leben zuzuschreiben als unseres, so sehr unserem Instinkt und unserer Natur widerstrebt, daß es ganz genau auf das hinausläuft, was man schlechten Geschmack nennt, eine Geschmacksart, die gotisch, die chinesisch genannt wird; und daß der Dichter sich weder von der Vernunft noch von der Metaphysik (selbst angenommen, er liebe die Vernunft mehr in den Dingen, *die nicht leben*, mehr eine andere Art Leben als eine unserer gleiche, und so wird von Göttern gesprochen usw.), sondern nur von der Natur und dem Instinkt leiten lassen darf, was man auch alles zu diesem Instinkt anführen kann, beispielsweise das Pferd, wenn es Vernunft und Einbildungskraft hätte, würde Gott (das Pferd wäre dann ein vernünftiges Tier, niemand braucht sich über das, was ich sage, zu empören) und den unbeseelten Dingen usw. usf. Gestalt Gefühle Gedanken des Pferdes beilegen, und so auch die anderen Tiere (das ist kein Gedanke von mir, sondern vom alten Xenophon, denn vieles ist alt, was für neu gehalten wird, und viele Weisheit ist alt, von der angenommen wird, dazu hätten damals die Gehirne nicht ausgereicht). Er merkt auch nicht, daß, wenn die Rose seufzt und verliebt ist, in den Gedanken des Dichters die Rose eben eine Frau ist: und anzunehmen, daß diese Rose lebe, doch nicht wie wir lebe, ist wohl für den Metaphysiker möglich, aber für den Dichter ist das ganz unmöglich, auch für die Zuhörer des Dichters, denn sie sind keine Metaphysiker, sondern einfaches Volk: und merkt er nicht, daß selbst Lord Byron es nicht vermochte, seiner Rose, und alle Romantiker in aller Ewigkeit es nicht vermögen werden, irgendeinem Ding andere Gefühle oder Empfindungen einzugeben als menschliche, denn wir vermögen es kaum zu fassen, daß es andere Gefühle oder Empfindungen geben könnte, und schon gar nicht, uns vorzustellen, was das für welche wären usw. usf. Einige Worte noch zur Kunst des Dichtens und des Schreibens, die Breme größtenteils zu verachten scheint. Ist die Nachahmung der Natur und das Wecken von Gefühlen, was ihr ja wollt, leicht oder schwierig? Jeder, der sie empfindet, ist sicher, wenn er nur schreibt, sie anderen sogleich mitzuteilen, oder etwa nicht? Wenn das so ist, freue ich mich darüber, und es wird mir ein Vergnügen sein, das Experiment zu erleben. Wenn dem nicht so ist, wenn das unter den schwierigen Dingen das schwierigste ist, man mit der Konzeption kaum die Hälfte des Weges geschafft hat, wenn es Tausenden und Hunderttausenden, die Gefühle empfinden und mit starken Empfindungen geschrieben haben, nicht gelungen ist, andere zu gleichen Empfindungen zu bewegen, und niemand sie liest, wenn es unendlich viele Beispiele und Gründe gibt, die die Kraft des Stils beweisen und wie ein und dasselbe Bild großen Eindruck macht, hat es ein Dichter von Rang, und wie es keinen macht, hat es ein unbedeutender geschrieben, wenn Vergil ohne seine Kunst nicht Vergil gewesen wäre, wenn in der Dichtkunst ein schöner Körper in Lumpen gekleidet, ich sage, schöne Empfindungen ohne schönen Stil, Ordnung, Auswahl usw. nicht geduldet und nicht gelesen werden, und sie nicht etwa Vorurteilen zum Opfer fallen, sondern die Zeit ihr unbestechlicher und unanfechtbarer Richter ist, wenn der Dichtkunst durch Genauigkeit Eleganz Vornehmheit usw. usw. usw. der Wörter und der Sprache und der *Ideen*, durch die Auswahl die Ordnung die Stellung usw. usw. unendlich viele höchst notwendige Gaben erworben werden, dann wird Kunst gebraucht und sehr großer Fleiß in der Kunst, vor allem in unserer Zeit, aus Gründen, die ich mehrmals in diesen Gedanken festgehalten habe. Und sehen wir die großen Schriftsteller, die von der ganzen Welt verehrt werden, die so unendlich hoch über den Vorurteilen stehen, ohne die es schließlich, wären sie nicht wahrhaft und ewig groß, nichts Großes und keine Hoffnung, groß zu werden, mehr gäbe, und sehen wir Cicero (die Redekunst ist der Dichtkunst sehr ähnlich), der seine Kunst und seine Sprache und die Grammatik und die griechischen Texte sehr gründlich studiert hat, wie man es sich kaum vorstellen kann, und bei all diesem Studieren wurde er als Mensch doch keine Null, weder ein Pedant noch ein Imitator oder was weiß ich, sondern ein Cicero: und wenn Ihnen, Herr Breme, Cicero als Schriftsteller und Redner nicht paßt, und ebensowenig Pindar und Horaz, dann sage ich Ihnen gleich gute Nacht, und es tut mir leid, daß ich es nicht vorher gewußt habe (bereits oben wurde darauf hingewiesen, daß man Ursprünglichkeit bei den Alten lernen muß). Erinnert sich Breme nicht der philosophischen Beobachtung, die doch, meine ich, alt ist, daß die einfachsten, wahrsten und sichersten Mittel von den Menschen zuallerletzt gefunden werden, so ist es in der Kunst und im Handwerk, so ist es im Leben bei alltäglichen Dingen und in allem. Wer fühlt und die Bewegungen seines Herzens ausdrücken will, kommt deshalb zuallerletzt auf Einfachheit und Natürlichkeit, zuerst sind da Künstlichkeit und Geziertheit, und wer nicht studiert und gelesen hat, also, wie jene sagen, immun ist gegen die Vorurteile der Kunst, wer unschuldig ist, der schreibt nicht einfach, sondern ganz im Gegenteil: wir sehen das bei Kindern, die zum ersten Mal einen Text verfassen: sie schreiben keineswegs mit Einfachheit und Natürlichkeit, denn wäre es so, würden

Kinder die besten Texte schreiben: man trifft im Gegenteil nur auf Übertreibungen und Ziereien und ungeschickte Gesuchtheiten, und die Einfachheit, die da ist, ist keine Einfachheit, sondern Kinderei. So wird von bestimmten Volksliedern gesagt, sie seien in gewisser Weise einfach, aber vergleicht einmal diese Einfachheit mit der Anakreons, die als das Nonplusultra erscheint, und seht, wenn ihr wollt, daß man es doch als Einfachheit bezeichnen kann. Daher ist das Ziel der Kunst, die jene mißbilligen, keineswegs die Kunst, sondern die Natur: denn das Höchste in der Kunst ist die Natürlichkeit und das Verbergen der Kunst, die von Anfängern und Ignoranten nicht verborgen werden kann, obzwar sie sehr wenig davon besitzen, aber dieses wenige scheint durch und wirkt um so abstoßender, je plumper es ist. Die neun Jahre des Horaz[5], über die Breme sich lustig macht, werden keineswegs gebraucht, um die Kunstfertigkeit der Komposition zu vermehren, sondern um sie zu verringern, oder besser gesagt, sie dadurch zu verbergen, daß sie sich erhöht und sich schließlich immer mehr der Natur annähert, worin das Ziel all des Eifers, all der Verbesserungen usw. besteht, über die Breme spottet, worüber die Romantiker im Widerspruch zu sich selbst spotten: denn sie merken nicht, wenn sie die Kunst verfluchen und die Natur predigen, daß weniger Kunst weniger Natur ist.
Den gegenwärtigen Geschmack in der Philosophie darf man nicht als vorübergehend oder zufällig bewerten, wie er in der Antike es einige Male war, beispielsweise bei den Griechen zur Zeit Platons nach Sokrates und in verschiedenen Zeitabschnitten bei den Römern, so unter Adligen und Klugrednern, wie den heutigen, zur Zeit Lukians, als der Philosoph als Zubehör zum Hof und zur vornehmen Familie galt, und man doch nicht viel auf ihn hielt. (Siehe Lukian, außer in anderen Werken, in *De mercede conductis*.) Damals war das eine Modeerscheinung, die nicht ursprünglich im Zustand der Völker verwurzelt war und deshalb vorübergehen mußte und wie jede andere Mode vorübergegangen ist, als etwas Zufälliges, das diesem oder jenem Geschmack entsprach. Gegenwärtig

jedoch verursachen der Handelsaustausch zwischen den Völkern, die Presse usw. und alles, was die Zivilisation so vorangebracht hat, diese Liebe zur Aufklärung und folglich zur Philosophie, und der philosophische Geschmack tritt in allen Werken zutage, die mehr als andere in Mode sind, und man kann sagen, dieser Geist findet sich in jedem modernen Werk: weil dieser Geschmack im gegenwärtigen Zustand der Völker feste Wurzeln geschlagen hat, muß man ihn als dauerhaft, nicht als eine vorübergehende Zufallserscheinung werten, und von einer Mode unterscheidet er sich sehr.

Das dauerhafteste Vergnügen in diesem Leben ist das flüchtige Vergnügen an den Illusionen. Ich halte die Illusionen für etwas gewissermaßen Reales, weil sie wesentliche Bestandteile des Systems der menschlichen Natur sind, von Natur aus allen Menschen gegeben, so daß man sie nicht als Träume eines einzelnen mißachten darf, sondern sie müssen als jedem Menschen zugehörig, als naturgewollt angesehen werden, und ohne sie wäre unser Leben die elendeste und barbarischste Sache. Daher sind sie notwendig und gehören ihrem Wesen nach zum Bestand und zur Ordnung der Dinge.

Nicht jede Absicht muß der Dichter verbergen, so muß er im Lehrgedicht beispielsweise nicht die Absicht zu belehren usw., verbergen, die offenkundigen Absichten also, die zum Beispiel schon in der Zielstellung der Dichtung zum Ausdruck kommen. *Ich besinge die barmherzigen Waffen usw.* Wohl aber jene, die mit der offenkundigen Absicht nicht natürlich gegeben sind, so wenn er beim Erzählen ausmalt, beim Belehren Freude weckt, etwas, was der Dichter sich vornimmt, er darf es aber nicht merken lassen, daß er es vorhat, obschon er die anderen, offenkundigen Absichten zeigen muß, die vor allem als Vorwand und Deckmantel für die verborgenen Absichten dienen. Und zwar deshalb, weil letztere nicht natürlich sind, wie es natürlich ist, daß einer erzählt usw., aber es muß scheinen, als ob diese Freude, diese lebhafte Darstellung usw. spontan zustande kämen, nicht gewollt sind vom Dichter, wodurch zwar Kunst, Eifer und Fleiß bewiesen würden, schließlich wäre es aber unnatürlich, denn stellen wir uns den Dichter vor, wie er von Natur aus ist, so ist das ein Mensch, der, nachdem er sein Thema gewählt hat und damit seine offenkundige Absicht, ausspricht, was ihm spontan eingegeben ist, wie es alle beim Sprechen machen, und fügt er auch hier ein Bild, dort ein Gefühl ein, hier einen ausdrucksvollen Laut, dort usw., und alles da, wo es hingehört und gut überlegt ist, so darf das nicht den Anschein haben, daß er das so mache, sondern daß es natürlich sei, wenn er dem Faden seiner Erzählung freien Lauf läßt und seiner erhitzten Phantasie und seinem Herzen usw., sonst wird die Natur nicht natürlich nachgeahmt. Das sind sozusagen die Nebenabsichten, obzwar sie in Wirklichkeit sehr oft an erster Stelle stehen (wie in den Lehrgedichten, in denen die Belehrung das Hauptziel zu sein scheint, und es muß diesen Anschein haben, während sie doch in Wahrheit nur ein Mittel ist, denn das wirkliche Ziel ist zu erfreuen), und sie müssen verborgen bleiben. Nicht nur beim Dichter, selbstverständlich auch beim Redner, beim Historiker und bei jedem anderen beliebigen Schriftsteller. Affektation bedeutet im Lateinischen soviel wie Absicht, bei uns soviel wie offenkundige Absicht, das kann sogar die Definition sein.

Zu bemerken ist, daß die antiken Schriftsteller und Künstler die Eigenart haben, viel der Phantasie und dem Herzen des Lesers oder Betrachters zu überlassen. Man muß das jedoch als keine Besonderheit sehen, vielmehr als eine ganz einfache natürliche und notwendige Wirkung der Natürlichkeit, mit der sie beim Beschreiben, bei der Nachahmung usw. die Einzelheiten und die Aufzählung der Bestandteile, die den Modernen so gebräuchlich sind, weglassen und nur das Ganze mit Unbefangenheit beschreiben, als erzähle jemand, nicht als wolle einer offenkundig beschreiben, bewegen usw. So wie Ovid mit seiner Art zu beschreiben und aufzuzählen (wie die sentimentalen Modernen beim Beschreiben) fast nichts den Leser tun läßt, während Dante, der

mit zwei Worten ein Bild hervorruft, viel die Phantasie machen läßt, und ich sage machen, nicht etwa sich mühen, denn der Leser erfaßt dieses Bild spontan und fügt hinzu, was in den Zügen des Dichters fehlt, die so angelegt sind, daß sie fast zwangsläufig die Idee des Ganzen erstehen lassen. Bei den antiken Schriftstellern findet sich das in jeder Art Nachahmung der Natur.
Die lebendige Stimme des Lehrers würde in den Wissenschaften nicht so dringend gebraucht, hätten die Lehrbuchverfasser mehr Sinn für das Poetische. Es erscheint lächerlich, von einem Mathematiker beispielsweise Poetisches zu verlangen: aber es ist so: ohne eine lebhafte und starke Einbildungskraft ist es nicht möglich, sich an die Stelle des Studenten zu versetzen und all die Schwierigkeiten vorauszusehen, die er haben wird, die Zweifel und Wissenslücken usw.; das ist aber höchst notwendig, doch wird es von niemandem gemacht, auch von den am klarsten Deutenden nicht: so daß man niemals nur aus den Büchern eine schwierige Wissenschaft, zum Beispiel Mathematik, ganz erlernt.

Durch die Lektüre von Romanen sentimentalen Büchern usw. erwerben viele entweder eine falsche Empfindsamkeit, weil sie keine besitzen, oder sie werden in den echten Empfindungen, die sie besessen haben, verdorben. Ich war stets ein Todfeind der Affektation, gerade in den Gefühlen von Herz und Gemüt habe ich mich wohlweislich davor gehütet, mir diese Krankheit zuzuziehen, und bin immer dafür gewesen, die Natur frei und spontan walten zu lassen. Auf jeden Fall habe ich bemerkt, daß die Lektüre von Büchern weder Affekte noch Gefühle tatsächlich in mir erzeugt hat, die ich nicht besessen hätte, noch Wirkung gehabt hat, die ohne diese Lektüre nicht von selbst eingetreten wäre: aber ihr Auftreten ist dadurch beschleunigt worden, und sie haben sich schneller entwickelt, und da ich doch gewußt habe, wohin solche Affekte Regungen Gefühle, die ich empfand, führen müßten, sobald ich sie gänzlich dem Wirken der Natur überließe, habe ich den Weg gebahnt gefunden und bin schleuniger auf ihm vorangekommen. In der

Liebe hat mich beispielsweise die Verzweiflung mehrere Male so weit gebracht, daß ich mich unbedingt umbringen wollte: ohnehin hätte sie mich dazu gebracht, ich fühlte, daß der Wunsch mir aus dem Herzen kam, mir eingepflanzt war, mein eigener, kein entliehener war, und doch wurde ich das Gefühl nicht los, daß er mich so häufig überkam, weil ich kurz zuvor den Werther[6] gelesen hatte und wußte, diese Art Liebe usw. endete so: mich hatte also die Verzweiflung dahin gebracht, hätte ich aber nicht von diesen Dingen gelesen, wäre dieser Wunsch mir nicht so schnell in den Sinn gekommen, weil ich ihn sozusagen hätte erfinden müssen, wogegen ich (obwohl ich jede Imitation, soweit es geht, vermeide) ihn bereits erfunden vorfand.

Obwohl die Einfachheit Petrarcas ganz natürlich ist, wie die der Griechen, unterscheidet sie sich doch von ihr auf eine Weise, die man fühlt, aber nicht erklären kann. Die Ursache liegt vielleicht in einer größeren, der Prosa näheren Ungezwungenheit, die Petrarca seinen hochedlen Versen in bewundernswerter Weise verleiht. Die griechischen Dichter sind vielleicht ein wenig eleganter, so Homer, der auf jede Weise eine ungebräuchliche Ausdrucksweise suchte, wie sich an seinen ständigen Epitheta zeigt, obzwar er ganz einfach geblieben ist. Vielleicht läßt uns auch das Italienische, weil es unsere Sprache ist, diese Ungezwungenheit im Stil stärker als bei den Griechen fühlen, aber mir scheint doch, daß es da einen wirklichen Unterschied gibt.

Der Schmerz mußte in der Antike, bei Laokoon beispielsweise, in der Niobe-Gruppe und in Homers Beschreibungen, zwangsläufig einen anderen Ausdruck finden als der moderne Schmerz. Das war ein Schmerz, gegen den es kein Heilmittel gab, das Unglück traf die antiken Menschen nicht als eine notwendige Folge unserer Natur, auch nicht als eine Nichtigkeit in diesem elenden Leben, sondern als Hindernis und Widerspruch zu jenem Glück, das ihnen kein Traum schien wie uns (für sie war es tatsächlich kein Traum, sie hofften bestimmt darauf, während wir diese Hoffnung verloren haben), als vermeidbares Übel, das nicht vermieden worden war. Die Rache des Himmels, die Ungerechtigkeit der Menschen, die Verluste, Unglücksfälle erschienen deshalb als Übel, die dem zukamen, den sie trafen (im Gegensatz zu heute galt der Unglückliche tatsächlich, weil die Gefühle und die natürlichen Auffassungen von Aberglauben durchsetzt waren, als ein von den Göttern gehaßter Missetäter, der mehr Haß erregte als Mitleid). Ihr Schmerz war verzweifelt, wie er in der Natur ist, und bei den Naturvölkern und den Leuten auf dem Lande auch heute, ohne den Trost der Empfindsamkeit, ohne stille Ergebung in das Unglück, deren Unvermeidlichkeit wir erkannt haben, sie nicht; und eine Mutter, die ihre Kinder verloren hatte wie Niobe, fühlte in ihrem Leid keine bittersüße Zärtlichkeit für sich selbst usw., das war reine Verzweiflung. So groß ist der Unterschied zwischen antikem und modernem Schmerz, daß zu Recht dem modernen Dichter, Künstler usw. empfohlen wird, moderne Stoffe zu behandeln, und kann er nicht von antiken Stoffen ablassen, wird er so oder so entweder der Wahrheit Gewalt antun, weil er bei der Beschreibung antiker Ereignisse seinen Gestalten moderne Gefühle und Empfindungen eingibt, oder er wird bei seinen Zeitgenossen kein Interesse und kein Verständnis finden, weil er die Gestalten in antiker Manier fühlen und sprechen läßt. Nur scheint mir, im ersten Fall läßt sich der Verstoß gegen die Wahrheit hinnehmen, wenn nur die Wahrscheinlichkeit gewahrt wird, denn führt diese Mischung zu einem guten Ergebnis, wird der Einwand, die antiken Menschen hätten solche Gefühle niemals haben können, reine Gelehrtensache: auch im Hinblick auf Bekleidung und Haltungen in der Malerei usw. pflege ich das zu sagen, nur darf der Verstoß gegen die Wahrheit nicht auffällig sein; bleibt also die Wahrscheinlichkeit erhalten, wird es immer besser sein, von dem modernen Menschen verstanden zu werden, ihn zu erschüttern, als sich sklavisch einer armseligen gelehrten Exaktheit zu unterwerfen, die keinerlei Wirkung hätte. So verurteile ich keineswegs, sondern lobe beispielsweise Racine, der bei der Wahl antiker Stoffe (die ihrer Art nach mit den modernen Gefühlen nicht unvereinbar waren, überdies anderen Stoffen aus späterer Zeit wegen ihrer Schönheit, Tragik, Stärke usw. vorzuziehen waren) sie auf moderne Weise behandelte. Die Empfindsamkeit gab es bei den antiken Menschen potentiell aber nicht wie faktisch bei uns, und war jedoch eine ganz natürliche Eigenschaft (siehe meine Rede über die Romantiker). Es ist aber erwiesen, daß in unterschiedlichen Verhältnissen verschiedene natürliche Eigenschaften der Seele entwikkelt werden, die verborgen und unwirksam bleiben, wenn gewisse physische, politische, moralische und, was uns betrifft, vor allem geistige Bedingungen nicht vorhanden sind; denn die Entwicklung des Gefühls und der Melancholie sind vor allem auf den Fortschritt in der Philosophie zurückzuführen, auf die Erkenntnis vom Menschen, von der Welt, von der Nichtigkeit der Dinge und des menschlichen Unglücks, eine Erkenntnis, aus der eben dieses Unglück hervorgeht, das wir in der Natur niemals kennenlernen mußten. An Stelle dieses Gefühls, das heute ganz und gar mit dem melancholischen übereinstimmt, hatten die antiken Menschen eine andere Empfindung, Begeisterung usw., fröhlicher und glücklicher, und es ist eine Tollheit, ihre Dichter der Gefühllosigkeit zu beschuldigen, und ihren Gefühlen und Freuden, hochgeistig auch diese und von Natur dem nicht für das Unglück geschaffenen Menschen eingegeben, unsere Empfindsamkeit und Rührseligkeit vorzuziehen, die zwar auch naturbedingt sind als letztes Hilfsmittel der Natur, um dem Unglück zu wehren (wie es ständig ihr Ziel ist), das aus der unnatürlichen Erkenntnis unseres Elends hervorgeht. Die antiken Menschen suchten keinen Trost in der Traurigkeit, ein Toter beispielsweise wurde mit den Symbolen des Lebens, mit höchster Kraftanstrengung bei Spielen und mit der Lobpreisung getröstet, ihm sei das geringste oder gar kein Mißgeschick widerfahren, weil er für das Vaterland, für den Ruhm, für heiße Leidenschaften, fast möchte man sagen, für das Leben selbst gestorben sei. Auch für den Tod fanden sie Trost nicht im Tod, sondern im Leben.

Während die anderen Künste die Natur, aus der das Gefühl entsteht, nachahmen und ausdrücken, ahmt die Musik nur das eigene Gefühl einer Person nach und verleiht ihm Ausdruck, das sie aus sich selbst gewinnt und nicht aus der Natur, und so auch der Zuhörer. Deshalb sagt die Staël (*Corinne*, 9. Buch, 2. Kapitel): „De tous les beaux arts s'est (la musique) celui qui agit le plus immédiatement sur l'âme. Les autres la dirigent vers telle ou telle idée, celui-là seul s'adresse à la source intime de l'existence, et change en entier la disposition intérieur."[7]
Das Wort hat nicht die Kraft, in der Dichtung usw. das Vage und Unendliche des Gefühls auszudrücken, ohne sich an Gegenstände zu halten, und deshalb macht es immer einen untergeordneten, weniger unmittelbaren Eindruck, denn das Wort, wie die Zeichen und Bilder in Malerei und Bildhauerei, besitzt immer eine bestimmte und begrenzte Bedeutung. Die Architektur nähert sich in dieser Hinsicht ein wenig der Musik, kann aber nicht solche Sofortwirkung und Unmittelbarkeit haben.
Die Beherrschung mehrerer Sprachen verleiht gewissermaßen von selbst größere Leichtigkeit und Klarheit im Denken, denn wir denken beim Sprechen. Nun hat vielleicht keine Sprache so viele Wörter und Redewendungen, um all den unendlichen Einzelheiten des Gedankens zu entsprechen und sie auszudrücken. Mehrere Sprachen zu beherrschen und somit in einer Sprache ausdrücken zu können, was man in einer anderen nicht ausdrücken kann oder zumindest nicht schlüssig und kurz, oder man findet in einer anderen Sprache nicht so schnell den Ausdruck, macht es uns leichter, uns selber klarzuwerden und uns selbst zu verstehen, da wir eine Idee in das Wort kleiden, ohne dessen Benutzung sie in unserem Denken sehr verworren bliebe. Haben wir in einer Sprache dieses Wort gefunden, weil wir seine Bedeutung kennen, die klar und durch den Gebrauch von anderen bekannt ist, so gewinnt unsere Idee dadurch Klarheit und Festigkeit und Dichte, sie bleibt uns gut definiert, genau bestimmt und fest umrissen im Sinn. Das ist mir viele Male so gegangen, und es ist in diesen Gedanken hier zu sehen, die ich in einem Zug nieder-

schreibe und in denen ich meine Ideen in griechischen, französischen und lateinischen Wörtern *festhalte*, je nachdem sie der Sache am genauesten entsprachen und mir am schnellsten einfielen. Denn eine Idee, für die es kein Wort oder keine Ausdrucksweise gibt, entfällt uns, oder sie schweift unbestimmt durch unseren Sinn, ungenügend bekannt uns selbst, denen sie gekommen ist. Mit dem Wort nimmt sie Gestalt an und beinahe sichtbare, wahrnehmbare und fest umrissene Form.

Die melancholische sentimentale Poesie ist Atem der Seele. Ist das Herz bedrückt durch Leidenschaft oder weil der Lebensmut fehlt oder durch das tiefe Gefühl gänzlicher Nichtigkeit der Dinge, schnürt es sich vollends zusammen und schneidet diesen Atem ab. Die anderen Dichtungsarten sind mit diesem Zustand weit weniger vereinbar. Ich halte das dauernde Unglück Tassos für den Grund, daß er hinter den anderen drei großen italienischen Dichtern an Originalität und Erfindungsgabe zurückstand, obwohl er an Empfindungen, Gefühlen, Größe, Zärtlichkeit des Gemüts ihnen bestimmt gleichkam, wenn nicht überlegen war, wie aus seinen Briefen und anderer Prosa zu entnehmen ist. Aber genauso wie der, dem kein Unglück widerfahren ist, von nichts weiß, steht fest, daß die Einbildung keine Kraft hat, ebensowenig die melancholische Empfindsamkeit, ohne eine Aura von Lebensfülle, ohne Seelenstärke, der ein Dämmer ein Strahl ein Schimmer von Fröhlichkeit nicht abgehen darf (24. Juni 1820).

Das Wort ist eine von den Menschen erlernte Kunst. Das wird durch die Vielfalt der Sprachen bewiesen. Die Geste ist etwas Natürliches, und von der Natur gelehrt. Eine Kunst: 1. kann niemals der Natur gleichen; 2. so vertraut sie den Menschen sei, es gibt bestimmte Augenblicke, in denen sie sich ihrer nicht bedienen können. Deshalb, kommen die großen Leidenschaften zum Ausbruch: 1. ist die Kraft der Natur außergewöhnlich, und die des Wortes reicht nicht aus, sie auszudrücken; 2. ist der Mensch so beansprucht, daß ihm der Gebrauch einer

Kunst, so vertraut sie ihm sei, unmöglich wird. Weil aber die Geste natürlich ist, läßt sich leicht beobachten, wie er mit oft sehr lebhaften Gesten und Bewegungen zeigt, was er fühlt, oder mit unartikulierten Schreien, mit Schnauben und Gebrüll usw., die mit dem Wort nichts zu tun haben und die man als Gesten ansehen kann. Es sei denn, diese Leidenschaft mache ihn bewegungslos, was als Folge großer Leidenschaften in den ersten Augenblicken eintritt, wenn der Mensch zu keiner Handlung mehr imstande ist. Im Augenblick danach ist er zwar nicht in der Lage, sich des Worts, das heißt der Kunst zu bedienen, doch er ist zu Handlungen und zur Bewegung fähig. Sonst werdet ihr ihn immer schweigen sehen. Das Schweigen ist die Ausdrucksweise aller starken Leidenschaften, der Liebe (auch in den zärtlichsten Augenblicken), des Zorns, der Bewunderung, der Furcht usw. (27. Juni 1820).

Im poetischen Werdegang hat mein Geist dieselben Stadien durchlaufen wie der menschliche Geist im allgemeinen. Anfangs war meine Stärke die Phantasie, meine Verse waren voller Bilder, und beim Lesen von Poesie suchte ich Gewinn für meine Einbildungskraft. Gleichwohl war ich auch für Gefühle sehr empfänglich, aber ausdrücken in Dichtung konnte ich sie nicht. Ich hatte noch nicht nachgedacht über die Dinge, von der Philosophie hatte ich nur einen Schimmer, im großen und ganzen, und außerdem die übliche Illusion, die wir uns machen, daß es nämlich in der Welt und im Leben immer eine Ausnahme geben müsse zu unseren Gunsten. Ich bin immer unglücklich gewesen, aber alles Unglück war damals voller Leben und brachte mich deshalb zur Verzweiflung, weil mir schien (nicht eigentlich vom Verstand her, sondern als feste Vorstellung), daß es mich um mein Glück bringe, das die anderen, so glaubte ich, genössen. Kurzum, mein Zustand war damals alles in allem der des antiken Menschen. Zwar war ich auch damals, wenn mich das Unglück bedrängte und sehr quälte, durchaus imstande, gefühlvoll zu dichten, wie im letzten Teil meines „Gesangs“[8]. Die gänzliche Veränderung, und damit der Übergang vom antiken zum modernen Zustand, ging in mir, kann man sagen, innerhalb eines Jahres von sich, und zwar 1819, als ich des Gebrauchs der Sehkraft beraubt war und der Ablenkung durch Lektüre und ich begann, mein Unglück in weit düsterer Weise zu fühlen, ich begann, die Hoffnung zu verlieren und tief über die Dinge nachzudenken (innerhalb eines Jahres hatte ich fast das Doppelte an Gedanken aufgeschrieben wie in anderthalb Jahren, und zwar über Gegenstände, die vor allem unsere Natur betreffen, im Unterschied dazu waren die Gedanken davor fast alle zur Literatur), zum Philosophen aus Berufung zu werden (vorher war ich es als Dichter), das Unglück der Welt als gewiß zu empfinden, nicht nur davon zu wissen, und das in einem Zustand körperlicher Erschlaffung, der mich noch weiter von den antiken Menschen entfernte und den modernen näherbrachte. Damals war meine Einbildungskraft äußerst geschwächt, und obschon die Erfindungsgabe gerade damals in mir stark wuchs, eigentlich sogar entstand, verausgabte sie sich hauptsächlich in Prosastücken oder in sentimentalen Gedichten. Wenn ich mich anschickte, Verse zu machen, kamen mir die Bilder mit allergrößter Mühe, ja, die Phantasie war fast eingetrocknet (abgesehen von der Poesie, selbst beim Anblick schöner Naturszenen usw., auch jetzt bleibe ich dabei kalt wie Stein); obwohl jene Verse von Gefühl überquollen (1. Juli 1820). Zur genauen Begriffsbestimmung kann man sagen, nur die antiken Dichter waren solche, jetzt sind es nur die Kinder, oder die Jünglinge, während die modernen, die sich so bezeichnen, Philosophen sind. Tatäschlich bin ich erst empfindsam geworden, seitdem ich die Phantasie verloren habe und für die Natur unempfindlich geworden bin und mich ganz der Vernunft und dem Wahren hingebe, kurz, Philosoph bin.

Soviel die Vernunft auch den Illusionen an Macht und Maske genommen haben möge, sie bleiben trotzdem noch in der Welt und machen den größten Teil unseres Lebens aus. Alles zu wissen, reicht nicht, sie zu verlieren, hat man sie auch als leer erkannt. Und sind sie einmal verloren, gehen sie doch nie so verloren, daß nicht eine sehr kräftige Wurzel zurückbliebe, aus der sie weiterleben und trotz aller Erfahrung und erlangter Gewißheit neu erblühen. Ich habe sehr kluge, sehr erfahrene, in Wissenschaft und Philosophie sehr kenntnisreiche und sehr unglückliche Menschen alle Illusionen verlieren sehen, sie ersehnten nur noch den Tod als Wohltat, und als solche wünschten sie ihn auch ihren Freunden: bald darauf söhnten sie sich, zwar widerwillig, mit dem Leben wieder aus, machten Pläne für die Zukunft, verwendeten sich für irdische Vorteile eben dieser Freunde usw. Und doch kannten sie jetzt die Nichtigkeit der Dinge, hatten durch eigene Erfahrung Gewißheit von ihr erlangt. Mir selbst ist es hundertmal auch so gegangen, daß ich geradezu verzweifelt bin, nicht sterben zu können, und dann habe ich zu den üblichen Plänen und Luftschlössern für das zukünftige Leben zurückgefunden, auch zu ein wenig flüchtiger Fröhlichkeit. Für diesen Wechsel von Verzweiflung und Zuversicht gab es gar keinen ausreichenden Grund, war doch die Verzweiflung durch Ursachen hervorgerufen worden, die fast die ganze Zeit weiterbestanden, als ich zu meinen Illusionen zurückfand. Allemal reichte ein kleiner Anlaß aus, mich zu trösten, und es steht außer Zweifel, *daß die Illusionen in Zeiten des Unglücks vergehen* (deshalb ist sehr wahr und ich habe es selbst erfahren, daß der nichts weiß, wer niemals selbst unglücklich gewesen ist. Ich wußte das, denn wie sollte man heutzutage das nicht wissen, aber beinahe so, als ob ich es nicht gewußt hätte, und so wäre ich zurechtgekommen mit dem Leben) und sich wieder einstellen, wenn es vorüber ist oder gemildert durch Zeit und Gewöhnung. Sie stellen sich mehr oder weniger heftig wieder ein, je nach Umständen, Charakter, körperlicher Verfassung und angeborenen oder erworbenen geistigen Eigenschaften. Fast alle Schriftsteller mit wahrhaftem und anspruchsvollem Empfinden haben mit dem eigenen Herzblut geschrieben, wenn sie den vollständigen Verlust des Lebensmuts schilderten, und einen Zustand beschrieben, den sie nahezu selbst erlebt haben. Und weiter? Bei all ihrer vorherigen Verzweiflung, so lebhaft sie beim Schreiben Natur und Kraft jener bitteren Wahrheiten und Leidenschaften empfanden, denen sie Ausdruck verliehen, vorübergehend mußten sie sogar ganz in der Überzeugung usw. aufgehen, um diesen Zustand des Menschen wirkungsvoll darstellen zu können, und obwohl sie demzufolge die Nichtigkeit der Dinge fühlten und sozusagen mit den Händen greifen konnten, machten sie sich doch eben das Gefühl dieser Nichtigkeit zunutze, um mühsam ein wenig Ruhm zu erlangen, und je lebhafter in ihnen das Gefühl von der Leere der Illusionen war, desto fester setzten sie sich ein trügerisches Ziel und hofften, es zu erreichen, und mit dem lebhaft empfundenen, und lebhaft geäußerten Todeswunsch beabsichtigten sie nichts weiter, als dem Leben ein wenig Genuß abzugewinnen. Und so machen es alle Philosophen, die Abhandlungen über die traurigen Wahrheiten der menschlichen Natur schreiben, und da sie alle Illusionen im Grunde verloren haben, verfolgen sie mit ihrem Buch wirklich keinen anderen Zweck, als sich im Leben einige trügerische Vorteile zu verschaffen und auszukosten (siehe Cicero *pro Archia*, 2. Kap.). So ist das: die Natur, sei sie auch unglaublich niedergeschlagen und geschwächt, ist doch so unendlich viel stärker als die Vernunft, daß ihr noch genügend Kraft bleibt, diese Feindin zu besiegen; selbst den Anhängern der Vernunft geht es so, und in demselben Augenblick, in dem sie die Vernunft predigen und lobpreisen, ja gerade wenn sie in ihren Predigten und Lobpreisungen diese über die Natur stellen, hat die Natur gewonnenes Spiel mit ihnen, gegen die Vernunft. Der Mensch lebt von nichts anderem als von Religion oder Illusionen. Das ist eine richtige und unbestreitbare Feststellung: werden Religion und Illusion radikal beseitigt, würde jeder Mensch, ja jedes Kind, sofern sie denken können (denn gerade die Kinder leben hauptsächlich nur von Illusionen), sich unausweichlich mit eigener Hand töten, und unsere Art wäre bei ihrem Entstehen durch innere Wesensnotwendigkeit ausgelöscht worden. Aber wie gesagt, die Illusionen halten sich noch trotz Vernunft und Wissen. Bleibt zu hoffen, daß sie sich auch in Zukunft halten werden: ein gerader Weg führt bestimmt nicht mehr heraus, wie ich gesagt habe, aus dem gegenwärtigen Zustand der Menschen, mit der Zunahme und Ausbreitung der Philosophie einerseits, die das wenige, was uns bleibt, zerfasert und auflöst, und mit dem tatsächlichen Fehlen fast aller Anhaltspunkte für die Illusion andererseits, der wirklichen Abtötung, Uniformierung, Inaktivität, Nichtigkeit usw. des ganzen Lebens. Wenn das alles schließlich die Menschen dahin gebracht haben wird, alle Illusionen und Unbefangenheit zu verlieren, sie für immer zu verlieren und immerfort die reine und nackte Wahrheit vor Augen zu haben, werden von diesem Menschengeschlecht nichts weiter als die Knochen übrigbleiben wie von anderen Tieren, über die im vorigen Jahrhundert gesprochen wurde. Ebensowenig kann der Mensch von der Natur ganz getrennt leben, von der wir uns immer weiter entfernen, wie ein Baum, der an der Wurzel gekappt wurde, blühen und Früchte tragen kann. Träume und Visionen. Sprechen wir in hundert Jahren wieder darüber. Noch besitzen wir kein Beispiel aus vergangenen Zeitaltern für die Fortschritte einer maßlosen Zunahme an Zivilisation und einem grenzenlosen Entzug von Natur. Aber wenn wir nicht umkehren, werden unsere Nachkommen dieses Beispiel ihren Nachfahren hinterlassen, wenn sie Nachfahren haben werden (18.–20. August 1820).

Wie Personen mit wenig Vorstellungskraft und Gefühl nicht fähig sind, über Poesie, oder Schriften dieser Art, zu urteilen, und wenn sie welche lesen, von denen sie wissen, daß sie berühmt sind, nicht verstehen warum, weil sie nicht mitgehen und sich in keiner Weise in den Schriftsteller einfühlen können, selbst wenn sie guten Geschmack und Urteil haben, so gibt es viele Stunden, Tage, Monate, Jahreszeiten, Jahre, in denen selbst Menschen mit Enthusiasmus usw. nicht fähig sind, mitzufühlen und mitzugehen, sie können aber doch über diese Schriften ein rechtschaffenes Urteil abgeben. So wird es aus diesem Grund oft vorkommen, daß ein Mensch, der sonst ein sehr befähigter Richter ist über schöngeistige Literatur und die freien Künste, bei zwei gleich schätzenswerten Werken zu ganz unterschiedlicher Beurteilung kommt. Ich habe das viele Male erlebt. Wenn meine Stimmung danach war, erschien mir alles ergötzlich, jede Schönheit tat sich mir auf, ich erwärmte und begeisterte mich für alles, für den Schriftsteller empfand ich von nun an Bewunderung und behielt für immer eine große Meinung von ihm. In dieser Verfassung kann das Urteil vielleicht auch fehlgehen und dem Buch usw. das Verdienst zuschreiben, das zu einem großen Teil dem Leser zukommt. Andere Male machte ich mich in ganz kaltem Gemütszustand ans Lesen, und die schönsten, zartesten und tiefsten Dinge konnten mich nicht rühren: mir blieb nichts weiter übrig, als nach Geschmack und ausgebildetem Gefühl zu urteilen. Mein Urteil blieb so auf das Äußerliche beschränkt und inhaltlich auf eine Vermutung über die Wirkung, die das Werk bei anderen hervorrufen könnte. Und für das Werk bewahrte ich demzufolge keine große Bewunderung. Zu bemerken wäre noch, daß manchmal jemand anders, der in der Lage war, sich rühren zu lassen, mir goldene Berge von diesem Buch versprach, das er zu gleicher Zeit las. Zweck dieser Betrachtung ist: 1. den Unterschied im Urteil gleich fähiger Menschen zu erklären, ein Unterschied, der sich immer auf etwas ganz Verschiedenes zurückführen läßt; 2. sich auf die kompetentesten Urteile und auch auf das eigene nicht allzusehr zu verlassen und sich auch auf diesem Gebiet einen notwendigen Pyrrhonismus zuzulegen. Das Publikum und die Zeit müssen bei der Beurteilung diese Unannehmlichkeit nicht auf sich nehmen (25. August 1820).

Begeisterung, Einbildungskraft, Wärme muß man hinsichtlich der schönen Künste unterscheiden von der Erfindung, besonders der Sujets. Der Anblick schöner Natur erweckt Begeisterung. Wenn jemand von dieser Begeisterung erfaßt ist, der bereits ein Sujet bei der Hand hat, wird sie ihm von Nutzen sein für die Stärke der Ausführung, auch für weitere Erfindungen und Einfälle, also in den Einzelheiten, in Stil, den Bildern, kurzum in allem, was die Ausführung betrifft, aber sie nützt kaum oder nie bei der Erfindung des Sujets. Soll die Begeisterung nützen, muß sie geradezu kreisen um das Sujet und von ihm selbst herrühren, wie die Begeisterung aus einer Leidenschaft. Aber die abstrakte, vage, unbestimmte Begeisterung, die geniale Menschen oft empfinden beim Anhören von Musik, beim Anblick der Natur usw., ist in keiner Weise günstig für die Erfindung des Sujets, auch kaum für die Einzelheiten, weil der Mensch in diesem Augenblick fast außer sich ist, als wäre er einer fremden Macht ausgeliefert, die ihn fortreißt, er ist weder fähig, seine Gedanken zu sammeln, noch sie zu behalten, alles, was er sieht, ist unendlich, unbestimmt, flüchtig, ist so mannigfaltig und überreich, daß es weder Ordnung noch Regel zuläßt, auch nicht die Fähigkeit, einzuteilen, zu gliedern oder auszuwählen, oder einfach klar und vollständig zu erfassen, er könnte gar keinen Punkt (will heißen kein Sujet) *saisir*[9], auf den er alle Empfindungen und Vorstellungen bringen könnte, die ihm kommen, denn ihnen fehlt der Kern. Selbst wenn er, wie gesagt, aus Leidenschaft in Begeisterung geraten ist und seine eigene Begeisterung zum Sujet wählen wollte, wird er keine brauchbare Form für dieses Sujet festlegen können, wenn die Begeisterung wirklich warm und wahr ist. Im Grunde wird für die Erfindung in Form- und Teilfragen, den primitiven (in ihrer ersten Konzeption, meine ich) und ursprünglichen Einfällen, keine Zeit der Begeisterung, der erhitzten und erregten Einbildung gebraucht, sie schadet sogar. Gebraucht wird eine Zeit der Kraft, aber ruhiger Kraft; eine Zeit, in der tatsächlich Geist da ist, nicht so sehr Begeisterung (oder eher eine Tat des Geistes als der Begeisterung); weit eher der Einfluß einer vergangenen oder künftigen oder gewohnten Begeisterung als ihr Vorhandensein; gebraucht wird, kann man sagen, weit eher ihr Verdämmern als ihr Höchststand. Oft ist ein Augenblick am geeignetsten, in dem nach der Begeisterung oder einem Gefühlserlebnis die Seele zwar wieder Ruhe gefunden hat, doch wie nach einem Gewittersturm sich in wogender Bewegung der vergangenen Empfindung genußvoll erinnert. Das ist vielleicht die geeignetste Zeit, in der sich am ehesten ein originelles Sujet, oder originelle Teile davon, finden lassen. Im allgemeinen kann man sagen, daß das Bezeugen von Begeisterung, Vorstellung und Empfindung in den schönen Künsten und in der Dichtkunst, was den Autoren betrifft, mehr unmittelbares Ergebnis der Erinnerung an die Begeisterung als der Begeisterung selbst ist (2. Oktober 1820). Wogegen die allgemeine Meinung, die auf den ersten Blick richtig erscheint, zumeist in der Begeisterung das sieht, was die Erfindung und den Einfall erzeugt, und die Ruhe als notwendig für die gute Ausführung erachtet; ich sage, tatsächlich schadet oder verhindert die Begeisterung weit eher die Erfindung (die auf etwas Bestimmtes gerichtet sein muß, während die Begeisterung von jeder Art Bestimmtheit sehr weit entfernt ist), und sie nützt weit eher der Ausführung, weil sie den Dichter oder Künstler warm werden läßt, seinen Stil belebt und ihm im höchsten Grade hilfreich ist bei der Herausbildung, der Anordnung usw. der Teile, die leicht alle kalt und monoton geraten, wenn dem Verfasser der erste Anreiz der Originalität verlorengegangen ist (3. Oktober 1820).

Genialen Kunstwerken ist eigen, selbst wenn sie die Nichtigkeit der Dinge lebhaft vor Augen führen, selbst wenn sie augenscheinlich beweisen und fühlen lassen, wie unausweichlich das Unglück im Leben ist, selbst wenn sie der fürchterlichsten Verzweiflung Ausdruck geben, einer großen Seele immer Trost zuzusprechen, sei sie auch zutiefst niedergeschlagen, vom Leben, seiner Nichtigkeit und Langeweile, ernüchtert und entmutigt, oder befände sie sich im bittersten *mörderischen* Unglück (aus tiefer starker Leidenschaft oder aus bliebig anderem Grund), denn sie lassen die Begeisterung wiederaufleben, und selbst wenn sie nichts weiter als den Tod behandeln und zeigen, geben sie ihr wenigstens für kurze Zeit das an Lebenskraft wieder, was sie verloren hatte. Wird das, was in der Wirklichkeit erlebt die Seele betrübt und tötet, in der Nachahmung oder auf andere Weise in den genialen Kunstwerken erlebt (wie zum Beispiel in der Lyrik, die keine eigentliche Nachahmung ist), erschließt und belebt es das Herz. Das ist so, weil der Autor, als er beschrieben und tief empfunden hat, wie leer die Illusionen sind, sich doch einen großen Schatz an Illusionen bewahrte, und dafür lieferte er einen wirkungsvollen Beweis, indem er mit viel Fleiß beschrieb, wie leer sie sind, und auch der Leser, so ernüchtert er selbst durch die Lektüre sei, wird doch vom Autor in die Täuschung und in die tief in seinem Innern verborgene Illusion einbezogen, die dieser unter Beweis gestellt hat. Gerade das Wissen um den heillosen Lug und Trug alles Schönen und Großen ist selbst gewissermaßen etwas Schönes und Großes, findet sich diese Erkenntnis in einem genialen Kunstwerk. Selbst der Anblick der Nichtigkeit ist in diesen Werken etwas, das dem Leser die Seele zu weiten und zu erheben, ihn innerlich mit sich selbst und der eigenen Verzweiflung auszusöhnen scheint. (Eine große Sache, gewiß Quelle von Freude und Begeisterung, und eine Meisterleistung der Dichtung, wenn sie dem Leser größere Erkenntnis seiner selbst und des eigenen Unglücks, seiner Niedergeschlagenheit und geistigen Gedrücktheit vermittelt.) Das Gefühl der Nichtigkeit ist außerdem das Gefühl von etwas Totem und Todbringendem. Doch wenn dieses Gefühl lebendig ist wie in dem von mir angeführten Fall, übertrifft diese Lebendigkeit in der Seele des Lesers die Empfindung von der Nichtigkeit der Dinge, und die Seele gewinnt (und sei es nur vorübergehend) Leben aus dem starken Gefühl vom beständigen Sterben der Dinge und ihrer selbst. Denn die Wirkung der Erkenntnis vom großen Nichts ist ja nicht gering, und nicht wenig schmerzlich, und gewöhnlich führt sie, und sie muß natürlich dahin führen, zu Gleichgültigkeit und Gefühllosigkeit gegenüber dem Nichts selbst. Diese Gleichgültigkeit und Gefühllosigkeit werden beim Lesen oder Betrachten eines genialen Kunstwerks aufgehoben: es weckt in uns das Gefühl für die Nichtigkeit der Dinge, und das ist der Hauptgrund für das Phänomen, von dem ich spreche.

Ich würde meinen, daß genanntes Phänomen in den düsteren und dunklen Dichtungen des Nordens, hauptsächlich in den modernen, wie denen Lord Byrons, sehr viel seltener auftritt als in denen des Südens, die bei den dunkelsten, schmerzlichsten und verzweifeltsten Themen eine gewisse Helle bewahren; und bei der Lektüre von Petrarcas *Triumphen* und des Gesprächs von Achill mit Priamus[10], beim Werther noch würde ich sagen, ist diese Wirkung stärker als beim *Giaur* oder beim *Korsaren* usw., obwohl sie genauso das Unglück des Menschen und die Eitelkeit der Dinge behandeln und beweisen (4. Oktober 1820). Ich weiß, als ich den Werther las, war mir ganz heiß in meiner Verzweiflung, bei Lord Byron blieb ich ganz kalt und fühlte keinerlei Begeisterung, geschweige denn Trost. Und gewiß hat Lord Byron mich meine Verzweiflung nicht tiefer fühlen lassen: durch ihn wäre ich eher fühlloser und marmorkalt geworden.

Ruhm, hautpsächlich literarischer, ist zumeist dann süß, wenn der Mensch sich daran in der Stille seines Arbeitszimmers weidet, ihn als Ansporn für neue ruhmreiche Unternehmungen nutzt und als Grundlage für neue Hoffnungen. Denn der Ruhm bewahrt dann seine Kraft als Illusion, die einzige Kraft, die er hat. Aber in der Welt oder in der Gesellschaft genossen, findet man ihn gewöhnlich nichtig oder sehr geringfügig, ungeeignet, das Gemüt zu erfüllen und zu befriedigen.

Für die Poesie (wie auch für alle Dinge, die eine Beziehung oder Affinität zu ihr haben) trifft zu, was ich an anderer Stelle gesagt habe: große Taten erfordern eine Gemisch von Überzeugung und Leidenschaft oder Illusion. So braucht die Poesie, sowohl in bezug auf das Wunderbare als auch auf die Rührung und Anreiz jeder Art, etwas Unwahres, das doch zu überzeugen vermag, nicht nur nach den gewöhnlichen Regeln der Wahrscheinlichkeit, sondern auch im Sinne einer gewissen Überzeugung, daß es sich mit der Angelegenheit so verhalte oder tatsächlich verhalten könne. Deshalb ist der antiken Mythologie, oder jeder anderen ihr ähnlichen poetischen

Erfindung, zwar alles Erforderliche eigen an Illusion, Leidenschaft usw., ihr fehlt es aber gänzlich an Überzeugung, sie kann keine Wirkung mehr wie einst erzielen, schon gar nicht bei den modernen Themen, weil bei den antiken die Gewöhnung uns eine Art Überzeugung verschafft, vor allem wenn es auch ein antiker Dichter ist, denn haben wir die Idee von jenen Ereignissen, jenen Zeiten, jenen Dichtungen usw. verinnerlicht, zusammen mit diesen Fiktionen, dann erscheinen uns diese natürlich und überzeugen uns fast, denn die Gewöhnung hindert uns fast, zwischen ihnen und jenen Dichtern, Zeiten, Ereignissen usw. zu unterscheiden, und, soweit die Wirkung es erfordert, lassen wir uns mechanisch überzeugen, es könnte sich so verhalten haben. Doch werden dieselben oder andere Fiktionen erneut verwendet, sei es für andere antike Themen, sei es hauptsächlich für moderne oder mittelalterliche Sujets, entdecken wir immer etwas, was weiß ich, Unfruchtbares oder Unwahres, weil eben diese Überzeugung fehlt, sei auch das Schöne, das Imaginäre, Wunderbare usw. zu seinem Teil vollendet. Tasso wird auch in dieser Hinsicht niemals die Wirkung der antiken Dichter erzielen, obwohl er das Märchenhafte und Wunderbare der christlichen Religion entnommen hat. Doch heutigentags, bei dieser Ausbreitung und Zunahme aufklärerischer Gedanken, gibt es für keine neue oder neu verwendete Fiktion den geringsten Platz im Verstand, weil die genannte Gewöhnung fehlt, die für den Rest sorgt bei den antiken Dichtern. Das ist ein wichtiger Grund, weshalb die Poesie heutzutage nicht mehr die großen Wirkungen zeitigen kann, weder bei der Bewunderung und im Genuß noch bei der Erregung der Gemüter, der Leidenschaften usw., beim Anreiz zu großen Handlungen usw. Um so mehr, als die christliche Religion sich nicht, wie die heidnische, für die überzeugende Fiktion eignet. Auf jeden Fall ergibt sich gerade aus den genannten Beobachtungen, daß der Dichter, weil die heidnische Religion heute keine Wirkung mehr haben kann, sich an die christliche halten muß, und daß diese, wird sie mit wirklichem Verstand, mit Geschmack und Geschick gehandhabt, sowohl was die Bewunderung als auch die Gefühle betrifft, hinreichend beachtenswerte Eindrücke hervorrufen kann (19. Oktober 1820).

Es ist ein sonderbarer Vorgang in den humanistischen Wissenschaften, daß die erhabensten freiesten und unregelmäßigsten Geister zu Klassikern werden, wenn sie dauernden universalen Ruhm erlangt haben, und ihre Schriften dann in die elementaren Lehrbücher kommen und den Kindern in die Hand gegeben werden, wie die trockensten und regelmäßigsten Abhandlungen der *exakten* Wissenschaften.

Eine sehr große und weit verbreitete Ursache von Fehlern, Mißdeutungen, Unklarheiten, Versehen, Widersprüchen, Zweifeln usw., sowohl bei den antiken als auch den modernsten Schriftstellern, besteht darin, daß sie die wechselseitige Feindschaft von Vernunft und Natur nicht in Betracht gezogen und näher bestimmt, sie nicht dem System vom Menschen zugrunde gelegt haben. Setzt man sie, die so offenkundig und allgemein ist, voraus, lassen sich unendlich viele Geheimnisse und Probleme in Ordnung und Gefüge der menschlichen Angelegenheiten klären, bestimmen und lösen. Verwechselt man aber die Vernunft mit der Natur, das Wirkliche mit dem Schönen, die Fortschritte der Intelligenz mit den Fortschritten des Glücks und der menschlichen Vervollkommnung, die Kenntnisse und die Natur des Nützlichen, Ziel oder Zweck der Intelligenz (der in der Wahrheit besteht), mit dem wahren Ziel und Zweck des Menschen und seiner Natur usw., wird man dem Geheimnis des Menschen niemals auf den Grund kommen, um es zu enträtseln und die unendlich vielen Widersprüche in Übereinstimmung zu bringen, die in dem wichtigsten Teil des universalen Systems aufeinanderzutreffen scheinen, in dem Teil nämlich, der unsere Art betrifft. Der Widerstreit zwischen Fleisch und Geist, Sinnen und Verstand, den die Schriftsteller, hauptsächlich die religiösen, zwar bemerkt haben, ist entweder nicht ausreichend oder nicht richtig verstanden und gedeutet, nicht weit genug gesehen, oder sein rechter Sinn ist in das Gegenteil verkehrt worden, und daraus wurden Konsequenzen gezogen gleicher Art usw. usf. (20. November 1820).

Der Mensch muß sich frei und unbefangen seiner Sprache bedienen, nicht wie das gemeine Volk mit seinem losen Treiben auf den Straßen, weil es sich nicht anständig und gefällig benehmen kann, sondern wie jemand, der im Umgang mit Menschen erfahren und geübt ist, sich in Gesellschaft frei und gelöst verhält, auf Grund eben dieser Erfahrung und Kenntnis. Darum muß die Freiheit der Sprache aus vollendetem Wissen kommen, nicht aus Unwissenheit. Eben diese geziemende und angemessene Freiheit fehlt heutigen Tages fast allen Schriftstellern. Die sich der Reinhaltung, dem Charakter und den Gesetzen der Sprache fügen wollen, verhalten sich nicht frei, sondern im Gegenteil wie Sklaven. Weil sie nicht voll und ganz in ihrem Besitz sind und immer argwöhnen, gegen sie zu verstoßen, bewegen sie sich gehemmt, als liefen sie auf Eiern. Und die sich locker geben, besitzen diese Ungebundenheit des gemeinen Volkes, die von der Unkenntnis der Sprache herrührt, sie können sich ihrer nicht bedienen und sind nicht um sie bemüht. Im Vergleich zu den oben genannten preisen sie sich oft als Schriftsteller ohne Dünkel. Fast als wäre es einerseits ein Dünkel, gut zu schreiben (und also auch, gut zu handeln, und alles sonst, was man ordentlich machen will, wäre ein Dünkel), und als ob andrerseits der gut schreiben würde, der diesen Dünkel zeigt. Wenn doch im Gegenteil, ihn zeigen, nicht nur im Hinblick auf gute Sprache, sondern auf jedes andere schriftstellerische Talent, die größte Sünde ist, die man beim Schreiben begehen kann. Denn im Grunde ist es dasselbe wie Affektation; und die Affektation ist die Pest aller Schönheit und aller Güte, gerade deshalb besteht beim Schreiben wie bei allen anderen Handlungen im menschlichen Leben das höchste und notwendigste Talent in der Natürlichkeit (28. Februar 1821).

Aus der dummen Idee, die man vom absoluten Schönen hat, ist diese dümmste Meinung hervorgegangen, daß die nützlichen Dinge nicht schön sein müßten oder nicht schön sein könnten. Nehmen wir ein wissenschaftliches Werk beispielsweise. Wenn es nicht schön ist, wird das damit entschuldigt, daß es nützlich ist, sie sagen sogar, ihm komme keine Schönheit zu. Und ich sage, wenn es nicht schön ist und demnach häßlich, ist es also schlecht in dieser Hinsicht, sei es auch in allem übrigen sehr vortrefflich. Aus welchem Grund ist der *Traktat* von Celsus schön, der eine Abhandlung über Medizin ist? Etwa weil er poetische oder rhetorische Ornamente hat? Im Gegenteil, vor allem, weil sie ihm ganz und gar abgehen, und weil er diesen jedes Makels baren Glanz und diese Einfachheit besitzt, die derartigen Werken zusteht. Dann weil er klar, genau ist, weil seine Sprache und sein Stil rein sind. Diese Vorzüge oder Schönheiten ziemen sich für jedes beliebige Buch. Jedes Buch hat die Pflicht, schön zu sein in aller Strenge dieses Begriffs, also vollauf gut zu sein. Wenn es nicht schön ist, dann ist es unter diesem Gesichtspunkt schlecht, und ein Mittelding gibt es nicht, was nicht schön ist und nicht vollendet, ist, so gesehen, also schlecht. Was ich über Bücher sage, bezieht sich auf jede andere Art nützlicher Dinge, und allgemein auf alles (16. April 1821).

Schrift muß Schrift sein und kein Rechenexempel; sie muß mit den vereinbarten Zeichen die Wörter darstellen, und es ist die Aufgabe der so dargestellten Wörter, die Ideen oder die Gedanken und Gemütsbewegungen auszudrücken und anzuregen. Was sollen da diese hinderlichen Strichlein, Pünktchen, Zwischenräumchen, die doppelten und dreifachen Ausrufungszeichen und was weiß ich? Es sieht so aus, als komme die Hieroglyphenschrift wieder in Mode, über Gefühle und Gedanken soll nicht mehr geschrieben, sie sollen dargestellt werden, und weil man die Dinge nicht mit Worten kundtun kann, sollen sie abgebildet oder mit Zeichen kundgetan werden, wie es die Chinesen machen, deren Schrift keine Worte darstellt, sondern Sachen und Begriffe. Heißt das nicht, die Kunst des Schreibens wieder die ersten Schritte machen lassen? Lernt! lernt die Kunst des Stils, jene Kunst, die unsere Klassiker so gut beherrschten, jene Kunst, die heute größtenteils verlorengegangen ist, jene Kunst, die in ihrer ganzen Tiefe, in ihrer ganzen Vielfalt, in ihrer ganzen Vollkommenheit zu besitzen notwendig ist für jeden, der schreiben will. So werdet ihr den Leser zum Innehalten zwingen, zur Aufmerksamkeit, zum Nachdenken, zur Bedachtsamkeit beim Lesen, zu den erforderlichen Gefühlen, mit den Worten, sage ich, werdet ihr ihn zwingen, nicht mit den kleinen Zeichen, und weil ihr nicht zwei Seiten verschwendet, um das zu schreiben, was auf einer einzigen Seite stehen kann, entfallen die Strichlein und Abstände usw. Was gibt es bei dieser Art von Nachahmungen zu bewundern? Liegt nicht im Wunderbaren einer der Hauptreize der Nachahmung, eine der wichtigsten Ursachen für die Freude, die sie verschafft? Ist es da nicht besser, daß der Schriftsteller, wenn er in dieser Manier schreiben will, ein Maler werde? Hat er nicht den falschen Beruf ergriffen? Würde er dann nicht weit besser die Wirkungen erzielen, die er mit dieser Art zu schreiben erzielen will? Es gibt nichts Wunderbares, wo es keine Schwierigkeiten gibt. Was ist daran schwierig, so nachzuahmen? Was ist schwierig daran, Hufgetrappel mit *trap trap trap* auszudrücken und Glockenläuten mit *tin tin tin*, wie es die Romantiker machen? (Bürger in *Lenore, Biblioteca Italiana*, Band VIII, S. 365.) Auf diese Weise ahmen die Ammen und Gaukler nach, das ist genau dasselbe, wie in dieser Manier zu schreiben, mit diesen Zeichen, die allen Klassikern, auch den größten, gänzlich unbekannt waren, und zu Recht (22. April, Ostersonntag 1821).

Die Bibel und Homer sind die zwei großen Quellen des Schreibens, sagt Alfieri in seiner *Vita*. (So ist es Dante im Italienischen usw.) Schon allein deswegen, weil sie die ältesten Bücher sind, stehen sie der Natur am nächsten, der einzigen Quelle des Schönen, des Großen, des Lebens, der Vielfalt. Seitdem die Vernunft in die Welt gekommen ist, wird alles nach und nach ihren Fortschritten gemäß häßlich, klein, tod, monoton (11. Mai 1821).

Wenn wir aufmerksam nachprüfen, worin die Eleganz der Wörter, der Ausdrucksweisen, der Formen, des Stils zu bestehen pflegt, werden wir erkennen, wie sie oft, sogar immer, im Unbestimmten besteht oder in etwas Unregelmäßigem, in Eigenschaften also, die im Gegensatz stehen zu denen, die hauptsächlich gesucht sind beim didaktischen und doktrinären Schreiben. Nun leugne ich nicht, daß auch dieses empfänglich sein kann für Eleganz, zumeist in den Teilen, wo die Eleganz nicht der Präzision schadet, besonders also in den Ausdrucksweisen und in den Formen. Für diese Vereinigung der Präzision mit der Eleganz ist Celsus' Stil ein glänzendes Beispiel, und unter unseren Schriftstellern Galilei. Vor allem geziemt didaktischen Schriften die Einfachheit (gerade beim ersten der genannten Autoren ist sie bewundernswert), die in den Grenzen der Konvenienz immer Eleganz besitzt, weil sie Natürlichkeit ist. Doch ich meine, eher können sich die Philosophie und die Wissenschaften, die Menschenwerk sind, der schönen Literatur und der Poesie, die ein Werk der Natur sind, beugen und nachgeben, als umgekehrt. Und deshalb habe ich gesagt, wo die Philosophie *herrscht*, dort gibt es keine Poesie. Wo immer Poesie ist, gebührt ihr zu herrschen und sich nicht anzupassen, weil die Natur, der sie entspringt, sich nicht den Zeiten gemäß verändert, auch nicht gemäß Sitten und Kenntnissen der Menschen, wie das Reich der Vernunft sich verändert (13. Juli 1821).

Eine weitere große Quelle für den Reichtum und die Mannigfaltigkeit der italienischen Sprache ist ihre grenzenlose Fähigkeit, ein und demselben Wort verschiedene Formen, Konstruktionen, Ausdrucksweisen usw. zu geben und nach Bedarf seine Bedeutung zu verändern, durch die genannten Veränderungen in der Form, im Gebrauch oder in der Stellung usw., die mitunter tatsächlich den Wortsinn verwandeln, manchmal wandeln sie ihn etwas ab, wodurch ein kleiner Unterschied zur ursprünglichen Bedeutung angezeigt wird. Ich ziehe hier nicht die unbegrenzte Fähigkeit zu Metaphern in Betracht, die der italienischen Sprache so sehr eignet, sogar wesenseigen ist (wir können sie ihr nicht nehmen, ohne sie tatsächlich zu entstellen) und dem so lebhaften und bildhaften Geist unseres Volkes naturgegeben. Ich führe nur an, daß ein und dasselbe Verb beispielsweise im aktiven, passiven, neutralen und neutral passiven Sinn gebraucht werden kann; den einen oder anderen Fall verlangt, mit Artikel oder ohne; jeweils mit einem Nomen oder mehreren, auch mit verschiedenen Fällen an gleicher Stelle; mit einem oder mehreren Verben im Infinitiv, die die eine oder andere Präposition erfordern, das eine oder andere Kasuszeichen; das im Gerundium gebraucht werden kann, mit diesem oder jenem Adverb oder Partikel (daß, wenn, was usw.), und vieles weitere ließe sich nennen. Diese Fähigkeit ist nicht allein der Mannigfaltigkeit und der Eleganz, die aus der Neuheit usw. herrührt und aus dem Ungebräuchlichen, kurzum der Schönheit der Redeweise zuträglich, sondern sie ist auch von größter Nützlichkeit, weil sie das Kapital und die Kraft der Sprache unendlich vervielfacht, weil sie hilft, die kleinen Unterschiede in den Dingen zu erkennen, die Bedeutung festzulegen oder zu verändern. So kann der Italiener leicht und klar tausend neue Dinge ausdrücken mit alten, leicht abgewandelten Wörtern, abgewandelt aber genau entsprechend dem Sprachempfinden usw. Diese Fähigkeiten haben und hatten mehr oder minder alle gebildeten Sprachen, denn sie ist notwendig, und unsere Sprache steht hierin vielleicht, oder nicht vielleicht, hinter dem Griechischen und Lateinischen nicht zurück, und allen modernen Sprachen ist sie voraus. Sie besitzt eine solch entschiedene Einzigartigkeit und Überlegenheit in dieser Fähigkeit, die einer der hauptsächlichen und wesentlichen Charakterzüge der italienischen Sprache ist, die sich an der Literatur geformt, ihr angepaßt hat. Wollen wir sie etwa dieses ihres ureigensten Charakters berauben und des Nutzens, der daraus entspringt? Wollen wir etwa den italienischen

Schriftstellern die Fähigkeit absprechen, das weiter zu nutzen? Haben der Sprache das doch ihre Gründer und Bildner gegeben. Und wenn für einen bestimmten Gebrauch eines bestimmten Wortes kein Beispiel im Wörterbuch[11] zu finden ist, sollte man das verurteilen, obschon es tausend völlig gleiche und gleichgeartete Beispiele bei anderen Wörtern gibt, und obschon der besagte Gebrauch mit der genannten Fähigkeit der Sprache vollkommen übereinstimmt, auch mit ihrem Charakter? Warum sollte eine lebendige Sprache ihre Fähigkeiten verlieren, die nur in ihr lebendige und fruchtbare Fähigkeiten sind, und lediglich das Material bewahren an Wörtern und Redewendungen, die bereits gebraucht und registriert wurden, die doch nutzloses Besitztum sind, und bezüglich der genannten Fähigkeit totes Besitztum? Was für eine verrückte Pedanterie ist denn das, über ein Wort oder eine Redewendung nicht nach dem Ohr, auch nicht nach Charakter der Sprache zu urteilen, sondern nach dem Wörterbuch? Das heißt, nicht nach dem eigenen Ohr, sondern nach dem anderer zu urteilen. Einfach nach der Regel des Zufalls sogar. Denn es ist reiner Zufall, ob die Klassiker dieses oder jenes Wort auf diese oder jene Weise gebraucht haben oder nicht usw., und, falls sie es gebraucht haben, ob das von den Wörterbuchverfassern bemerkt und registriert worden ist. Kein Zufall ist aber, ob sie der Sprache die Fähigkeit gegeben haben, sich seiner zu bedienen oder nicht, und ob dieses Wort, diese Form usw. zu den Eigenschaften der von ihnen geformten Sprache, zu ihren Gebräuchen paßt oder nicht. Das läßt sich nach dem Wörterbuch nicht beurteilen, sondern nur nach dem Gehör, das sich durch langes und fleißiges Lesen und Studieren nicht des Wörterbuchs, sondern der Klassiker gebildet hat, das erfüllt und erfahren ist und getreuer Interpret und Zeuge des Sprachcharakters, einzige alleinige Norm, um ein Wort oder eine Redewendung hinsichtlich der Reinheit zu beurteilen, ob es gebraucht werden kann usw. Von dieser Richtschnur allein haben sich alle klassischen Schriftsteller leiten lassen, und das in allen Sprachen, so auch in unserer, bevor es das Wörterbuch gab, und wel-

che Wirkung von ihm auf die Reinheit des geschriebenen Wortes ausgegangen ist und inwieweit es zur Reinhaltung der gesprochenen Rede beigetragen hat, was anscheinend sein hauptsächlicher Nutzen sein sollte, dazu lese man das Vorwort von Monti zum zweiten Band des *Vorschlags*[12].
Ich will hier nicht nur den neuen Gebrauch von Wörtern (in dem oben erwähnten Sinn) verteidigen, den man allein der Zweckmäßigkeit halber macht, sondern auch den, der lediglich um der Eleganz willen geschieht, ohne jedwede Notwendigkeit, der aber ob seiner Neuartigkeit geeignet ist, der Redeweise etc. etc. diesen Anflug von Fremdartigkeit zu geben und dieses, was weiß ich, an maßvoll Ungebräuchlichem, das sich vom gewöhnlichen Gebrauch abhebt, aus dem die Eleganz usw. herrührt (17. Juli 1821).

Für das Unbestimmte kann als Beispiel dienen *Vergils: Sunt lacrimae rerum: et mentem mortalia tangunt.*[13] Was das Unregelmäßige anbelangt, haben wir aus dem obigen Gedanken entnehmen können, daß eigentliche Eleganz immer von Fremdartigem herrührt und mit der gemeinen Redeweise nicht übereinstimmt, daß sie auf die eine oder andere Art immer etwas Unregelmäßiges ist, sei es, weil das Wort fremd und deshalb, ich würde nicht sagen regelwidrig, aber unregelmäßig ist, oder weil es nicht den Regeln entspricht, es zu gebrauchen; sei es, weil diese Ausdrucksweise neu erdacht ist, wie immer man will. Und man beachte, daß, außer bei Übertreibung, wodurch das Gegenteil von Eleganz erzeugt wird, innerhalb der Grenzen dieser Unregelmäßigkeit, die elegant sein kann, das Verhältnis von mehr oder minder Eleganz sehr oft, und man merkt das, dem von mehr oder minder Unregelmäßigkeit entspricht. Das nicht allein hinsichtlich der Sprache, sondern auch des Stils usw. In der Ordnung gibt es nie eigentliche Eleganz. Es mag Harmonie, Symmetrie usw. geben, aber Eleganz gibt es in reiner und strenger Ordnung nicht. Auch Natur kann es da nicht geben, aber Vernunft, weil Ordnung immer Zeichen von Vernunft bei allen Dingen ist (17. Juli 1821).

Es ist schon bekannt, daß Literatur und Poesie sich gegenläufig zu den Wissenschaften verhalten. Sind jene zu Kunst geworden, werden sie unfruchtbar, diese gedeihen; haben erstere eine bestimmte Grenzmarke erreicht, verfallen sie, letztere gehen voran, wachsen weiter; erstere sind immer größer schöner wunderbarer bei den alten Schriftstellern, letztere bei den modernen: je weiter erstere sich von ihren Anfängen entfernen, desto mehr verschleißen sie, bis sie verderben; je näher letztere ihren Anfängen sind, desto unvollkommener, schwächer, ärmer sind sie, und oft töricht. Die Ursache ist, daß erstere zur Hauptgrundlage die Natur haben, die sich nicht vervollkommnet (über einen gewissen Punkt hinaus), sondern verdirbt; letztere die Vernunft, die Zeit braucht zu wachsen und die gemäß den Jahrhunderten voranschreitet, und der Erfahrung. Diese Erfahrung ist Lehrmeisterin der Vernunft, Nährmutter, Erzieherin der Vernunft, und Mörderin der Natur. So also geht es auch den Sprachen. Diejenigen ihrer Eigenschaften, die einerseits der Vernunft nutzen, andrerseits von ihr abhängig sind, wachsen und vervollkommnen sich mit der Zeit; die von der Natur abhängig sind, verfallen, verderben und gehen verloren. Somit gewinnen die Sprachen an Präzision, wenn sie sich vom Ursprünglichen entfernen, sie gewinnen an Klarheit, Ordnung, Regel usw. Aber an Wirkung, Mannigfaltigkeit und an allem, was Schönheit ist, werden sie ärmer, je mehr sie sich von dem Zustand entfernen, der ihre ursprüngliche Form darstellt. Vernunft und Natur verbinden sich miteinander, wenn die Sprachen in der Literatur verwendet werden. Dann lindert die Kunst die Roheit der Natur, und die Natur die Gesetztheit der Kunst. Dann sind die Sprachen in einem Zustand relativer Vollkommenheit. Aber sie bleiben hier nicht stehen. Die Vernunft schreitet voran, und wenn die Vernunft voranschreitet, weicht die Natur zurück. Die Kunst kommt aus dem Gleichgewicht. Die Präzision herrscht vor, die Schönheit unterliegt. Die Sprache, die ihren ursprünglichen Naturzustand verloren hat und auch den vollkommenen Zustand geregelter Natur, oder sagen wir geformter Natur, gerät in den geometrischen

Zustand der Nüchternheit und der Häßlichkeit. (Die französische Sprache näherte sich, infolge der Zeitumstände, seit ihrer Herausbildung dem letzteren Zustand, weil in ihr die Vernunft vorherrschte, und das Gleichgewicht zwischen Kunst und Natur hat in der französischen Sprache niemals oder nie vollkommen bestanden.) Die Philosophen bezeichnen das als den Zustand der Perfektion, die Literaten als Zustand der Korruption.
Keiner hat unrecht. Zu Recht unzufrieden mit dem modernen Zustand der Sprache sind die, denen ihre Schönheit am Herzen liegt, und weise erinnern sie an deren Anfänge; ich meine damit die Zeit ihrer Herausbildung, nicht die davor, denn das maßt man sich unsinnigerweise an, und will man die Sprache, auch im Hinblick auf ihre Schönheit, regenerieren, wird so das Gegenteil erreicht, weil man dann von einem Extrem ins andere fällt: und in Extremen kann es keine Schönheit geben, wohl aber in der Mitte, an der Stelle, wo sie sich ausgebildet und vervollkommnet hat. Die es für dringlich halten, daß die Sprache der Zunahme der Vernunft diene, empfehlen die Präzision, befördern den Reichtum an *Termini*, meiden und verwerfen Wörter, Sätze usw., die schön und elegant sind, zum Schaden der Sicherheit, Klarheit und Leichtigkeit usw. des Ausdrucks; und sie hassen die alte Form als unzureichend und schädlich für die Festlegung und Mitteilung der tiefen und spitzfindigen Wahrheiten.
Was sollen wir also tun? Der Gang der menschlichen Angelegenheiten ist das eine; etwas anderes ist der Gang der Sprachen. Die philosophische Vollkommenheit einer Sprache kann immer wachsen; die literarische Vollkommenheit kann über den von mir genannten Punkt hinaus (außer in Einzelheiten) nicht mehr wachsen, sie kann im Gegenteil nur verkommen und verlorengehen. Beide haben recht, sehr recht. Es wäre angebracht, sie miteinander in Übereinstimmung zu bringen. Die Sache ist schwierig, aber nicht unmöglich. Gerade eine Sprache wie die unsrige (nicht so die französische) kann die alten Eigenschaften erhalten oder wiedererwerben und die modernen annehmen. Wenn die Schriftsteller weise

sein werden und aufrichtig in ihrem Urteil, kann so Einvernehmen hergestellt werden.
Ständig unterscheiden die Schriftsteller und Dichter von den Philosophen. Die heutige Philosophie, die Metaphysik, Moral usw. fast in Form und Zustand der Mathematik zwingt, ist mit Literatur und Poesie nicht mehr vereinbar, wie sie vereinbar war zu Zeiten, in denen unsere Sprache sich herausbildete, als das Lateinische, Griechische entstanden. (Ich sagte schon, daß die französische Sprache weder eine wirkliche Literatur noch eine Poesie besitzt, außer jene epigrammatische und Unterhaltungsliteratur, die ihnen gegeben ist und die ihnen sehr gut gelingt; übrigens handelt es sich mehr um Philosophie als um Literatur.) Nicht nur ist und wird die Philosophie des Sokrates mit Literatur und Poesie immer vereinbar, sondern ihnen auch unendlich dienlich sein, und sie wird den Menschen auch immer nützlicher sein als die heutige, der ich nicht bestreite, daß sie in manch fast nebensächlicher Hinsicht eine Verbesserung erfahren könnte oder eine Art Wiederaufblühen. Aber die Philosophie von Locke, Leibniz usw. wird niemals zur Literatur passen; auch nicht zu wahrer Poesie. Sokrates' Philosophie hielt sich sehr an die Natur, aber diese hält sich überhaupt nicht daran, sie ist ganz und gar Vernunft. Deshalb ist weder sie noch ihre Sprache vereinbar mit der Literatur, im Unterschied zu Sokrates' Philosophie und deren Sprache. Seine Philosophie ist so beschaffen, daß alle einigermaßen klugen Menschen seit jeher an ihr mehr oder minder Anteil genommen haben, zu allen Zeiten und bei allen Völkern, auch vor Sokrates. Es ist eine Philosophie, die dem sehr nahekommt, was die Natur selbst den gesellschaftlichen Menschen lehrt. Mögen die Sprachen sich also teilen, und unsere Sprache, in der so viele andere und so sehr unterschiedliche enthalten sind, wird gut und gern gleichzeitig eine schöne Sprache und eine philosophische Sprache in sich enthalten können. Und dann wird sie eine Philosophie haben, und sie wird weiter die Poesie besitzen und die Literatur, mit denen sie alle modernen Sprachen seit jeher übertroffen hat.

Ich weiß wohl, das Zeitalter des Wirklichen ist nicht das des Schönen: und ein Jahrhundert oder ein Boden, die reich an großen Intellektuellen sind, werden kaum reich an großer Vorstellung und Empfindung sein, denn die Begabungen der Menschen wandeln sich entsprechend den Umständen. Somit steht unwiderruflich fest, daß unsere Sprache, da dieses das Jahrhundert des Wirklichen ist, die Eigenschaften annehmen muß, die dem Wirklichen dienen und die sie niemals besessen hat. Soll aber Italien, das Land der Schönheit und der Größe, auch weiterhin imstande sein, Talente hervorzubringen, die zu Literatur und Poesie berufen sind, ist das einzige Mittel, zu erreichen, daß auch sie eine vom Charakter des Jahrhunderts unbeeinträchtigte Sprache haben oder weiterhin haben mögen, das, von dem ich gesprochen habe (20. Juli 1821). Das alles muß nicht nur für die Sprachen gelten, sondern auch für die Literaturen, deren Vollkommenheit ebenfalls in dem Punkt besteht, den ich für die Sprache angeführt habe, und ihnen ist es ebenfalls angemessen, sich von der modernen Philosophie zu trennen, und den Schriftstellern, keine Philosophen im modernen Sinn zu sein, sowohl in den Schriften als auch, wenn möglich, im Gemüt (21. Juli 1821).

Trotz allem, was ich über die Unvereinbarkeit von heutiger Philosophie und Poesie gesagt habe, werden die wirklich außergewöhnlichen größten Geister, die über Vorschriften lachen und über Anordnungen, fast auch darüber, daß es Unmögliches geben soll, und die nur mit sich selbst zu Rate gehen, jedes Hindernis überwinden und größte moderne Philosophen sein, die vollendet dichten. Aber das wird, weil es nahezu unmöglich ist, nur ganz selten und einmalig sein (24. Juli 1821).

Mit den Empfindungen, die nur des Unbestimmten wegen gefallen, ist meine Idylle „Das Unendliche“ befaßt, und sie wird in Gedanken an eine Landschaft erinnern, die in kühnem Schwung abfällt, und auf diese Weise kann der Blick über eine gewisse Entfernung hinaus nicht in das Tal fallen; und an eine Baumreihe, deren

Ende sich aus dem Blickfeld verliert, entweder weil die Reihe zu lang ist, oder sie auf einem Abhang steht usw. usf. Ein Gebäude, ein Turm, die sich so zeigen, daß sie allein vor dem Horizont zu stehen scheinen, und dieser ist nicht zu sehen, schaffen einen sehr wirkungsvollen Kontrast zwischen dem Endlichen und dem Unendlichen usw. (1. August 1821).

Es ist wahr, die sentimentale Poesie gehört zu unserer Zeit. Doch ein geistvoller Mensch kann, von einem gewissen Alter an, wenn sein Herz von Erfahrung und Wissen ernüchtert ist, leichter schöne Gedichte schreiben, die aus der Vorstellung, nicht aus dem Gefühl kommen, denn ersterer läßt sich auf irgendeine Weise befehlen, letzterem nicht, oder bei weitem nicht so sehr. Und wenn dem Dichter beim Schreiben nicht durch die Vorstellung warm wird, kann er das glücklicherweise vortäuschen, indem er sich mit der Erinnerung behilft, indem er seine früheren Einfälle aus der Phantasie zurückruft, zusammenfaßt und beschreibt. Mit der Leidenschaft geht das nicht so leicht. Überhaupt meine ich, der alte Dichter ist besser geeignet für Poesie aus der Vorstellung als für die aus eigenem *Gefühl*, die etwas ganz anderes ist als Philosophie, Gedanken usw. Hierfür ließen sich tatsächlich viele antike und moderne Beispiele anführen, obwohl oberflächlich betrachtet es den Anschein hat, die Vorstellungskraft ist den Kindern eigen und das Gefühl den Erwachsenen (3. August 1821).

Noch einige Bemerkungen zur Macht der Meinung über das Schöne. Ich habe an anderer Stelle gesagt, daß die stilistische Eleganz in etwas Unregelmäßigem besteht. So kommt es, daß man bei anerkannten Schriftstellern Geschmack und Gefallen an hundert Stellen von Eleganz findet, unendlich viele andere Stellen aber, die ebenso bezeichnet zu werden verdienten, denn sie sind von gleicher Art, erscheinen nicht elegant, finden kein Gefallen, weil ihre Unregelmäßigkeit bei nicht genügend anerkannten Autoren auftritt, und hätten sie auch wirkliche Verdienste, wenn sie beispielsweise moderne Autoren sind, spricht nicht die Autorität von Jahrhunderten zu ihren Gunsten. Im Gegenteil, dieselben Redewendungen, Metaphern usw. usf., die bei einem anerkannten Autor für uns den Reiz von Eleganz haben, werden bei einem Autor, der nicht anerkannt ist, den Beigeschmack von Roheit, Ignoranz, unvernünftiger Keckheit, Torheit, Tollkühnheit usw. haben, wenn wir uns nicht erinnern, daß hinter ihnen die Autorität eines geachteten Schriftstellers steht. Erinnern wir uns gleich daran, oder nachdem der Verstand sein Urteil gesprochen hat, werden wir es sofort ändern, und an dem wirklich Geschmack finden, was uns wirklich gegen den Geschmack war. Diese Wirkung tritt sehr häufig bei literarischen Studien ein, sie kann zu vielerlei Betrachtungen Anlaß geben über den Genuß an Imitationen des klassisch Guten, und recht oft an seiner Fälschung. Kein natürlicher und absoluter Genuß, sondern ein künstlicher aus zweiter Hand, und doch wahrer Genuß: so wahr sogar, daß die Lektüre der Klassiker, meiner Meinung nach, den antiken Menschen niemals den Genuß bereiten konnte, den sie uns bereitet, und gleicherweise werden die zeitgenössischen Klassiker uns weder so viel Gefallen abgewinnen, wie die antiken (das ist ganz sicher), noch so viel, wie spätere Generationen ihnen abgewinnen werden (6. August 1821).

Alle Nationen besitzen natürlich ihre besondere Lebens-, Denk- und Auffassungsweise (wie die Individuen), ihre Art, die Dinge zu sehen und zu erfassen. Somit hat jede Sprache ihren eigenen, verschiedenartigen Charakter und diesem entsprechend die ihr eigenen Wörter. In zwei verschiedenen Sprachen werden nicht zwei synonyme Wörter zu finden sein, die bei eingehender Betrachtung einen ganz und gar identischen Gedanken ausdrücken. Einige Wörter reichen bei gründlicher Betrachtung mitunter aus, den Charakter des Lebens und Denkens, des Intellekts, der Vorstellung, der Meinungen usw. des Volkes, das sie gebraucht, zu beschreiben. Haben sich Sitten und Gemütsart verändert, kommt es unausweichlich zu Veränderungen im Charakter der Sprache (18. August 1821).

So bestätigt sich auch, was ich an anderer Stelle behauptet habe, daß es bei Wörtern, deren Wert in der Genauigkeit der Bedeutung besteht, die allgemein eine bestimmte Idee auslösen sollen (wie im Fall von Wörtern aus der Philosophie, der Wissenschaft u. a.), sehr gefährlich ist, sie auszutauschen und durch ein Wort zu ersetzen, das in einer anderen Sprache noch so sinngleich erscheinen möge. Niemals wird es das vollständig sein, und die Genauigkeit und Allgemeingültigkeit dieser Idee wird verlorengehen, wollte man sie von dem Wort lösen, daß ihr das Volk übereignet hat, das eben diese Idee entdeckte oder bestimmte, sie klar werden ließ (18. August 1821).

Die Ideologie umfaßt die Grundlagen aller Wissenschaften und Kenntnisse, und vornehmlich der Sprachwissenschaft. Doch umgekehrt kann man sagen, die Sprachwissenschaft umfaßt sämtliche Ideologie (2. September 1821).

Alles ist materiell in unserem Geist und unseren Gaben. Der Intellekt vermöchte nichts ohne die Sprache, weil das Wort beinahe der Körper der abstraktesten Idee ist. Es ist tatsächlich etwas Materielles, und mit ihm verbunden, in das Wort eingegangen, ist die Idee fast materialisiert. Unser Gedächtnis, unsere ganze Verstandeskraft können, verstehen, begreifen genau nichts, wenn sie nicht alles, wie auch immer, auf Materie zurückführen, sich stets so nah wie möglich an die Materie halten; und das Denken mit den Sinnen verbinden; die zwischen ihnen bestehenden, mehr oder weniger weitreichenden Beziehungen beachten und von ihnen so gut wie möglich Gebrauch machen (9. September 1821).

An dieser Beobachtung zeigt sich, wie nützlich Verse sind, um Dinge im Gedächtnis zu behalten. Weiter beachte man: die Töne sind materiell, aber kaum materiell als eigentliche Klänge, da enthalten sie fast Geist, weil sie keinem anderen Sinn zugänglich sind als dem Hören, nicht erfaßbar dem Sehen und Tasten als den materiellsten Sinnen des Menschen. Willst du jemandem, der von Musik nichts versteht, oder nicht genügend davon versteht, den Aufbau einer Arie, die Analyse der Tonfolge und Tonhöhe nur über das Gehör verständlich machen, wirst du schwerlich Erfolg haben. Läßt du sie ihn aber auf dem Klavier fast sehen (oder in Schrift usw.), indem du ihm die Töne, ihre Abstände und *Stellungen* materialisiert, wird er alles leicht begreifen und (selbst wenn er von Musik nichts versteht) wird er die Arie, nachdem er sie *gesehen*, stimmlich sicherer ausführen können, als wenn er sie nur gehört hat. Allgemein läßt sich sagen, jeder Gedanke oder jede Lehre wird im Ausdruck klar, wenn sie so gut wie möglich materialisiert oder der Materie angenähert wird, durch Gleichnisse, Metaphern oder ähnliches (13. September 1821).

Macht der Gewohnheit über die Idee der Konvenienz. Es ist Brauch geworden, daß der Dichter in Versen schreibt. Das liegt weder im Wesen der Poesie noch in ihrer Sprache und Ausdrucksweise. Es ist wahr, dieser Sprache und Ausdrucksweise, und den vom Üblichen ganz abweichenden Dingen, die der Dichter sagt, ist es sehr angemessen und verleiht es größere Wirkung, wenn er sich eines Rhythmus usw. bedient, der sich abhebt von der üblichen und gewöhnlichen Art, über die Dinge zu sprechen, wie sie sind, und wie man sie im Leben zu betrachten pflegt. Ganz abgesehen vom Vorteil der Harmonie usw. Aber ihrem Wesen nach und an und für sich ist die Poesie nicht an den Vers gebunden. Doch ohne Vers müssen die kühnen Wendungen, die Metaphern, die Bilder, die Begriffe alle einen ruhigeren Ton annehmen, will man geschmacklose Affektiertheit vermeiden und das Gefühl der Ungebührlichkeit dessen, was als zu poetisch für die Prosa bezeichnet wird, obwohl das Poetische, im weitesten Sinne des Begriffs, weder die Idee noch die Notwendigkeit des Verses einschließt, noch irgendeine Melodie. Der Mensch könnte ein feuriger Dichter in Prosa sein, absolut ohne jedweden Verstoß gegen die Konvenienz: und diese Prosa, die Poesie sein würde, könnte ohne jeden Verstoß gegen die Konvenienz, des Dichters Sprache, Ausdrucksweise und alle seine sonstigen Chrakteristika voll und ganz annehmen. Aber uralte Gewohnheit (die wohl daher kommt, daß die Dichter sich beim Vortrag durch Musik anfeuerten, in ihrem Takt dichteten und sangen und dabei ganz von selbst in Verse fielen) steht dem entgegen und hindert uns daran, etwas für angemessen zu halten, das weder in sich selbst noch in der Natur der menschlichen Sprache, des Geists der Poesie, des Menschen, der Dinge, einen Mißklang enthält (14. September 1821).

Die Gedankenverbindungen, die, wie gesagt, auch von den genauesten Wörtern wachgerufen werden, im Unterschied zu den Fachausdrücken, sind: 1. Die unendlich vielen Gedanken, Erinnerungen usw., die bei solchen Wörtern auf Grund ihres täglichen Gebrauchs kommen, unabhängig tatsächlich von ihrer besonderen Beschaffenheit, die aber aus Gewohnheit mit ihnen verbunden werden, und aus den unterschiedlichen Umständen heraus, unter denen man ein bestimmtes Wort gehört oder gebraucht hat. Bezeichne ich eine Pflanze oder ein Tier mit dem von Linné gegebenen Namen, anstatt mit dem gebräuchlichen, löse ich keine dieser Ideen aus, obwohl er die Sache klar zu verstehen gibt. Diese Ideen sind sehr oft an das Wort gebunden (das im menschlichen Verstand untrennbar mit der Sache verbunden ist, es ist ihr Bild, ihr Körper, sei es auch eine materielle Sache, ja sie bildet ein Ganzes mit ihm, und man kann sagen, die Sprache enthält für den Verstand, der sich ihrer bedient, nicht nur die Zeichen für die Sachen, sondern fast auch die Sachen selbst); sie sind mehr an das Wort gebunden als an die Sache, oder an beide auf eine Weise gebunden, daß, ist die Sache vom Wort getrennt (obzwar das Wort sich nicht von der Sache lösen läßt), die Sache nicht mehr die gleichen Gedanken hervorbringt. Vom Wort getrennt, oder von den gebräuchlichen Wörtern getrennt, wird sie unserem Leben fast fremd. Eine Sache, die mit einem Fachausdruck benannt wird, steht zu uns in keiner engen Beziehung, sie erweckt in uns keine der unendlich vielen Erinnerungen des Lebens usw., und auf diese Weise erscheinen uns die Dinge fast neu, und nackt, wenn wir sie in einer uns neuen Fremdsprache nennen hören: man wird auch erst dann vollständig Geschmack an einer solchen Sprache finden, wenn man in alle Einzelheiten und in die kleinen Bestandteile und Gedanken, die selbst in den Wörtern mit ganz einfachem Sinn enthalten sind, eingedrungen ist. 2. Die in den Metaphern enthaltenen Gedanken. Der größte Teil jeder menschlichen Sprache besteht aus Metaphern, weil es nur sehr wenige Wurzeln gibt, und die Sprache hat sich hauptsächlich mit Hilfe von Ähnlichkeiten und Zusammenhängen erweitert. Der größte Teil dieser Metaphern ist aber, nachdem der ursprüngliche Sinn verlorengegangen war, so eigenständig geworden, daß der Sachverhalt, den sie ausdrücken, sich nicht ausdrücken läßt oder sich anders besser ausdrücken läßt. Unendlich viele dieser Metaphern hatten auch nie einen anderen Sinn als den gegenwärtigen, und doch sind sie Metaphern, das heißt, durch eine kleine Abwandlung wurde erreicht, daß ein Wort, das eine Sache bedeutet hat, so abgewandelt, eine andere Sache bedeutet, die mit der ersten in irgendeinem Zusammenhang steht. Hauptsächlich auf diese Weise sind alle Sprachen gewachsen. Da nun die Etymologien dieser ursprünglichen Metaphern, die heute tatsächlich eigenständige Wörter sind oder es von Anfang an waren, zu erkennen sind und sich herausfühlen lassen, das ist zumindest beim größten Teil der *eigenen* Wörter einer Sprache der Fall, ist der Gedanke, den sie wachrufen, fast ein doppelter, sei es auch ein genau zutreffendes Wort, und außerdem erzeugen sie im Verstand nicht nur den Begriff, sondern auch das Bild des Dinges, und sei es das abstrakteste, werden doch auch diese Begriffe in jeder beliebigen Sprache letztendlich immer durch Metaphern ausgedrückt, die dem Materiellen und Wahrnehmbaren entnommen sind (die mehr oder weniger lebendig, ausdrucksvoll und geeignet sind, je nach Charakter der Sprachen und Völker usw.). Zum Beispiel unser *costringere*[14], das *zwingen* bedeutet, hat seine Abstammung noch sehr deutlich bewahrt und somit das materielle Bild, von dem das Wort, das ursprünglich Metapher war, abgeleitet wurde usw. usf. Die Gesamtheit dieser Bilder im Schreiben und im Sprechen, vor allem in der Poesie, wo der ganze Wert jedes Wortes mehr beachtet wird und wo mehr Neigung besteht, die in ihnen enthaltenen Bilder wahrzunehmen und zu vermerken, die Gesamtheit dessen, sage ich, macht die Schönheit einer Sprache aus, die unterschiedliche Stärke usw., sowohl der Sprachen im Vergleich zueinander als auch der unterschiedlichen Stile in ein und derselben Sprache. Würden wir beispielsweise, was *costringere* ausdrückt, mit einem Wort ausdrücken, das einer fremden Sprache entnommen ist und dessen Ursprung und Abstammung nicht allgemein bekannt sind oder bestimmt nicht herauszufühlen wären, dann würde es, richtig verstanden, zwar den Gedanken an den Sachverhalt, aber kein Bild, auch kein annäherndes, von der Sache wachrufen, obzwar sie materiell ist. So verhält es sich mit allen aus dem Griechischen stammenden Wörtern, an denen unsere Sprachen überreich sind, vor allem unsere Nomenklaturen. Sind sie gebräuchlich und alltäglich, wie *Philosoph* usw., können sie zu der Klasse gehören, die ich an erster Stelle vermerkt habe, niemals aber zu dieser zweiten. Diese und ähnliche Wörter aus jeder beliebigen Sprache, die unserer jeweiligen Sprache nicht *eigen* sind, werden immer, wie bereits gesagt, Fachausdrücke sein, bloße Bedeutung haben. Ähnlich die modernen Wörter, die entweder von Wörtern abstammen, die in unserer Sprache bereits ihren Platz gefunden haben, aber fremder Herkunft sind, oder sich von Wörtern herleiten, die der Sprache eigen sind; da sie zumeist, dem Charakter der Zeit entsprechend, dem Materiellen und Wahrnehmbaren weit ferner stehen als die antiken Wörter, mehr intellektuellen Charakter haben, handelt es sich gewöhnlich um Fachausdrücke, nicht um Wörter, und sie lassen kein zugehöriges Bild aufkommen, sie haben nichts Lebendiges usw. an sich. Das sind Fachausdrücke, an denen, wie gesagt, die französische Sprache so reich ist, vor allem die moderne, und das nicht nur entsprechend dem Charakter der Zeit, sondern auch gemäß der Natur der Sprache selbst, gemäß ihrem Charakter und ihrer Form.

Gewiß und höchst bemerkenswert ist wohl, daß alle die Wörter, welchen Ursprungs und welcher Art sie auch seien, an die wir von Kind an gewöhnt sind, in uns immer eine Menge Gedankenverbindungen wachrufen, die aus der Lebendigkeit der Eindrücke herrühren, mit denen diese Wörter in jener Zeit verbunden waren, und aus der Lebhaftigkeit der kindlichen Vorstellung; deren Wirkungen und ihr Verständnis sind derart an diese Wörter gebunden, daß sie mehr oder weniger lebhaft und zahlreich erhalten bleiben, das ganze Leben hindurch. Demnach ist gewiß, daß die genannten Gedankenverbindungen in bezug auf ein und dasselbe Wort und in bezug auf die kleinsten Bestandteile der Bedeutung desselben unterschiedlich sind entsprechend den Individuen: und somit gibt es vielleicht keinen Menschen, bei dem dasselbe Wort (ich beziehe mich auf die genannten) die genau identische Vorstellung wie bei einem anderen hervorruft: wie es kein Volk gibt, dessen Wörter genau identische Gegenstände bezeichnen und nicht winzige Bedeutungsunterschiede zu denen anderer Völker hätten. Die erwähnte Wirkung der ersten kindlichen Vorstellungen von den Wörtern, mit denen Kinder umgehen, betrifft auch den unterschiedlichen und neuen Gebrauch, den Schriftsteller und Dichter von eben diesen Wörtern machen, die in beliebiger Weise (entweder durch Abstammung oder durch einfache Ähnlichkeit usw.) den Wörtern analog sind, an die wir in der Kindheit gewohnt waren usw., und sie beeinflußt fast gänzlich jede *eigene* Sprache, auch eine sehr reiche, die am wenigsten geeignet ist, von Kindern gut gekannt zu werden (15. September 1821).

Wer keine Einbildungskraft und kein Gefühl besitzt oder nie besessen hat, wer nicht zu Begeisterung, Heroismus, lebhaften großen Illusionen, vielen starken Leidenschaften fähig ist, wer die Dichter nicht liest oder anhört, oder sie niemals gelesen oder angehört hat, kann absolut kein großer, wirklicher und vollkommener Philosoph sein, er wird im Gegenteil immer ein Halbphilosoph bleiben, kurzsichtig, mit sehr engem Blickfeld und

wenig Scharfblick, so fleißig, geduldig, scharfsinnig und dialektisch und mathematisch bewandert er auch sein mag; er wird das Wahre nie erkennen, er wird sich mit aller Augenscheinlichkeit sehr viel Falsches einreden und beweisen. Nicht etwa deshalb, weil Herz und Phantasie oft wahrer sprechen als die kalte Vernunft, wie behauptet wird, wozu ich mich nicht äußern will, sondern weil selbst die kälteste Vernunft diese Dinge kennen muß, will sie in das System der Natur eindringen und es entwickeln. Die Analyse der Ideen, des Menschen, des universellen Systems der Lebewesen muß sich notwendigerweise zum größten Teil, und zugleich wichtigsten, der Vorstellung, den natürlichen Illusionen, dem Schönen, den Leidenschaften, all dem zuwenden, was an Poetischem im Gesamtsystem der Natur vorhanden ist. Dieser Teil der Natur ist nicht nur nützlich, sondern notwendig, um den anderen zu verstehen, ja, der eine läßt sich vom anderen nicht trennen in den philosophischen Betrachtungen, denn so ist die Natur beschaffen. Diese Analyse muß hinsichtlich der Philosophie nicht etwa in der Vorstellung oder mit Herz gemacht werden, sondern mit kalter Vernunft, die den verborgensten Geheimnissen von Vorstellung und Herz nachspürt. Wie aber kann eine solche Analyse von jemandem gemacht werden, der die genannten Dinge nicht aus eigener Erfahrung vollständig kennt oder fast gar nichts von ihnen weiß? Die kälteste Vernunft, obwohl sie der Natur todfeind ist, besitzt keine andere Grundlage, auch kein anderes Prinzip, keinen anderen Gegenstand der Betrachtung Spekulation und Übung als die Natur. Wer die Natur nicht kennt, weiß nichts, er kann nicht vernünftig denken, so vernünftig er sei. Wer das Poetische in der Natur außer acht läßt, der läßt einen sehr großen Teil der Natur außer acht, ja er kennt die Natur überhaupt nicht, denn er kennt nicht ihre Art zu sein.
So verhielt und verhält es sich mit einem sehr großen Teil der gefeiertsten Philosophen seit dem 17. Jahrhundert, namentlich mit deutschen und englischen. Gewohnt, nichts anderes zu lesen, zu denken, zu betrachten, nichts anderes zu studieren als Philosophie,

Dialektik, Metaphysik, Analysis, Mathematik, vom Poetischen gänzlich gelöst, völlig entpoetisiert im Geist, beflissen, total vom Geist des Schönen zu abstrahieren und ihre Profession unendlich viele Meilen weit entfernt von aller Vorstellung und Empfindung zu sehen und auszuüben, gänzlich entwöhnt des Schönen und Warmen, voll aufgegangen in der Gewohnheit des reinen kalten Vernunftdenkens, wissend von keinem anderen Sein in der Natur als dem vernünftigen, berechenbaren usw. und bar jeder Leidenschaft, jeder Illusion und jedes Gefühls, irren sie sich auf Schritt und Tritt und in großem Stil, wenn sie mit hervorragender Genauigkeit argumentieren. Den größten Teil der Natur, der Dinge selbst, mit denen sie sich beschäftigen, so unpoetisch diese sein mögen (obwohl das Poetische im tatsächlichen System der Natur durchaus mit allem verbunden ist), den größten Teil der Wahrheit selbst, der sie sich ausschließlich widmen, haben sie ganz bestimmt ignoriert und ignorieren sie.

Die Naturwissenschaft ist nichts anderes als die Wissenschaft von den Zusammenhängen. Alle Fortschritte unseres Geistes bestehen im Entdecken von Zusammenhängen. Nun ist doch die Phantasie beim Auffinden der verborgensten Zusammenhänge und Übereinstimmungen nicht nur am ergiebigsten und bewundernswert, wie ich an anderer Stelle sagte, sondern offenkundig ignoriert, wer einen Teil, oder gar eine Eigenschaft, eine Seite der Natur in Verbindung mit einem beliebigen Gegenstand der Beweisführung ignoriert, auch unendlich viele Zusammenhänge, er kann nur schlecht argumentieren, muß falsch sehen, unvollständig entdecken, er erkennt nur die wichtigsten, notwendigsten und offensichtlichsten Dinge. Angenommen, eine sehr komplizierte Maschine wird auseinandergenommen, ein großer Teil ihres Mechanismus wird achtlos beiseite gelegt und vergessen; dann wird sie wieder zusammengebaut, und ihre Eigenschaften, ihre Teile und ihre Wirkungen werden erörtert: alle Beiweisgründe werden falsch sein, die Maschine ist nicht mehr dieselbe, ihre Wirkung ist nicht mehr die erwartete, die Teile sind andere, sie sind schwächer oder unbrauchbar geworden; dann wird nachgegrübelt über dieses Gebilde, die Wirkung der halbierten Maschine soll erklärt werden, als wäre sie ganz; tiefsinnig wird nachgedacht über alles, was an Rädern noch in ihr vorhanden ist, und dem einen oder anderen wird eine Wirkung zugeschrieben, die von der Maschine nicht mehr gebracht wird, die man sie hat bringen sehen, als sie die Räder noch hatte usw. usf. So verhält es sich im System der Natur, wenn der Mechanismus des Schönen insgesamt aus ihm herausgelöst und entfernt wird, der zu allen anderen Teilen des Systems gefügt und mit ihnen eins geworden war, und mit jedem einzelnen Teil von ihnen.

Eine Wahrheit wird, wie gesagt, nicht voll erkannt, wenn nicht alle ihre Zusammenhänge zu anderen Wahrheiten und mit dem Gesamtsystem vollständig erkannt werden. Was für eine Wahrheit werden also die Philosophen wohl erkennen, die von einem ganz wesentlichen Teil der Natur absolut und dauernd abstrahieren?

Die Vernunft und der Mensch lernen nur aus Erfahrung. Wenn die Vernunft selbst denken und handeln, also entdecken und Fortschritte machen will, geziemt es ihr, aus eigener Erfahrung zu erkennen; die Erfahrung anderer in den wesentlichen Bereichen der Natur wird ihr sonst nur dazu dienen können, von anderen vorgenommene Verfahren nachzuvollziehen.

Man sehe nur, wie schwierig es ist, einen wirklichen und vollkommenen Philosophen zu finden. Man kann sagen, diese Eigenschaft ist die seltenste und ungewöhnlichste, die man sich vorstellen kann, in einem Jahrtausend kommt sie kaum einmal vor, wenn überhaupt einer sie je besessen hat. (Hier bleibt zu überlegen, inwieweit im System der Dinge die angebliche Vervollkommnung des Menschen durch die Vervollkommnung der Vernunft und der Philosophie begünstigt wird.) Es ist ganz unerläßlich, daß ein solcher Mensch ein großer und vollkommener Dichter sein muß; nicht, um als Dichter zu sprechen; sondern er soll im Gegenteil als ein Mensch kältester Vernunft und als Rechner das prüfen, was *nur* der glühendste *Dichter* wissen kann. Der Philosoph ist

nicht vollkommen, wenn er nichts weiter als Philosoph ist, wenn er sein Leben und sich selbst nur der Vervollkommnung seiner Philosophie widmet, seiner Vernunft, allein der Suche nach dem Wahren, worin doch das einzige und reine Ziel des vollkommenen Philosophen besteht. Die Vernunft bedarf der Einbildungskraft und der Illusionen, die sie zerstört; die Wahrheit des Irrtums; das Wesen der Erscheinung; die völligste Gefühllosigkeit der lebhaftesten Empfindsamkeit; das Allerkleinste des Allergrößten; die Geometrie und die Algebra der Poesie usw.
All das bestätigt, was ich an anderer Stelle über die Notwendigkeit der Vorstellungskraft für große Philosophen gesagt habe (4. Oktober 1821).

Ohne Kenntnis vom System des Schönen, der Illusion, der Begeisterung usw., und von dem, was der Vorstellungskraft und dem Herzen zukommt, ist die Vernunft selber eine Illusion und Schöpfer einer Mythologie, wie die genannten Dinge auch. Jedoch von einer sehr häßlichen und sehr bitteren Mythologie. Gerade durch die ihr wesenseigene Feindschaft zur Natur wird die Vernunft vor die Notwendigkeit gestellt, diese vollkommen zu kennen, was man nicht kann, ohne sie zu fühlen. Wie kann sie einen Feind bekämpfen, den sie gar nicht kennt? Nun ist die Natur als Natur im ganzen genommen ihrem Wesen nach poetisch. Deswegen sind Natur und Vernunft vom Wesen her Feinde, die eine ist von der anderen abhängig oder im wesentlichen mit ihr verbunden, wie alle Gegensätze; und man kann die eine nicht getrennt von der anderen betrachten. Oder vielmehr kann man die Vernunft nicht getrennt von der Natur (umgekehrt wohl) betrachten, weil die Vernunft, obwohl sie ihr Feind ist, nach der Natur gekommen und von ihr abhängig ist, und allein in ihr besitzt sie die Grundlage und den Gegenstand ihrer Existenz und ihrer Art zu sein (4. Oktober 1821).

Nicht nur die Eleganz, sondern die Vornehmheit, die Würde, alle Eigenschaften der poetischen Sprache, sogar

die poetische Sprache selbst, besteht, genau betrachtet, in einer Art, unbestimmt zu sprechen, oder nicht sehr bestimmt, immer aber weniger bestimmt als in prosaisch-volkstümlicher Redeweise. Das ist das Ergebnis der Trennung vom gewöhnlichen Volk, und es ist auch das Mittel und die Möglichkeit dazu. Alles, was genau bestimmt ist, wird schon mitunter in der poetischen Sprache seinen Platz haben können, weil man ihr Wesen nur im ganzen in Betracht ziehen soll, aber an und für sich genommen ist es bestimmt nicht poetisch. Dasselbe Ergebnis und derselbe Charakter ist bei einer Prosa zu beobachten, die, ohne poetisch zu sein, doch aber erhaben, gehoben, großartig, redegewaltig ist. Die wirkliche Vornehmheit des Prosastils besteht allzeit auch in etwas, ich weiß nicht, Unbestimmtem. So pflegt die Prosa der antiken Griechen und Lateiner zu sein. Und nichtsdestoweniger gibt es einen sehr bemerkenswerten Unterschied zwischen dem Unbestimmten der poetischen Sprache und dem der prosaischen, rhetorischen usw.
Daher zeigt sich, wie ihrem Wesen nach unfähig zur Poesie die französische Sprache ist, gänzlich ungeeignet für Unbestimmtes, und selbst in Schriften erhabensten Stils ist nichts anderes zu finden als ständige, völlige Bestimmtheit.
Auch das Fehlen einer vom gemeinen Volk abgehobenen Ausdrucksweise macht die französische Sprache ungeeignet für Unbestimmtes, und somit für poetischen Ausdruck, und da die Sprache fast völlig eins mit den Dingen ist, auch für wahre Poesie.
Ungeeignet nicht nur für poetische Sprache, sondern auch für jene vornehme und majestätische Prosasprache, die den antiken Schriftstellern eigen ist, und unter den modernen den italienischen (auch den spanischen, und den französischen vor der Reformation), worauf ich an anderer Stelle eingehe (12. Oktober 1821).

Sehr viele Male entsteht die Eleganz oder Vornehmheit (bezüglich der Sprache) durch den metaphorischen Gebrauch der Wörter oder Sätze, selbst wenn, wie es notwendigerweise sehr häufig vorkommt, das Metaphorische kaum oder überhaupt nicht zu erkennen ist. Sehr viele Male entsteht sie ganz im Gegenteil durch die Eigenbedeutung der Wörter und Sätze selbst, wenn sie im eigentlichen Sinn nicht in Gebrauch oder allgemein ganz ungebräuchlich sind, zwar in der Prosa gebraucht werden, doch nicht in der Poesie, oder umgekehrt, oder in der einen literarischen Gattung und in der anderen nicht usw. (die Genauigkeit allein kann niemals weder Eleganz noch Vornehmheit erzeugen, sondern nur Genauigkeit und Steifheit im Stil).

Daher entsteht, allgemein und für einen Stil insgesamt gesagt (obwohl die allgemeine Wirkung aus den besonderen Wirkungen entsteht und ihnen entspricht) eines Jahrhunderts und eines Volkes, wenn die Wörter und Sätze beim Schreiben wenig im eigentlichen Sinne gebraucht werden und (jedoch in den Grenzen der Eleganz) viel Gebrauch gemacht wird vom metaphorischen Stil, ein eigener Stil, der – bei einer gewissen Kunstfertigkeit allerdings auch mit trivialen, familiären und *den Einzelheiten zukommenden* Wörtern und Sätzen ausgestattet – hochelegant sein wird. Wobei umgekehrt der entgegengesetzte Fall anzunehmen ist. Somit können wir beobachten, mutmaßen, bestimmen, unterscheiden, welche unterschiedlichen Wirkungen ausgegangen sind in den verschiedenen Jahrhunderten von den italienischen Schriftstellern unterschiedlichen Stils, in demselben Italien, und welche unterschiedlichen Meinungen (in den Grenzen des Schönen) über sie bestanden haben: über die Schriftsteller des Trecento[15] im Vergleich zu denen des Cinquecento[15] usw. usf. Wir können also auch die Unbeständigkeit von Ruf und Wirkung eines Werkes der schönen Künste oder der Literatur feststellen, die das Publikum vorurteilsfrei, und man sollte meinen, sowohl richtig als auch gleichbleibend beurteilt. Richtig, gestehe ich zu, doch nicht gleichbleibend; besonders nicht im Laufe langer Jahrhunderte und bei mancherlei Unterschieden zwischen den Völkern, ihren Sitten usw.

Diese Theorien lassen sich von der Sprache auf die Begriffe, die Schreibweise, auf alles das übertragen, was *im*

Stil nicht zur Sprache gehört. Man wird auf dieselben Ursachen und auf dieselben Wirkungen treffen, immer wieder auf die Eleganz und die Vornehmheit, die vom Fremdartigen herkommen, sei es im eigentlichen oder übertragenen Sinn; und um so größere Übereinstimmung wird bei den genannten Wirkungen und Ursachen zu finden sein, wenn die Teile des Stils, die der Sprache zukommen, mit den ihr nicht zugehörigen so verbunden sind, daß sie so gut wie nie von ihnen abgesondert werden können (14. Oktober 1821).

Dem Rhetoriker ist gut bekannt, wieviel Adel, Vornehmheit und würdevolle Größe der Rede verliehen wird, wenn der Teil an Stelle des Ganzen, wenn das Ganze an Stelle des Teils genannt wird. (Das betrifft auch andere Topoi: die Art für die Gattung, das Individuum oder einige Individuen für die Gattung, die Art oder die Masse usw., weniges für vieles usw.) Der Teil ist geringer als das Ganze, und ihn zu nennen, scheint die Idee herabzusetzen. Doch das Gegenteil tritt ein, wenn die Ausdrucksweise ungewöhnlich wird und sich vom gewöhnlichen Volk löst. Die gute Wirkung solcher Topoi, die zwar tatsächlich verkleinern, doch die Idee größer werden lassen, kann auch durch den Kontrast entstehen (15. Oktober 1821).

Alles kann entarten und entartet, außer, abstrakt gesehen, Wörter und Sprachen. Ein Wort, das in Bedeutung und Form sich in einer Weise verändert hat, daß man seine Herkunft und ursprüngliche Eigenschaft kaum noch oder nicht mehr zu erkennen vermag, ist nicht weniger gut (im vollen Umfang des Wortes), als es in den ersten Anfängen seines Entstehens war. Ebenso eine Sprache. Es gibt also im eigentlichen Sinn weder Entartung noch Verderbnis von Wörtern und Sprachen. Unter ihrer Verderbnis ist nichts anderes zu verstehen als die Entfernung von Zustand und Form, die sie ursprünglich hatten, oder bei ihrer Bildung und Festlegung. Sonst würden sich Sprachen und Wörter nie korrumpieren. Reinheit der Sprache kann es also nicht geben, und sie ist nichts anderes als Übereinstimmung mit ihrem ursprünglichen Charakter (17. Oktober 1821).

Schnelligkeit und Kürze im Stil gefällt, weil der Seele eine Fülle simultaner Ideen eingegeben werden, oder sie so schnell aufeinanderfolgen, daß sie simultan erscheinen, und die Seele schwingt in einem solchen Überfluß an Gedanken oder an geistigen Bildern und Einfällen, daß sie nicht alle erfassen, nicht alle voll erfassen kann, ihr bleibt auch keine Zeit, müßig und unbeteiligt im Gefühl zu bleiben. Die Stärke des poetischen Stils, die weitgehend ein und dasselbe ist wie Schnelligkeit, gefällt eben wegen dieser Wirkungen, in nichts anderem besteht sie. Die Anregung zu simultanen Ideen kann von jedem einzelnen Wort kommen, sei es im Wortsinn oder metaphorisch gebraucht, von seiner Stellung im Satz und dessen Gliederung, sogar durch das Weglassen anderer Wörter oder Redewendungen usw. Warum ist Ovids Stil schwach und warum gefällt er nicht sehr, obwohl er das Gegenständliche sehr getreu malt und beharrlich mit viel Scharfsinn auf der Jagd nach Bildern ist? Weil diese Bilder in ihm aus einer Fülle von Wörtern und Versen entstehen, die das Bild nur über einen langen Umweg wachrufen, und so ist wenig oder nichts an Simultanem da, denn der Geist ist darauf angewiesen, die Gegenstände nach und nach in ihren Teilen zu erblicken. Warum ist Dantes Stil der stärkste, den man sich überhaupt vorstellen kann, und in dieser Hinsicht so schön und reizvoll wie nur möglich? Weil bei ihm jedes Wort einem Bild usw. gleicht. Siehe meine Rede über die Romantiker. Hierauf ist die wesentliche Schwäche, die naturgegebene Übersättigung beschreibender Poesie (als solche absurd) zurückzuführen, wie auch die antike Vorschrift, daß der Dichter (und der Schriftsteller) nicht zu lange bei einer Beschreibung verweilen soll. Hierauf die Schönheit des Stils von Horaz (sehr schnell, voller Bilder bei jedem Wort, im Satzbau, bei Inversionen und übertragener Bedeutung usw.) und, was die Gedanken betrifft, die Schönheit des Stils von Tacitus (3. November 1821).

Schönheit und Reiz des Stils von Horaz, und anderer solcher energischer und schneller Stilarten, besonders poetischer, denn der Poesie geziemen diese Eigenschaften, die ich hier nenne, lyrischer Stile vor allem, erwachsen vorrangig auch daraus, daß ein solcher Stil die Seele in ständiger und lebendiger Bewegung und Aktion hält, indem er sie immerfort, und oft schroff, von einem Gedanken, einem Bild, einer Idee, von einer Sache zur anderen weiterführt, und mitunter zu weit entfernten und ganz verschiedenen Dingen: so hat das Denken viel zu tun, ihnen allen nachzugehen, es wird ständig hin und her geworfen, es hat dieses Gefühl von Kraft, das einem kommt, wenn man rasch ausschreitet, von schnellen Pferden gezogen wird, oder bei einer entschlossenen Handlung, mitten in einer Tätigkeit; es ist überwältigt von der Vielfalt und der Unterschiedlichkeit der Dinge. Und selbst wenn diese Dinge nichts Besonderes sind, weder schön noch groß, noch umfassend, noch neu usw., so genügt doch allein die Qualität des Stils, Genuß zu verschaffen im Gemüt, das Handlung braucht, weil es das Leben über alles liebt, und weil sowohl im Leben als in der Literatur ihm eine gewisse, nicht übermäßige Mühe auch zusagt, die ihn zu lebhaftem Handeln zwingt. Das ist der Fall bei Ovid, der letztendlich ein lyrischer Dichter nur durch den Stil ist. Das zeigt, wie der Stil, auch von den Dingen getrennt, etwas sein kann, und etwas Großes; so groß, daß jemand ein Poet sein kann, obwohl poetisch nur der Stil an ihm ist: und ein wahrer und universaler Dichter, sowohl aus innerlichen Gründen als auch durch hohe und elementare Gaben, die dem menschlichen Geist jedoch universal eigen sind.

Diese von mir dargestellten Wirkungen erzeugt Horaz immerfort durch die Kühnheit des Satzes, wo uns der Bogen einer einzigen Einfügung davonträgt und mehrere Male im Sprung von einem Gedanken zu einem anderen, weit entfernten und ganz verschiedenen hin schnellen läßt. (Auch durch ganz genau geordnete Wortstellung, infolge der Mühe, und also der Aktivität, die sie dem, der liest, abverlangt.) Mutige Metaphern, ausgefallene und weit hergeholte Epitheta, Inversionen, Wortstellungen, Weglassungen, alles in den Grenzen des Maßvollen *(maßlos könnte es für die Deutschen sein, nicht ausreichend im Übermaß für die Orientalen)* usw. usw., rufen diese Wirkungen an jeder beliebigen Stelle seiner Dichtungen hervor.

Pone me pigris ubi nulla campis
Arbor aestiva recreatur aura,
Quod latus mundi nebulae malusque
Iuppiter urget.[16]

Da ist zunächst die *Faulheit,* sie wird dann auf die *Felder* bezogen, und unmittelbar folgen die *Bäume* und die *Sommerluft,* dann eine *Seite der Welt,* dann die *Nebelschwaden,* dann *Jupiter* anstatt des *Himmels,* und *böse* anstatt *widrig,* die diesen Teil der Welt *bedrängen* oder *bedrücken* oder *verfolgen.* Die *Lebendigkeit* und der Wert all dessen (wie vieler ähnlicher Schönheiten in anderen Stilarten) besteht ausschließlich in der *Häufigkeit* und der *Weite* der Sprünge von einer Stelle zur anderen, von einem Gedanken zum anderen. Das kommt durch die *Kühnheit* der materiellen Ausdrucksweise. Da für diese Kühnheit die französische Sprache ungeeignet ist, eignet sie sich nicht für poetischen Stil und ist siebentausend Meilen vom *Lyrischen* entfernt (4. November 1821).

Es liegt im Charakter dieser Stilarten (die allen großen und wahren Dichtern, mehr oder weniger, eignen und hauptsächlich denen, die auch am Stil zu erkennen sind), daß viele der genannten Bilder (die mitunter eingeschlossen sind in einem ganz kurzen Satz, in einem einzigen Wort usw.) nur angedeutet werden können; so werden auch die Zusammenhänge nur angedeutet und die Verbindungen mit dem Sujet oder den anderen Bildern, Ideen, Aussprüchen usw., denen sie nahekommen, zu denen sie gehören, auf die sie sich beziehen usw. Das gefällt auch, weil die Seele ständig in Bewegung gehalten wird, um das zu ergänzen, was der Dichter nicht sagt, das zu beenden, was er nur beginnt, das auszuschmücken, was er nur andeutet, jene fernen Verbindungen zu entdecken, auf die der Dichter kurz verweist usw.

et aridus altis
Montibus audiri fragor.[17]
Vergil, Georgica, 1. Gesang

Was hat das *Getöse* mit *trocken* zu tun? In Gedanken muß klarwerden, es hat insofern damit zu tun, daß es im dürren Geäst eines Waldes tost. So muß vom Verstand ergänzt werden, welcher Zusammenhang (den der Dichter nur angedeutet, ja fast vernachlässigt hat) zwischen den Gedanken *in einem ganz kurzen Satz* besteht. (Ob meine Interpretation dieser Stelle richtig ist, weiß ich nicht. Siehe dazu die Kommentatoren. Mir genügt, daß dieses Beispiel selbst nur meinen Gedanken erklärt.) So entsteht Schönheit sogar aus der Weglassung von Wörtern, Sätzen, Begriffen, denn sie hält die Seele auf angenehme Weise in Bewegung, läßt sie nicht in Trägheit verfallen usw. usf. Solche stilistischen Eigenarten können leicht maßlose Formen annehmen, wie im Secento[18]. Dann hat die Seele keinen Gefallen daran, zumindest nicht in allen Zeitaltern und bei allen Völkern, denn das Übermaß, wie der Mangel, ist hierin und bei allem relativ.
Solche Stilarten reichen manchmal, sagte ich, ohne weiteres aus, zum Dichter zu werden, sie sind auch so schwer von den Gegenständen zu unterscheiden, daß es nicht leicht ist zu sagen, ob ein bestimmter, in einem solchen Stil geschriebener Text poetisch ist nur des Stiles, oder auch der Gegenstände wegen. Übrigens erfordern solche Stilarten offensichtlich Lebhaftigkeit in der Vorstellung des Dichters (und auch des Lesers) und somit poetische Neigungen: und würden wir sorgfältig nachsehen, fänden wir ganz wenige Stellen in den poetischsten Gedichten, die dann noch poetisch sind, wenn ihnen diese und ähnliche Eigenarten im Stil, in dem sie geschrieben wurden, abgehen. Die Vorstellung unterscheidet sich zum großen Teil nicht von der Vernunft, außer durch den Stil, oder durch die Art, dieselben Dinge zu sagen. Doch die Vernunft verstände es nicht, diese Dinge so zu sagen, und sie könnte es auch nie; nur der wahre Dichter drückt sie auf diese Weise aus (5. November 1821).

Es erscheint abwegig und steht doch fest, daß eine Sprache um so geeigneter ist für erlesenste Eleganz und Vornehmheit im gehobenen Ausdruck, und für den erhabensten Stil, je volkstümlicher sie ihrem Charakter nach, je mehr sie der häuslichen, familiären Redeweise nachgebildet ist. Das erweist sich am Beispiel der griechischen und italienischen Sprache, ein Gegenbeispiel ist das Französische. Der Grund ist der, daß nur eine solche Sprache empfänglich für Eleganz ist, die aus der fremdartigen, kühnen und übertragenen, aus der nicht logischen Verwendung von Wörtern und Redewendungen entsteht. Diese Verwendung ist in der Volkssprache ganz und gar üblich, von Natur aus üblich, unter allen Himmelstrichen und zu allen Zeiten üblich gewesen, vor allem aber im Altertum oder bei den Völkern, die am meisten Antikes in sich tragen, im Mittelmeerklima. Gerade also wenn Volkstümlichkeit zum Charakter einer Sprache gehört, erlangt sie die Fähigkeit und Leichtigkeit, sich ganz von der gewöhnlichen, gesprochenen Redeweise zu lösen, nicht volkstümlich zu sein und nach Belieben den Ton zu wechseln, energisch, vornehm, erhaben, reich, schön, zart zu sein, wie es ihr eben gefällt. Kurzum, der volkstümliche Charakter einer Sprache enthält alle Vorzüge, die eine menschliche Sprache besitzen kann (da die Natur alle Vorzüge und Fähigkeiten enthält, zu denen der Mensch oder das Lebendige fähig sein kann, oder die Veranlagung für alle möglichen Fähigkeiten); in ihm ist genauso das Poetische enthalten wie das Logische, Mathematische usw. (da die Vernunft in der Natur enthalten ist): wohingegen eine durch den gesellschaftlichen Umgangston geprägte Sprache oder durch irgendwelchen Geschmack, irgendwelche Umgangsform usw. Redeweise usw., lediglich über eine entsprechende Ausdrucksweise verfügt (denn in der Vernunft ist die Natur nicht enthalten, und dort verfügt auch der Mensch nicht über sie, er schließt sie sogar eindeutig aus), was wir in der Tat an der lateinischen Sprache und noch viel mehr an der französischen sehen, entsprechend den Verhältnissen, die letztere weitaus stärker ihrem Modell usw. *asservissent*[19] und verbinden als die lateinische usw. (20. November 1821).

Die Erfindungsgabe gehört zu den gewöhnlichen, hauptsächlichen und charakteristischen Eigenschaften und Bestandteilen der Vorstellung. Sie ist eben jene Fähigkeit, die die großen Philosophen und die großen Entdecker großer Wahrheiten ausmacht. Und man kann sagen, aus ein und demselben Ursprung, aus ein und derselben Charaktereigenschaft, die unterschiedlich genutzt und durch unterschiedliche Umstände und Gewohnheiten unterschiedlich abgewandelt und ausgerichtet wurde, entstanden die Dichtungen Homers und Dantes und die mathematischen Grundlagen der Naturphilosophie Newtons. Sehr einfach ist das System und die Anordnung der menschlichen Maschine in der Natur, ihre Antriebe und Laufwerke sind sehr wenige, auch die Prinzipien, nach denen sie zusammengesetzt ist, wir aber, wenn hier die Rede ist von Wirkungen, die unendlich viele und unendlich veränderlich sind, je nach Umständen, Gewohnheiten und *Zufällen*, vervielfältigen die Elemente, die Teile, die Kräfte unseres Systems, und wir trennen, unterscheiden und unterteilen Fähigkeiten und Prinzipien, die in Wirklichkeit einzig und unteilbar sind, obwohl sie nicht nur neue, nicht nur andere, sondern direkt entgegengesetzte Wirkungen erzeugen und fortwährend erzeugen können. Die Vorstellung ist indessen der Ursprung der Vernunft, wie auch des Gefühls, der Leidenschaften, der Poesie; und diese Fähigkeit, die wir für ein Prinzip, eine besondere und bestimmte Eigenschaft des menschlichen Gemüts halten, gibt es entweder nicht, oder sie ist eine Sache für sich, eine Veranlagung wie hundert andere, die wir von ihr absolut unterscheiden, wie die Eigenschaft, die als Überlegung oder Denkfähigkeit, als Intellekt bezeichnet wird. Vorstellung und Intellekt ist ein und dasselbe. Was als Vorstellung bezeichnet wird, erwirbt der Intellekt durch die Gewohnheit und die Umstände, durch die entsprechenden natürlichen Veranlagungen; auf gleiche Weise erwirbt er, was als Überlegung usw. bezeichnet wird (20. November 1821).

Nicht nur im Französischen (wie die Staël feststellt), sondern in allen anderen modernen Sprachen scheint die Prosa der modernen Poesie angemessener zu sein als der Vers. Ich habe an anderer Stelle dargelegt, worin sie im Wesen bestehen sollte und daß sie mehr prosaisch ist als poetisch. Beim Lesen antiker Prosa wünschte man sich mitunter einen Rhythmus und ein Versmaß, so poetisch sind die darin enthaltenen Gedanken (obwohl in bezug auf den Rhythmus und alle anderen Qualitäten die antike Prosa viel an Versifikation enthält); beim Lesen moderner Verse dagegen, auch der besten, und mehr noch, wenn wir selber versuchen, wirklich eigene und moderne Gedanken in Verse zu bringen, wünschen wir uns die Freiheit, die Gelöstheit, die Hingabe, die Geläufigkeit, die Leichtigkeit, die Klarheit, die Gelassenheit, die Einfachheit, die Schmucklosigkeit, die Besonnenheit, die Zucht und Strenge, die Gefaßtheit, das Piano der Prosa, als am besten harmonisierend mit diesen Gedanken, die fast nichts enthalten, was in Verse gebracht werden müßte usw. (26. November 1821).

Die große Intrige in einer dramatischen Handlung, das Zustandekommen der Verwicklungen usw. lenkt tatsächlich das Gemüt des Zuschauers oder Lesers von der Beachtung der Natürlichkeit, Wahrheit, Kraft der Nachahmung, des Dialogs, der Leidenschaften usw. und von allen Schönheiten im Detail ab, in denen hauptsächlich der Wert jeder poetischen Gattung besteht. Dem Autor werden dadurch gewöhnlich diese Schönheiten sogar erlassen, er wird ihrer Observanz enthoben und der wirkungsvollen und lebendigen ἐκτύπωσις[20] der Charaktere usw. Als einzigen oder gewiß hauptsächlichen Effekt und Affekt, als einziges Interesse erzeugen die großen Handlungsdramen auf diese Weise die Neugier; sie allein bewegt den Zuschauer, aufmerksam teilzunehmen an dem, was vorgeführt wird, nur sie findet Nahrung und wird durch das Ende befriedigt. Keine andere Leidenschaft, kein anderes Interesse wird in ihm durch diese Dramen erzeugt, so heiß und leidenschaftlich sie nach Absicht des Autors werden sollten. Nun ist dies dem Wesen der Dramatik ganz fremd; es gehört zum Wesen der Erzählung: die Dramatik als lebendige und fast wahre Darstellung der menschlichen Dinge muß ein ganz anderes Interesse als das der Neugier wecken, die der Erzählung zukommt; die dramatische Handlung gerät in diesem Fall zur Handlung einer Novelle, das Drama erzeugt die gleiche Wirkung wie eine Novelle, und für den Zuschauer oder Leser ist es gleichgültig, ob diese Handlung sich vor seinen Augen abspielt oder er durch die gesprochenen Texte davon erfährt oder ob ihm der Fall einfach erzählt wird, wie in einem Roman oder in einer seltsamen verwickelten Geschichte. Deshalb die Notwendigkeit, und zugleich der Vorzug, einfacher Handlungen in jeder Art dramatischer Gattung, aber im Verhältnis dazu erst recht, wenn die leidenschaftliche Teilnahme des Zuhörers, seine Rührung lebhafter sein sollen, wie in der Tragödie: Einfachheit der Handlung ist für sie notwendiger als für die Komödie. Auch für diese ist sie entsprechend erforderlich zur vollen Entfaltung und vollkommenen Zeichnung der Charaktere, um sie hervortreten zu lassen, da sie (seien sie noch so lebendig und gut dargestellt) tatsächlich untergehen, wenn durch die Neugier auf die Handlung das Interesse und die Aufmerksamkeit des Zuschauers voll in Anspruch genommen werden. Kurzum, der Zuhörer soll sich nicht so sehr für den Ausgang interessieren und soll nicht so sehr die Auflösung der Intrige ersehnen, daß ihm die fortwährende und ständige Teilnahme und Bewegung, jedem Teil des Dramas und dem gesamten Handlungsablauf individuell angepaßt, verlorengeht (31. Dezember 1821).

Gerade aus diesen Gründen ist es eine Eigenart der mittelmäßigen und unbedeutenden Dramatiker, ihre Werke mit Intrige, überflüssigen Episoden usw. zu überladen. Die größten Dramatiker machen das Gegenteil. Der Grund dafür ist, daß sie immer Mittel finden (auch bei einer Handlung von geringer Bedeutung), das Interesse des Zuschauers durch die natürliche Art des Sprechens, seine Lebendigkeit, Energie, durch die ständige Entwicklung der Leidenschaften oder durch Lächerliches usw. wachzuhalten. Erstere sind nie zufrieden, nicht einmal, wenn sie einen ganz verwickelten, sonderbaren und merkwürdigen Fall erfunden oder ersonnen haben. Im Handumdrehen schöpfen sie alles aus, was *ihnen* das Sujet bietet. Weil es ihnen also nicht gelingt, so viel herauszuholen, wie sie können und müssen, genügt das Sujet gerade nur für wenige Szenen. Die machen sie oder bereiten sie vor, und danach, oder bei den Zwischenszenen, stehen sie mit leeren Händen da (so überquellend an Leidenschaft, Lächerlichem usw. das Sujet sein mag), und sie finden keinen anderen Weg, das Interesse und die Neugier wachzuhalten, als auf die Suche nach neuen Episoden, nach neuen Handlungsträgern zu gehen, kurzum nach neuen Sujets, um diese dann auch in einem Augenblick auszuschöpfen. Keinen Augenblick können sie also verstreichen lassen, ohne etwas zu erzählen und einen neuen Faden in das Gewebe einzuziehen, ohne ein noch frisches Sujet, andernfalls haben sie nichts zu sagen. Und wie viele Autoren dieser Art gibt es? Wie viele Stücke? Neunhundertneunundneunzig von tausend (4. Januar 1822).

Eine Sprache ist nicht schön, wenn sie nicht gewagt ist, und letztendlich zeigt sich, daß bei Sprachen *Schönheit* dasselbe ist wie *Wagnis*. Und was sollte sie sonst sein? Die Harmonie usw. des Wortklangs? Das ist eine durchaus äußerliche Schönheit, über die sich wenig oder nichts vereinbaren läßt, da in diesem Bereich die Meinungen und Geschmäcker ganz verschieden sind, je nach Volk und Zeitalter. Wir finden den Klang der orientalischen Wörter sehr häßlich, und den Orientalen wird es ebenso mit den unseren gehen. Und genaugenommen, was verstehen wir von der Harmonie der griechischen Sprache, die wir doch als sehr schön bezeichnen? Was läßt sie uns fühlen, was gefällt uns an ihr, außer, gelinde gesagt, etwas sehr Ungewisses, Verworrenes und Oberflächliches? Gewiß ist, daß die Harmonie unserer Sprache, welche es auch sei, und sei sie noch so rauh, uns erfreut, und wir empfinden sie viel stärker als die der griechischen, und so hätten wir also keinen Grund, diese Sprache ihrer Schönheit wegen vorzuziehen, auch nicht der deutschen oder russischen. Vielleicht besteht die Schönheit im Reichtum? Reichtum an Redensarten und Redewendungen gibt es nur in einer gewagten Sprache, weil an exakten und mathematischen Formen alle Sprachen gleich reich sind oder sein können, keine mehr und keine minder: und dieser Reichtum kann sich nicht sehr erweitern, weil ihm seiner Natur nach sehr enge Grenzen gesetzt sind: denn die Dialektik kann wenig variieren, da sie sich aus einheitlichen und ganz einfachen Prinzipien ableitet, ist sie im Gegenteil bestrebt, größte Einheitlichkeit und Einfachheit der Ausdrucksweisen in natürlicher Weise zu schaffen. Der Reichtum an bloßen Wörtern nützt der Schönheit, reicht aber bei weitem nicht aus; auch er ist eine fast äußerliche, und keine – das fast entfällt – zufällige Eigenschaft der Sprache, die sich keinen Deut verändert oder auf irgendeine Weise in Unordnung gerät, weil sie heute mehr, morgen weniger üppig an Wörtern ist oder sein kann, entsprechend den nationalen, kommerziellen, politischen, wissenschaftlichen usw. Bedingungen. In der Tat ist die französische Sprache wirklich sehr reich an Wörtern, hauptsächlich in der Philosophie, den Wissenschaften, der Konversation, den Manufakturen usw. usf. und ist deswegen nicht schöner als die spanische. Die wahre, und nicht zufällige, sondern wesenseigene Schönheit einer Sprache, und sie kann nicht verlorengehen, es sei denn, die Sprache wird in der Form korrumpiert, ist eine innere Schönheit, die aus dem Charakter der Sprache kommt; sie kann in nichts anderem bestehen als im Wagnis. Was anders ist das Wagnis als die Freiheit, nicht genau und mathematisch zu sein? Denn was die Genauigkeit angeht, ich sage das noch einmal, dazu sind alle Sprachen gleichermaßen fähig, und durch sie können alle Sprachen in der Tat einheitlich im Charakter werden und würden es werden, weil es nur eine Vernunft gibt; und es gibt keine Vielfalt außer in der Natur. Wenn also *eine schöne Sprache eine gewagte und freie Sprache ist,* dann ist sie zugleich *keine exakte Sprache, und*

sie ist nicht gebunden an die dialektischen Regeln der Sätze, Formen und allgemein der Ausdrucksweise. Man sehe sich alle Sprachen an, die als schön bezeichnet werden, antike und moderne, die griechische, lateinische, italienische und spanische: in allen findet sich keine andere Schönheit als das Wagnis, und zu wagen gibt es nichts anderes als die genannten Dinge. Man sehe sich auch die Schriftsteller an, die als schön und elegant in jeder dieser Sprachen gelten, und vergleiche sie mit denen, die es nicht sind. Man sehe sich jeden einzelnen Satz an, jede Form usw., die als schön und elegant bezeichnet wird, und vergleiche sie usw. Es gibt keine schöne Sprache, die keine poetische Sprache wäre, die also nicht nur fähig ist zu einer erlesenen poetischen Sprache, sondern sie sogar besitzt (wie alle genannten Sprachen sie haben, und die französische sie nicht hat), diese sind aber im allgemeinen poetisch, auch in der Prosa, doch ohne Affektation; das heißt, poetisch als Sprache und nicht im Stil, wie unbewußt und in zwiespältigster Weise alle französische Prosa poetisch ist. Poetische Sprache ist eben keine mathematische Sprache, ihrem Wesen nach steht sie sogar im Widerspruch zum mathematischen Geist. (Das Sanskrit[21], das als sehr schön gerühmt wird von den Orientalen, ist bekanntermaßen sehr gewagt und sehr poetisch.)
Die indessen eifersüchtig über die Reinheit und Erhaltung der italienischen Sprache wachen, winden sich, wie es bei Bartoli heißt[22] (*Das Unrecht usw.,* Kap. 11), auf jede Weise, wenn sie sagen, daß nicht nach dem Vorbild der universalen Grammatik gedruckt werden solle, da sie weder wissen, was die Natur der italienischen Sprache ist, die sie zu verteidigen vorgeben, noch die aller möglichen Sprachen. Jede Schönheit, sowohl einer Sprache im allgemeinen (ausgenommen die Harmonie und der Reichtum der Wörter oder ihrer Abwandlungen) als auch einer Redewendung im besonderen, ist eine Mißachtung der universalen Grammatik und ein ausdrücklicher, manchmal schwererer, manchmal leichterer Verstoß gegen ihre Gesetze (5. Mai 1822).

Ob der Mensch geboren wird, um zu denken oder zu handeln, und ob es wahr ist, daß die beste Art, das Leben zu nutzen, wie einige sagen, die Beschäftigung mit Philosophie und Literatur sei (fast als könnten diese etwas anderes zum Gegenstand haben, über anderes Material verfügen als die Dinge und das menschliche Leben und die Gestaltung desselben, fast als wäre das Mittel dem Zweck vorzuziehen), läßt sich auch hieran sehen: kein Mensch war je groß in der Philosophie und in der Literatur und wird es je sein, der nicht dazu geboren wurde, mehr und größere Handlungen als andere im Leben zu vollbringen, der nicht mehr Leben in sich hätte und mehr Bedarf nach Leben als die gewöhnlichen Menschen, und der nicht von Natur und seiner *ursprünglichen* Neigung her mehr veranlagt wäre für die Aktion und für die Energie der Existenz, als andere es gewöhnlich sind. Die Staël sagt das über Alfieri (*Corinne* I, letztes Buch),* sie sagt sogar, daß er nicht geboren war, um zu schreiben, sondern um zu handeln, wenn es ihm der Charakter seiner Zeit (so die unsere) gestattet hätte.[23] Gerade deswegen war er ein wahrer Schriftsteller, im Unterschied zu fast allen italienischen Literaten und Gelehrten seiner und unserer Zeit. Weil niemand oder fast niemand von ihnen geboren wurde, etwas zu machen (außer Albernheiten), deshalb ist keiner oder fast keiner ein wahrer Philosoph, und auch kein Literat, der ins Gewicht fiele. Im Gegensatz zu den ausländischen Schriftstellern, vor allem den englischen und französischen, die (auf Grund des Charakters ihrer Regierungen und nationalen Verhältnisse) etwas tun, und die geboren sind, mehr als andere zu handeln. Und je mehr sie tun oder von Natur aus veranlagt sind zu tun, desto besser und auf um so höherem Niveau und ungewöhnlicher denken und schreiben sie (30. Mai 1822).

* Das Ziel der Literatur besteht hauptsächlich darin, das Leben der Menschen zu gestalten, die keine Literaten sind; alles in allem gereicht sie ihnen zu Nutzen, und sie müssen sich ihrer bedienen. Nun war mir nie bekannt, daß die Lage dessen, der bedient wird, schlechter wäre und niedriger als die desjenigen, der bedient.

In den Anmerkungen zu meinen *Gesängen* habe ich gesagt und gezeigt, daß die von der Vokabel dargestellte Idee durch die Metapher verdoppelt oder vervielfacht wird. Das ist einer der hauptsächlichen Gründe, weshalb die Metapher ein so schönes, so poetisches Gebilde ist, das von allen großen Künstlern zu den wichtigsten Teilen und Mitteln des poetischen Stils gerechnet wird, und auch des Prosastils, des geschmückten und des erhabenen usw. Ich möchte sagen, sie ist so angenehm, weil sie mehrere Ideen gleichzeitig darstellt (im Gegensatz zu den *Termini*). Und doch ist dem Dichter (als Ausdruck und vornehmstes Zeichen seiner poetischen Ader, Leidenschaft und Natur, seiner Erfindungsgabe und schöpferischen Kraft) auch die Neuheit der Metapher zu empfehlen. Weil ein sehr großer, sogar unendlich großer Teil unserer Rede metaphorisch ist, rufen die Metaphern, derer man sich üblicherweise bedient, nur eine einfache Idee wach. Denn die eigentlich von diesen im übertragenen Sinn gebrauchten Vokabeln ausgedrückte ursprüngliche Idee ist mit der Zeit in die metaphorische Bedeutung eingegangen, die allein bestehenbleibt, wie an der zitierten Stelle bereits gesagt. Das gibt es, selbst wenn das Wort als solches tatsächlich nicht im geringsten an seiner eigenen Bedeutung eingebüßt haben sollte, sondern sie bewahrte und zu gegebener Zeit haben würde. Zum Beispiel *entzünden* besitzt immer noch seine eigene Kraft. Wenn ich aber sage, *den Geist, den Zorn entzünden* usw., sind das Metaphern, die von ihnen wachgerufene Idee ist eine, nämlich die metaphorische, weil der lange Gebrauch bewirkt hat, daß man in solchen Metaphern nicht mehr die eigentliche Bedeutung von *entzünden*, sondern nur die übertragene empfindet. So erhalten diese Wörter mehrere, fast gänzlich voneinander getrennte Bedeutungen, fast ganz einfache, und sie alle können nun als *eigene* bezeichnet werden. Das kann bei den neuen Metaphern nicht vorkommen, bei denen die Vielfalt der Ideen erhalten bleibt und der ganze Genuß der Metapher empfunden wird: vor allem wenn sie gewagt ist, wenn nämlich die Verbindung nicht so naheliegend ist, daß die Ideen zwar unterschiedlich sind, aber fast miteinander verschmelzen, und der Verstand des Lesers oder Zuhörers zu keiner außergewöhnlichen Aktion oder Kraftanstrengung gezwungen würde, um augenblicklich die Beziehung die Bindung die Affinität die Entsprechung dieser Ideen zu finden und zu sehen, um schnell, fast auf der Stelle, von einer zur anderen überzuwechseln. Wie denn im Gegenteil die zu entfernten Metaphern ermüden, der Leser kann den Abstand zwischen der einen und der anderen in der Metapher dargestellten Idee nicht überbrücken, oder er schafft es nicht in einem Nu, sondern erst nach einer gewissen Zeit; und so kommt die simultane Vielfalt der Ideen, die den Genuß bereitet, nicht mehr zustande (10. Juni 1822).

Wer wird leugnen, daß die Kunst des Schreibens heute in allen ihren Prinzipien, noch dazu den innersten, unendlich viel besser, klarer und deutlicher überlegt, entwickelt, dargelegt, bekannt und erklärt, auch viel weiter verbreitet ist unter den Menschen, mehr den Gelehrten zur Hand ist und zudem über eine weitaus größere Anzahl von Beispielen und Vorbildern verfügen kann als zu Zeiten der Antike? Doch in welcher Nation oder Sprache gibt es heute, ich sage nicht einen Cicero (dieses ewige und höchste Vorbild jeder möglichen Vervollkommnung in jeder Art von Prosa), ich sage nicht einen Titus Livius[24], sondern einen Schriftsteller, der einen Wert besäße wie jeder beliebige griechische oder lateinische Schriftsteller, der zwar nicht zu den besten gehört, aber zu den guten? Und wo gibt es denn eine solche Zahl, ich sage nicht bester, sondern guter Schriftsteller, wie sie die Griechen oder Römer haben? Findet sie mir, wenn ihr könnt, unter den besten Schriftstellern aller Literatur-Nationen von der Wiedergeburt der Literatur angefangen bis heute. Gut, sage ich, präzis bezogen auf die Kunst des Schreibens, *eine Sache zu sagen, ein Argument abzuhandeln* mit der ganzen Vollkommenheit dieser Kunst. Gut, sage ich, in bezug auf ihre Sprache, welche es auch immer sei, und vollkommen in ihrer Beherrschung, wie Cicero im Lateinischen, oder wie die anderen lateinischen und griechischen Schriftsteller, die darin und auch sonst hinter Cicero zurückstanden, die aber sehr gut und klassisch waren. Gut, sage ich in diesem Sinn, denn ich gehe nicht ein auf die Kunst des Denkens usw. Und was ich sage über die Prosaisten, sage ich mit denselben Einschränkungen über die Poeten, und zwar hinsichtlich der Behandlung und Mitteilung der Dinge, die der Vorstellung entnommen werden: denn über die Erfindung und die Vorstellung als solche und absolut gesehen muß gesondert gesprochen werden.

Tatsache ist, daß heute alle wissen, wie es gemacht werden müßte, und keiner kann es machen. Keiner kann es vollendet machen und ganz wenige leidlich. Und die *besten* modernen Schriftsteller aller Sprachen und Zeiten können sich kaum mit dem letzten unter den *guten* in der Antike vergleichen. Oder wenn sie ihnen in einer Hinsicht oder Eigenschaft gleichkommen, oder sie selbst übertreffen, bleiben sie in anderer Hinsicht weit hinter ihnen zurück, sowohl in der Wirkung des Ganzen als auch in der Gesamtheit der Eigenschaften, die der Kunst zukommen, gut zu schreiben, die eigenen Gefühle gut auszusprechen und eine Satzkonstruktion zu bilden. Andrerseits gibt es keinen so mittelmäßigen Schüler der Rhetorik, der nicht auch die Rhetorik von Blair gelesen hätte, und der hinsichtlich der Art und der Erfordernis guten Schreibens nicht mehr wüßte als Cicero.

So ist das. *Nach Meinung Bacons von Verulam, des britischen Demokrit, werden alle zu Kunst gewordenen Fähigkeiten steril, weil* die Kunst sie beschränkt (GRAVINA, *Über die Tragödie*, Kap. 40, S. 70 oben). Immer in den Zeiten wird die Kunst sowohl vervollkommnet (oder erfunden und gebildet) als auch verbreitet und allgemein bekannt, in denen man es am wenigsten versteht, sie in der Praxis umzusetzen. Zur Zeit von Aristoteles gab es keine großen griechischen Dichter: die römische Beredsamkeit war zur Zeit Quintilians (er wußte vielleicht besser als Cicero, wie es gemacht werden mußte) schon verklungen. Allein schon zu machen verstehen, was gemacht wird, ist ein Grund, es nicht fertigzubringen. Auch hier bewahrheitet sich, wer zuviel will, erreicht nichts, und daß etwas tun wollen Grund ist, es nicht zu können usw. usf.

Die Skrupel, die Zweifel, die Ängste, schon gut bekannte Fehler zu begehen, binden dem Schriftsteller die Hände, und die meisten geraten darüber in Verzweiflung, und da sie sowohl die Vorschriften der Kunst nicht befolgen als auch über die Zeit hinaus sind, der eigenen Natur zu folgen, die schon tausendfach verzerrt, verwirrt und verändert ist durch die Kunst, schreiben sie, wie wir sehen, sehr schlecht, obwohl sie sehr gut wissen, was man machen müßte, um gut zu schreiben (15. Juni 1822).

Homer ist der Vater und der ewige Fürst aller Dichter der Welt. Diese beiden Eigenschaften des Vaters und des Fürsten sind in nicht einem anderen Menschen vereinigt, in nicht einer anderen Kunst oder Wissenschaft. Mehr noch, niemand, der als Fürst in einer anderen Kunstart oder Wissenschaft anerkannt ist, kann mit dieser Sicherheit, die aus der Erfahrung so vieler Jahrhunderte hervorgegangen ist, als Fürst in ewig bezeichnet werden. Das ist das Wesen der Poesie, daß sie am Beginn am größten ist. Ich sage am größten und auch nicht annähernd erreichbar als reine Poesie, als wahre Poesie, nicht im Stil usw. usf. Ein weiteres Beispiel ist Dante, dem als Dichter niemand unter den Italienern jemals gleichkam noch jemals gleichkommen wird (21. Juli 1822).

In die Wörter gehen die Ideen ein, und sie werden von ihnen eingefaßt wie Edelsteine von Ringen, ja sie personifizieren sich wie die Seele im Körper, und sie werden zu einem Ganzen mit ihnen, so daß die Ideen von den Wörtern untrennbar sind, und getrennt sind sie nicht mehr das, was sie waren, entziehen sie sich dem Denk- und Auffassungsvermögen, und geben sich nicht zu erkennen, wie unsere Seele, wenn sie sich vom Körper gelöst hat (27. Juli 1822).

Man sage, was man will. Groß sein wird nur, wer gegen die Vernunft denkt und handelt, und weil er gegen die Vernunft denkt und handelt, und weil er den Mut besitzt, sich über die eigenen Bedenken hinwegzusetzen oder sie durch Enthusiasmus zu überwinden, wer immer und in jedem Fall in ihr ein Hindernis sieht, einen Todfeind, eine kalte vernichtende Kraft (22. August 1822).

In der griechischen, römischen und hebräischen Geschichte sind die Erinnerungen an die Ideen enthalten, die jeder in seiner Kindheit sich zu eigen gemacht hat. Jeder Name, jedes Ereignis in der Geschichte dieser Völker, vor allem die wichtigsten und bekanntesten, erinnern uns an Ideen, die fast urtümlich sind für uns und die auf gewisse Weise mit unserem Leben, hauptsächlich der Kindheit, verbunden sind, mit den Kenntnissen, den Gedanken eines jeden von uns. Daher das Interesse für die Geschichte dieser Völker, für ihre Bestandteile, für alles, was dazu gehört; ein in seiner Art einmaliges Interesse, wie Chateaubriand (*Génie* usw.) bemerkt; ein Interesse, das uns keine einzige andere Geschichte einflößen kann, sei sie auch die schönste, vielfältigste und größte Geschichte und an und für sich wichtiger als die der genannten Völker; wichtiger als die Geschichte des eigenen Volkes. Die Geschichte dieser drei Völker ist am *interessantesten*, weil sie am bekanntesten ist; weil sie die vertrauteste, bekannteste, gewohnteste, fast nah verwandte Geschichte jedes gesitteten und gebildeten Menschen ist, möge seine Heimat auch weit entfernt von diesen Völkern liegen. Und deshalb ist die Geschichte dieser Völker am reichsten an wirklich geeigneten historischen Themen für das Epos, für die Tragödie usw., und nur sie ist es, nie und nimmer kann dem Interesse für diese Themen, vor allem in der Dichtkunst, etwas gleichkommen, wollte man selbst mit größtem Geschick Themen entweder aus der Phantasie schöpfen oder aus der Geschichte anderer Völker, des eigenen sogar. Zur Geschichte dieser Völker kommt die des Trojanischen Krieges hinzu, die aus denselben Gründen großes Interesse findet, sogar noch mehr, weil sie durch Homers und Vergils Dichtungen allgemeiner bekannt und vertraut geworden ist als jede andere Geschichte, und weil sie durch diese Dichtungen, durch Erzählungen usw. stärker mit unseren Kindheitserinnerungen verbunden ist als die griechische und römische, ja sogar die hebräische Geschichte. Das ist alles relativ, und das Interesse an der Geschichte der genannten Völker ergibt sich nicht aus ihr selbst innewohnenden Vorzügen, sondern aus dem äußeren Umstand, daß sie jedem vertraut ist von Kindheit an; entfällt dieser Umstand, und da er durch Erziehung usw. gegeben ist, kann er leicht entfallen, würde dieses Interesse mit dem verschmelzen, das für die Geschichte anderer Völker und für einzelne Vorkommnisse darin besteht, und ihm gleichkommen, oder von diesem sogar übertroffen werden (Rom, 25. November 1822).

Man weiß, daß in den antiken Dramen der Chor eine große Rolle spielt. Viel ist für und wider seine Verwendung gesagt worden. Das moderne Drama hat ihn vertrieben, und es war gut, ihn aus allem, was modern ist, zu vertreiben. Ich sehe in seiner Verwendung einen Teil des Vagen, Unbestimmten, worin die Hauptursache des *Charme* der antiken Poesie und schönen Literatur liegt. Das Individuum ist immer etwas Kleines, oft Häßliches, oft Verächtliches. Das Schöne und Große braucht das Unbestimmte, und dieses Unbestimmte konnte nicht anders auf die Bühne gebracht werden als durch die Einführung der Masse. Alles, was von der Masse ausgeht, flößt Respekt ein, obwohl sie sich aus verächtlichen Individuen zusammensetzt. Das Publikum, das Volk, die Vorzeit, die Vorfahren, die Nachwelt: große und schöne Namen, weil sie eine unbestimmte Idee bezeichnen. Analysieren wir dieses Publikum, diese Nachwelt. Größtenteils sind es unbedeutende Menschen, alle voller Fehler. Die Grundsätze der Gerechtigkeit, der Tugend, des Heldentums, des Mitleids, der Vaterlandsliebe erklangen in den antiken Dramen aus dem Mund des Chors, einer unbestimmten, oft namenlosen Masse also, denn der Dichter erklärte in keiner Weise, aus welchen Personen er sich seinen Chor zusammengesetzt dachte. Vorgetragen wurden die Grundsätze in lyrischen Versen, die gesungen und auf Instrumenten musikalisch begleitet wurden. Konnten diese Umstände, die wir, soviel wir wollen, als der Wahrscheinlichkeit widersprechend, absurd usw. ablehnen mögen, einen anderen Eindruck erzeugen als einen vagen und unbestimmten und demnach ganz großen, ganz schönen, ganz poetischen Eindruck? Diese Grundsätze waren keinem Individuum in den Mund gelegt, damit es sie in gewöhnlichem und natürlichem Ton vortrage. Hätte der Dichter dieses Individuum noch so groß und vollkommen erdacht, die Idee selber vom Individuum ist zu bestimmt und beschränkt, um eine unbegrenzte und unendliche Empfindung und Vorstellung erzeugen zu können. Erstere Eigenschaften stehen zu letzteren im Widerspruch, und so hätten sie diesen Eindruck geradezu verhindert, anstatt ihn zu erzeugen. Die Zuhörer hätten den Namen, die Handlungen, die Eigenschaften, die Abenteuer dieses Individuums erfahren. Es wäre immer der Theseus, der Ödipus, König von Theben, Töter des Vaters, Gatte der Mutter und ähnliches gewesen. Das ganze Volk, die Nachwelt selbst erschien auf der Bühne. Sie sprach nicht wie jeder andere Sterbliche, der in der Handlung auftrat: sie sprach in lyrischen Versen voller Poesie. Der Klang ihrer Stimme war nicht wie der menschlicher Individuen: er war Musik, Harmonie. In den Pausen der Vorführung begann dieser unbekannte, ungenannte Schauspieler, diese Masse von Sterblichen, tiefe oder erhabene Überlegungen anzustellen über die Ereignisse, die abgelaufen waren oder vor den Augen der Zuschauer ablaufen sollten, er beweinte das Elend der Menschheit, klagte, verfluchte das Laster, er vollzog die Rache der Unschuld und der Tugend, die einzige Rache, die ihnen in dieser Welt beschieden ist, daß nämlich das Publikum und die Nachwelt ihre Unterdrücker verdammen; er pries den Heroismus, rühmte die Verdienste der Wohltäter der Menschen, das für das Vaterland vergossene Blut (siehe Horaz, De Arte poetica, Vers 193–201). Das war fast so, als werde auf der Bühne die reale Welt mit der idealen und moralischen Welt verbunden, wie sie im Leben miteinander verbunden sind: und dramatisch verbunden, indem nämlich die Verbindung dem Zuschauer sinnfällig gemacht wird, wie es dem dramatischen Dichter aufgetragen und vertraut ist, und soweit es dem Drama möglich ist, das *darzustellen*, was *ist*. So wurden die Vorstellungen des Dichters personifiziert, und die Gefühle der Zuhörer und des Volkes, denen die Vorführung gezeigt wurde. Die Ereignisse wurden von Individuen vorgeführt; die Gefühle, die Überlegungen, die Leidenschaften, die Wirkungen, die sie bei den außerhalb dieser Ereignisse stehenden Personen hervorriefen oder hervorrufen sollten, wurden von der Masse vorgeführt, von einer Art idealem Wesen. Ihm war es auferlegt, die Nutzanwendung zu finden und auszudrücken, die dem Beispiel dieser Ereignisse zu entnehmen ist. Die Zuschauer hörten gewissermaßen von den Gefühlen sprechen, die sie bei der Vorführung empfanden, wurden diese doch überdies auf der Bühne gezeigt, und sie fühlten sich fast selbst auf die Bühne versetzt, um ihre Rolle zu spielen; oder sie wurden vom Chor imitiert, nicht anders als die Helden dargestellt und imitiert wurden von den individuellen Schauspielern. Auch wenn der Chor direkt an der Handlung teilnahm, war dieses Auftretenlassen der Masse im Drama poetischer, mußte es größere und lebhaftere Wirkung hervorrufen als die Verteilung der ganzen Handlung auf wenige Individuen, wie wir es machen.

Aus diesen Betrachtungen möge man folgern, ob es richtig ist zu sagen, die Verwendung des Chors schadet der Illusion. Welche erfreuliche Illusion kann es ohne das Vage und Unbestimmte geben? Und welch süße und große poetische Illusion mußte unter den geschilderten Umständen entstehen! (21. Juni 1823). In den Komödien trägt die Masse ebenfalls zur Begeisterung und zum Vagen der Freude bei, zur *βακχεία*[25], um den stets eitlen und falschen Gründen, die wir haben, uns zu freuen und zu genießen, eine scheinbare, illusorische Bedeutung zu geben, um den Zuschauer gewissermaßen in die Fröhlichkeit und in das Lachen einzubeziehen, als sollte er von der Autorität der vagen Masse geblendet, berauscht, besiegt werden.

Da schreien sie, die Dichtung müsse Gegenwartskunst sein, sie müsse also die Sprache und die Gedanken unserer Zeit verwenden, ihre Sitten, und vielleicht die Unsitten, beschreiben. Deshalb lehnen sie den Gebrauch der alten Geschichten, Meinungen, Sitten, Ereignisse ab. Ich sage aber, alles, außer der Dichtkunst, kann in diesem Jahrhundert zeitgenössisch sein. Wie kann der Dichter die Sprache einer Generation von Menschen verwenden und ihren Gedanken folgen, ihre Sitten darstellen, für die Ruhm ein Phantom ist, für die es Freiheit, Vaterland und Vaterlandsliebe nicht gibt, wahre Liebe eine Kinderei ist, in denen kurzum alle Illusionen erstorben und die Leidenschaften, nicht nur die großen und schönen, sondern alle Leidenschaften erloschen sind? Wie kann er, frage ich, das machen und ein Dichter sein? Ein Dichter, eine Dichtkunst ohne Illusionen ohne Leidenschaften, sind denn das Begriffe, die der Logik standhalten? Kann der Dichter, in seiner Eigenschaft als Dichter, ein Egoist und Metaphysiker sein? Und ist für unser Jahrhundert nicht das charakteristisch? Wie also kann der Dichter auf charakteristische Art, als Dichter, zeitgenössisch sein?
Man beachte, daß die Alten für das Volk dichteten, oder zumindest für Menschen, die in ihrer Mehrzahl sich nicht mit Wissenschaft und Philosophie befaßten. Für die modernen Dichter verhält es sich umgekehrt: denn heute haben die Dichter nur gebildete und unterrichtete Menschen zu Lesern, und der Sprache und den Gedanken dieser Leute soll der Dichter sich anpassen, wenn es heißt, er solle zeitgemäß sein, und eben nicht der Sprache und den Gedanken des heutigen Volkes, das von zeitgenössischer und antiker Dichtkunst nichts weiß und daran in keiner Weise Anteil nimmt. Nun ist jeder gebildete und unterrichtete Mensch heutzutage unvermeidlich ein Egoist und Philosoph, bar jeder beachtenswerten Illusion, frei von aller heißen Leidenschaft; und so auch jede Frau. Wie kann der Dichter in Geist und Charakter mit diesen Leuten zeitgenössisch und gleichgesonnen sein, in seiner Eigenschaft als Dichter? Was ist an ihnen poetisch, an ihrer Sprache, ihren Gedanken,

Meinungen, Gefühlen, Sitten, Gewohnheiten und Angelegenheiten? Was hat die Dichtkunst mit ihnen gemein, oder was hatte sie jemals gemein mit ihnen, was wird sie je gemein haben können?
Verzeihung also, wenn der moderne Dichter sich an Althergebrachtes hält, wenn er in Sprache, Stil und Manier alte Formen verwendet, wenn er sogar antike Fabeln benutzt usw., wenn er seine Nähe zu antiken Auffassungen zeigt, wenn er die antiken Gebräuche, Gewohnheiten, Ereignisse vorzieht, wenn er seine Dichtung im Charakter eines anderen Jahrhunderts ausprägt, wenn er alles in allem versucht, in Geist und Charakter entweder antik zu sein oder zu scheinen. Verzeihung, wenn der Poet, wenn die moderne Poesie sich diesem Jahrhundert nicht zeitgenössisch erweisen und es nicht sind, denn zeitgenössisch zu sein bedeutet in diesem Jahrhundert, oder schließt wesentlich ein, kein Poet zu sein, Un-Poesie zu sein. Und das kann man nicht beides zugleich sein und nicht sein (11. Juli 1823). Und es geziemt Philosophen und einem philosophischen Jahrhundert nicht, etwas seiner Natur nach Unmögliches und in sich, in seinen Begriffen Widersprüchliches zu fordern (12. Juli 1823).

Die Stärke, die Originalität, die Wortfülle, die Erhabenheit und auch die Vornehmheit des Stils können gewiß zu einem großen Teil von Natur verliehen sein, durch das Talent die Erziehung, oder dank dieser in kurzer Zeit zur Gewohnheit gemacht werden, und einmal dazu gemacht, können sie ohne sehr viel Mühe ins Werk gesetzt werden. Die Klarheit (hauptsächlich heutigentags) und die Einfachheit (die fast eins ist mit Natürlichkeit, meine ich, und das Gegenteil von *empfindsamer* Affektation jeglicher Art, in jedem beliebigen Stoff, Stil und Text, wie ich an anderer Stelle erklärt habe), die Klarheit und Einfachheit (und demzufolge also die Anmut, die es ohne sie nicht gibt und die großteils recht oft aus ihnen besteht), die Klarheit, sage ich, und die Einfachheit, diese grundlegenden Vorzüge jeder beliebigen Schrift, diese unerläßlichen, ja höchst notwendigen Eigenschaften, ohne die die übrigen Vorzüge nichts wert sind, dank derer keine Schrift, wiewohl sie sonst nicht von Bedeutung sei, je verächtlich ist, sind ganz und gar Gunst und Wirkung der Kunst. Sie sind die Eigenschaften, in denen sich Kunst am wenigsten zeigen darf, die am natürlichsten scheinen, die tatsächlich am spontansten erscheinen müssen, die am leichtesten scheinen und überdies den Anschein haben müssen, sie seien mit größter Leichtigkeit erlangt worden, und dazu gehört, kann man sagen, Kunst gänzlich zu verbergen, Kunstfertigkeit und Mühe gar nicht in Erscheinung treten zu lassen; gerade diese Eigenschaften sind allein aus Kunst geboren, sie lassen sich nur erringen durch das Studium, sie werden am schwierigsten zur Gewohnheit, als letzte zu eigen, und hat man sie sich zur Gewohnheit gemacht, lassen sie sich dennoch nur mit größter Anstrengung in die Tat umsetzen. Jede kleinste Nachlässigkeit des Schriftstellers beim Verfassen eines Textes nimmt dem, was er schreibt, in dem Maß, wie sie zu spüren ist, die Einfachheit und Klarheit, denn nie sind diese anderes als Frucht der Kunst, die als eine Gabe noch der Tat bedarf; denn sie werden nie von Natur gelehrt, niemandem von ihr geschenkt; deshalb ist es unmöglich, daß sie jemals von allein dem zufielen, der sie nicht sucht, und niemals würde auch nur ein Teil einer einzigen Schrift weder klar noch einfach sein, und nur durch Kunst und Fleiß, die vom Schriftsteller aufgewendet wurden, ihn so werden zu lassen, kann irgendein Teil irgendeines Textes klar und einfach werden. Jede kleinste Nachlässigkeit des Schriftstellers läßt die Einfachheit und Klarheit unvermeidlich verlorengehen und schadet der Schönheit und dem Wert eines jeden Textes, zerstört sie in dem einen oder anderen Teil. Weil die Einfachheit und Klarheit so grundlegende und wesentliche Bestandteile von Schönheit und Wert der Schriften sind, deshalb müssen sie dauernd vorhanden sein, und niemals dürfen sie, aus welchem Grund auch immer (wenn nicht aus Scherz oder dergleichen) zeitweilig aussetzen oder auch nur in einem einzigen, selbst kleinen Teil des Werkes fehlen. Die Kraft, die Erhabenheit, die Wortfülle oder die

Kürze und Schnelligkeit, der Glanz, selbst die Vornehmheit können, und müssen sogar recht oft, zeitweilig fehlen; sie können, sie müssen sogar einmal mehr, einmal weniger Platz haben, sowohl in ein und demselben als auch in verschiedenen Werken und Gattungen; sie können unterschiedlich sein als solche, entsprechend den Schriften und ihren Teilen, den Umständen und Gelegenheiten, ja weder dürfen noch können sie anders. Aber die Klarheit und die Einfachheit darf es nicht einmal mehr, einmal weniger geben; nicht nur, daß sie in keinerlei Schriftgattung, in keinerlei Stilart, in keinem Teil nicht eines einzigen Werks nicht einen Augenblick fehlen dürfen, sondern sie müssen bei jedem Schriftsteller immer und überall sie selbst sein (obwohl sie mit verschiedenen Mitteln erreicht und unter verschiedenen Gesichtspunkten und bei verschiedenen Gelegenheiten eingesetzt werden können), immer gleicher Quantität sozusagen und sich immer gleichbleibend als Klarheit und Einfachheit und in der Absicht, dies zu sein (26. Juli 1823, Tag der Heiligen Anna).

Es ist sehr schwierig, flüssig klar und einfach zu schreiben; schwieriger als mit auf Wirkung bedachter Heftigkeit, mit Überschwang und Großartigkeit im Stil. Nichtsdestoweniger kann es mit Fleiß auch flüssig gehen. Einfachheit und Klarheit vertragen sich zwar mit Eile, aber gewiß nicht mit Nachlässigkeit. Sehr schön in Schriften ist ein Anschein von Nachlässigkeit, Unbefangenheit, Sorglosigkeit, ja fast von Unachtsamkeit. Das ist eine Art Einfachheit. Die Einfachheit hat sogar mehr oder weniger immer einen Anschein von Unbefangenheit (obwohl, dank der verschiedenen Eigenschaften, die sie haben kann, der Leser diese Unbefangenheit nicht immer als prinzipiell und charakteristisch empfinden wird), weil sie doch immer darin besteht, Kunst, Mühe und Gesuchtheit zu verbergen. Der erwähnte Anschein kommt aber nie durch wirkliche Nachlässigkeit zustande, sondern im Gegenteil durch sehr großes und anhaltendes Bemühen, durch kunstvolle Ausführung und Fleiß. Handelt es sich um echte Nachlässigkeit, merkt man es beim Lesen an der Mühseligkeit, Umständlichkeit, Künstlichkeit, Gesuchtheit, Schwierigkeit des Geschriebenen. Denn die Leichtigkeit, die man bei Schriften fühlen muß, läßt sich ihnen als Eigenschaft am schwierigsten vermitteln. Und ohne größte Mühe wird man sie ihnen weder aus Gewohnheit noch in der Tat vermitteln (27. Juli 1823).

Wer immer die Natur der Dinge mit der reinen Vernunft untersucht und weder Vorstellung noch Gefühl zu Hilfe nimmt, ihnen keinen Raum läßt, was das Vorgehen vieler Deutscher in der Philosophie, auch in der Metaphysik und Politik ist, der wird das gut können, was mit der Vokabel *analysieren* bezeichnet wird, nämlich die Natur auflösen und auseinandernehmen, er wird sie aber niemals wieder zusammensetzen können, ich meine, er wird aus seinen Beobachtungen und Analysen niemals eine große und allgemeine Schlußfolgerung ziehen können; er wird seine Beobachtungen auch nicht zusammenfassen und zu einem großen Ergebnis führen; und wird es gemacht, sie lassen ja nicht ab davon, werden sie sich irren; so etwas unterläuft ihnen ja wirklich. Ich will einmal annehmen, es würde ihnen gelingen, durch ihre Analyse die Natur in ihre geringfügigsten letzten Elemente zu zerlegen und aufzulösen, und sie würden erreichen, alle Teile der Natur Stück für Stück kennenzulernen. Aber sie als Ganzes, die Bestimmung und wechselseitige Beziehung dieser Teile untereinander und eines jeden zum Ganzen, der Zweck von all dem und die wahre, verborgene Absicht der Natur, die sie zum Ziel hat, die Ursache (lassen wir die Wirkung hier beiseite), die letzte Ursache ihres Seins und ihres So-Seins, warum sie ihre Teile so geordnet und gebildet hat, die Erkenntnis dieser Dinge muß sich der Philosoph zum Ziel setzen, um diese Dinge drehen sich schließlich alle wirklich großen und wichtigen allgemeinen Wahrheiten, diese Dinge, sage ich, können von niemandem erkannt und verstanden werden, der mit Vernunft allein die Natur analysiert und untersucht. Die so analysierte

Natur unterscheidet sich um keinen Deut von einem toten Körper. Nehmen wir nun einmal an, wir wären Lebewesen anderer Art als der unseren, sogar anderer Art als die uns allgemein bekannten Lebewesen, und wir wären trotzdem, da wir sind, mit Einsicht begabt. Wenn wir nie zuvor weder Mensch noch Tier, wie sie real existieren, gesehen und nichts von ihnen gewußt hätten, und vor uns würde ein toter menschlicher Körper hingelegt, lernten wir bei der anatomischen Untersuchung alle, auch die geringfügigsten Teile eines ums andere kennen und gelangten bei der chemischen Zerlegung zur Entdeckung auch des letzten seiner Elemente; könnten wir vielleicht deshalb wissen, verstehen, herausfinden, begreifen, worin die Bestimmung, die Tätigkeit, die Funktionen, die Kraft und Stärke usw. jedes Teils dieses Körpers für sich selbst genommen, für andere Teile und für das Ganze bestehe, was Sinn und Zweck dieser Einteilung und eben der Ordnung sei, die wir an diesen Teilen wahrnähmen, und auch sähen mit eigenen Augen und mit eigenen Händen berührten; was die besondere und die allgemeine Wirkung insgesamt dieser Anordnung und des ganzen Körpers sei; welchem Zweck das Ganze diene; worin kurzum menschliches Leben bestehe und was es sei, ja, ob dieser Körper jemals hätte lebendig gewesen sein können und müssen; ja, hätte denn sogar irgend jemand, wenn wir nicht ausgehend vom eigenen Leben schlußfolgerten, wenn wir nicht selbst lebten, überhaupt aus der ganzen vollständigen analytischen und elementaren Kenntnis dieses toten Körpers erfassen und begreifen können, was die Idee des Lebens sei? oder sagen wir nur, was die Idee dieses Körpers, wenn er lebte, sei? und könnten wir verstehen, wer und was der lebendige Mensch sei und sein inneres und äußeres Leben? Ich glaube, alle würden zugeben, daß wir nichts von alledem könnten, und wollten wir Vermutungen anstellen, gingen wir meilenweit an der Wahrheit vorbei, und man könnte eine Million gegen eines wetten, daß auch Millionen Mutmaßungen uns nicht zum Ziele brächten; letztlich wären wir, nachdem wir diesen toten Körper untersucht und erforscht hätten, wohl bei dieser Kenntnis stehengeblieben, und uns wäre nicht einmal der Verdacht gekommen, daß er je etwas anderes gewesen oder daß es ihm je bestimmt gewesen sei, etwas anderes zu sein als das, wofür wir ihn hielten, so würden wir ihn sehen, und weder über sein vergangenes Leben noch über den lebendigen Menschen käme uns irgendeine Vermutung in den Sinn.

Ich komme nun von diesem Vergleich zu meiner eigentlichen Absicht und sage, entdecken und verstehen, was die lebendige Natur ist, was die Art, die Ursachen und Wirkungen, die Wege und Entwicklungen, das Ziel oder die Ziele, die Absichten, die Geschicke des Lebens der Natur oder der Dinge, was die wahre Bestimmung ihres Seins, was schließlich der Geist der Natur ist, das kann man nicht, sage ich, durch die bloße Kenntnis sozusagen ihres Körpers, der genauen, ins kleinste gehenden *materiellen* Analyse *auch* ihrer *moralischen* Teile; mit diesen Mitteln allein kann man weder erkennen noch verstehen, noch mit Erfolg oder auch nur mit Wahrscheinlichkeit mutmaßen. Mit Sicherheit läßt sich feststellen, daß die Natur, und wir meinen damit die Gesamtheit der Dinge, für eine poetische Wirkung zusammengesetzt, gebildet und geordnet wurde, oder sagen wir, sie ist angelegt und in ihrer Ordnung dazu bestimmt, eine allgemein poetische Wirkung hervorzubringen; und weitere besondere Wirkungen; in bezug auf das Ganze oder auf den einen oder anderen Teil. Nichts Poetisches ist in ihren Teilen zu entdecken, wenn man sie voneinander trennt und einen um den anderen untersucht im klaren Licht der exakten und geometrischen Vernunft: nichts Poetisches ist an ihren Mitteln, ihren inneren und äußeren Kräften und Antrieben, wird sie auf diese Weise zerlegt und betrachtet: nichts davon in der auseinandergenommenen und aufgelösten Natur, wenn sie gleichsam kalt, tot, blutleer, unbeweglich unter dem Seziermesser liegt oder in das Reagenzglas eines Metaphysikers filtriert ist, der kein anderes Mittel, kein anderes Instrument, keine andere Kraft oder Agens bei seinen Spekulationen, bei seinen Prüfungen und Untersuchungen, bei seinen Operationen oder, wie es heißt, Experimenten verwendet als die reine kalte Vernunft. Nichts Poetisches haben die reine einfache Vernunft und Mathematik jemals entdecken können und werden sie je entdekken. Denn alles Poetische wird mehr gefühlt als erkannt und verstanden, oder wir können sogar sagen, wenn man es fühlt, kann es erkannt und verstanden werden, und nicht anders kann es erkannt, entdeckt und verstanden werden, als daß man es fühlt. Aber die reine Vernunft und die Mathematik haben kein Sensorium. Es ist Sache der Vorstellung und der Empfindsamkeit, alle diese Dinge zu entdecken und zu verstehen; und sie können das, denn wir, denen diese Fähigkeiten innewohnen, sind auch Teil dieser Natur und dieser Gesamtheit, die wir untersuchen; und diese unsere Fähigkeiten allein sind in Einklang mit dem Poetischen in der Natur; die Vernunft ist es nicht; daher sind sie viel geeigneter und mächtiger beim Enträtseln der Natur als die Vernunft bei ihrer Entdeckung. Und demnach gebührt es nur der Vorstellung und dem Herzen zu fühlen und also zu verstehen, was poetisch ist, denn ihnen allein ist es möglich und steht es zu, in die großen Geheimnisse des Lebens einzudringen und sie zu durchdringen, in die allgemeinen und die besonderen Geschicke und Absichten der Natur. Sie allein können die Natur als Ganzes weniger unvollkommen betrachten, erkennen, erfassen und verstehen, ihre Art zu sein, zu wirken, zu leben, ihre allgemeinen und großen Ergebnisse und ihre Ziele. Bei ihren Äußerungen und Mutmaßungen zu diesen Dingen sind sie weniger Fehlern unterworfen, und sie allein sind fähig, bisweilen das Richtige zu treffen oder ihm nahezukommen. Sie allein sind imstande, ein philosophisches, metaphysisches, politisches System zu entwerfen, zu schaffen, auszugestalten und zu vollenden, in dem möglichst wenig falsch oder zumindest möglichst viel dem Wahren ähnlich und möglichst wenig absurd, abwegig und verrückt sei. Ihnen ist es zu danken, daß die Menschen in spekulativen Dingen und in vielen abstrakten Fragen übereinstimmen, nicht so sehr der Vernunft, im Gegenteil zu dem, was man erwarten sollte; denn ganz gewiß gehen die Meinungen der Menschen, wenn sie mit einfacher Vernunft zusammen sprechen und überlegen, meistens bis ins endlose auseinander, sie entfernen sich meilenweit voneinander und schlagen ganz verschiedene Wege ein; wohingegen in Gesprächen, die mit Gefühl und Vorstellung geführt werden, die Menschen, die unterschiedlichsten Klassen von Menschen, die Nationen, die Jahrhunderte recht oft und auf die Dauer gänzlich übereinstimmen, wie sich das an sehr vielen Entwürfen (Systemen) und auch an reinen Voraussagen gezeigt hat, die aus der Vorstellungskraft und dem Herzen kommend Gestalt annahmen und allein durch diese Herkunft legitimiert sind, allein in ihnen begründet sind, die immer von allen Völkern, oder fast allen, zu allen Zeiten gebilligt wurden, und sie werden von der Gesamtheit der Menschen, auch der heutigen, als unbestreitbare Wahrheiten angesehen, auch von klugen Leuten werden sie zumindest für wahrscheinlicher und allgemein annehmbarer gehalten als alles andere, was es in dieser Hinsicht gibt: das hat es wohl bei keiner Hypothese (allgemeiner oder besonderer Art, das heißt systembildend oder nicht usw.), beruhe sie auf reiner Vernunft oder bloß auf Vernünftelei, gegeben und wird es nicht geben. Letztendlich haben die Vorstellung und das Herz, ja selbst die Leidenschaften, die Vernunft lediglich durch ihr wirkungsvolles Eingreifen, die größten, allgemeinsten, erhabensten, tiefen, grundlegenden und wichtigsten philosophischen Wahrheiten, die es geben kann, entdeckt, gelehrt und bestätigt, und die größten, höchsten, verborgensten Geheimnisse, die man kennen kann, in der Natur und in den Dingen enthüllt oder erklärt, wie an anderer Stelle dargelegt (22. August 1823).

Oben Gesagtes wird durch die Beobachtung bestätigt, daß die tiefsten Philosophen, die scharfsinnigen Erforscher des Wahren mit dem weitesten Blickfeld, gerade auch bedeutend und einmalig gewesen sind durch ihre Vorstellung und ihr Herz, sie zeichneten sich durch entschieden poetisches Talent und Genie aus, auch lieferten sie dafür vorzügliche Beweise mit Schriften oder Taten oder Leiden im Leben, die aus Einbildung und

Empfindsamkeit entstehen, oder sie bewiesen es mit alledem zugleich. In der Antike war Platon der tiefste, umfassendste und erhabenste aller antiken Philosophen, der ein System zu entwerfen wagte, das die gesamte Existenz umfassen und der ganzen Natur Rechnung tragen sollte, in seinem Stil, in seinen Erfindungen usw., wie alle wissen, ein ebenso großer Dichter. Siehe Fabricius über Platon. Unter den neueren Philosophen Descartes, Pascal, der fast wahnsinnig wurde gegen Ende seines Lebens durch die Stärke der Phantasie; Rousseau, Madame de Staël usw. (23. August, beim Eintreffen der Nachricht vom Tod Papst Pius' VII. am 20. dieses Monats, 1823).

Ein Franzose, ein Engländer, ein Deutscher, der seinen Geist geschult hat und in der Lage ist zu denken, kann ohne weiteres schreiben. Er findet eine fertig ausgebildete, gefestigte und vollkommen moderne Nationalsprache vor, derer er sich, wenn er sie gelernt hat, nur bedienen muß. Seit Anbeginn ihrer Literaturen brauchte kein Schriftsteller auch nicht einer dieser Nationen sich jemals eine moderne Sprache zu bilden, d. h. eine, mit deren Hilfe er, wenn er modern schriebe, wie jeder es soll, seine Ideen in jeder beliebigen Gattung ausdrücken könnte. Seit Anbeginn ihrer Literaturen haben diese Nationen auch niemals aufgehört, die von ihnen hervorgebrachten Wissenschaften selbst weiterzuentwickeln; sie erfanden und schufen neue Fächer und Disziplinen und haben natürlich bei deren Entstehen die Sprache geschaffen und entwickelt, die ihnen angemessen war; oder wenn sie Fächer und Disziplinen aus dem Ausland übernahmen, die bis dahin diese Nationen noch nicht kannten und nicht behandelten, haben sie mit diesen Fächern und Disziplinen ohne Widerstreben einige, obzwar fremde Ausdrucksweisen und Vokabeln übernommen, die dazu gehörten, und die unerläßlich waren, wollte man diese betreiben. So hat es nie eine Zeit gegeben, in der die Schriftsteller dieser Völker, wenn sie schreiben wollten, nicht gewußt hätten, wie sie schreiben sollten; nie gab es eine Zeit, in der diese Völker keine moderne Nationalsprache besessen hätten für jede

Art Literatur und für jede beliebige wissenschaftliche Disziplin, mit der sie sich befaßten.
Ganz anders steht es heute in Italien. Da wir keine andere Literatur besitzen als die alte, und die Hochsprache als die zum Schreiben geeignete Sprache sich nie von der Literatur gelöst hat und alle ihre Entwicklungen mitmacht und Mängel aufweist und auf der Stelle tritt, wo auch diese Mängel aufweist und auf der Stelle tritt; so bei uns die Literatur stehengeblieben ist, ist auch die Sprache stehengeblieben, und wie von der Literatur muß man auch von der Hochsprache sagen, daß wir keine andere besitzen als die alte. Es sind nun mehr als hundertfünfzig Jahre, daß Italien nicht eine literarische Gattung weder schafft noch pflegt, denn in keiner einzigen Gattung hat das Land eigenständige Schriftsteller hervorgebracht in dieser Zeit, und die Schriftsteller, die es hervorgebracht hat, haben nie etwas anderes gemacht, als die alten zu kopieren, und machen nichts anderes, von ihnen kann man nicht sagen, sie kultivierten die Literatur, denn der kultiviert nicht sein Feld, der darauf hin und her geht und es immerfort angelegentlich betrachtet, aber alles beim alten läßt; und durch diese Schriftsteller ist keine einzige Gattung unserer Literatur auch nur teilweise vorangekommen oder besser geworden, ist keine einzige neue Gattung entstanden; unsere Literatur ist seit damals, was diese Schriftsteller betrifft, tatsächlich unverändert. Kann man da denn sagen, unsere Literatur ist kultiviert worden? Wir könnten sagen, sie ist ohne Erfolg kultiviert worden: das kommt auf dasselbe heraus.
In diesem Zeitraum sind die französische und die deutsche Literatur entstanden, hat sich die englische Literatur in ihren Anfängen herausgebildet und gefestigt. Diese drei Literaturen, kann man sagen, füllen mit allem, was sie sind und was sie umfassen, zeitlich die hundertfünfzig Jahre des Stillstands unserer Literatur aus. Der Niedergang und somit das Aufkommen von Trägheit und Untätigkeit in der italienischen Literatur waren gleichsam das Signal für die anderen, berühmteren Literaturen Europas, zu entstehen und in der Welt in Er-

scheinung zu treten. Sie sind entstanden und in kurzer Zeit vorangekommen und über die von uns erreichten Grenzen hinausgegangen, und der allgemeine Fortschritt der Literatur und des menschlichen Wissens ist in den letzten hundertfünfzig Jahren so schnell und so groß gewesen, daß er sozusagen dem gleichkommt, was in allen vergangenen Jahrhunderten geschaffen wurde bis hin zu der genannten Epoche. Das kann man insbesondere im Hinblick auf die Philosophie feststellen, die nach besagter Epoche neu entstanden ist, gänzlich neu, und die alle Philosophie vergangener Jahrhunderte zusammengenommen mehr als zwergenhaft erscheinen läßt. Sie ist die Wissenschaft, die Eigenart, das Eigentum der modernen Zeit geworden; sie lenkt, beherrscht, belebt, beseelt die gesamte moderne Literatur; sie ist ihr Gegenstand und ihr Vorwurf; letztlich ist sie heute alles in den Wissenschaften und in jeder beliebigen literarischen Gattung; oder sie fehlt gewißlich nirgends.

Bei diesen Vorgängen im allgemeinen und diesem Fortschritt der Literatur hat Italien, wie ich oben sagte, nichts für sich getan. Die etwas eigenständigen Schriftsteller, die das Land in dieser Zeit hervorgebracht hat, die es würdig sind, modern genannt zu werden, genügten nicht, weder an Originalität noch Zahl, ihm eine moderne Nationalsprache zu schaffen, wie sie gleichermaßen nicht genügend getan haben, daß es eine moderne Nationalliteratur bekommen hätte.

Und was die Sprache angeht, so hat ihr Unvermögen, eine eigene, moderne für Italien zu schaffen, hauptsächlich folgenden Grund. Da sie die Literatur in Italien unterbrochen vorfanden, sahen sie auch die Entwicklung der Hochsprache unterbrochen; erstere war alt, letztere auch. Mit einer alten Sprache kann man nicht gut moderne Dinge sagen, und so, wie es sich gehört, modern ausdrücken: noch war unsere Sprache gerade dafür gut geeignet, die neuen Kenntnisse auszudrücken, für so viele und große Neuheiten das Erforderliche bereitzustellen. Als sich bei uns nach und nach die Kunde von den ausländischen Literaturen und Wissenschaften verbreitete, waren es wenige Italiener, die, von den neuen

Kenntnissen angeregt, sich ein geistiges Kapital verschafften, damit sie mit etwas Eigenem dazu beitragen konnten; viel größer war die Zahl derer, die, angelockt von dem Neuen oder getrieben von irgendeinem anderen Motiv, sich entschlossen, ohne jedoch selbst etwas Eigenes schreiben zu können, die neuen Fächer, die neuen Literaturen und Disziplinen, wie es sich gehörte, in Italien einzuführen und zu verbreiten; die neue Philosophie, oder besser gesagt, die Philosophie ließen sie, weil die alte italienische Sprache dazu nicht ausreichte, gänzlich beiseite, und wie fachlich und gedanklich gingen sie auch in der Sprache bei den Ausländern zur Schule; von ihnen übernahmen sie die Dinge, um sie entweder einfach zu wiederholen oder sie auch mitunter zu bereichern und teilweise zu verbessern, von ihnen übernahmen sie auch Wörter und Wendungen und Formen für das Reden und Schreiben. Die eigentlichen Gelehrten, im Hinblick auf sie stand unser Volk fast zu keiner Zeit hinter einem anderen zurück, die jedoch immer wenig um die Sprache besorgt waren, übernahmen die Brauch gewordene Barbarei und die Sprache, die ihnen zur Hand war, und ihnen wäre es gleichgültig gewesen, eine beliebig andere, reine oder unreine Sprache zu gebrauchen, die sie fertig vorgefunden hätten und die allgemein gebräuchlich gewesen wäre, wie sie es immer gehalten hatten, hier und anderswo.

Wirklich traurig und schwierig war ihre Lage, aber schlechter war der Entschluß, den sie faßten. Die Lage war schwierig, denn so leicht es ist für eine Nation, seine Hochsprache zusammen mit der Literatur fortzuführen, so schwierig ist es, nachdem in der Literatur eine lange Unterbrechung eingetreten ist, wenn sie fast neu geschaffen werden muß, mit einer ihr angemessenen Sprache an die bereits veraltete nationale Hochsprache wieder anzuknüpfen, an eine Sprache, die zur Nationalliteratur gehörte, bevor diese gänzlich unterbrochen worden war.

In dieser Lage hatte sich vielleicht noch kein Volk befunden (außer dem spanischen heute, sofern es versuchen würde, seine fast erloschene Literatur wiederherzustellen). Aber genau das ist die Lage, in der sich heute Italien befindet.

Wir haben eine Sprache; sie ist zwar alt, aber sehr reich, sehr weit, sehr schön, sehr mächtig, alles in allem besitzt sie eine Fülle an Vorzügen jeder Art; denn wir haben eine Literatur, auch sie ist alt, aber weit, vielfältig, sehr schön, überreich an Gattungen und Schriftstellern, strahlend im Glanz ihrer Klassiker, sie bestand gut drei Jahrhunderte und länger, so daß im Vergleich zu dem Alter, in dem sie vernachlässigt wurde, das Alter der anderen heutigen Literaturen geradezu jugendlich ist. Aus diesen und noch mehr Gründen, die hier nicht ausgeführt werden können, übertrifft diese italienische Sprache, die wir vorgefunden haben, an Reichtum, Macht und Vielfalt alle modernen Sprachen, vielleicht außer der deutschen; an Schönheit steht sie über allen diesen Sprachen, ganz zweifellos ohne jede Ausnahme; an weiteren Vorzügen ist sie nicht nur diesen Sprachen überlegen, sondern den antiken desgleichen. So ist es um die italienische Sprache als solche innerlich bestellt. Aber sie ist alt; das ist etwas Äußerliches; und weil sie alt ist, genügt sie dem nicht, der über moderne Dinge auf moderne Weise schreiben will, und sie ist nicht dafür geeignet. Könnte vielleicht deshalb ein gesunder Mensch wollen oder zulassen, daß man eine solche Sprache wegwürfe und vergäße als gänzlich unnütz geworden, und daß Italien bei der Schaffung einer eigenen modernen Literatur zusammen mit ihr eine vollauf neue Sprache erhielte, wie es bisher gemacht wurde, die entweder von den Ausländern übernommen, auch das wurde gemacht, oder von Grund auf neu geschaffen wird, als hätte Italien fast gar keine, oder eine nur sehr unvollkommene, schwache, ärmliche und verächtliche Sprache in der Vergangenheit besessen.

Das ist doch gewiß äußerst absurd, wir sehen das an Beispielen, ebenfalls höchst schädlich; somit ist notwendig, offenkundig und gewiß, daß bei der Schaffung einer modernen Literatur für Italien seine alte Sprache doch nicht einfach verändert, auch nicht zerstört und neu geschaffen, sondern bei Bewahrung ihrer Grundlagen, ihres Charakters, ihrer Eigenart und aller ihrer

Vorzüge gemäß ihren besonderen eigenen Fähigkeiten wieder zu einer modernen Sprache gemacht werden muß, und zwar so, daß die moderne italienische Hochsprache recht eigentlich eine Fortführung, eine Nachfolge der alten, ja sogar dieselbe alte Sprache sei, die fortgesetzt wird, nicht minder als die französische Sprache der zweiten Hälfte des vergangenen Jahrhunderts und die heutige keine andere Sprachen sind als die der Zeit Ludwigs XIV., die nach und nach weiterentwickelt wurde.

Nun war das leicht für die Franzosen, denn ihre Literatur hatte zu keiner Zeit seit Ludwig eine Unterbrechung erfahren; demgemäß wurde ihre Sprache immer natürlich und mühelos fortgeführt, und in der Folge veränderte sie sich immer entsprechend den Zeitaltern, sie war zu jeder Zeit modern, doch eine in allen diesen Zeiten insgesamt gesehen. Wir müssen die Dinge erzwingen, den Tatbestand fast löschen und tilgen oder verheimlichen, uns also so verhalten, daß es den Anschein habe, was war, sei nicht gewesen, und die italienische Sprache scheine zu keiner Zeit unterbrochen gewesen, sondern sie habe sich ständig fortgebildet und gewandelt, bis sie zugehörig und passend und angemessen geworden ist dem heutigen Italien und seiner modernen Literatur.

Man bedenke also die äußerst großen Schwierigkeiten und Hindernisse, vor denen wir stehen, in welch bedrükkender Drangsal, in welch wahrhaft unglücklicher Lage heute der Italiener ist, so er danach strebt, ein klassischer Schriftsteller zu sein, der also originell denken, zeitgemäße Dinge in zeitgemäßer Form sagen und die Sprache vollkommen beherrschen will, denn nur zu diesen Bedingungen, von denen nicht eine unerfüllt bleiben darf, besteht zu Recht Anspruch und mit Grund Hoffnung auf literarische Unsterblichkeit. (Die, nebenbei gesagt, recht selten oder niemandem mit Werken zuteil wurde, die er nicht in der eigenen Sprache verfaßte; wenn wir, weil uns die Schwierigkeiten abschrecken, die ich genannt habe und noch nennen werde, französisch schreiben wollten statt italienisch.)

Gewiß ist es etwas Schlechtes, wenn die Beschäftigung mit der Literatur unterbrochen wird, wo immer das geschieht, wegen tausenderlei Schädigungen, und weil zusammen mit der Literatur die Hochsprache veraltet. Dergestalt, daß es ein sehr großes Hindernis und Hemmnis ist, wenn beim Wiederaufleben der Literatur eine angemessene Sprache fehlt, damit sie wachsen und sich ausbilden kann, und viel Zeit und Fleiß aufgewendet werden müssen, um ihr diese zu verschaffen. Wie lange wurde der Fortschritt des menschlichen Geistes (nicht nur bei einer Nation, sondern in ganz Europa) nach dem Wiederaufleben der Studien durch das Fehlen eigener Sprachen für die neuen Literaturen wohl aufgehalten? Diese fehlten aus keinem anderen Grunde als der lang anhaltenden Unterbrechung in der Literatur Europas. Denn die lateinische Sprache wäre weiter gesprochen worden und den Europäern geblieben, wenn die lateinische Literatur fortbestanden hätte. Gewiß hätte sie sich immer verändert im Laufe der Zeit, so daß sie heute anders sein würde als das alte Latein; aber es wäre doch lateinische Sprache; und in Europa würde lateinisch gesprochen und geschrieben als eigene, als moderne, als unserer Zeit angemessene Sprache (in der Tat würde es das sein); und der menschliche Geist wäre weiter, als er heute ist, weil die Zeit für die Pflege von Wissenschaft und Literatur verwendet worden wäre, die aufgebracht werden mußte, um für diese und auch für Sitten und Gebräuche der modernen Jahrhunderte geeignete Sprachen herauszubilden. Das verhindern und vermeiden wollten die ersten Förderer der wiedererweckten Wissenschaft, und sie beharrten darauf, lateinisch schreiben zu wollen; aber das Latein war eine alte Sprache, und in einer alten Sprache wird man weder moderne Dinge schreiben noch sie modern schreiben können. Sehr geschadet hat dieses Beharren dem Fortschritt des aufklärerischen Wissens sowie der Kultur und Bildung des modernen nationalen Geistes. Er würde sich nie herausgebildet haben, wenn sich nicht die modernen Sprachen an Stelle des Latein durchgesetzt und behauptet hätten. Denn es hat sich im Gegenteil gezeigt, daß diese sich nicht eher herausbildeten und festigten als der moderne nationale Geist Bestand und eine gewisse Form und eigene Gestalt angenommen hatte, erst in Italien, dann in Spanien, danach in Frankreich und England, schließlich in Deutschland, das als letztes unter diesen Ländern vom Gebrauch des Latein als literarische Hochsprache abließ und es durch die Nationalsprache ersetzte. Dieses Beispiel Europas muß auf den Fall des heutigen Italien übertragen, mit ihm verglichen werden, um daraus bestimmt sehr wahrscheinliche und zuverlässige Rückschlüsse für die künftige Entwicklung unserer heutigen Zustände zu ziehen (1.–2. September 1823).

Übrigens, aus den hier angestellten Betrachtungen über die Notwendigkeit, daß Europa und der menschliche Geist wieder Hochsprachen bekamen, damit sie in den Sitten, in Wissenschaft, Literatur und Philosophie voranschreiten konnten nach dem Wiederaufleben der Studien; und darüber, welch großer Schaden und welche Verzögerung die wiedergeborene Kultur erlitt durch den erneuten ausschließlichen Gebrauch des Latein als Hochsprache; und welch noch größeren Schaden und welchen Verzug ihr die Beibehaltung dieses Gebrauchs zugefügt hätte, aus all dem wird deutlicher denn je, wieviel nicht nur die italienische Sprache, das wird gewöhnlich gepredigt, sondern die Nation selbst, ganz Europa und der menschliche Geist Dante verdanken. Denn Dante war absolut der erste in Europa, der (entgegen Brauch und Gefühl aller seiner Zeitgenossen und vieler Nachfahren, die ihn deshalb tadelten: siehe Perticari; *Apologia*, Kap. 34[26]) es wagte, ein klassisches Werk der Literatur in moderner Volkssprache zu entwerfen und zu schreiben und so eine moderne Volkssprache in den Rang einer Hochsprache zu erheben, an Stelle der lateinischen Sprache oder zumindest mit ihr zusammen, die bis dahin von allen, und lange danach von nicht wenigen, als allein dieses Ranges würdig angesehen worden war und wurde. Dieses klassische Werk war nicht nur poetisch, sondern es umfaßte, wie die Poeme Homers, entschieden das ganze Wissen jener Zeit, in Theologie,

Philosophie, Politik, Geschichte, Mythologie usw. Und klassisch wurde es nicht nur für jene Zeit, sondern für alle Zeiten als eines der Hauptwerke; nicht nur im Hinblick auf Italien, sondern auf alle Nationen und Literaturen. Ohne ein solches Beispiel und Wagnis, und wenn es ihm nicht so glücklich und glänzend gelungen wäre, oder wenn das Werk in seinem Stoff weniger universal, sozusagen jeder Art Literatur und Lehre weniger zugehörig gewesen wäre, dann, zumindest steht das außer jedem Zweifel, hätten sowohl Italien als auch die anderen Nationen weitaus länger gezögert, als sie es taten, die eigenen modernen Sprachen in den Rang von Hochsprachen zu erheben und sich somit eigene moderne und zeitgemäße Literaturen zu schaffen, wie auch den klar umrissenen, besonderen modernen nationalen Geist und Charakter. Dante gab das Beispiel, er öffnete und bahnte den Weg, zeigte das Ziel, machte mit seinem Wagnis und seinem Erfolg den Italienern Mut: Italien den anderen Völkern. Das ist unbestreitbar. Noch war Dantes Tat zufällig, unbeeinflußt von Vernunft und Überlegung, einer tiefen Überlegung. Entschieden wollte er durch eine moderne Hochsprache die lateinische Sprache ersetzen, denn seiner Meinung nach erforderten das die Zeitumstände und die Natur der Dinge; und er wollte entschieden die lateinische Sprache, als nicht mehr in die Zeit passend, aus dem Gebrauch der Literaten, der Gelehrten, der Gesetzgeber, der Notare usw. verbannt sehen. Dantes Tat kam aus Absicht und als Auftrag und zielte auf einen Zweck; und die Absicht, der Auftrag und der Zweck waren die (gleichermaßen in der Wahl und im Gebrauch der Mittel) eines sehr scharfsinnigen, sehr tiefen und sehr weisen Philosophen. Siehe Perticari an der zitierten Stelle (2. September 1823).

Es ist so verwunderlich wie wahr, daß die Dichtkunst, die ihrer Natur und Eigenart nach das Schöne sucht, und die Philosophie, die im wesentlichen das Wahre sucht, also genau das Gegenteil vom Schönen, aneinandergrenzende Fähigkeiten sind, so daß der wahre Dichter immer sehr geneigt ist, ein großer Philosoph zu sein, und der wahre Philosoph ein großer Dichter, ja, weder der eine noch der andere kann auf seinem Gebiet weder vollkommen noch groß sein, wenn er nicht über das übliche Maß hinaus an dem anderen Gebiet teilhat, was das ursprüngliche Wesen des Talents, die natürliche Veranlagung und die Vorstellungskraft anbelangt. Darüber habe ich an anderer Stelle gesprochen. Die großen Wahrheiten, hauptsächlich im Abstrakten, Metaphysischen, Psychologischen usw., werden nur durch eine Art Begeisterung der Vernunft entdeckt, und nur von dem, der dieser Begeisterung fähig ist. (Außer sie würden nach und nach entdeckt, mehr durch die Zeit und die Jahrhunderte als von den Menschen, dergestalt, daß, was oft vorkommt, keinem im besonderen zugeschrieben werden kann, sie gefunden zu haben.) Dichtkunst und Philosophie sind beide gleichermaßen fast die Höhepunkte des menschlichen Geistes, die vornehmsten und schwierigsten Fähigkeiten, derer sich menschliches Talent befleißigen kann. Dessenungeachtet und obwohl eine von ihnen, nämlich die Dichtkunst, wahrhaftig die gewinnbringendste aller Fähigkeiten ist, sind die Dichtkunst wie die Philosophie gleichermaßen die unglücklichsten und verachtetsten aller geistigen Fähigkeiten. Alle anderen geben Brot, viele von ihnen bringen Ehre ein, auch zu Lebzeiten, sie erschließen den Zugang zu Würden usw.: alle anderen, sage ich, außer diesen, von denen nichts anderes zu erhoffen ist als Ruhm, und erst nach dem Tode. *Arm und nackt bist du, Philosophie.*[27] Von dem alltäglichen Los der Dichter im Leben gar nicht zu sprechen. Wer sich vorstellt als Arzt, als Gesetzeskundiger, als Mathematiker, als Landmesser, als Brunnenbauer, als Philologe, als Altertumsforscher, als Sprachwissenschaftler, als auch nur einer Sprache kundig; desgleichen der Maler und der Bildhauer, der Architekt, der Musiker, nicht nur der Komponist, sondern auch der Interpret, sie werden in der Gesellschaft mit Vergnügen empfangen, in der Konversation und im gesellschaftlichen Leben mit Achtung behandelt, sie sind sogar gesucht, geehrt, werden eingeladen, und, was mehr bedeu-

tet, sie werden ausgezeichnet, reich, und in Amt und Würden erhoben. Wer sich nur als Dichter und Philosoph vorstellt, sei er es auch wirklich und im höchsten Maße, findet niemanden, der große Stücke auf ihn hielte, er erreicht nicht einmal, daß andere ihn mit einiger Achtung ansprechen. Der Grund ist wohl, daß alle meinen, sie seien Philosophen, und hätten, was man braucht, um Dichter zu sein, wenn sie nur zu Werke gehen wollten, oder sie könnten es sehr leicht erwerben und anwenden. Wohingegen, wer kein Mathematiker, Maler, Musiker usw. ist, auch nicht glaubt, es zu sein, und er sieht jene, die es sind, als ihm und den gewöhnlichen Menschen in dieser Hinsicht überlegen an. Die Geistesgröße, von der die poetische und philosophische Fähigkeit hauptsächlich abhängt und ausgeht, wird nicht mit der Handspanne gemessen, wie das, was gebraucht wird, um Arzt oder Landmesser zu sein. So kommt es, daß alle glauben, zu besitzen, was am seltensten bei den Menschen ist. So ist das nun, alle glauben, die beiden vornehmsten, schwierigsten und seltensten, sogar außergewöhnlichen Fähigkeiten, die Dichtkunst und die Philosophie, zu besitzen oder sie nach Belieben erwerben zu können. Zudem kann das Genie nur vom Genie beurteilt und auch gefühlt werden, erkannt, *aperçu*[28]. Weil es fast allen abgeht, fühlen sie nicht und merken sie auch nicht, wenn es ihnen begegnet. Der Genuß an den Werken der Dichtkunst und der Philosophie ist den wahren Dichtern und den wahren Philosophen vorbehalten, und nur sie können einigermaßen deren Wert ermessen, im Unterschied zu den Werken auf anderen Gebieten.
Und hier sehe man die Verschiedenheit der antiken von der modernen Zeit. Denn bei den Menschen der Antike nahmen die Philosophen, hauptsächlich die Dichter, unbestritten den ersten Platz ein, wenn nicht der Stellung nach (viele Philosophen nahmen ihn auch der Stellung nach ein, wie Pythagoras, Empedokles, Archit, Solon, Lykurg und andere von den ältesten, die Herren der jeweiligen Republiken waren), so bestimmt in der öffentlichen Wertschätzung, nicht nur nach dem Tod, sondern zu Lebzeiten. Und doch waren es damals viel mehr als

heutzutage, die Dichter sein konnten, denn die Einbildungskraft war die Gebieterin der Menschen; und die schwache Philosophie jener Zeit machte keinen großen Unterschied zwischen Philosophen und dem gewöhnlichen Volk, noch gehörte viel dazu, in ihre Erkenntnisse einzudringen und in ihnen auf der Höhe zu sein. – Usw. usf. (8. September, Geburtstag der allerheiligsten Jungfrau Maria, 1823).

Viele heutige Italiener, die den ganzen Wert der Dichtkunst, sogar die Dichtkunst selbst, im Stil erblicken, und die Neuheit von Gedanken, Bildern, Gefühlen gänzlich verachten, sogar nicht einmal wahrnehmen, und die, obwohl sie weder Gedanken noch Bilder, noch Gefühle haben, sich allemal hinsichtlich ihres Stils für Dichter, und für vollendete klassische Dichter halten: sie würden vielleicht sehr überrascht sein, wenn man ihnen sagte, daß nicht nur kein Dichter ist, wer nicht reich ist an Bildern, Gefühlen, Gedanken, was sie, offen oder unausgesprochen, leugnen würden; sondern daß jemand, der nicht ersinnen, denken, fühlen, erfinden kann, keinen guten poetischen Stil haben, noch sich diese Kunst aneignen und sie anwenden, sie auch weder in eigenen noch in fremden Werken beurteilen kann; daß die Kunst, die Fähigkeit und der Gebrauch der Vorstellung und der Erfindungsgabe ebenso unverzichtbar sind für den poetischen Stil, oder vielleicht noch mehr, wie für das Finden, die Auswahl und die Einteilung des Stoffs, wie für die Sentenzen und alle anderen Teile der Dichtung. Deshalb könnte im Stil niemals der ein Dichter sein, wer nicht in allem übrigen Dichter ist, und nie könnte der einen wirklichen poetischen Stil haben, wer nicht zu Gefühl zu Gedanken zu Phantasie, zu Erfindung, kurzum zu Originalität beim Schreiben fähig ist, oder zwar die Fähigkeit besitzt, doch nicht die Gewohnheit (9. September 1823).

Der Dichter muß zeigen, daß er ein ernsthafteres Ziel hat, als etwas ins Bild zu setzen und zu beschreiben. Und sei das auch seine Hauptabsicht, er muß sie auf eine

Art verfolgen, als ginge sie ihn nichts an, und sich den Anschein geben, er verfolge sie nicht, sondern ziele auf schwerwiegende Dinge ab; aber er muß indes beschreiben und in seine Dichtung die Bilder als etwas für ihn nicht so Wichtiges einfügen, was ihm von selbst aus der Feder fließe; und sozusagen Bilder beschreiben und einfügen mit Eindringlichkeit, mit Ernsthaftigkeit, ohne dabei Genugtuung oder besonderen Eifer zur Schau zu stellen, ohne zu denken und zu trachten, der Leser solle darauf achtgeben. So machen es Homer und Vergil und Dante, die überquellen von lebhaftesten Bildern und Beschreibungen, und doch nicht zeigen, sich dessen bewußt zu sein, sondern sie geben sich den Anschein, ein sehr viel ernsthafteres Ziel zu haben, das ihnen allein am Herzen liege und an dem sie sich unentwegt *festinent*[29], nämlich die Erzählung der Handlungen und ihr *Geschehen* oder ihr Ablauf. Das Gegenteil macht Ovid, der nicht vortäuscht, auch nicht verbirgt, sondern zeigt und sozusagen bekennt, was er ist; das bedeutet also, daß er keine größere und auch keine ernstere Absicht hat, sogar auf nichts anderes abzielt, als zu beschreiben und Bilder und kleine Gemälde anzuregen und auszustreuen und fortwährend abzubilden und darzustellen (20. September 1823).

Bei den griechischen Tragödiendichtern (wie bei den anderen antiken Dichtern und Schriftstellern) finden sich nicht diese Kleinigkeiten, diese eingehende und bestimmte Beschreibung und Entwicklung der Leidenschaften und Charaktere, die zu modernen Dramen gehören (wie zu anderen Dichtungen und Kompositionen), nicht nur, weil die antiken Schriftsteller weit hinter den modernen in der Kenntnis des menschlichen Herzens zurückstanden, was alle wissen, sondern weil die antiken dem Detail weder großen Wert beimaßen noch sich darum kümmerten, sie verachteten es im Gegenteil und vermieden es, und sosehr Genauigkeit und Kleinlichkeit den antiken abgingen, sind sie den modernen Schriftstellern eigen und für sie charakteristisch. Wie und aus welchen Gründen habe ich an anderer Stelle erklärt.

Außerdem wollen die modernen Schriftsteller in den Dramen Interesse erwecken, indem sie eine Beziehung herstellen zwischen den Gestalten und den Lesern und Zuhörern, indem sie die Leser sich selbst, das eigene Herz, die eigenen Gefühle, die eigenen Gedanken, das eigene Unglück, die eigenen Geschicke, die eigenen Umstände, die eigenen Empfindungen in den Gestalten des Dramas erkennen und betrachten lassen, in deren Herzen, deren Gefühlen, Geschicken usw., fast wie in einem sehr klaren Spiegel. Man kann sicher sein, daß die griechischen Tragödiendichter, hauptsächlich die älteren, eine ganz andere Absicht hatten, in gewissem Sinne eine entgegengesetzte. Eine solche Wirkung wäre zu schwach, weich, innerlich, verborgen, fein gewesen, als daß die ganz alten Dichter sie hätten beabsichtigen und ihre Zuhörer sie hätten empfinden oder, wurde sie empfunden, an ihr Gefallen finden können. Was die Zuschauer vom Drama erwarteten und die Dichter ihm als Ziel stellten, waren weit stärkere, anfeuernde Wirkungen, mehr *éclatants*[30], viel stolzere, kraftvollere Empfindungen, mehr *prononcées*[31]; weitaus größere Eindrücke, zugleich weniger innerlich-geistige, sondern mehr äußerlich-materielle; entsprechend der Natur weniger zivilisierter Völker und Zeiten. Die griechischen Tragödiendichter suchten das Außergewöhnliche und das Wunderbare in den unglücklichen Geschicken und Leidenschaften, fast wie es heute Lord Byron macht (mit viel größerer Kenntnis jedoch von beiden): ganz das Gegenteil von dem, was gebraucht wurde, um sie mit denen der Zuhörer und ihrem Verständnis in Beziehung zu setzen und in Übereinstimmung zu bringen. Furchtbare und einmalige Geschicke und Schicksale, grausame Verbrechen, einzigartige Charaktere, widernatürliche Leidenschaften waren die Lieblingsstoffe der griechischen Tragödiendichter. Das war gewiß auch ihre Absicht, obwohl die Auswahl die Erfindung die Vorstellung nicht immer voll übereinstimmen sollte mit der Absicht, manchmal mehr, manchmal weniger, bei einem mehr, beim anderen minder. Aber allgemein gesagt, und ich wiederhole, vor allem die älteren griechischen Tragödiendichter suchten oder liebten vorzüglich das Übermenschliche der Laster und der Tugenden, der Schuld und der guten und mutigen Taten, der Geschicke, der Schicksale: genau im Gegensatz zu den modernen Tragödiendichtern, die in all dem so viel, wie sie nur können, Menschliches suchen. So wandten sich jene meist dem Fabelhaften zu, entsprechend also die Ausstattung der Szene und der Schauspieler; also nicht nur der Stoff, sondern auch die Art, ihn zu behandeln, das Drama ablaufen zu lassen, die Verwicklungen herbeizuführen und zu lösen, mußten dem Ziel des Dichters und des Publikums entsprechen, dieses wollte eine ganz lebhafte, ganz poetische usw. Empfindung erhalten, und jener wollte sie erzeugen; auch die Episoden mußten also dem Charakter dieses Zwecks und dieses Dramas entsprechen, also wurden die Furien eingeführt im Theater (in den *Eumeniden* von Aischylos), die Frühgeburten bei den Frauen auslösten und die Kinder erstarren ließen (siehe Fabricius, Barthelemy usw.); deshalb also waren die Stoffe zumeist weit weg von den Zuschauern in Zeit oder Ort, in den Kostümen usw., obwohl den griechischen Tragödiendichtern sich so viele Stoffe anboten nicht nur aus der nationalen Geschichte, auch aus der Geschichte der Vorfahren, nicht nur aus ihr, sondern auch aus der zeitgenössischen usw.; daher also die Unwahrscheinlichkeiten jeder Art, die Sprünge, die Improvisationen (die wirklich weniger kunstvoll, einfallsreich usw. sind, als sie moderne Schriftsteller machen würden, und die es in modernen Dramen und Romanhandlungen nicht gibt), das sehr häufige Eingreifen der Götter und Halbgötter usw. usf. Die modernen Dramatiker und die anderen Dichter, ebenso die Romanschriftsteller, beabsichtigen, auf das Herz zu wirken, die antiken Tragödiendichter aber, nicht anders als die anderen Schriftsteller der Antike, auf die Vorstellung. Diese Beobachtung, die unbestreitbar ist, reicht aus, um sich ein Urteil zu bilden, wie wesentlich sich die Charaktere im antiken und im modernen Drama voneinander unterscheiden müssen, nach welch unterschiedlichen Kanons das eine und das andere beurteilt werden muß, wie absurd es ist, künstlerisch usw. den Vergleich anzustellen zwischen den modernen dramatischen Dichtungen und den antiken, fast als gehörten sie ein und derselben Gattung an, was gänzlich falsch ist. Die antiken Tragödiendichter wollten einzig und allein den Zuschauern die Vorstellung von einem feuerspeienden Vulkan vor Augen führen oder ein anderes schreckliches Phänomen oder Naturschauspiel, das mit denen, die es sehen, nichts zu tun hat. So stellten sie die unglücklichen Schicksale, die Schuld, die Leidenschaften, die schändlichen Taten wie schreckenerregende Meteore dar, damit die Zuschauer sie ohne Gefahr, Schaden zu nehmen, betrachten könnten und den Genuß des Wunderbaren empfänden und des Entsetzlichen, das machtlos ist zu schaden, ohne jedoch eine Entsprechung oder Ähnlichkeit zwischen diesen unglücklichen Geschicken usw. und den eigenen zu finden oder finden zu müssen, und mit denen ihnen bekannter Personen, nicht einmal ihnen ähnlicher, und mit Individuen ihrer Art.

Diesen Betrachtungen ist zu entnehmen, aus welchen Gründen in den antiken Tragödien nicht diese Details diese Abstufungen diese Genauigkeit in der Zeichnung der Entwicklung und dem Gebaren der Leidenschaften und Charaktere zu finden sind, wie in den modernen, nicht einmal etwas Ähnliches oder Gleichartiges; und wie vergeblich es wäre, danach zu suchen, mehr noch, sich anzumaßen, etwas Derartiges zu finden.

Diese Betrachtungen können zum Teil auch für die antiken Komödien gelten, hauptsächlich für die anfangs in Athen übliche, die dann zutreffenderweise alte, *άϱχαία*[32], genannt wurde. Nicht einmal sie zielte darauf ab, die Gestalten in Beziehung zu den Zuschauern zu setzen, es sei denn zu einigen insbesonders, die ausdrücklich als Karikaturen dargestellt wurden. Sie hatte noch zum Ziel, auf die Vorstellung zu wirken, eine der modernen Komödie durchaus fremde Absicht, wie auch der in Griechenland als neue, *νέα*[33], oder als zweite, *δευτέϱα*[34], Komödie bezeichneten, die Gattung des Terenz, des Übersetzers von Menander, der darin Meister war. In der *antiken* Komödie also die seltsamen, unnatürlichen, poetischen, phantastischen Erfindungen; die allegorischen Gestalten, wie der Reichtum usw.; die Frösche, Wolken, Vögel; die Unwahrscheinlichkeiten, Verstiegenheiten, die Götter, Wunder usw. Die antiken Komödien hatten eigentlich keine Handlungen (*δράματα*[35], sondern waren phantasievolle Satiren, die dramatisiert oder in Dialogform gebracht worden waren; wie die von Lukian, die mit den *antiken* Komödien in allem übereinstimmten, außer in der Länge, der Anzahl von Personen und anderem, keine Eigenschaften, sondern äußerliche, zufällige, willkürliche usw. Umstände, die nicht das Wesen der Gattung berühren (20. September 1823, am Vorabend der allerheiligsten Maria, der Schmerzensreichen).

Eine ständig frische und tätige Vorstellung wird gebraucht, damit es möglich ist, *saisir* die Beziehungen, Berührungspunkte, Ähnlichkeiten usw. usf., wirkliche und scheinbare, poetische usw. zwischen den Gegenständen und Dingen, um diese Beziehungen zu entdecken oder zu erfinden usw., was ständig getan werden muß, will man metaphorisch und bildhaft sprechen, und damit diese Metaphern und Bilder, und die Art zu sprechen, etwas Neues, Originales und dem Verfasser Eigenes haben. Abgesehen von Vergleichen: für eine neue Metapher, sei sie auch nur in einem Wort enthalten, wird, wie gesagt, Einbildungs- und Erfindungskraft benötigt. Aus diesen Metaphern und Bildern muß nun aber der ganze Stil des Dichters bestehen, seine gesamte Ausdrucksweise der Gedanken. Ständige, immer lebendige Vorstellung, die immer dem Dichter die Dinge vor Augen stellt und sie ihm wie gegenwärtig zeigt, wird gebraucht, um Gegenstände Handlungen Ideen usw. benennen zu können durch ein oder zwei ganz geringfügige, ganz flüchtige, ganz unauffällige, bei anderen Dichtern am seltensten gebräuchliche Umstände, Eigenschaften oder Details, die am wirkungsvollsten zur Darstellung des Gesamtbildes dienen können, die an und für sich am geeignetsten und wirksamsten oder durch ihre Neuheit und Ungewöhnlichkeit bemerkenswert und ausdrucksvoll sind oder durch ihre Verwendung und den von ihnen gemachten Gebrauch usw., am besten geeignet, sage ich, die Idee zu benennen, die ausgedrückt werden soll, sie lebendig darzustellen, sie wirkungsvoll wachzurufen usw. Das ist häufig die Ausdrucksweise, oder besser gesagt, das sind die Ausdrucksmittel und die Art, die Dinge darzustellen und Bilder usw. neu oder von neuem, dank der Neuheit dieser Art usw. usf., wachzurufen, die von Vergil gebraucht wurden, und vor allem, als Eigenheit sogar, als charakteristische Merkmale seines Stils und seiner Dichtung, von Dante usw. Das alles wird gebraucht für einen Stil, wie ihn Vergil geschrieben hat (mehr oder weniger auch für andere Stile: aber Vergils Stil ist als solcher, genaugenommen, der poetischste von allen, die bekannt sind, und vielleicht das Nonplusultra des Dichterischen); und dies sind tatsächlich die Mittel, die er verwendet, und die Wirkungen, die er erzielt. Nun kann man sich aber solcher Mittel nicht bedienen und auch solche Wirkungen nicht erzeugen (mit anderen Stilmitteln sind sie nicht zu erreichen) ohne eine beständige ununterbrochene Tätigkeit, Lebhaftigkeit und Frische der Vorstellung. Immer wenn sie stockt, stockt auch der Stil, sei auch, was in ihm behandelt und ausgedrückt wird, höchst phantasievoll und poetisch als Erfindung und in der Beschaffenheit. Poetisch wird sein, was dargestellt ist, der Stil nicht; und die Wirkung würde schlechter sein, wäre es auch unpoetisch; wegen des Gegensatzes und der Unstimmigkeit, die desto größer sein werden, je phantasievoller und poetischer das Dargestellte und die Erfindung sind (17. Oktober 1823).

An erste Stelle unter den Gründen, aus denen uns (und auch den Spaniern) eine eigene moderne Sprache und Literatur fehlt, muß man die politische und militärische Nullität setzen, in die Italien, ebenso wie Spanien, seit dem 17. Jahrhundert zurückgefallen ist, gerade in dieser Epoche begannen der Verfall und das Verlöschen der eigenen Sprachen und Literaturen Italiens und Spaniens. In dieser Nichtigkeit kann sowohl einer der Gründe für die genannte Erscheinung gesehen werden als auch der Hauptgrund. Einer der Gründe insofern, als es dazu gekommen ist, daß uns heute eigene moderne politische und militärische Ausdrücke im Italienischen und Spanischen gänzlich fehlen, weil die Italiener und Spanier seit dem 17. Jahrhundert keine eigenen politischen Angelegenheiten und kein eigenes Militärwesen haben. Seit dem Untergang des Römischen Reiches ist Italien geknechtet, weil es geteilt ist; doch das ganze 16. Jahrhundert hindurch hat es eigenes italienisches Militär gegeben, und die italienischen Höfe und Republiken haben selbst gehandelt, obwohl sie klein und schwach waren. Die Regierung befand sich in den Händen von Italienern, es gab eine viel größere Zahl von italienischen Dynastien als später und als heute. Trotz des Einflusses und der Vorherrschaft ausländischer Regierungen und Heere handelten die italienischen, denn das waren sie noch, Regierungen und Heere dennoch selbständig und betrieben ihre Angelegenheiten. Sie selbst waren es, die sich den Ausländern überließen, einmal diesen, dann jenen, die sie riefen, die sie verjagten, oder denen sie halfen, es zu tun, die sich mit den Ausländern verbündeten oder gegen sie mit anderen Ausländern, oder mit anderen Italienern gegen oder für andere Italiener. Die Freundschaft der italienischen Regierungen, selbst der kleinsten, auch der einzelnen Städte, stand in Ansehen bei den Ausländern und war begehrt, und die Feindschaft war gefürchtet; und jedenfalls waren die italienischen Regierungen und Stadtstaaten damals Freund oder Feind dieser oder jener fremden Macht. Die Italiener traten bei den ausländischen Höfen, oder an ihnen, in eigener Angelegenheit auf und die Ausländer an den italienischen. So kommt es, daß wir damals in Hülle und Fülle politische und militärische Ausdrücke besaßen; die Hülle und Fülle war bei uns noch größer als bei den anderen Völkern, weil die Politik und das Militärwesen bei uns zu Kunst und Wissenschaft geworden waren und bei den anderen nicht. Bei den Geschichtsschreibern, den Fachautoren von Politik und Militärwesen oder von anderen dazugehörigen Gebieten und allgemein bei den italienischen Schriftstellern vor dem 17. Jahrhundert wird man nie irgendeine Schwierigkeit finden, etwas betreffs öffentlicher Angelegenheiten, öffentlicher Wirtschaft, Diplomatie, Verhandlungen, Politik und jedes beliebigen Gebiets der Kriegskunst auszudrücken; nie Armut; und nie wird man sie zu fremden Wörtern, oder die dafür gehalten werden könnten, Zuflucht nehmen sehen: im Gegenteil, man sieht, wie frei sie sich auf diesen Gebieten ausdrücken, wie überaus reich, verschwenderisch und genau sie sogar mit Fachausdrücken für jede Sache und für jeden Teil von ihr versehen sind, auch mit mehreren fachlichen Bezeichnungen für eine jede, alles rein italienische Wörter, so italienisch, wie jetzt die französischen sind, derer sich die Franzosen und wir und noch andere auf diesen Gebieten bedienen; und man sieht wohl, daß diese Ausdrücke und diese Bezeichnungen nicht von den Schriftstellern erfunden worden waren, nicht ihrem Talent zu verdanken sind, sondern dem Gebrauch der damaligen Redeweise, und daß sie bei uns (nicht wenige auch im Ausland) ganz gebräuchlich und bekannt waren, eine genaue und bestimmte Bedeutung besaßen. Der größte Teil von ihnen, nachdem sie im 17. Jahrhundert im Sprechen außer Gebrauch gekommen waren, kamen es dementsprechend auch in der Schrift und sind es geblieben, dergestalt, daß wir dieselben Dinge, die wir zu jener Zeit mit rein italienischen, noch dazu mit mehreren Wörtern, ganz klar und allen verständlich bezeichneten, jetzt tatsächlich nur mit ausländischen Ausdrücken bezeichnen können, und wenn sie uns fehlen oder zu fremd sind, um eingeführt werden zu können, oder wenn sie noch nicht eingeführt wurden, können wir diese Dinge in keiner Weise bezeichnen. Sehr viele dieser Ausdrücke würden, sollten sie gebraucht werden, auch heute bei uns ihrem Sinn nach, so wie damals, voll und ganz verständlich sein und keine Unklarheit schaffen. Sehr viele würden jedoch unklar bleiben, wollte man die jetzt gebräuchlichen Fremdwörter durch sie ersetzen, teils weil man sich an die anderen Bezeichnungen gewöhnt hat, teils weil ihr Sinn nicht mehr so klar verständlich wäre wie damals. Ähnliches trifft auch auf viele Ausdrücke zu, mit denen wir Dinge bezeichnen könnten, für die wir nicht einmal Fremdwörter haben, oder es gibt auch keine für sie, oder sie sind nicht zu uns gedrungen. Sehr viele militärische, zivile und politische Bezeichnungen aus unserem Trecento[37], selbst aus dem Cinquecento[38], können wir heute, obwohl sie jetzt allbekannte, ganz gewöhnliche Dinge bezeichnen, wenn wir sie bei den alten Schriftstellern lesen, entweder nicht verstehen oder nur mit Mühe, und wir merken nicht, es sei denn mit viel Scharfsinn und Aufmerksamkeit, oder nur unzulänglich, was wir heute in diesen Fällen an Entsprechendem allgemein gebrauchen. Überdies widerfährt uns solche Unsicherheit nicht selten bei Ausdrücken, die Dinge bezeichnen, die heute nicht mehr gebräuchlich sind, und oft passiert uns das bei diesem mehr als bei den anderen. So kommt es, daß unser Volk, weil Italien die politischen Angelegenheiten und das Militärwesen seit dem 17. Jahrhundert fehlen, keine eigene moderne Sprache hatte, nicht hat und nicht haben kann, um die politischen und militärischen Dinge zu bezeichnen, nicht, weil es sie niemals gehabt hätte, es hatte sie im Gegenteil, hat sie aber verloren, und ihm ist keine andere geblieben als die alte. Und verhältnismäßig dasselbe läßt sich im Vergleich zu Spanien sagen (10./11. November 1823).

Keine andere Poesie als die melancholische ist unserer Zeit eigen, auch kein anderer poetischer Klang, was immer der Gegenstand sei. Wenn es heute einen wahren Dichter gibt, wenn dieser eine wirklich poetische Inspiration verspürt und für sich dichtet oder über einen Gegenstand zu schreiben beginnt, so ist die Inspiration, aus welchem Grund sie auch kommen möge, gewiß melancholisch, und der Klang, den der Dichter natürlich anschlägt, für sich oder zusammen mit anderen dieser Inspiration folgend (denn ohne Inspiration gibt es keine Poesie, die dieses Namens würdig wäre), ist melancholisch. Was immer die Gewohnheit, die Veranlagung, die Umstände usw. des Dichters seien, sobald er einem zivilisierten Volk angehört, geht es ihm so und wie ihm jedem anderen, und habe er sonst nichts mit ihm gemein. Bei den antiken Dichtern war das Gegenteil der Fall. Der natürliche Klang, der aus ihrer Leier kam, war der von Freude oder Kraft, von Festlichkeit usw. Die Poesie trat im festlichen Gewand auf, auch, in gewisser Hinsicht, dann, wenn der Gegenstand ihr auferlegte, traurig zu sein. Was heißt das? Entweder, daß die antiken Menschen weniger wirkliches Unglück hatten als wir (und das ist vielleicht nicht wahr), oder daß sie es weniger empfanden und erkannten, was auf dasselbe hinauskommt und zu demselben Ergebnis führt, daß nämlich die antiken Menschen weniger unglücklich waren als die modernen. Und zu den antiken rechne ich verhältnismäßig auch Ariost usw. (12. Dezember 1823).

Was den Stil betrifft und gutes Schreiben, so muß unendliche Mühe aufgewandt werden, um es machen zu können, und hat man das erreicht, ist die Mühe fortan nicht weniger groß, es zu tun. Es tun zu können enthebt bei weitem nicht der Mühe, es zu tun, im Gegenteil, je besser man es kann, desto mehr bemüht man sich beim Schreiben, weil man es um so besser machen will und auch macht, was verhältnismäßig mehr Mühe kostet. So ist es auch in der bildenden Kunst und bei allen Tätigkeiten, die Talent usw. erfordern (23. Januar 1824). So ist es nicht im Hinblick auf das Erfinden, weder beim Schreiben noch in den schönen Künsten usw. usf.

Jede Poesie und jede Prosaschrift, und jeder Teil von ihnen, äußert, entweder im Stil oder in den Gefühlen, den Genuß und die Sinnenfreude, sie äußert entweder im Stil oder im Formgefühl oder in beiden auch eine Hingabe eine Ungezwungenheit eine Sorglosigkeit eine Art Vergessen von allem. Und allgemein gibt es kein anderes Mittel, Genuß zu äußern! Genau das ist es, Genuß ist nichts anderes als Hingabe, Lebensvergessenheit, und eine Art Schlaf und Tod. Genuß ist eher eine Gefühlsleere, eine Fühllosigkeit als ein Gefühl, schon gar kein lebhaftes Gefühl. Er ist fast eine Imitation der Empfindungslosigkeit und des Todes, eine möglichst nahe Annäherung an den Zustand, der dem Leben entgegengesetzt ist, und an die Enthebung von ihm, denn das Leben ist seiner Natur nach Schmerz. Mithin ist es angenehm, seiner soviel wie möglich enthoben zu sein, ohne daß Schmerz und anderes Leiden aus dieser Enthebung entstehen oder damit verbunden sind. Also ist der Genuß nicht wirklich Genuß, er hat keine positive Qualität, denn er ist nur eine Enthebung, ja einfach Abnahme von Verdruß, der sein Gegensatz ist. So sind zumindest die größten und echtesten Genüsse. Die lebhaften Genüsse sind auch gar keine Genüsse. Immer bringen sie irgendeinen Schmerz mit sich, irgendeine unbequeme Empfindung, irgendeine Verwirrung, und das wird wesentlich durch sie ausgelöst, bewirkt, verursacht (19. April, Ostermontag, 1824). Das Leben selbst ist also ein Übel und ein Verdruß, so daß seiner soweit wie möglich enthoben zu sein ein natürlicher Genuß ist. Tatsächlich ist das Leben von Natur aus ein gewaltsamer Zustand, weil es von Natur aus seines höchsten und natürlichsten Bedürfnisses, Wunsches, Zieles und Zweckes enthoben ist, das im Glück besteht. Und da diese Gewalt nie ein Ende hat, gibt es nicht einen Augenblick gefühlten Lebens, das frei wäre von positivem Unglück, positiver Qual und von Verdruß (20. April, Osterdienstag, 1824). Hauptsächlich dann, wenn einerseits durch die Zivilisierung das innere Leben und die feinen Regungen von Seele und Gefühl, infolgedessen auch die Eigenliebe und der Wunsch nach Glück, gewachsen sind, andrerseits, es zu erringen ganz unmöglich ist und die körperlichen und moralischen Leiden um ein vielfaches zugenommen, die Beschäftigung schließlich, die körperliche Aktivität, die dauernde lebhafte Zerstreuung sich vermindert haben (20. April 1824).

Die Poesie ist den Gattungen nach im wesentlichen nur in drei wirklich große Richtungen unterteilt: das Lyrische, das Epische und das Dramatische. Das Lyrische ist erstgeboren unter ihnen; es ist jeder Nation eigen, auch einer wilden, es ist vornehmer und *poetischer* als alles andere; jedem Menschen eigen, auch dem ungebildeten, der sich an Gesang und an beliebig bemessenen Wörtern, an Harmonie laben und trösten will; es ist freier und reiner Ausdruck jedes lebhaften und echt empfundenen menschlichen Gefühls. Das Epische ist nach ihm und aus ihm entstanden; in gewisser Weise ist es nichts anderes als eine Erweiterung des Lyrischen, oder, sagen wir so, es ist die lyrische Gattung, die von ihren Mitteln und Stoffen hauptsächlich die Erzählung ausgewählt und poetisch abgewandelt in Besitz genommen hat. Auch das epische Poem wurde zur Leier, mit Musik, auf den Straßen dem Volk vorgetragen, wie die ersten lyrischen Poeme. Es ist nichts weiter als eine Hymne zu Ehren der Helden, der Völker oder Heere; nur eine verlängerte Hymne. Jedoch ist es allen Völkern eigen, auch den ungesitteten und wilden, den kriegerischen vor allem. In einem großen Teil der Lieder wilder Völker, auch der Barden, ist sichtlich ebenso Episches wie Lyrisches enthalten, so daß man nicht weiß, welcher der beiden Gattungen sie zuzurechnen sind. Doch sie gehören tatsächlich zugleich der einen und der anderen an; es sind lange Hymnen voll eingehender Schilderungen, zumeist mit kriegerischem Stoff; es sind epische Poeme, die auf den Ursprung der Epik verweisen, auf ihr Entstehen aus der Lyrik, es sind Einzelerscheinungen der entstehenden epischen Gattung, die in Trennung von der Lyrik begriffen sind, sich aber noch nicht getrennt haben. Das Dramatische steht an letzter Stelle unter den drei Gattungen, der Zeit und der Vornehmheit nach. Es ist keine Inspiration, sondern eine Erfindung, ein Kind der Zivilisation, nicht der Natur; Poesie aus Konvention und mehr nach dem Willen ihrer Verfasser als ihrem Wesen nach. Die Natur lehrt, das ist wahr, die Stimmen, die Wörter, Gesten, Handlungen einer Person nachzuahmen, und sie läßt diese Nachahmung, wenn sie gut gemacht wird, zum Genuß werden: sie lehrt aber nicht, sie im Dialog zu bringen, und schon gar nicht, nach Maß und Regel, im Gegenteil, sie schließt jedes Maß tatsächlich aus, sie schließt tatsächlich jede Harmonie aus; denn der Vorzug und der Genuß dieser Nachahmungen bestehen ganz und gar in der genauen Darstellung der nachgeahmten Sache, dergestalt, daß sie sinnfällig werde und daß man sie zu sehen und zu hören meine. Das kommt sogar dem Unregelmäßigen und der Disharmonie nahe, eben weil es der Wahrheit nahekommt, die nicht harmonisch ist. Überdies bietet die Natur zumeist für solche Nachahmungen die ungewöhnlichsten Stoffe, die gegen die Regel sind, Wunderlichkeiten, Lächerliches, Verstiegenheiten, Mängel. Solche natürlichen Nachahmungen gibt es niemals von einem Geschehen, sondern nur von einer ganz einfachen Handlung, von einer Tat, meine ich, ohne Gründe, Ausweg, Folgen; die nur als solche betrachtet wird, im Hinblick auf sich allein. Aus all dem wird offensichtlich, daß die von Natur eingegebene Nachahmung ihrem Wesen nach ganz verschieden ist von der dramatischen. Das Drama ist den ungesitteten Völkern fremd. Es ist ein Schauspiel, ein Kind der Zivilisation und der Muße, eine Erfindung von Müßiggängern, die sich die Zeit vertreiben wollen, kurzum, eine müßige Unterhaltung, hervorgegangen wie so sehr viele andere aus dem Schoß der Zivilisation, aus dem erfinderischen Geist der Menschen, nicht von Natur angeregt, sondern um sich und anderen Belustigung zu verschaffen, und gesellschaftliche Ehre, oder Nutzen für sich selbst. Dennoch eine freie und würdige Unterhaltung; die aber nicht von der jungfräulich reinen Natur geschaffen wurde, wie die Lyrik, die ihre legitime Tochter ist, und wie die Epik, ihre wirkliche Enkelin. – Was sich sonst noch als Gattungen der Dichtkunst bezeichnet, läßt sich alles auf die drei Überbegriffe zurückführen, oder sie unterscheiden sich als Gattungen nicht im poetischen Gehalt, sondern im Versmaß oder in einer anderen Äußerlichkeit. Das Elegische ist die Bezeichnung eines Versmaßes.[39] Jeder von ihm verwendete Gegenstand gehört seiner Natur nach zur Lyrik; wie die schaurigen Stoffe, die sehr oft von griechischen Lyrikern, hauptsächlich den älteren, in lyrischen Versen, in den ganz lyrischen, *θρῆνοι*[40] genannten, Kompositionen behandelt wurden, wie die von Simonides, der mit Dichtungen dieser Art sehr gefeiert wurde, und die Pindars:

vielleicht auch *μονῳδίαι*[41], wie die Sapphos, die in der Suidas[42] erwähnt werden. Das Satirische ist zum Teil lyrisch, wenn es leidenschaftlich wird, wie der archilochische Vers[43]; teilweise komisch. Das Lehrgedicht ist, soweit wirklich poetisch, lyrisch oder episch; wo es einfach Lehren erteilt, ist es poetisch nur in der Sprache, in der Ausdrucksweise und sozusagen in den Gesten usw. (Recanati, 15. Dezember 1826).

Von unseren größten Dichtern waren zwei sehr unglücklich: Dante und Tasso. Von beiden sind uns die Gräber erhalten geblieben, die wir besuchen: beider Gräber sind nicht in ihrer Heimat gelegen. An Tassos Grab habe ich geweint, aber an Dantes fühlte ich keine Rührung: und ich glaube, es ist allgemein so. Nichtsdestoweniger ging weder mir, noch geht anderen höchste Achtung, ja Bewunderung ab für Dante; sie ist vielleicht größer (zu Recht) als für den anderen. Hinzu kommt, daß Dantes Unglück groß und echt war; bei Tasso sind wir nicht einmal sicher, ob es nicht, zumindest zu einem großen Teil, eingebildet war: so karg und dunkel sind die Berichte, die wir in dieser Hinsicht haben: so verworren und widerspruchsvoll schreibt er selbst darüber. Doch in Dante sehen wir einen Mann von fester Gesinnung, der genug Mut besaß, sein widriges Geschick zu ertragen und zu bezwingen; überdies einen Mann, der kämpft und sich der Notwendigkeit, dem Schicksal widersetzt. Um so bewundernswerter ist er, gewiß, aber auch weniger liebenswert und mitleiderregend. Für uns ist Tasso ein von seinem Elend besiegter Mensch, der unterlegen ist, am Boden liegt, der aufgegeben hat vor den Widrigkeiten, der ständig leidet und sich maßlos quält. Seien seine Mißgeschicke auch leerer Wahn, sein Unglück ist bestimmt echt. Im Gegenteil, er ist zweifellos, wenn ihm auch weniger Unglück widerfahren ist als Dante, sehr viel unglücklicher (Recanati, 14. März 1827).

Untersucht man, welche Werke in jeder beliebigen Literatur, ob antik oder modern, die erhabensten und größten sind, wird sich immer zeigen, es sind die, welche in einer Zeit entstanden, als das Volk noch keine Literatur besaß; es sind jene Werke, die von den Autoren mit einem ganz anderen Ziel, in einem ganz anderen Geist (in der Hauptsache zumindest) erdacht und erschaffen worden sind als aus dem Streben nach literarischem Ruhm (der noch nicht üblich war, auch nicht erwünscht) oder nach anderen literarischen Belohnungen; aus dem Wunsch heraus, ein schönes Werk der Literatur, der Kunst des Schreibens zu schaffen (Recanati, 17. März 1827).

Es ist eine alte Beobachtung, daß Prahlereien und Schmeicheleien um so mehr zunehmen, je seltener in den Republiken und Staaten die wirklichen Tugenden werden; ähnlich verfallen die schöngeistige Literatur und die Wissenschaften in dem Maße, wie die Großartigkeit der Lobestitel zunimmt, die Wissenschaftlern und Literaten verliehen werden oder denen, die man in solchen Zeiten dafür hält. Etwas Ähnliches scheint auch bei der Publikation von Büchern vor sich zu gehen. Je schlechter der Stil wird, je abgeschmackter und ungepflegter, je mehr *εὐτελής*[44], je weniger Aufwand er erfordert, desto größer werden Eleganz, Ebenmaß, Glanz, Pracht, desto mehr wachsen die Kosten und der wirkliche Preis und Wert der Verlagserzeugnisse. Seht die heutigen französischen Drucke, auch die einfachen *brochures*, für den Tag geschriebene fliegende Blätter. Ihr werdet sagen, Vollkommeneres kann es in dieser Art nicht geben, wenn die Drucke aus England, selbst die kurzlebigsten *pamphlets*, nicht noch viel größere Vollkommenheit aufwiesen. Nun seht euch den Stil von solchen Werken an, die so gedruckt wurden; auf den ersten Blick wird es euch scheinen, sie müßten von großem Wert, großer Erlesenheit sein, sie würden mit viel Kunst und Fleiß ausgeführt. Unglücklicherweise sind Kunst und Fleiß heute unbekannt und verbannt aus dem Beruf des Bücherschreibens. Auf den Stil wird kein Gedanke mehr verschwendet. Nun vergleicht die Drucke aus den vergangenen Jahrhunderten und den Stil dieser Bücher,

die so bescheiden, dürftig und oft (geschmacklos verkommen) ärmlich gedruckt wurden, mit Druck und Stil moderner Bücher. Das Ergebnis dieses Vergleichs wird sein, daß die alten Stilformen und die modernen Drucke für die Nachwelt und die Ewigkeit gemacht zu sein scheinen; die modernen Stilformen und die alten Drucke für den Augenblick, und fast für den Bedarf.
Auch die italienischen Drucke von heute, obwohl sie keinem Vergleich mit den französischen und englischen standhalten können, brauchen sich vor allen anderen nicht zu verstecken; viele italienische Drucke, die heute als nichts Außergewöhnliches erscheinen, hätte man im vorigen Jahrhundert für herrlich und in den vorhergegangenen für prachtvoll und fürstlich gehalten.
Wir haben jedoch guten Grund, nicht mehr so viel Mühe für den Stil der Bücher aufzuwenden, in Anbetracht der kurzen Lebenszeit, die sie auf jeden Fall (trotz guter Drucke) haben werden. War die Hoffnung auf Unsterblichkeit je chimärisch, so ist sie es heute für die Schriftsteller. Zu groß ist die Fülle guter oder schlechter oder mittelmäßiger Bücher, die Tag für Tag herauskommen, und notwendigerweise lassen sie die des Vortages in Vergessenheit geraten. Alle Posten der Unsterblichkeit sind in diesem Zweig schon besetzt. Die antiken Klassiker, meine ich, werden die Unsterblichkeit bewahren, die sie errungen haben, oder zumindest ist glaublich, daß sie nicht so bald sterben werden. Aber jetzt in diese eingehen, die Zahl der Unsterblichen vergrößern, oh, ich glaube nicht, daß das möglich ist. Das Schicksal der Bücher ist heute wie das der Ephemeriden (*éphémères*) genannten Insekten: einige Arten leben wenige Stunden, andere eine Nacht, wieder andere drei oder vier Tage; immer handelt es sich aber um Tage. Wahrhaft flüchtig und vergänglich sind wir heute auf Erden: wahrhaft hinfällig: Eintagsgeschöpfe: morgens in Blüte, abends verblüht oder vertrocknet: sogar den eigenen Ruhm überleben wir, und wir sind langlebiger als das Gedenken an uns. Heute ist es wahrer denn je, wenn gesagt wird: *Οἵη περ φύλλων γενεή, τοίηδὲ καὶ ἀνδρῶν*[45] (Ilias VI, V. 146). Denn nicht allein den Literaten ist die

Unsterblichkeit unmöglich gemacht worden, sondern nunmehr, bei dieser unendlich großen Menge von Ereignissen und Menschenschicksalen, seitdem die Zivilisation, das Leben des zivilisierten Menschen und das geschichtliche Erinnerungsvermögen die ganze Erde umfaßt, ist sie es in allen Berufen. Ich habe keinen Deut Zweifel daran, daß heute in zweihundert Jahren der Name Achills, des Siegers von Troja, bekannter sein wird als der Napoleons, Sieger und Herr über die zivilisierte Welt. Letzterer wird einer von vielen sein, er wird sich in der Menge verlieren; ersterer wird überdauern, weil er sehr viel früher hoch aufgestiegen ist; erhöht wird er bleiben auf dem Sockel, den er über so viele Jahrhunderte hin schon einnimmt.

Übrigens, wie die Unmöglichkeit, unsterblich zu werden, die heutige Nachlässigkeit im Stil der Bücher rechtfertigt, so läßt diese Nachlässigkeit ihrerseits die Bücher untauglich werden zur Erreichung der Unsterblichkeit, macht sie ihnen unmöglich. Bemerkenswert wahr die Worte von Buffon *(Discours de réception à l'Académie française:*

„Les ouvrages bien écrits seront les seuls qui passeront à la postérité; la quantité des connaissance, la singularité des faits, la nouveauté même des découverts ne sont pas de sûrs garants de l'immortalité. Si les ouvrages qui les contiennent ne roulent que sur de petits objets, s'ils sont écrit sans goût, sans noblesse est sans génie, il periront, parce que les connaissances, les faits et les découvertes s'enlèvent aisément, se transportent, et gagnent même à être mis en œuvre par des mains plus habiles. Ces choses sont hors de l'homme, le style est l'homme même. Le style ne peut donc ni s'enlever, ni se transporter, ni s'altérer. S'il est élevé, noble, sublime, l'auteur sera également admiré dans tous les temps." [46]

Dem füge ich hinzu, seien auch die Hände *qui enlèvent* die Gedanken, nicht *plus habiles* in Fragen des Stils (was für sie heute und in Zukunft sicherlich schwierig sein wird), dessenungeachtet *perira* das Buch; denn in ihm wird nicht mehr enthalten sein als in seinen Kopien; wahrscheinlich sehr viel weniger (ich meine an Gehalt, nicht den Stil): und so werden die neuen Bücher das Alte vergessen und vergehen lassen: und sei es nur des-

halb, weil sie neu sind und die anderen alt: davon können wir uns durch die tägliche Erfahrung überzeugen. (Auch bei gut geschriebenen Büchern; die von Wahrheit und Wissenschaften handeln; wie Galileis Bücher, denn welcher Wissenschaftler liest sie heute noch?)
Und mit dieser Bemerkung von Buffon beende ich diese nicht sehr fröhliche, eher ziemlich melancholische Rede (Recanati, 2. April 1827).
(Gleichermaßen läßt andrerseits die allgemeine Vernachlässigung des Stils den individuellen Fleiß nutzlos werden, könnte und wollte ihn jemand eben dafür aufbringen. Denn bei solchen Dingen wird etwas desto weniger geschätzt, je rarer es ist. Gerade weil das Publikum oberflächlich ist und gewohnt, diese Mühe zu vernachlässigen, besitzt es weder den Geschmack noch die Fähigkeit, die Schönheiten der Stilarten zu empfinden und zu beurteilen, auch nicht, sie zu genießen. Denn bestimmte Genüsse, und das sind nicht wenige, bedürfen eines besonders ausgebildeten Sensoriums, das nicht angeboren ist; der erworbenen Fähigkeit, sie zu empfinden. Wer sie nicht besitzt, dem sind das keine Genüsse. Kunst von höchster Überfeinerung bliebe unerkannt: der beste Stil könnte nicht unterschieden werden vom schlechtesten. So würde selbst die Vortrefflichkeit des Stils nicht mehr zu Unsterblichkeit führen, die jedoch durch Bücher, denen sie abgeht, schon gar nicht erlangt werden kann.) Recanati, 2. April 1827).

Die Liebe und Achtung, die ein Literat der Literatur oder ein Wissenschaftler der Wissenschaft entgegenbringt, stehen meist im umgekehrten Verhältnis zu der Liebe und Achtung, die der Literat oder der Wissenschaftler sich selbst entgegenbringt (Florenz, 1. Juli 1827).

Nunmehr kann man wirklich sagen, daß die Zahl der Schriftsteller, vor allem in Italien, größer ist als die der Leser (weil ein großer Teil der Schriftsteller nicht liest, oder weniger liest als schreibt). Da sieht man also wieder, welchen Ruhm man heute in der Literatur erhoffen könnte. Man kann sagen, daß in Italien, wer liest, nur liest, um zu schreiben: er denkt also nur an sich usw. (Pisa, 5. Februar 1828).

Der größte Gewinn, den ich mir von meinen Versen erhoffe und verspreche, ist, daß sie mein Alter mit dem Feuer meiner Jugend erwärmen mögen; daß ich im Alter mich an ihnen ergötzen und manche Reliquie vergangener Gefühle wiederfinden werde, daselbst hineingetan, um sie aufzubewahren und ihr Dauer zu verleihen, fast wie in einer Schatzkammer; daß ich beim erneuten Lesen selbst bewegt sein werde, wie ich es oft bin, und mehr als wenn ich die Gedichte anderer lese (Pisa, 15. April 1828): und ich werde mich erinnern, nachdenken, was ich war, mich mit mir selbst vergleichen; und schließlich der Genuß, den man hat, wenn einem die eigenen Arbeiten gefallen und etwas wert sind, wenn man sich an ihnen freut wie beim Betrachten der Schönheiten und Vorzüge des eigenen Kindes, mit der Befriedigung, etwas Schönes auf der Welt gemacht zu haben; mögen andere es als schön erkennen oder nicht (Pisa, 15. Februar, letzter Freitag des Karnevals, 1828).

Alles, was in der Literatur *Schönheit* auf die Stirn geschrieben trägt, ist falsche Schönheit, ist Häßlichkeit. Eine sehr fruchtbare Wahrheit und sehr reich an Ableitungen, die nötig sind zu jeder Zeit (Florenz, 10. August 1828).

Aus den sehr schönen und klugen Bemerkungen Wolfs (Prolegomena ad Homerum,[47] Halis Saxonum, 1795) geht hervor, daß aller Wahrscheinlichkeit nach der Beginn der Prosakultur und die ersten Werke der Prosaisten bei den Griechen in die gleiche Epoche fielen, in der die Schrift bei ihnen allgemein in Gebrauch kam, und zwar eine solche, mit der Bücher gemacht werden konnten; daß sogar *scripturam tentare et communi usui aptare plane idem videtur fuisse, atque prosam tentare et in ea excolenda se ponere,*[48] Anfang des sechsten Jahrhunderts v. Chr. geschah; diesen Bemerkungen, meine ich, ist die wahre Ursache für das, anscheinend einzigartige, Phänomen zu entnehmen, daß bei allen Völkern zum Zeitpunkt ihres ersten Eintretens in die Zivilisation die poetische Literatur vor der prosaischen aufkam: ein von vielen beobachtetes Phänomen, das von niemandem, weder vor noch nach Wolf, gut und doch ganz natürlich, einleuchtend und einfach erklärt worden ist. Wer konnte je daran denken, vor dem Gebrauch (dem einfachen, allgemeinen, auf Papier oder ähnlichen tragbaren Materialien, nicht auf Bronze, Marmor oder Holz) der Schrift, in Prosa zu schreiben? Wie sollten solche Kompositionen aufbewahrt werden? In Prosa sprechen, auch lange sprechen, das konnte man, man sprach, erzählte, hielt Ansprachen und ähnliches in Prosa, auch vor Publikum; aber weder den Rednern noch anderen kam der Gedanke, diesen Prosatexten Dauer zu wünschen oder zu verleihen, weil niemand auch nur die Möglichkeit vermutete, solche Prosa ließe sich aufbewahren, weil das Gedächtnis sie nicht behalten konnte. Da aber andererseits die Menschen natürlicherweise zu Poesie und Gesang neigen, was sich daran zeigt, daß fast alle wilden Völker Dichtungen haben, dichteten sie und verfaßten Kompositionen in Versen: zuerst ohne Hoffnung oder Absicht, daß diese erhalten bleiben würden, nicht anders als die Prosa; als sich dann zeigte, daß das Gedächtnis sie behalten konnte, wünschte und besorgte man ihre Bewahrung; als es allgemein gebräuchlich geworden war, sie zu bewahren und zu lernen, als es Leute gab, die das zu ihrem Broterwerb machten (die Rhapsoden bei den Griechen), da wurde natürlich auch die Komposition der Verse zu einer Art Kunst; sie wurde sorgfältiger betrieben und mehr gepflegt; schließlich gab es eine poetische Literatur; und das ohne Schrift, währenddem die Prosa, die noch überhaupt nicht gepflegt wurde, weil sie sich nicht bewahren ließ, tatsächlich weit davon entfernt war, Bestandteil der Literatur werden zu können. Demnach ist es natürlich, daß sie am Anfang stand, daß ihr die Kunst abging, als die Schrift allgemein gebräuchlich geworden war und man deshalb in Prosa schreiben konnte, während die Poesie schon weit fortgeschritten war; und daß die poetische Sprache schon seit mehreren Jahrhunderten eine Form besaß, während die prosaische noch ungestalt war. Es gab eine Literatur lange Zeit vor der Schrift, bevor sie also allgemein in Gebrauch kam: aber das war ausschließlich poetische Literatur, konnte nur poetische sein.

Alles das geschah in natürlicher Weise und nicht mit Absicht etwa. Es ist lächerlich, Völkern in der Kindheit der Zivilisation die Klugheit zuzuschreiben, sie hätten beabsichtigt und betrieben, der Nachwelt die Kenntnis der Dinge durch das einzige Mittel, das damals vorhanden war, zu überliefern, durch in das Gedächtnis aufgenommene Verse, und sie hätten eigens zu diesem Zweck Verse verfaßt.

Für jene vor-schriftliche Literatur gab es nur eine Art, die eigenen Kompositionen zu veröffentlichen, sie zu singen oder sie andere singen zu lehren. *Fuitque diu haec (ars rhapsodorum) unica via publicae prodendi ingenii*[49] (Wolf, ebenda). Das waren mehrere Jahrhunderte lang die Veröffentlichungen der Griechen. Dergestalt, daß die Schrift, auch nachdem sie allgemein in Gebrauch gekommen war, *etiam Xenophanem poemata sua ipsum ϱαφωδῆσαι legamus,*[50] wie Wolf (ebenda) mit einem Zitat von Laertios anmerkt, von anderen falsch verstanden wurde. Und deshalb vielleicht wollte noch Herodot, einer der ersten Prosaschriftsteller, auch seine Prosa (wenn es wahr ist, was berichtet wird; und vielleicht könnte diese Beobachtung es wahrscheinlicher werden lassen) öffentlich rezitieren. Gemäß Brauch und Gewohnheit der vergangenen Zeitalter schien das nicht veröffentlicht, herausgegeben, was nicht wirklich und mit lauter Stimme dem Volke mitgeteilt wurde. Ich sehe einmal davon ab, daß lange Zeit nach dem erwähnten Aufkommen der Schrift bei den Griechen die öffentliche Rezitation oder der Gesang von Versen Homers und der anderen antiken Dichter fortgesetzt wurde. *Ac primo quidem tempore et paene ad Periclis usque: aetatem Graecia Homerum et ceteros ἀοιδούς suos adhuc auditione magis quam lectione cognoscebat. Paucorum etiam tum erat cura scribendi, lectio operosa et difficilis; itaque rhapsodis maxime operam dabant captique mira dulcedine cantus ab illorum ore pendebant. In clarissimis huius saeculi* (das Jahrhundert des Perikles) *rhapsodis numeratur circa Olymp. 69 Cynaethus, Pindaro aequalis, qui Chio commigravit Syracusas, vel ibi maxime artem factitavit*[51] (Wolf). Bekannt sind die Rhapsoden aus der Zeit von Sokrates, Platon (ebenda) und Xenophon; und es berichtet der Autor des Dialogs „Hipparchus", der den Werken des letzteren zugerechnet wird, daß zu seiner Zeit die Verse Homers bei dem Panathenäenfest, das alle fünf Jahre stattfand, von Rhapsoden in der Anordnung vorgetragen wurden, die, einzuhalten wie er meint, Hipparchus[52], der Sohn des Pisistratus, den Rhapsoden auferlegt hatte. Bis in die Endzeiten Griechenlands hielt sich der Brauch, bei Gastmahlen und gebildeten Gesprächen Stücke von Dichtungen des einen oder anderen Autors aus dem Gedächtnis zu rezitieren; das nannte sich *ῥῆσιν εἰπεῖν*[53] oder ähnlich. Als eine Fortführung des alten rhapsodischen Brauchs können die vielen Kompositionen literarischer und erklärender Art betrachtet werden, die Sophisten und Rhetoren zu römischer Zeit, vor allem im zweiten Jahrhundert, öffentlich in den Städten Griechenlands, Asiens und Galliens vortrugen, zu Ehren dieser Städte oder des Kaisers, von Göttern und Heroen usw. des Landes, oder über Themen der Moral, der nationalen Sprachpflege usw.

Wir lachen über diese antike Art der Veröffentlichung; vielleicht würden die Menschen der Antike sehr über unsere lachen. Gewiß werden wir nicht leugnen können, daß erstere sowohl eine natürliche (sogar die einzig natürliche) als auch wahre Art der Veröffentlichung ist. Wir sprechen davon, eine Komposition veröffentlicht zu haben, wenn wir davon einige hundert Kopien haben ziehen lassen, die höchstens in einige hundert Hände gelangen; als wären diese Hunderte von Lesern die Nation: und die wirkliche Nation, das wirkliche Publikum, das Volk weiß überhaupt nichts davon. Veröffentlichen hieß damals, dem Volke überreichen und berichten, was unseren *Ausgaben* heute fernliegt. Bereits bei Platon (Phaidros) steht: *atque alii veteres philosophi iudicaverunt inventas litteras profuisse disciplinis, sed obfuisse discentibus, adeo ut quae inventio medicamen memoriae dicta esset, eadem non immerito noxa ejus et pernicies diceretur*[54] (Wolf, ebenda), und es wäre nicht weniger paradox und vielleicht wahrer, zu sagen, daß die Schrift, die gepriesen wird, weil sie die Bildung in das Volk getragen hat, im Gegenteil eine der Ursachen gewesen ist, das Volk aus der Literatur zu verdrängen, die einst nur beim Volk leben konnte, und die Literaten vom Volk zu trennen, die doch notwendig ein Teil von ihm waren. Die Schrift allein hat eine verfeinerte, geschliffenere und vollkommenere Literatur möglich gemacht, die ihrer Natur nach nicht volkstümlich sein kann und es nie sein wird. (Heute haben wir einen Punkt erreicht, daß man, soll sie es werden, sie entperfektionieren muß, sie wieder in eine Art Kindheit, in einen Rohzustand zurückversetzen muß, das Schöne dem Nützlichen opfernd.) Nicht nur die Prosa und die belehrenden Schriften, sondern die Poesie, die zuerst, wie wir gesehen haben, das Volk zum Zuhörer hatte; aus der alle Literatur bestand, als die Literatur volkstümlich war; die, das ist auch heute der Ruf und war in allen alten und modernen Jahrhunderten der Ruf, volkstümlich sein muß, ist sie es doch ihrer Natur nach; auch die Poesie ist dem Volk verlorengegangen durch Schuld der Schrift; sie ist sogar die Gattung, die am wenigsten volkstümlich ist, und bei der es am schwierigsten ist, sie es wieder werden zu lassen, sogar unmöglich; es sei denn, die Poesie aller modernen Nationen und Literaturen würde nicht reformiert, sondern tatsächlich verbannt, und sie würde im ganzen und gänzlich neu geschaffen.

Sie dichteten, ohne zu schreiben, die eigenen Kompositionen nur dem Gedächtnis anvertrauend *(ex eo Musarum, memorum dearum, diligens et in Iliade enixe repetita invocatio*[55]: Wolf, ebenda), Homer und die Dichter jener Zeiten waren weit entfernt davon, Unsterblichkeit anzustreben. *Quid? quod ne nominis quidem immortalitas tum quenquam impellere potuit ut ei duraturis monumentis prospiceret; idque de Homero credere, optare est, non fidem facere. Nam ubi is tali studio se teneri significat? ubi professionem eiusmodi, ceteris poetis tam frequentem, edit, aut callide dissimulat?*[56]

(ebend). Noch gab es die Idee der Unsterblichkeit nicht, schon gar nicht der Wunsch nach ihr. Wohl wünschte man sich Ruhm, nämlich Ehre und das Lob der Zeitgenossen, der Bekannten und der Mitbürger oder Landsleute im Leben und in den ersten Tagen nach dem Tode: ein mehr als ausreichender Anreiz für die größten Taten. *Omnino autem satis habuit illa aetas, quasi sub nutrice ludendo et divini ingenii impetum sequendo, res pulcherrimas experiri et ad aliorum oblectationem prodere: mercedem si quam petiit, plausus fuit et laus aequalium auditorum,*[57] sagt Wolf (ebenda, er zitiert Horaz). Und was er über die Dichter jener Zeiten sagt, läßt sich gleicherweise über die Krieger, Richter, die starken, gerechten, tugendhaften Männer sagen. Auch das war ein Vorzug der Zeiten Homers, nichts von der Unsterblichkeit des Namens zu wissen: 1. sie wurden nicht von einem so schwer erfüllbaren Wunsch gequält; 2. viel philosophischer und vernünftiger als wir (denn philosophischer als wir sind primitive Menschen immer), beschränkten sie ihre Wünsche auf das, was man fühlt, und was man sich natürlich wünscht, das Lob der Lebenden; sie richteten ihren Blick nicht hinaus über das, was dem Individuum gewährt ist, über den ihm von der Natur zugewiesenen Zeitraum, nämlich das Leben; und letztendlich um das, was man nach unserem Tod von uns denken wird, das uns wirklich weder nützen noch schaden, noch gefallen, noch mißfallen kann, darum kümmerten sie sich nicht.

Da ist es nun merkwürdig und philosophisch, und traurig zugleich, wenn man bedenkt, daß Homer Unsterblichkeit erlangt hat, ohne sie zu wünschen und zu erstreben; und wir, die wir sie wünschen, eben infolge der Schrift, die uns diesen Wunsch eingegeben hat, wir werden sie nicht erlangen. Die nur dem Gedächtnis anvertrauten Verse und Helden Homers haben fast dreißig Jahrhunderte überlebt und werden sozusagen so lange weiter bestehen wie das heutige Menschengeschlecht, wie die heutige Zeitrechnung; unsere Kompositionen und unsere Helden, in der Obhut der Schrift, die nunmehr Millionen Kompositionen und Helden aufbewahren müßte, werden kaum die folgende Generation erreichen. Ein weiteres sehr wahres Paradox: die Schrift, die, allein oder hauptsächlich, die Idee und den Wunsch von Unsterblichkeit hervorgebracht hat, die als Instrument der Unsterblichkeit angesehene Schrift, hat es, allein oder hauptsächlich, jetzt unmöglich gemacht, sie zu erlangen, weil sie die Überlieferung übertragener Dinge im Übermaß vervielfacht. Auch die größten Männer, Schriftsteller und Taten verlieren sich heute notwendig in der Masse: solange sie dem bloßen Gedächtnis überlassen waren, gingen sie nicht in der großen Menge unter, und dieses anscheinend so schwache Instrument, ich meine das Gedächtnis, konnte sie gut auf Dauer aufbewahren. Was die Schrift nicht mehr kann. Sie schadet dem Ruhm, als dessen Ursprung und wichtigstes Erfordernis sie angesehen wird.

Was die modernen Literaturen betrifft, wie die italienische und englische, so war der Grund dafür, daß die Poesie der Prosa vorausging, ein anderer. Erst einmal muß man unterscheiden. Geht es um beliebige Verse oder Prosatexte, trifft die Tatsache nicht zu. Wir haben Prosatexte, darunter solche, die in der Absicht geschrieben wurden, daß sie überdauern sollten, und die als Literatur unbedeutend sind; wir haben Chroniken[58] (Ricordano, Dino usw.), Legenden usw., die so alt sind wie unsere ältesten Verse; oder es wird sehr schwierig sein, aus den Versen deren Priorität nachzuweisen. Was die Klassiker angeht, ist Dante beispielsweise sicher allen unseren klassischen Prosaisten vorausgegangen. Der Grund ist, daß die modernen Sprachen im Prinzip als ungeeignet für die Literatur angesehen wurden. Und das ist natürlich: bevor sie sich gebildet hatten, wurde die Literatur der gebildeten Sprache verhaftet angesehen, jener halbtoten und halblebendigen Sprache, in der allein es gute Bücher und Lehren gab. Also schrieben die Prosaisten, die gebildet sein wollten, in der gebildeten Sprache, obwohl sie sich von der unterschied, in der sie sprachen. Doch der Dichter muß seine Gefühle in der Sprache ausdrücken, in der er denkt, und dazu erweist sich ihm jede andere Sprache als unfähig. Man sagt, als Dante die *Göttliche Komödie* verfaßte, hätte er es zunächst mit Latein versucht, aber er mußte sich dann natürlich zur Volkssprache herablassen. Von Petrarca ist das bekannt. Da damals aber die Schrift allgemein in Gebrauch gekommen war, konnte die gebildete Prosa nicht allzu weit hinter der gebildeten Poesie zurückbleiben. Boccaccio kam wenige Jahre nach Dante, und er war nur etwas jünger als Petrarca; während die frühesten gebildeten Prosatexte, die in Griechenland zu finden sein sollten, erst vierhundert Jahre nach der Epoche Homers zu finden waren. Doch das war vielleicht nicht die älteste Epoche des Entstehens gebildeter Dichtungen in Griechenland. Alles spricht sogar für das Gegenteil. *Quum Homerica dictio longe longeque reducta sit ab eo sono, quem in infantia gentium horror troporum et imaginum inflat, atque in verbis et locutionibus castigata admodum, aequabili verecundoque tenore suo quasi praenunciet pedestrem dictionem proxime secuturam, quam tamen amplius tria saecula a nemine tentatam reperimus* (nach Wolf hat Homer neunhundertfünfzig Jahre v. Chr. gelebt); *ita mea fert opinio, ut non cultum ingeniorum, sed alia quaedam maximeque diffcultatem scribendi arbitrer in mora fuisse, quo minus poeticam prosa eloquentia tam celeri, quam natura ferret, gradu sequeretur*[59] (Wolf, ebenda) (21.–22. August 1828).

Jene antiken Schriftsteller könnten mit vollem Recht sagen, daß ihre Verse, einfach gesungen, veröffentlicht wurden, und daß unsere Bücher, gedruckt, immer noch nicht herausgegeben worden sind.

Wird den Wissenschaften alles Schöne genommen (so wie jetzt), indem man den Stil und die Literatur, den *Sinn* für ihre Werte und Freuden verblassen läßt, geht den Studien doch nicht jeder Reiz verloren, denn auch die bloßen Kenntnisse, das einfach Wahre, das Gespräch über die Dinge erfreuen. Gewiß aber wird den Studien ein sehr großer Teil, vielleicht der größte, des Reizes genommen, den sie haben; es wird viel verschwendet von der Fähigkeit zu erfreuen, die dieses wunderbare Vergnügen im Leben hat: so wird dem Menschengeschlecht, der zivilisierten Gesellschaft wahrhaft ein schlechter

Dienst erwiesen, ein wirklicher Schaden (und weiß Gott kein unbedeutender) zugefügt.

Es ist erwiesen, daß der feine, innerliche und erlesene Kunstgenuß oder, sagen wir, der Genuß an vollendeter Kunst (Literatur und Poesie rechne ich zu den Künsten) von niemand sonst als von Kennern empfunden werden kann, denn er gehört zu den vielen Genüssen, für die uns die Natur nicht das Sensorium gibt; wir erwerben es durch die Gewöhnung, die hier im Studium und in der Übung besteht. Damit das Volk, dem solches Studium und solche Übung niemals möglich sein werden, an der Literatur Genuß empfinde, ist es nötig, daß sie weniger vollkommen ist. Dieser Genuß wird immer sehr viel geringer sein als der von Kennern an vollendeter Literatur (andrerseits wäre das keine wirkliche Vollendung, was sie nur Kennern zugänglich macht); es wird also einen echten Verlust geben; aber zu dem Zweck, daß die Masse den verlorenen Genuß zurückgewinne, dessen nur sie fähig ist.

Der Roman, die Novelle usw. sind einem Mann von Geist viel weniger fremd als das Drama, das ihm am fremdesten ist von allen Gattungen der Literatur, weil es der Nachahmung am nächsten kommen muß, die größte Verwandlung des Autors in andere Individuen erfordert, den gänzlichen Verzicht und die gänzliche Entäußerung der eigenen Individualität, an welcher der Mann von Geist stärker festhält als jeder andere.

Es ist auch unzureichend zu sagen, die Sprache der Vorstellung gehe immer der der Vernunft voraus. In unserem Falle, also im Griechenland der Zeit Solons und auch zu Homers Zeiten, die schon sehr kultiviert waren (und gleicherweise immer dann, wenn es sich um Poesie und um gebildete und literarische Prosa handelte), war durch die Vorstellung der erforderliche Platz für die Vernunft geschaffen worden, damit diese zu einer eigenen Sprache hätte kommen können (5. September 1828).

Durch die Vervollkommnung der Gesellschaft, mit dem Fortschreiten der Zivilisation gewinnen die Massen, aber die Individualität verliert: sie verliert an Kraft, an Wert, an Vollkommenheit und demnach an Glück: und das ist der Fall bei den modernen Menschen, setzt man sie in Vergleich zu denen der Antike. Das ist die Ansicht aller wahren und tiefen Weisen von heute, auch der eifrigsten Verfechter der Zivilisation. Da ist also die Vervollkommnung des Menschen die der Kapuziner, der Weg der Reue (5. September 1828).

Der Dichter ahmt die Natur nicht nach: wahr ist wohl, daß die Natur in ihm und aus seinem Munde spricht. *I' mi son un che quando Natura parla* usw., wahre Definition des Dichters. So gibt der Dichter niemand wieder als sich selbst (10. September 1828). Geht er mit der Nachahmung über sich hinaus, dann ist das nicht mehr recht eigentlich Poesie, die göttliche Gabe; das ist eine menschliche Kunst; das ist Prosa, trotz des Verses und der Sprache. Als rhythmische Prosa und als menschliche Kunst mag das angehen; und ich beabsichtige nicht, sie zu verurteilen (10. September 1828).

Es gäbe noch eine andere Lösung, und eine sehr vernünftige: zwei Arten Poesie und Literatur zu haben, eine für die Kenner, die andere für das Volk. So ginge ersteren nichts verloren, während das Volk gewänne; der erlesene und göttliche Genuß (für den, der ihn empfinden kann) an vollendeten literarischen Kunstwerken wäre nicht aus der Welt; weiterhin könnte es den geben, der beim Lesen von Vergil hingerissen ist von Genuß, so wie es Kenner gibt und geben wird, die ihn beim Anblick eines Gemäldes von Raffael usw. usw. empfinden (21. September 1828).

Im Drama kann nur eine Gestalt spontan und wirklich naturgemäß nachgeahmt werden, höchstens zwei, und nur in einigen Szenen, in denen nämlich, die dem jeweiligen Gemütszustand des Dichters entsprechen. Doch hier ist es immer der Dichter selbst, der sich darstellt oder der vielmehr unter anderem Namen spricht; und ersteres ist nicht eigentlich Nachahmung, sondern fast eine Verkleidung. Bei allen anderen Gestalten und in allen anderen Szenen ist die Poesie notwendig sophistisch. Übrigens, Szenen, in denen der Dichter seine gegenwärtigen Gefühle, Leidenschaften usw. durch die Figur einer geschichtlichen Persönlichkeit ausdrücken würde, könnten, wenn sie so gedichtet werden, daß sie sich abheben, gute Dichtung sein: der Dichter kann gute Gründe haben, sich hinter dem Namen eines anderen zu verbergen; er hat so zumindest mehr Spielraum; und in gewisser Weise ist auch diese Beziehung poetisch, die er zwischen der eigenen gegenwärtigen Situation und der einer historischen oder anderen Persönlichkeit entdeckte und darstellt (28. September 1828).

Warum ist das Moderne, das Neue, niemals oder schwerlich romantisch, und das Antike, das Alte, ist es dagegen? Weil fast alle Freuden der Vorstellung und des Gefühls in der Erinnerung bestehen. Anders gesagt, sie gehören der Vergangenheit an und nicht der Gegenwart (22. Oktober 1828, Florenz).

Ein empfindsamer und phantasiebegabter Mensch, der ständig in seinen Empfindungen und Vorstellungen lebt, wie ich es lange Zeit getan habe, sieht die Welt und die Dinge gewissermaßen doppelt. Mit den Augen wird er einen Turm, eine Landschaft sehen; mit den Ohren wird er den Klang einer Glocke hören; und gleichzeitig wird er in seiner Vorstellung einen anderen Turm, eine andere Landschaft sehen, wird er einen anderen Klang hören. In dieser zweiten Art Gegenstände ist alles Schöne und Reizvolle der Dinge enthalten. Traurig ist das Leben (und doch ist das Leben gewöhnlich so), das nichts außer den einfachen Gegenständen sieht, hört, fühlt, die allein mit den Augen, den Ohren und den anderen Sinnen wahrgenommen werden (30. November; erster Sonntag im Advent).

N. N. liest selten moderne Bücher; denn ich sehe, sagt er, daß die alten Schriftsteller zehn, zwanzig, dreißig Jahre daransetzten, um ein Buch zu machen; die modernen ein oder zwei Monate. Man braucht aber genausoviel Zeit, das Buch zu lesen, in dem dreißig Jahre Arbeit stecken, wie eines, in dem dreißig Tage Arbeit stecken. Und das Leben ist andrerseits sehr kurz im Verhältnis zu der Menge Bücher, die es gibt. Deshalb usw. (17, 1829).

Über die Lektüre eines Stücks wahrer Gegenwartsdichtung in Versen oder in Prosa (stärker ist der Eindruck in Versen) kann man (auch in diesen prosaischen Zeiten) und vielleicht besser, das sagen, was Sterne über ein Lächeln sagte: daß sie dem so kurzen Gewebe unseres Lebens ein Fädchen hinzufügt. Sie erfrischt uns sozusagen; und erhöht unsere Lebenskraft. Aber sie sind heute sehr selten die Stücke dieser Art (1. Februar 1829). Nichts von Monti ist so.

Lernten die Schriftsteller ihre zukünftigen Leser einen um den anderen persönlich kennen, ist anzunehmen, daß sie sich nicht allzu große Mühe geben würden, durch sorgfältiges Schreiben ihre Achtung zu gewinnen, vielleicht würden sie auch gar nicht schreiben. Sieht man alle Leser zusammen in der Vorstellung verschwommen und stellt sie sich unter der kollektiven und *unbestimmten* Bezeichnung und Idee des *Publikums* vor, wird ihr Lob oder ihre Achtung erwünscht und schätzenswert (10. März 1829).

Nicht das Nationale erweckt das Interesse am Epos, am Drama, sondern das Bekannte, das Vertraute. Wenn die antiken und fremden Dinge und Gestalten darin dennoch bekannter, vertrauter und reicher an Erinnerungen sind (und sie sind es tatsächlich) als die nationalen und modernen, wenn, im Gegenteil, die nationalen Dinge weder vertraut noch erkannt sind; dann ist, will man Gefallen finden, die Konsequenz klar hinsichtlich der Themenwahl. Unsere Landsleute sind die Griechen, die Römer, die Hebräer usw., mit denen wir von Kindheit an zusammengelebt haben (5. April, Passionssonntag, 1829). Will man dann Nützliches erreichen, ist das etwas anderes; aber man darf in diesem Fall nicht den Ausspruch der Staël vergessen (*Corinna,* 7. Buch): *Il (Alfieri) a voulu marcher par la littérature à un but politique: ce but était le plus noble de tous sans doute; mais n'importe, rien ne dénature les ouvrages d'immagination comme d'en avoir un.*[60]

Ein weiteres Hindernis für dauernden Ruhm großer Schriftsteller sind die Imitatoren, die ihn scheinbar begünstigen. Hört man ständig Imitationen, geht die Idee verloren, bestimmt aber der Sinn, die Originalität des Vorbildes. Liest man Petrarca, der soviel imitiert worden ist und von dem es keinen Satz gibt, den man nicht Tausende Male gehört hätte, scheint es, er selbst sei ein Imitator: seine vielen kleinen Gedanken voller Anmut und Gefühl; diese vielen, sehr schönen Ausdrucksweisen für einen Gedanken oder ein Gefühl, die seine eigenen und neu waren, erscheinen nun ganz trivial, weil sie in der Tat ganz allgemein üblich sind. Den Erfindern in der Literatur und in den Dingen der Phantasie geht es wie den Erfindern in den Wissenschaften und in der Philosophie: ihre Erfindungen werden um so leichter und schneller Gemeingut, je wertvoller sie sind (20. April 1829).

Diesem Jahrhundert selbst fehlt es an Poesie, es verlangt von der Dichtkunst vor allem den Nutzen, die Sprache des Volkes; es will die Eleganz aus ihr verbannen, sie des Schönen, das ihr Wesen ist, zum größten Teil berauben; oder, wider ihre eigene Natur, das Schöne (und so das Erhabene, Große usw.) dem Wahren oder dem sogenannten Wahren unterordnen. Es ist natürlich und folgerichtig, daß ein unpoetisches Jahrhundert unpoetische oder so wenig wie möglich poetische Poesie möchte; sogar eine Poesie, die Un-Poesie ist (2. Mai).

Soviel einer gelesen haben möge, schwerlich wird er einen Gedanken, der ihm einfällt, für seinen eigenen halten, wenn er von anderen ist; ihn dem eigenen Verstand, der eigenen Vorstellung zuschreiben, obwohl er nur aus dem Gedächtnis kommt. Solche Einfälle sind von einer bestimmten Empfindung begleitet, die originelle Gedanken von anderen unterscheidet; und der Gedanke, den sozusagen das Gefühl von Originalität begleitet, wird höchstwahrscheinlich nie in gleicher Weise jemand anderem eingefallen sein, es wird ein eigener und neuer sein; ich meine, nicht im Gehalt, sondern in der Form, die alles ist, was man verlangen kann. Ist es doch bekannt, daß die Neuheit der meisten Gedanken der originellsten Autoren und Denker in der Form besteht (10. Mai).

Nicht nur hinsichtlich der Vernunft, sondern auch in bezug auf das menschliche Wissen, die Bildung, Gelehrtheit und Erkenntnisse kann man zweifeln, ob sie wirkliche Fortschritte machen. Für das Moderne wird das Alte vergessen und aufgegeben. Ich spreche nicht etwa von der Archäologie, sondern von der bürgerlichen und politischen Geschichte, der Literaturgeschichte, den von bedeutenden Männern hinterlassenen Berichten, der Bibliologie, der Literatur, den Entdeckungen und Wissenschaften der antiken Völker. Man lernt, man weiß das, was die modernen Menschen wissen; was die alten wußten (vielleicht war es gleichwertig), wird vernachlässigt und nicht beachtet. Ich spreche nicht nur von den Griechen oder Lateinern, sondern von unseren Vorfahren in den vergangenen Jahrhunderten, das achtzehnte nicht ausgenommen. Seht nur die Hochgelehrten und Hochgebildeten unter den modernen: mit Ausnahme einiger Monstren an Wissen (wie der eine oder andere Deutsche), die Altes und Modernes gleich gut kennen, umfaßt das ungeheuere enzyklopädische Wissen der anderen sozusagen nur die Gegenwart: von der Vergangenheit sind sie so oberflächlich unterrichtet, daß es keinen Nutzen bringen kann. Anstatt unser Wissen zu vergrößern, ersetzen wir nur ein Wissen durch ein anderes, sogar in einem Fach (dann, wenn zu einer Zeit ein Studium auf Kosten der anderen überwiegt). Das ist ganz natürlich; es fehlt an Zeit: der Wissensstoff wächst, die Lebenszeit wächst nicht, sie gestattet *soviel und nicht mehr* Kenntnisse. Auch die Naturwissenschaften machen wer weiß welche Fortschritte, bedenkt man es richtig. Die Zeit reicht kaum aus, die unzählig vielen Beobachtungen zu kennen, die von Zeitgenossen gemacht werden, was nützen einem die früherer Zeiten? Die Gegenstände werden nicht mehr, sie verändern sich. Und wieviel wird täglich entdeckt, was unsere Vorfahren schon entdeckt hatten! Man hat nicht mehr daran gedacht. Ich wiederhole, daß ich nicht nur von den ältesten Vorfahren spreche; auch von zeitlich näheren. Ein Blick in die biographischen Lexika, auf die Schriften, Beobachtungen, Entdeckungen, Einrichtungen unbekannter oder kaum bekannter Männer, die doch erst vor einigen Dutzend Jahren, vor wenigen Jahrzehnten gelebt haben: und man wird die Erklärung und den Beweis für meine Betrachtungen haben. Die Menschen lernen jeden Tag, aber das Menschengeschlecht vergißt, und ich weiß nicht, ob im gleichen Maße (13. Mai).

Anmerkungen

I. Gedichte

Auswahl und Nachdichtung erfolgten anhand von „Tutte le opere di Giacomo Leopardi", herausgegeben 1937 bis 1949 von Francesco Flora, im Verlag Mondadori, Mailand. Erstmals unter dem Titel „Canti" (Lieder) – im Gegensatz zu den erstarrten Formen der Gesänge (Canzoni) und Hymnen (Inni) – hat Leopardi seine Gedichte 1831 in Florenz veröffentlicht. In der endgültigen Fassung, die er kurz vor seinem Tode zusammenstellte, enthält die Sammlung 36 Gedichte.
In Deutschland fand Leopardis Lyrik bald Bewunderer. Die „Canti" der ersten Ausgabe lagen bereits 1836 in einer Übertragung von Ludwig Kannegießer vor. Eine vollständige Ausgabe der Gedichte Leopardis in deutsch brachte dann 1866 Robert Hamerling heraus. Zwei Bände Leopardi, seine Poesie und die „Operette morali", erschienen 1878 in der Übersetzung von Paul Heyse. Es folgte 1883 in Halle ein Band „Dichtungen" in der deutschen Fassung von Gustav Brandes. Von Rainer Maria Rilke gibt es eine Nachdichtung von „Das Unendliche".
Die Nachdichtungen unserer Auswahl von Hanno Helbling entnahmen wir: Giacomo Leopardi, Gesänge · Dialoge und andere Lehrstücke (Werke Erster Band); Winkler Verlag München, 1978.

Brutus der Jüngere: entstanden 1821 in Recanati.

1 Bei Philippi in Thrakien fand 42 v. u. Z. die Entscheidungsschlacht zwischen den Cäsarianern und den Cäsarmördern statt. Brutus der Jüngere unterlag und gab sich auf dem Schlachtfeld den Tod.
2 Erinnert wird an den Verlust der republikanischen Freiheiten durch die Errichtung der Alleinherrschaft des Augustus, mit Bezug auf die Eroberung Roms durch die Westgoten 410.
3 (griech.) Abendland; in der Antike für „Italien".
4 Als Brutus' letzte Worte wurde dieser Ausruf (stolta virtù) von dem römischen Geschichtsschreiber Julius Florus überliefert: „Sed quanto efficacior fortuna quam virtus!" (Wieviel stärker ist das Schicksal als die Tugend.)
5 Gemäß der atheistischen Überzeugung Leopardis, die sich unter dem Einfluß der sensualistischen Theorien der Aufklärung herausbildete, ist der „geheime Spruch" als Hinweis auf die Platonische Lehre von der Unsterblichkeit und ihren

Einfluß auf die Entstehung des Christentums zu verstehen. Siehe Anm. II, 103 zum „Dialog zwischen Plotin und Porphyrios".

6 Der Sage nach wurde Lavinia, die Tochter des altrömischen Königs Latinus, dem Äneas zur Frau gegeben, dessen Nachkommen Rom gründeten.

An den Frühling: entstanden 1822 in Recanati.

7 Die Jagdgöttin Artemis.

8 Lorbeer- und Mandelbaum tragen im Griechischen die Namen mythologischer Mädchengestalten, die sich durch Verwandlung vor Verfolgern retten.

9 „Der Leuchtende", Sohn des Sonnengottes Helios, setzte mit dessen Sonnenrossen die Erde in Brand. Zeus schleuderte ihn zur Strafe in den Fluß Eridanus (den heutigen Po).

10 Die Nymphe Echo verschmachtete in unglücklicher Liebe und wurde zu einem Felsen.

Letzter Gesang der Sappho: entstanden 1822 in Recanati. – „In dem Gesang halte ich mich an die volkstümlichen Überlieferungen von der unglücklichen Liebe der Dichterin Sappho, obwohl heutige Kritiker zwei Sapphos voneinander unterscheiden", heißt es in einer Anmerkung Leopardis.

11 Als griechische Entsprechung für Dis, die lateinische Gottheit der Unterwelt, wird in der Übersetzung Hades genannt; in der vorletzten Zeile tritt Charon, der Fährmann zur Unterwelt, an die Stelle von Persephone, der Gemahlin des Hades (tenaria Diva).

12 An Phaon von Lesbos gerichtet, den die Dichterin der Legende nach liebte, ohne seine Liebe gewinnen zu können.

13 „Mit Schlaf betaut" hat Hermes, auf Weisung von Zeus, die Wachen in Achills Lager (Homer, „Ilias", 24. Gesang, Vers 445).

Der einsame Vogel: Ort und Zeit des Entstehens sind umstritten; wahrscheinlich nach 1829 in Florenz geschrieben. Das Motiv ist dem 102. Psalm, Vers 8, entnommen: „Ich wache, und bin wie ein einsamer Vogel auf dem Dach."

Das Unendliche: entstanden 1819 in Recanati.

Der Abend nach dem Fest: entstanden 1820 in Recanati.

14 Durch die Entlehnung des Motivs aus Homers „Ilias", 8. Gesang, Vers 555–558, wird die Stimmung angezeigt, in der sich das psychologische Drama des Dichters monologisch abspielt: „Wie wenn hoch am Himmel die Stern um den leuchtenden Mond her / scheinen im herrlichen Glanz, wann windlos ruhet der Äther; / hell sind rings die Warten der Berg' und die zackigen Gipfel, / Täler auch, aber am Himmel eröffnet sich endlos der Äther" (deutsch Johann Heinrich Voß).

An den Mond: entstanden 1819 in Recanati.

Wiedererwachen: entstanden 1828 in Pisa.

An Silvia: entstanden 1828 in Pisa.

15 Die Identität der weiblichen Gestalten bei Leopardi ist nicht bestimmt. In diesem Fall wird angenommen, der frühe Tod der Tochter eines Bedienten habe die Anregung gegeben. – Der Name Silvia ist wie Nerina in „Die Erinnerungen" aus Tassos Schäfer-Epos „Aminta" entnommen.

Die Erinnerungen: entstanden 1829 in Recanati.

Nachtgesang eines wandernden Hirten in Asien: entstanden 1829/30 in Recanati. – Das Bild des wandernden Hirten ist dem Buch „Voyage d'Orembourg à Boukhara, fait en 1820" des russischen Barons Meyendorff entlehnt, von dem Leopardi in einer Rezension las.

Die Ruhe nach dem Gewitter: entstanden 1829 in Recanati.

Samstag im Dorf: entstanden 1829 in Recanati.

Der beherrschende Gedanke: entstanden wahrscheinlich 1832 in Florenz.

Liebe und Tod: entstanden 1833 in Florenz.

An sich selbst: entstanden 1833 in Florenz.

Auf das Bildnis einer schönen Frau an dem Grabmal derselben: entstanden wahrscheinlich zwischen 1831 und 1835, Florenz–Neapel.

Palinodie an den Marchese Gino Capponi: entstanden 1835 in Neapel.

16 (griech.) Gegengesang, gerichtet an den Freund aus dem Kreis der Florentinischen „Antologia“ (s. Nachwort).
17 Florentinische Cafés.
18 Eine Umkehrung des Petrarca-Verses: „Come nulla quaggiù *diletta* e dura“ („Rime“ 211,14).
19 Söhne des Noah, nach der biblischen Sintflut die Stammväter der Menschheit.
20 1799 wurde mit der Planung des Eisenbahntunnels unter der Themse (von Wapping nach Rotherhithe) begonnen; der Bau begann 1924 und dauerte mehr als achtzehn Jahre.
21 Bezogen auf Niccolò Tommaseo, der literarisch und politisch Leopardi heftig kritisierte.
22 Der Bart als Ausdruck liberal-revolutionärer Gesinnung.

Monduntergang: entstanden 1836 in Torre del Greco, bei Neapel.

23 Tyrrhenisches Meer (Tyrrhener ist die griechische Bezeichnung für Etrusker).

Der Ginster oder die Blume der Wüste: entstanden 1836 in Torre del Greco, bei Neapel.

24 Zitiert aus der Widmung zu den „Sacri Inni“ (Heilige Hymnen) von Mamiani Della Rovere.

Scherz: entstanden 1828 in Pisa.

II. Kleine moralische Werke

1824 war das Entstehungsjahr von zwanzig Teilen der „Operette morali“; ein Titel, der an die moralischen Schriften der bürgerlichen Frühaufklärung erinnert. Die Intentionen des Dichters waren jedoch ganz anders geartet. Bereits 1919 hatte er in seinen literarischen Plänen weitgehend die Einzelheiten für „satirische Dialoge nach dem Vorbild Lukians, unter Weglassung der Personen und der Lächerlichkeit zeitgenössischer moderner Verhältnisse“ ausgeführt. In den Jahren danach trug er im „Zibaldone“ die Gedanken zusammen, die in den „Operette“ literarisch gestaltet werden sollten. 1825 ergänzte er die Prosaschriften mit dem „Apokryphen Fragment des Stratos von Lampsakos“: die fingierte Übersetzung eines antiken Textes gestattete es ihm, trotz kirchlicher Zensur sein von materialisti-

scher Sicht geprägtes Weltbild darzulegen. Zwischen 1827 und 1832 entstanden vier weitere Dialoge. Dieses Buch „voll poetischer Träume und melancholischer Einfälle und Launen", wie es abschließend im „Tristan und ein Freund" heißt, hat es nicht leicht gehabt, sich gegen Verkennung, Verschweigen und Verbot durchzusetzen.
Die Übersetzung von Alice Vollenweider nach dem Text der Originalausgabe von Francesco Flora entnahmen wir der Edition des Winkler Verlages München (s. Anm. Gedichte).

1 Bezogen auf das christliche Dogma von der Erbsünde; demgegenüber der Hinweis auf das existentielle Unglück des Menschen, das ihn ungerecht und böse werden läßt. – Auf Verlangen der Zensur mußte Leopardi der ersten vollständigen Ausgabe der „Operette morali", Florenz 1834, die Erklärung vorausschicken: „Der Autor versichert, daß er in dieser Erzählung und in den nachfolgenden keine Anspielung macht auf die mosaische Geschichte, ebensowenig auf die des Evangeliums und auch nicht auf irgendwelche Traditionen und Doktrinen des Christentums."
2 Aus der Sintflut der griechischen Mythologie rettete sich Deukalion, Sohn des Prometheus, mit seiner Frau Pyrrha in einem Kasten auf das Gebirge des Parnaß.
3 In die kalifornischen Wälder floh René, der Titelheld einer Novelle, die Chateaubriand in sein Hauptwerk „Le Génie du christanisme" eingefügt hat. Die Beschreibung des angeblich idyllischen Lebens der Ureinwohner des neuen Kontinents war ein Lieblingsthema der französischen Frühromantik.
4 Als Atlas die goldenen Äpfel der Hesperiden für Herkules holte, der ihm solange die Last der Erde abnahm.
5 Seher aus Knossos auf Kreta, lebte der Überlieferung nach im 6. Jh. v. u. Z. und soll 57 Jahre in einer Höhle geschlafen haben. Siehe Goethe: „Des Epimenides Erwachen".
6 Die erste der zwölf Taten des Herkules: er betäubte den Nemeischen Löwen mit der Keule und erwürgte ihn mit den Händen.
7 Siehe Anm. I, 9.
8 „Selbst wenn das All geborsten stürzet, werden die Trümmer ihn furchtlos treffen." Horaz, 3. Buch, 3. Ode: „Römische Größe".
9 Aus Petrarcas Canzone: Du guter Geist, der diese Glieder lenkt. – Die Anspielung in der folgenden Zeile bezieht sich auf Petrarcas allegorische Dichtung „Triumphe", 3. Gesang.

10 In der antiken griechischen Literatur Dichter von burlesken und satirischen Versen.

11 Zitat von Giovanni Batista Casti (1724–1803) aus „Animali parlanti" (Die sprechenden Tiere).

12 Cicero: Laelius, de amicitia; Anne-Thérèse Lambert (1647–1733), „Traité de l'amitié".

13 Der deutsche Mathematiker Johannes Müller nannte sich nach der lateinischen Bezeichnung seiner Geburtsstadt Königsberg.

14 Der französische Mechaniker Jacques de Vaucanson wurde von Voltaire als „Rivale des Prometheus" bezeichnet: er fertigte Figuren, die sich von selbst bewegten, Instrumente spielten u. a.

15 Die Memnon-Säulen bei der altägyptischen Stadt Theben, errichtet zu Ehren von König Amenophis III. im 2. Jt. v. u. Z. Durch die Spannungen im Stein infolge des Temperaturwechsels bei Sonnenaufgang wurden vibrierende Töne erzeugt. Die Griechen hielten den legendären Memnon, König von Äthiopien, für den Schöpfer der Steine.

16 Albertus Magnus werden staunenswerte Erfindungen, wie der sprechende Kopf, zugeschrieben. Sein Schüler Thomas von Aquino soll den Kopf als eine Erfindung des Teufels zerschlagen haben.

17 Anspielung auf das komische Epos „Vert-Vert" des französischen Dichters Jean Baptist Louis de Gresset.

18 „Endet mit seiner Geburt doch das eiserne Zeitalter, leuchtet über der Erde das Goldene", Vergil, Hirtengedichte, 4. Gedicht, Vers 9–10.

19 (lat.) Er macht ein Ende der eisernen Zeit, eine goldene Menschheit wird die Erde dann füllen.

20 „Der Hofmann", im 3. Buch stellt Castiglione die vollendete Gesellschaftsdame vor.

21 Sagenhafter König von Zypern, der eine Statue der Liebesgöttin Aphrodite schuf und sich in sie verliebte; auf sein Bitten belebte die Göttin die Statue, und er nahm sie zur Frau.

22 In dessen Melodrama „Demetrius" heißt es (2. Akt, 2. Szene): „Mit der Treue der Verliebten ist es anders nicht als mit dem arabischen Phönix: jeder sagt, es gibt ihn, niemand weiß, wo."

23 Nach dem satirisch-phantastischen Roman „Der goldene Esel" aus dem „Buch der Metamorphosen" von Apuleius haben auch Firenzuola und Macchiavelli Dichtungen verfaßt.

24 Vorderasiatische Gottheit der Fruchtbarkeit, vergleichbar mit dem griechischen Dionysos.
25 Zu den Gesetzen, die der sagenhafte Lykurg den Spartanern gegeben haben soll, wird das Verbot von Gold- und Silbermünzen gerechnet; Spartaner sollten nur Eisenmünzen haben, die außerhalb der Landesgrenzen nicht in Kurs waren.
26 Schlußworte der 1724 verfaßten Tragikomödie „Rutzvanscad" von Zaccaria Valaresso, einem arkadischen Dichter.
27 Zitiert nach Cicero, De natura Deorum, 2. Buch, Kap. 64.
28 Vor der Statue seines bedeutendsten politischen Gegners wurde Cäsar ermordet.
29 Ein Zauberer, als Gestalt erfunden.
30 Die Namen der Geister entstammen Dantes „Göttlicher Komödie", wo sie in der Hölle angesiedelt sind.
31 Atreus, der sagenhafte König von Mykene, ist Stammvater des Geschlechts der Atriden, aus dem die griechischen Trojafahrer hervorgingen.
32 „Eine sagenhafte Stadt, auch El Dorado genannt, die die Spanier in Südamerika zwischen den Flüssen Orenoco und Amazonas vermuteten." Anm. von Leopardi. Literarisch ein Bezug auf Voltaires „Candide oder der Optimismus", Kap. 7 und 8, der in einer solchen Stadt spielt.
33 Gemahlin des Odysseus, die sich durch List der sie bedrängenden Freier erwehrte.
34 Die kosmologische Gottheit Gaia oder Gäa, die den Uranos (Himmel) gebar und durch ihn die Mutter der Titanen und Zyklopen wurde.
35 Die Sphärenharmonie, die der antiken Überlieferung nach zu den wissenschaftlichen Erkenntnissen von Pythagoras gezählt wird.
36 „Man glaubt, Orpheus sei der erste gewesen, der die Gestirne für bewohnt hielt wie unsere Erde" verzeichnete Leopardi nach astronomischen Schriften des Altertums in seiner „Geschichte der Astronomie", 1813.
37 Lynkeus, der Luchsäugige; in der griechischen Mythologie der Steuermann der Argonauten, die aus Kolchis das Goldene Vlies holten.
38 Bezieht sich auf eine 1824 anonym veröffentlichte Satire auf Schriften des englischen Astronomen Sir Frederick William Herschel.
39 „Vergleiche die astronomischen Entdeckungen, die in deutschen Zeitungen im März 1824 Herrn Gruithusen zugeschrieben wurden." Anm. von Leopardi.

40 Italienische Redewendung, gleichbedeutend mit: Ein X für ein U vormachen.
41 Gemeint ist der portugiesische Marineoffizier Antonio de Ulloa, der mit seinen Forschungen über Elektrizität und Magnetismus Aufsehen erregte.
42 „That the moon is made of green cheese“ (Daß der Mond aus unausgereiftem Käse gemacht ist), sagt man, wenn jemand unglaubliche Dinge erzählt. Anm. von Leopardi.
43 Es beginnt bei Neumond und beendet den mohammedanischen Fastenmonat Ramadan.
44 Im Orlando Furioso (Der rasende Roland), 14. Buch, läßt Ariost einen Gefährten Orlandos zum Mond aufsteigen, um dort mit Hilfe des Heiligen Johannes den Verstand zu suchen, der dem Titelhelden verlorengegangen ist.
45 „Stadt Über-den-Wolken“.
46 Der Überlieferung nach hat Pythagoras als erster die Bezeichnung Philosoph gebraucht, weil er nur die Götter für würdig hielt, als Weise bezeichnet zu werden. Plato läßt das in seinem Dialog „Phädon“ Sokrates sagen.
47 Als Quellen gibt Leopardi Werke der Geschichtsschreiber Plinius d. Ältere und Sueton an.
48 In seiner Cäsar-Biographie, Kap. 45, berichtet Sueton, daß der große Feldherr sich mit seiner Glatze nicht abfinden konnte.
49 Sohn der Nacht, Gott des Spottes und des Tadels.
50 Kolumbien, Leopardis Quelle ist die „Crónica del Perú“, verfaßt 1545 von Pedro Cieza de León.
51 Gemahlin des Königs Minos auf Kreta, die den Minotaurus, einen Menschen mit Stierkopf, als Frucht einer strafbaren Liebe zu einem Stier gebar.
52 Ehemalige Hauptstadt Hindustans. Die Episode ist dem Bericht „Missione al Mogul“ des Jesuitenpaters Daniello Bartoli entnommen.
53 Der Überlieferung nach eine römische Patrizierin, die vom Sohn des Königs entehrt wurde und sich tötete; das führte zum Sturz des römischen Königtums 509 v. u. Z.
54 Tochter des römischen Plebejers Virginius, der sie der Sage nach umbrachte, weil ihr ein mächtiger Politiker nachstellte.
55 Ein der Heilwissenschaft kundiger Kentaur.
56 In der griechischen Mythologie ein im äußersten Norden der bekannten Welt lebendes Volk, bei dem es keine Nacht gibt und das deshalb ewige Jugend genießt.
57 Entnommen den Lettres philosophiques, Brief 11.

58 „Torquato Tasso hatte in der Zeit seiner Geisteskrankheit eine Einbildung gleicher Art wie der berühmte Sokrates; er glaubte nämlich, ab und zu einen guten und freundschaftlichen Geist zu erblicken und mit ihm viele und lange Gespräche zu führen." So berichtet in der Tasso-Biographie des Manso. Dieser war bei einem dieser Gespräche, oder einem der Selbstgespräche, wie man auch sagen könnte, zugegen. Anm. von Leopardi.

59 Tasso liebte, der Legende nach, Eleonora d'Este, die Schwester Herzog Alfons' II., an dessen Hof er lebte.

60 „Spricht Pilatus zu ihm: Was ist die Wahrheit?" Johannes-Evangelium 18,38.

61 Die nach der Wandelhalle (Peripatos) im Athener Lykeion genannten Schüler des Aristoteles.

62 Die Episode ist laut Anm. Leopardis den Lusiaden, 5. Gesang, von Camões entnommen.

63 Büstendenkmäler der Antike; hier die acht Meter hohen Steinfiguren auf den Osterinseln im Pazifik.

64 Vulkan im Süden Islands, letzter Ausbruch war 1981.

65 Seneca vertrat den Stoizismus auch in naturphilosophischen Schriften; in Naturales quaestiones, Buch 6, 2 heißt es: „Si vultis nihil timere, cogitate omnia esse timenda."

66 Der Schriftsteller Parini hat mit seinem Werk die Generationen des Risorgimento beeinflußt und ermutigt. Durch seine literarischen Arbeiten erneuerte er die italienische Sprache und erschloß der Dichtung neue Inhalte.

67 Telesilla von Argos leitete die Verteidigung der Stadt (6. Jh. v. u. Z.) gegen einen Angriff bei Abwesenheit aller ihrer Kriegsleute.

68 Siehe Anm. 19.

69 Dem Vorbild von Vergils „Lied vom Helden Äneas" nacheifernd, verherrlichte Lukan in dem Epos „Pharsalia" den Bürgerkrieg zwischen Cäsar und Pompejus.

70 Friedrich II. von Preußen; am 26. November 1778 bewertete er in einem Vortrag vor der Berliner Akademie Voltaires Versepos „Henriade" über Heinrich IV. höher als Vergils „Lied vom Helden Äneas".

71 Montesquieu in seinem Beitrag für die Französische Enzyklopädie „Fragment sur le goût" (Fragment über den Geschmack).

72 Der Geburtsort Parinis, genannt anstelle von Recanati, wo Leopardi die beschriebenen Erfahrungen in seiner Jugend gemacht hat.

73 Zitiert aus dem Sonett „La gola, il sonno" (Die Gefräßigkeit, der Schlaf).

74 Cicero: Cato maior, de senectute (Catus der Ältere, über das Alter), Kap. 23.

75 Die Verse des Simonides von Keos, die Leopardi nachgedichtet hat, wurden von ihm als Fragmente in die erweiterte letzte Ausgabe der „Canti" aufgenommen.

76 Der holländische Anatom Friedrich Ruysch unterhielt ein Kabinett lebensähnlich präparierter Leichen, das zu den Sehenswürdigkeiten in Europa um 1700 gehörte. Peter I. von Rußland besuchte es zweimal und erwarb es dann für Petersburg.

77 Nach antikem Glauben der Zeitpunkt für außergewöhnliche und wunderbare Ereignisse. Wissenschaftlich wurde das Große oder Platonische Jahr (Präzession) 130 v. u. Z. von Hipparch entdeckt.

78 Entnommen aus der parodistischen Nachdichtung des Ritterpoems „Der verliebte Roland", von Francesco Berni.

79 Ein vom Autor gewähltes Pseudonym, um in seiner Zeit unbequeme Gedanken und Urteile, die zum Teil im „Zibaldone" ausgearbeitet wurden, veröffentlichen zu können.

80 „Wie nur kommt es, Maecen? Es ist niemand zufrieden mit seinem Los, ob nun selbst er's gewählt oder ob's ihm das Schicksal bescherte; jeder preist jene, die andere Wege im Leben verfolgten." Horaz, Satiren, 1. Buch, Vers 1–3 (deutsch Manfred Simon).

81 „Oeconomus", Kap. 20, § 23 (Der Landwirt).

82 Als Anhänger des Hegesias von Kyrene, genannt „Verführer zum Tode", huldigten sie dem Freitod.

83 Nach der verlorenen Schlacht von Amorgos, 323 v. u. Z., wurde der Athener Politiker von seinen Landsleuten, denen er die Wahrheit verschwiegen hatte, als Sieger gefeiert.

84 Ein Kammerherr des spanischen Königs, er begleitete Kolumbus auf seiner ersten Entdeckungsfahrt.

85 Gomera gehört zu den Kanarischen Inseln; dort stach Kolumbus am 6. September 1492 zu seiner Atlantiküberquerung in See.

86 Es handelt sich um Beobachtungen, über die der karthagische Admiral Hanno in seinem Bericht von einer Entdekkungsreise an der Westküste Afrikas um 480 v. u. Z. schrieb. In griechischer Übersetzung ist der Bericht unter dem Titel „Periplus" erhalten geblieben.

87 Leukos, eine der Ionischen Inseln; auf ihrer Südspitze er-

hebt sich der 65 Meter hohe Leukadische Felsen, von dem im Altertum jährlich ein Verbrecher ins Meer gestürzt wurde.

88 (griech.) der Sorgenfreie; im 3. Jh. soll ein Philosoph in Etrurien sich so genannt haben.

89 „Richte, mein Junge, mit Lächeln den forschenden Blick auf die Mutter –
brachten zehn Monate ihr doch mancherlei arge Beschwerden:
Wer nicht als Kind durch sein Lächeln den Eltern ein Lächeln entlockte,
speist nie am göttlichen Tische und teilt nie ein göttliches Lager."
Vergil, Ekloge 4, Vers 60–63 (deutsch Dietrich Ebener)

90 Das „Lexikon Chaldaicum" des deutschen Orientalisten Johann Buxtorf wird von Leopardi als Quelle angegeben.

91 Gelegen auf der östlichen Landzunge der griechischen Halbinsel Chalkidike, auch Hagion Oros (Heiliger Berg) genannt; Sitz einer autonomen Mönchsrepublik unter griechischer Oberhoheit. Im Jahre 972 hatten die von orthodoxen Mönchen verschiedener Nationalitäten dort gegründeten Klöster und Siedlungen eine eigene Verfassung erhalten.

92 Nach griechischer Etymologie: „ein die Menschen Achtender" und „ein die Menschen Bemitleidender".

93 Timon, der Misanthrop, ein durch seinen Menschenhaß sprichwörtlich gewordener Athener, Zeitgenosse des Sokrates.

94 Hauptwerk des Ptolemäus, in dem er sein heliozentrisches Weltbild darlegte.

95 Der Engländer John von Holywood (latinisiert Sacro Bosco) stellte in dem Traktat „De sphaera mundi" (Über die Weltsphären) über tausend Jahre nach Ptolemäus dessen System als unabänderlich dar.

96 Alkmene. Stoff für mehrere Lustspiele über Amphytrion.

97 Siehe Anm. 50.

98 Das Gebetbuch der römisch-katholischen Geistlichen für die vorgeschriebenen Gebetsstunden, die Horen.

99 Weissagung durch vermeintliche Totenbeschwörung.

100 Cicero in der Rede Pro Sestio, XLV, 98. Quelle laut Leopardi.

101 „Kopernikus widmete es tatsächlich Papst Paul III." Anm. von Leopardi.

102 Enneaden, 9. Buch; Plotin schreibt darin über den Selbstmord.
103 Elemente der spätgriechischen Philosophie, darunter die Ideenlehre Platos, gingen eine enge Verbindung mit den christlichen Überlieferungen ein.
104 Die drei Totenrichter im Hades.
105 Siehe Anm. 82. Das nordafrikanische Gebiet um Kyrene wurde von den ägyptischen Ptolemäern beherrscht.
106 „Erschöpft nun hebe ich die Hände und übergebe die Waffen meinem ruchlosen und grausamen Geschick" (Petrarca, Rime, Teil II, Canzone V).
107 Gino Capponi.

III. Zibaldone: Gedanken zur Literatur

Die ausgewählten Passagen entnahmen wir: Giacomo Leopardi. Tutte le opere a cura di Francesco Flora (a. a. O.). Sie enthalten einen Bruchteil der Gedanken, die Leopardi in der Zeit von 1817 bis 1832 in seinem Tagebuch aufgezeichnet hat. Das ergibt sich rein rechnerisch, wird zu dessen 4526 Heftseiten, eng beschrieben mit einer gestochen klaren und ruhigen Schrift, der Umfang dieser Auswahl ins Verhältnis gesetzt. Der Zibaldone ist fortlaufend numeriert. Oft verweist Leopardi auf frühere Aufzeichnungen, wenn er einen Gedanken wiederaufnimmt oder ergänzt. So ist ein geistiges Gewebe entstanden, das durch Sprünge und Widersprüchlichkeiten im Denken nur an Spannung gewinnt. Manches geht davon in unserer Auswahl unvermeidlich verloren: demgegenüber besteht die Möglichkeit, einen Gedankenbereich Leopardis überschaubar vorzulegen.

1 „Lo Spettatore italiano", Zeitschrift für Politik und Literatur, herausgegeben in Mailand von Antonio Fortunato Stella, dem späteren Verleger Leopardis. Es handelt sich um den Artikel „Bemerkungen zum ‚Giaur' von Lord Byron".
2 Ludovico di Breme war Mitarbeiter der katholisch-liberalen Literatur-Zeitschrift „Il Conciliatore" (Mailand), die von 1818 bis zum Verbot durch die österreichischen Behörden 1820 als Sprachrohr der italienischen Romantiker großen Zuspruch fand.
3 Nisos, mythischer König von Megara, dessen Macht und Unsterblichkeit an seine purpurne Haarlocke gebunden war. Der junge Trojaner Euraylos war sein treuer Freund. Hinweise auf den Mythos sind in abgewandelter Form in Ver-

gils „Hirtengedichten“ enthalten, im 6. Gedicht, Vers 74ff., und im „Lied vom Landbau“, I. Gesang, Vers 404ff.

4 Es handelt sich um die Verse aus Lord Byrons „Giaur“:
„Des Gartens Königin, die Rose,
Beugt hier kein Schnee und Sturmgetose,
Da, von des Nordens Reif verschont
Sie jede Zeit des Jahres thront.
In sanftem Weihrauch opfert sie
Dem Himmel, was Natur ihr lieh;
Und dankbar, wenn ihr jener lacht,
Haucht Seufzer sie und Farbenpracht.
(Werke, Bd. 2, Verlag Wigand Leipzig 1863, deutsch von Adolf Böttger.)

5 „Halte die Handschrift im Pulte verschlossen
bis in das neunte Jahr: Du kannst tilgen, was
du nicht herausgabst:
Ist dir das Wort erst entflohn, so holst du es
nimmer zurück mehr.“
(Horaz, Buch über die Dichtkunst, Vers 88–90, deutsch Manfred Simon.)

6 „Die Leiden des jungen Werther“, erschienen 1774, fanden nach 1796 in der Übersetzung auch in Italien Verbreitung. Goethes Briefroman wird im „Zibaldone“ zwischen 1817 und 1820, wiederholt erwähnt. In dieser Zeit schrieb Leopardi „Ricordi d'infanzia e di adolescenza“ (Erinnerungen aus Kindheit und Jugendjahren), als Vorarbeit für einen autobiographischen Roman, der sich am „Werther“ orientieren sollte. – Auf die „kühne Dichtung“ von Goethes „Faust“ bezieht sich eine Notiz vom 1. April 1829.

7 „Von allen schönen Künsten ist es die Musik, die am unmittelbarsten auf die Seele wirkt. Die anderen lenken sie auf diese oder jene Idee, sie allein wendet sich der tiefsten Quelle des Seins zu und verändert gänzlich die innere Disposition.“

8 Gemeint ist seine Jugenddichtung „Appressamento della morte“ (Nahen des Todes) aus dem Jahre 1816.

9 (franz.) wahrnehmen, erfassen.

10 Homer, „Ilias“, 24. Gesang, Vers 630–676.

11 „Vocabolario della Crusca“, herausgegeben 1612 von der Accademia della Crusca, einem Gelehrtenverein zur Reinigung der italienischen Sprache, gegründet 1583 in Florenz mit Förderung der Herzoge de Medici.

12 „Vorschlag für einige Korrekturen und Ergänzungen des Vocabolario della Crusca“, den Vincenzo Monti auf Grund

seiner linguistischen Studien machte, mit denen er sich in späteren Jahren verstärkt beschäftigte. Darin nimmt er gegen die Puristen Stellung.

13 „... weint auch über das Unglück, betroffen vom menschlichen Schicksal." Vergil, „Lied vom Helden Äneas", 1. Gesang, Vers 462.

14 (lat.) constringere – zusammenschnüren, fesseln.

15 Italienische Bezeichnungen für das 14. und 16. Jahrhundert.

16 Horaz, 1. Buch, 22. Ode „Sicherer Schutz". Wörtlich: Bringe mich faul auf die unfruchtbaren Felder, wo Sommerluft keinen Baum erfrischt, auf jene Seite der Welt, die der böse Jupiter und Nebelschwaden bedrängen.

17 „Auf den Bergen vernimmt man das Krachen des trockenen Holzes." Vergil, „Lied vom Landbau", I. Gesang, Vers 57–58 (deutsch Dietrich Ebener).

18 17. Jahrhundert. Secentismo bedeutet in der italienischen Literaturgeschichte barocke Literatur mit ihrer Betonung des Wunderbaren, dem Hang zu Übertreibungen und überzogenen Metaphern.

19 (franz.) unterwerfen, dienstbar machen.

20 (griech.) Abbildung.

21 Zum Altindischen gehörende indoarische Sprache. Mitte des 1. Jh. war die Blüte der klassischen Sanskrit-Literatur.

22 Gemeint ist die Schrift „Il torto e il diritto del ‚non si può'" (Unrecht und Recht von „Man darf nicht"), die der Jesuitenpater und Schriftsteller Daniello Bartoli Mitte 1655 als Lehrbuch für die italienische Sprache verfaßte.

23 „Alfieri wurde durch einen einzigartigen Zufall aus der Antike sozusagen in die moderne Zeit verpflanzt; er war geboren zu handeln und konnte nur schreiben: seinem Stil und seinen Tragödien merkt man diesen Widerspruch an."

24 Gebraucht im Sinn von Hinz und Kunz.

25 (griech.) bacchischen Begeisterung.

26 Der Schriftsteller Giulio Perticari unterstützte 1817 bis 1826 Vincenzo Monti beim Abfassen des „Vorschlags für einige Korrekturen ..." (s. Anm. 12), der insgesamt sieben Bände umfaßt. – In der Schrift „Apologia" heißt es u. a.: „Die Literaten seiner Zeit verurteilten ihn, er hätte sein Poem in der Sprache der Dämchen verfaßt, anstatt in der Vergils und Lukrez'."

27 Siehe Anm. II, 73.

28 (franz.) bemerkt, wahrgenommen.

29 (franz.) übertragen, „üppig feiern", hier: ergötzen.

30 (franz.) glänzend, Aufsehen erregend.

31 (franz.) entschieden, bestimmt.
32 Altattische Komödie: bis um 400 v. u. Z., ihr Hauptvertreter ist Aristophanes.
33 Die neue Komödie datiert ab 320 v. u. Z.
34 Neuerdings gruppiert man zwischen alter und neuer Komödie noch die mittlere ein.
35 (griech.) Tat, Handlung.
36 Siehe Anm. 9.
37 14. Jahrhundert.
38 16. Jahrhundert.
39 Jede Komposition in Distychen wurde in der antiken Dichtkunst Elegie genannt.
40 (griech.) Threnos, Totenklage, ist ein Wechselgesang zwischen Vorsänger und Chor.
41 (griech.) Monodie, ist im Unterschied zum Chorlied (z. B. zum Threnos) das Einzellied.
42 Suidas, oder Suda, ist der Titel eines im 10. Jh. u. Z. entstandenen griechischen Sprach- und Reallexikons (mit Wort- und Sacherklärungen sowie biographischen Angaben).
43 Benannt nach dem griechischen Lyriker Archilochos, der die jambisch-trochäischen Verse einführte.
44 (griech.) gemein, schlecht.
45 (griech.) „Gleich wie Blätter im Walde, so sind die Geschlechter der Menschen." Homer, Ilias, 6. Gesang, Vers 146 (deutsch Johann Heinrich Voß).
46 Der französische Naturforscher George Buffon sagte in seiner Einführungsrede vor der Französischen Akademie: „Allein die gut geschriebenen Werke werden der Nachwelt überliefert werden; die Menge an Kenntnissen, die Einmaligkeit der Ereignisse, die Neuheit selbst der Entdeckungen sind keine sicheren Garantien für die Unsterblichkeit. Wenn sich die Werke, in denen sie enthalten sind, nur um kleine Dinge drehen, wenn sie ohne Geschmack geschrieben sind, ohne Vornehmheit und ohne Herz, werden sie untergehen, weil sich die Kenntnisse, die Ereignisse und die Entdeckungen leicht übernehmen, sich übertragen lassen und sogar gewinnen, wenn sie von geschickten Händen bearbeitet werden. Die Dinge sind außerhalb des Menschen, der Stil ist der Mensch selbst. Der Stil kann also weder übernommen noch übertragen oder gefälscht werden. Wenn er gehoben, edel und erhaben ist, wird der Autor auch zu allen Zeiten bewundert werden."
47 Der Altphilologe Friedrich August Wolf bewirkte durch seine „Prolegomena ad Homerum" (Einleitung zu Homer),

Halle in Sachsen, 1795, eine umfassende wissenschaftliche Auseinandersetzung mit der Entstehung von Homers Epen. Sie wird als „homerische Frage“ bezeichnet.

48 (lat.) Mithin ist allem Anschein nach die Ausbildung der Schreibkunst und ihre Anpassung an den alltäglichen Gebrauch des Volkes genau dasselbe gewesen, wie die ersten Versuche in der Prosa und die weitere Vervollkommnung derselben (deutsch H. Muchau).

49 (lat.) Diese (die Kunst der Rhapsoden) ist überhaupt lange der einzige Weg gewesen, Geisteserzeugnisse zu veröffentlichen.

50 (lat.) Xenophanes habe seine Dichtungen selbst rhapsodisch vorgetragen, lesen wir.

51 (lat.) Im ersten Zeitabschnitt, fast bis zum Zeitalter des Perikles lernte das griechische Volk den Homer und seine anderen Epiker mehr durch die zu Gehör gebrachten Vorträge als durch Lesen kennen. Auch damals noch war die Beschäftigung mit der Schreibkunst nur auf wenige beschränkt und das Lesen mühevoll und umständlich; daher verwandten sie auf die Kunst der Rhapsoden die größte Mühe, und, hingerissen von der wunderbaren Süße ihres Gesangs, hingen sie an dem Munde jener. Unter den berühmtesten Rhapsoden jenes Jahrhunderts wird um die 69. Olympiade [nach 504 v. Chr.; H. M.] Cynäthus erwähnt, ein Zeitgenosse des Pindar, der von Chios nach Syrakus gewandert ist und dort besonders seine Kunst betrieben hat (deutsch H. Muchau).

52 Hipparchus, zusammen mit seinem Bruder Hippias, Tyrann von Athen 527 bis 514 v. u. Z., berief Anakreon u. a. Dichter.

53 (griech.) ein Wort sagen.

54 (lat.) ... und andere griechische Philosophen haben ihr Urteil dahin abgegeben, daß diese Fähigkeit unseres Geistes nicht bemessen werden dürfe nach dem Maßstab des betreffenden Zeitalters, da die Beschaffung von Hilfsmitteln für den Geist der Entwicklung seiner Kräfte hinderlich gewesen sei, so daß die Erfindung der Buchstabenschrift, welche man ein Heilmittel für das Gedächtnis genannt hat, nicht mit Unrecht eine Schädigung und ein Verderb desselben hätte genannt werden müssen (deutsch H. Muchau).

55 (lat.) ... infolgedessen die fleißige, in der Ilias sogar eifrig wiederholte Anrufung der Musen, der das Gedächtnis stärkenden Gottheiten ... (deutsch H. Muchau).

56 (lat.) Ja, nicht einmal die Unsterblichkeit des Namens war imstande, jemand dazu anzutreiben, sie durch Denkmäler,

welche die Zeiten überdauern, zu erringen; und dies vom Homer anzunehmen, heißt es wünschen, nicht Gewißheit haben. Denn wo zeigt er uns, daß er von einem solchen Streben befangen sei? Wo spricht er ein solches Bekenntnis, welches den übrigen Dichtern so geläufig ist, offen aus, oder wo verschleiert er seine Gedanken? (Deutsch H. Muchau.)

57 (lat.) Überhaupt aber ließ sich jenes Zeitalter, welches gewissermaßen auf dem Schoß der Mutter spielte und dem Antrieb des göttlichen Geistes folgte, daran genügen, die herrlichsten Dinge zu erforschen und zum Ergötzen andrer zu verbreiten, wenn es eine Belohnung dafür erstrebte, so war dies der Beifall und das Lob der zuhörenden Zeitgenossen ... (deutsch H. Muchau).

58 Wie die Poesie entwickelte sich in Italien im 13. Jahrhundert auch die Prosaliteratur, zunächst vor allem in der Form der Chroniken und Legenden. In italienisch gechriebene Chroniken gab es am häufigsten in der Toskana, darunter die Geschichte von Florenz, verfaßt von Ricordano und Giacotto Malispini.

59 (lat.) Da sich aber die homerische Ausdrucksweise von der barbarischen Tonart gar weit entfernt hält, welche im Kindheitsalter der Völker durch einen „Regenschauer von Tropen und Wortbildern" angegeben wird, und – in den Wortformen und Redewendungen das rechte Maß zeigend – in ihrem gleichmäßigen und keuschen Stil gewissermaßen schon prophetisch auf die demnächst nachfolgende prosaische Redeform hinweist, die wir dennoch mehr als drei Jahrhunderte lang von niemand in Angriff genommen sehen, so geht meine Auffassung dahin, daß nicht die mangelnde Bildung, sondern andere Umstände, besonders die Unbeholfenheit im Schreiben, es bewirkt haben, daß auf die Poesie nicht mit der Schnelligkeit, wie es eigentlich natürlich war, die Prosa gefolgt ist (deutsch H. Muchau).

60 „Er (Alfieri) wollte über die Literatur ein politisches Ziel erreichen: dieses Ziel war zweifellos das allerbeste; aber das ist unwichtig, nichts sonst entstellt die durch Einbildungskraft geschaffenen Werke mehr als das."

Das Lyrische ist jedem Menschen eigen,
auch dem ungebildeten,
der sich an Gesang und an beliebig bemessenen Wörtern,
an Harmonie laben und trösten will;
es ist reiner und freier Ausdruck
jedes lebhaften und echt empfundenen menschlichen Gefühls.

Nachwort

Leopardi hat Zeichen gesetzt. „Das Ziel der Literatur besteht darin, das Leben der Menschen zu gestalten, die keine Literaten sind", bestimmt er souverän in seinem Tagebuch, dem „Zibaldone". Ein großer Anspruch, für den er alles gegeben hat: Stand und Rang in der Gesellschaft, Ansehen und Annehmlichkeiten im Leben. Er steht allein, in seiner Zeit und vor der Nachwelt. Mit Eleganz bedient er sich der literarischen Konventionen verschiedener Epochen; werden sie zu Fesseln, versteht er sich aus ihnen zu lösen. Stolz hält er auf seine geistige Herkunft aus der griechischen und römischen Antike.
Nach der Blütezeit der italienischen Literatur vom 13. bis 16. Jahrhundert, da ihre Klassiker Dante, Petrarca, Ariost und Tasso Werke von europäischer Bedeutung geschaffen haben, fiel sie in provinzielle Enge und akademische Erstarrung. In den ersten Jahrzehnten des vergangenen Jahrhunderts, als das Risorgimento, der Kampf um die Einheit und Unabhängigkeit Italiens, nach der Französischen Revolution beflügelt durch die nationalen Bewegungen in ganz Europa, seinen ersten machtvollen Aufschwung nimmt, vollzieht sich ihr Anschluß an die moderne Weltliteratur durch die Werke von Giacomo Leopardi und Alessandro Manzoni. Ihre produktivsten Schaffensperioden liegen zwischen 1812 und 1837, bei einem zeitlichen Vorsprung des um zweiundzwanzig Jahre älteren Manzoni. Beider bedeutendste Prosaschriften erscheinen im Jahr 1827. Mit dem Roman „Die Verlobten" hat Alessandro Manzoni in Italien die auf den objektiven historischen Gegenstand gerichtete, aus der Sicht des zeitkritischen Betrachters geschriebene Prosa begründet und die Literatur seiner Zeit aus der gespro-

chenen Sprache erneuert. Dem Lyriker Giacomo Leopardi verdankt sein Land die melodisch fließende, an den klassischen Stilarten gebildete Prosa der „Operette morali“ (Kleine moralische Werke), die Ausdruck individuellen Leidens an unerbittlicher Realität ist.
Leopardis Bild ist uns von einem Dichter überliefert, der ihn in beider letzten Lebensjahren in Neapel kennenlernte: Graf August von Platen. Am 5. September 1834 hat er in seinem Tagebuch vermerkt:
„Leopardi ist klein und bucklicht, sein Gesicht bleich und leidend, und er vermehrt noch durch seine Lebensart, da er den Tag zur Nacht macht und umgekehrt, seine Übelstände. Ohne Bewegung und ohne sich, bei dem Zustand seiner Nerven, beschäftigen zu können, führt er ein allerdings trauriges Leben. Bei näherer Bekanntschaft verschwindet jedoch alles, was seinem Äußeren einen unangenehmen Anstrich geben könnte, die Feinheit seiner klassischen Bildung und das Gemütliche seines Wesens nehmen für ihn ein.“
In manch einem Werk der „düsteren und dunklen Dichtungen des Nordens“, wie Leopardi sie nennt, vermißt er die erleuchtende Helle mediterraner Geistigkeit. Doch in Platen, der aus dem Grau kleinlicher Beschränktheit der deutschen Kleinstaaterei in den Süden geflüchtet ist, findet er einen Gesprächspartner, der ihm geistig nahesteht: auch bei Platen leiten sich entscheidende Impulse aus dem „Übergang vom antiken zum modernen Zustand“ her, der, Leopardis Worten zufolge, seinen eigenen poetischen Werdegang kennzeichnet.
Kindheit und Jugend beider Dichter haben im Zeichen von Napoleon gestanden, seinem Aufstieg, seinen Eroberungen und Reformen, seinem Niedergang; als der Wechsel von Gesetzen, Grenzen und gekrönten Häuptern so schnell ging, daß nur er noch beständig schien. Sie gehören der Generation des neu angebrochenen Jahrhunderts an, die nach Bewegung verlangt, als sich in Europa, nördlich und südlich der Alpen, die politische Starre der Restauration nach 1815 ausgebreitet hat.
Giacomo Leopardi wurde am 29. Juni 1798 in Recanati geboren, unweit der Hafenstadt Ancona. Auf dem Vor-

gebirge des Römischen Apennin zwischen dem Adriatischen Meer und dem Gebirgszug errichtet, ist die kleine Stadt, etwa achttausend Einwohner leben zu der Zeit in ihr, abseits von den Hauptverbindungsstraßen gelegen. Sitz der Familie Leopardi ist ein altehrwürdiges Stadtpalais, eingegliedert in eine Straße, die in das historische Zentrum auf dem Morello-Berg führt. Das Haus ist im Besitz der Familie verblieben, Teile von ihm können heute als Museum besichtigt werden. Der Besucher der jetzt mittleren Stadt mit ihrem geräuschvollen Erwerbsleben wird sich Verse erinnern wie dieser:

Den klaren Himmel sah ich,
die Gärten und die Gassen
im goldnen Licht, das ferne Meer, die Berge.

Leopardi hat 1826 für einen Freund, in dritter Person, dargestellt, auf welche Weise er, ungewöhnlich selbst für seine Zeit und seine Herkunft, im väterlichen Haus zu einem der gebildetsten Menschen seiner Zeit geworden ist:
„Bis zum Alter von 24 Jahren lebte er immer in seiner Heimatstadt. Nur der Elementar-Unterricht wurde ihm von Lehrern erteilt, die sein Vater eigens dafür im Hause hielt. Ihm stand eine reiche Bibliothek zur Verfügung, die der Vater, ein großer Literatur-Liebhaber, zusammengetragen hatte.
In dieser Bibliothek verbrachte er den größten Teil seines Lebens, wenn und insofern es ihm seine Gesundheit gestattete, die durch das Studium ruiniert war; im Alter von zehn Jahren hatte er es unabhängig von den Lehrern begonnen und dann als seine einzige Beschäftigung immer fortgesetzt, ohne sich dabei Ruhe zu gönnen."
Die Bibliothek im Hause Leopardi enthält eine umfassende Sammlung von Autoren der Antike, von Werken der italienischen Klassik und späterer Perioden, von englischer Literatur der Frühaufklärung, von Schriften der französischen Aufklärer und ihrer Anhänger in der Lombardei, die unter der Herrschaft der Habsburger Monarchie auf der Apenninen-Halbinsel der Entwicklung jenseits der Alpen am nächsten steht. Werke der

zeitgenössischen deutschen Literatur gibt es nicht viele darin und ausschließlich in Übersetzungen: Goethes „Werther" in der italienischen Ausgabe von 1796, August Wilhelm Schlegels „Vorlesungen über dramatische Kunst und Literatur", ausgewählte Idyllen von Salomon Geßner, um nur einige zu nennen. Literatur-Zeitschriften, darunter der Mailänder „Spettatore", ergänzen mit Übersetzungen bedeutender Werke neuerer deutscher, englischer und französischer Autoren den Bestand.
In den Adelskreisen der Provinz Macerata spricht man von dem „Wunderkind" im Hause Leopardi. Von 1809 bis 1816 vergräbt sich dieser junge Mensch, ein Kind noch, in die Bücher und ist „der sonderbarsten und abwegigsten Gelehrsamkeit auf der Spur", wie Leopardi später in einem Brief urteilt: „In sieben Jahren wahnsinnigen und verzweifelten Studiums habe ich mich ruiniert, in einem Lebensalter, in dem meine Konstitution sich ausbildete." Seine ganze Existenz ist auf Literatur ausgerichtet. Die Nachdichtungen und Kommentare zur Literatur und Philosophie der Antike und der italienischen Klassik wachsen zu mehreren Bänden an. Früh wird er zu einem Sprachkünstler, der seine Umgebung mit Dichtungen bezaubert und sie auch täuschen kann: mit artistischer Meisterschaft schreibt er Verse, die er als Nachdichtungen oder als Teile aus dem Nachlaß eines Trecentisten, eines Dichters aus dem 14. Jahrhundert, ausgibt. In einem allegorischen Gesang, getreu der klassischen Konvention, erteilt er ganz unkonventionell sich selbst das Wort, seine poetische Mission verkündend:

Ein Seher bin ich, greife nach den Sternen,
ich wage bebe wünsche fühle brennen
Apollons Licht, ein übermenschlich' Streben.
Groß soll Italien und die Welt mich nennen
in Wort und Schrift, ich werde meinen Ruhm
nicht leichenstumm am Totenufer sehen.

Verwachsen ist er mit nicht einmal zwanzig Jahren. Als Ältestes von vier Geschwistern hat er bei den Kinderspielen, behend und einfallsreich, den Ton angegeben. Jetzt ist seine Sehkraft geschwächt, seine Nerven sind

überreizt, er durchlebt schwere psychische Krisen. Es ist Zeit, nachzudenken über die eigene Lage, sie realistisch ins Verhältnis zu setzen zu den frühen Träumen. Erkennend, wie abgeschlossen von den Hauptströmungen des philosophischen Denkens und der literarischen Entwicklung in Europa er trotz aller Studien ist, wird er sich seiner Isoliertheit in Recanati bewußt. Er spürt, wie die Orthodoxie im katholischen Vaterhaus auf ihm lastet. Die pedantische Auffassung von Kunst und Philosophie in der adligen Gesellschaft wird ihm zur Qual. Ein Widerhall bewegten Lebens erreicht ihn nur durch die Zeitungen aus Mailand. Die Zeitschrift „Il Conciliatore", das Sprachrohr der italienischen Romantiker, vermittelt ihm erste Aufschlüsse über das neue Denken in der europäischen Kultur. Er gewinnt die Einsicht, daß die gesellschaftlichen Veränderungen seiner Epoche weitreichende Folgen für Literatur und Kunst haben werden, und beginnt kritisch zu werten, was er bis dahin gelesen, studiert, geschrieben, gedichtet hat. Über diesen Prozeß des Umdenkens gibt er sich Rechenschaft in einem Tagebuch, das er ab 1817 führt. Er nennt es liebevoll „mein Zibaldone", ein „Sammelsurium" von Gedanken zu verschiedensten Themen. Auf der ersten Seite stehen die Verse:
Schönes Schloß. Hund nachts von der Hütte her, vorbei geht der Wanderer.

Der Mond schien in den Hof, die eine Seite
beleuchtete er ganz und sandte
über die Wand schräg einen Strahl ...
Von der Hauptstraße war
der Wagen zu hören des Reisenden, Steine zermalmend
machte er Lärm, der weit vorausging
dem Geklingel der schwingenden Schellen.

Das ist ein neuer Klang in der Dichtkunst, die Entgrenzung der Sinne in der Lyrik kündigt sich an.
Der junge Dichter empfindet schmerzlich, daß seinem literarischen Streben enge Grenzen gesetzt sind. In einem Brief klagt er:
„Aber wenn man niemanden hat, der literarisch gebildet

ist und mit dem man sich unterhalten kann, wenn man alle Gedanken für sich behalten muß, wenn man seine eigenen Meinungen nicht ausbreiten und besprechen, sich der eigenen Studien nicht unschuldig brüsten, keine Hilfe und keinen Rat erbitten, in so vielen Stunden der Erschöpfung und der Lustlosigkeit keinen neuen Mut fassen kann, meinen Sie denn, das sei ein schönes Vergnügen? Die Erde ist voller Wunder, und ich sollte sagen, in dieser Höhle werde ich leben, und ich werde sterben, wo ich geboren bin?"

Jeder Satz ist Rebellion gegen Zensur, Obskurantismus und der Obrigkeit genehme geistige Trägheit im klerikal-feudalistischen Kirchenstaat. Unter den Staatsgebilden, in die der Wiener Kongreß die Halbinsel neu aufgeteilt hat, besitzt dieser die reichsten Priester und die ärmsten Bauern, Wirtschaft und Verwaltung sind desorganisiert, die Reaktion hat sich im Adel-Corps der Sanfedisten formiert. Für Leopardi werden die Verhältnisse um so unerträglicher, je mehr er am geistig-literarischen Leben jenseits der Grenzen des Kirchenstaats mittelbar teilnimmt. Seit 1817 steht er in lebhafter Korrespondenz mit Mailand, mit Zeitschriften, Verlegern und Schriftstellern, darunter an erster Stelle Pietro Giordani, der einen entscheidenden Einfluß auf ihn ausübt. Ihm eröffnet er in vielen langen Briefen seine Not. Mit kritischem Geist verfolgt er, vor allem anhand des „Spettatore", welche neuen Wunder die Welt im Zeitalter der beginnenden Industrialisierung hervorbringt: im Denken, in der Wissenschaft und Technik, in der Kunst. Im krassen Gegensatz zu den Veränderungen, die in allen Bereichen im Gange sind, scheint die Zeit politisch stillzustehen. In dieser Hinsicht befinden sich die Völker Europas nach 1815 in einer gleichen Situation: sie stellt sich jedoch in den verschiedenen Ländern unterschiedlich dar. Doppelte Despotie lastet auf der Apenninen-Halbinsel! Dort hält die Restauration nicht nur das überlebte Feudalsystem an der Macht; sie geht einher mit Fremdherrschaft: der nordöstliche und mittlere Teil ist wieder in Gewalt der Haupt- und Nebenlinien der Habsburger; Neapel trägt erneut das Joch der Bourbonen. Restauration und Despotismus hemmen die geistigen Kräfte, die mit den Fortschritten jenseits der Alpen Schritt halten wollen.

1814 taucht erstmalig das Wort „romantisch" im „Spettatore" auf. In den folgenden Jahren tritt die literarische Gesellschaft der lombardischen Hauptstadt in die Auseinandersetzung ein, die Goethe in einem Aufsatz unter dem Titel „Klassiker und Romantiker in Italien sich heftig bekämpfend" darstellte und in dem er von den Romantikern jenseits der Alpen sagte, „daß unter diesem Namen alles begriffen sei, was in der Gegenwart lebt und lebendig auf den Augenblick wirkt".

In der italienischen Literaturwissenschaft ist die Bedeutung der Romantik für die nationale Literatur umstritten. Benedetto Croce hat, mit der Unbedingtheit seiner über ein halbes Jahrhundert die Philosophie und Literatur des Landes beherrschenden Autorität, die Frage, ob Italien eine wirkliche Romantik gehabt hat, verneint: „Es gab sie nicht und konnte sie nicht geben, nicht nur, weil der italienische Geist damals mit einem anderen Problem beschäftigt war, sondern weil in Italien die geschichtlichen Voraussetzungen fehlten: die religiöse Reformation, der Mystizismus, die Philosophie, die mittelalterliche Poesie, der Mythus und das Märchen. Es fehlten sogar die Schwächen, die negativen Elemente, das etwas Verworrene, Vage und Disharmonische, das die germanischen Völker bedrängte."

Aus den besonderen Erfordernissen der italienischen Situation erklärt es sich, daß im Risorgimento zunächst eine zweckgebundene Auffassung von Literatur dominiert. An die Stelle der Polemik gegen die Aufklärung tritt das Streben nach kultureller Erneuerung. Literatur und Kunst sollen zur ethischen, kulturellen und politischen Wiedergeburt der Nation beitragen. Dieses erzieherisch-moralische Ziel erfordert eine auf die realen Gegebenheiten gerichtete Literatur. Im Mittelpunkt stehen deshalb Fragen des Verhältnisses zwischen Literatur und Gesellschaft, zwischen Schriftsteller und Publikum. Ganz im Gegensatz zur deutschen Romantik geht der Weg der italienischen vom Mythus zur Geschichte, er

führt aus der neoklassizistischen Idylle zum Drama und zum Roman, von der Poesie zur Prosa. Höhepunkt der italienischen romantischen Literatur ist der Roman, aber nicht der poetische Roman eines Friedrich Schlegel und eines Novalis, sondern der realistische historische Roman, nach dem Vorbild Alessandro Manzonis.
Diese Zeit einer starken geistigen Anspannung im Land ist entscheidend für den poetischen Werdegang Leopardis. Ungeachtet seiner klassischen Bildung und seiner Bindung an die Antike entwickelt er Distanz zu den Neoklassikern, die er bewundert und in deren Geschmack er gedichtet hat. Den Zielen der Romantik verschließt er sich nicht, aber ihr Bekenntnis zu ungehemmter Emotionalität ist ihm wesensfremd. Er behält sich vor, *seine* Stellung in der modernen Dichtung zu bestimmen. 1818 meldet er sich mit einem Aufsatz zu Wort, im Stil der Zeit – erscheinen wird er postum – als „Rede eines Italieners über die romantische Poesie" geschrieben. Sein Anliegen ist es, der Poesie in einem unpoetischen Zeitalter zu ihrem Recht zu verhelfen:
„Denn was die Alten waren, sind wir gewesen, was die Welt einige Jahrhunderte lang war, sind wir einige Jahre lang gewesen, als Kinder waren wir teilhaftig dieser Unwissenheit und dieser Ängste, dieser Freuden und dieser Gläubigkeit, dieses unbegrenzten Wirkens der Phantasie; als der Donner und der Wind und die Sterne und die Tiere und die Pflanzen und der heimatliche Hauch uns Freund oder Feind schienen, als nichts von all dem gleichgültig, nichts unsinnig war … Was für eine Phantasie hatten wir damals, wie oft und wie leicht entzündete sie sich, wie frei und zügellos, mächtig und unermüdlich schweifte sie umher … Ich selbst erinnere mich, in meiner Kindheit in der Einbildung einen solch süßen Ton vernommen zu haben, wie er nicht zu hören ist in dieser Welt …"
Hier liegen die Ursprünge von Leopardis Poetik. Die Phantasie, das „Unwahre" also, bedeutet ihm mehr als das „Wahre", die Wirklichkeit, das ins Wort eingeflossene Empfinden mehr als die reflektierte Erkenntnis. Aus dem wahrhaften Dichter spricht die Natur, nicht die

Vernunft, postuliert er, das lyrische Ich auf den Thron erhebend. Ihrem hohen Rang wird die schöpferische Individualität nur unter großen Opfern gerecht werden können, denn

„... welche Natur und welche flüchtige Illusion hoffen wir, in einer Zeit zu finden, in der alles Zivilisation und Verstand und Wissenschaft und Praxis und Kunstfertigkeit ist; in der es keinen Ort und kein Ding gibt, die von den Menschen nicht verändert werden könnten, in der die ursprüngliche Natur nur ganz selten blitzartig aufleuchtet, weil sie überall verdeckt und versteckt ist von gröbster und dichtester Materie, die man sich nur denken kann ... In einer Zeit, in der unseren Seelenregungen nachgestellt und nachgespürt wird, wie dem Wild auf der Jagd; in der die Wissenschaft von der menschlichen Seele genauestens feststeht, fast mathematisch, streng *analytisch*, wie es im Sprachgebrauch der Modernen heißt, und schon fast mit Dreiecken und Kreisen, mit Formeln und Berechnungen betrieben wird? *Werden die Verbrüderung von Wissenschaft und Kunst, die Wunder der Industrie,* die Erfahrungen Entdeckungen Wirkungen der Zivilisation der Phantasie Raum lassen? Kann sie von den Dingen belebt werden, die sie ersticken? Wird der Verstand, der sie in die Flucht treibt und verfolgt, der sie angreift und fast zwingt, zu bekennen, wovon sie träumt, wird die Erfahrung, die sie bedrängt und bedrückt und ihr die lästig leuchtende Laterne vor das Gesicht hält, werden diese Dinge Trost und Nahrung für die Vorstellung sein?“

Groß ist die Ungeduld des Dichters, Schluß zu machen mit einem Adelsprivileg, das die Literatur für sich beansprucht, sich aus dem Schloß-Millieu zu lösen. Doch so weit das Feld seiner geistigen Arbeit ist, so begrenzt ist seine Teilnahme am Leben der Zeit. Die jugendlichen Illusionen von antiker Größe sind zwar zerschlagen, der Weg in eine unabhängige Existenz als Schriftsteller aber ist durch den Standesdünkel der Familie verstellt. Immer stärker wird die Beklemmung. Er beschreibt seine Not im „Zibaldone“:

„Ich war erschrocken, als ich meiner selbst mitten in einem Nichts gewahr wurde, ich selbst ein Nichts. Ich hatte das Gefühl, ich müßte ersticken, als ich überlegte und empfand, alles ist Nichts, unabänderliches Nichts."

Sein Aufbegehren kündigt sich an in einem Brief:

„... denn wenn ich nicht anders leben kann, als unter solchen Bedingungen, und in diesem Gesundheitszustand, will ich so nicht leben, und wenn anders leben möglich ist, muß man es versuchen, und so versuchen, wie ich es kann, verzweifelt und blindlings ..."

In Rom beantragt er einen Paß für die Ausreise aus dem Kirchenstaat. Blindlings vorgegangen ist das wohl, denn in der römischen Adelsbürokratie sitzt als hoher Beamter ein Onkel, der das Schloß benachrichtigt. Mehrere Monate später zeichnet er ein Bild von sich in der Krise:

„Würde ich wahnsinnig werden in diesem Augenblick, ich glaube, in meinem Wahnsinn säße ich da mit aufgerissenen Augen, mit offenem Mund, mit den Händen zwischen den Knien, ohne zu lachen oder zu weinen, und ich wäre nur mit Gewalt von der Stelle zu bewegen. Die Brust ist mir so schwer, daß ich keinen Wunsch mehr habe, mir nicht einmal den Tod wünsche, den ich nicht im geringsten fürchte, aber ich sehe keinen Unterschied zwischen dem Tod und dem Leben, das ich führe, in der mich selbst der Schmerz nicht tröstet. Erstmals bedrückt und ermüdet mich die Langeweile nicht nur, sondern sie beklemmt und quält mich wie ein sehr starker Schmerz."

Er lebt nun in sich zurückgezogen, fast wie in einem Kloster, unterzeichnet Briefe mit „Bruder Jakob vom Berg Morello". Monate hindurch zermartert er sich in geistigen Exerzitien, bis er nicht mehr weiter kann, und klagt: „Mir ist das Denken zu einem Martyrium geworden."

Während dieses schmerzhaften geistigen Prozesses überwindet er die Grenzen provinzieller Abgeschlossenheit, die ihm auch durch den Abstand des literarischen Lebens Italiens zu den großen Zeitströmungen gezogen sind. Die Aufzeichnungen aus dieser Zeit im „Zibal-

done“ belegen, wie er sich dem Neuen in der Dichtkunst Europas nähert:
„... der Nachteil unseres Jahrhunderts ist es, daß die Poesie schon zu Kunst geworden ist, dergestalt, daß man, um wirklich originell zu sein, die Bräuche und die Gewohnheiten, und auch die übernommenen Begriffe von all den Bezeichnungen, Genera usw. zerbrechen verletzen verachten beiseite lassen muß, was zu tun schwierig ist, und wovor sich der Weise auch zu Recht hütet ... Eine neue Poesie überhaupt zu schaffen, die von den vorhandenen Genera nicht eines übernehmen könnte, ist hingegen berechtigt, aber von einer Kühnheit, die man schwer findet und die auf unendlich viele wirkliche, nicht nur eingebildete und pedantische Hindernisse stößt.“
Dichter wie Vittorio Alfieri und Giuseppe Parini hatten, angeregt von frühromantischen Einflüssen, bereits gegen Ende des 18. Jahrhunderts erneuernd in der traditionsbewußten italienischen Literatur gewirkt. Leopardi geht es um den Entwurf einer modernen Lyrik, die nicht nur herkömmliche Formen als äußerliche Hüllen abwirft. In neuer poetischer Dimension durchdringt er die existentielle Situation des Menschen, dem das Zeitalter ungekannte Zwänge auferlegt.
„Seitdem der Mensch dauernd unglücklich ist und, schlimmer noch, seit er das weiß, und somit sein Unglück wirklich und erwiesen ist; seit er außerdem sich und die Dinge erkannt, viel tiefer erkannt hat, als ihm erlaubt war, und seitdem alle Welt philosophiert, ist die wahrhaft lebendige, starke, fruchtbare tätige Phantasie nur noch den Kindern eigen ... Deshalb haben die anderen Nationen völlig mit Bedacht, und ganz natürlich, die hauptsächliche Kraft der Poesie von der Vorstellung in das Gefühl verlegt, eine notwendige Veränderung, die sich aus der Veränderung des Menschen ergibt ...“
Mit dieser Schlußfolgerung nähert er sich den neuen Erkenntnissen der Ästhetik in seiner Zeit. Doch der Philosophie der Aufklärung verhaftet, deren methodische Grundlagen im Sensualismus für sein Denken maßgebend sind, kann er die philosophische Entwicklung um

die Jahrhundertwende nur unvollständig nachvollziehen. Zur Aufhebung des Gegensatzes zwischen Wahrem und Schönem, zwischen Wirklichkeit und Ideal, zwischen Philosophie und Kunst hätte es der Kenntnis der Hegelschen Dialektik bedurft. Antonio Gramsci hat in seinen kultur-theoretischen Schriften über die Wirkung dieses Widerspruchs auf Leopardi geschrieben:
„In diesem Sinne, kann man sagen, ist Leopardi der Dichter der Verzweiflung, die in bestimmten Geistern durch den Sensualismus des 18. Jahrhunderts ausgelöst wurde, weil in Italien die Entwicklung der materiellen und der politischen Kräfte und Kämpfe nicht dem entsprach, was für die Länder charakteristisch war, in denen der Sensualismus eine organisch gewachsene Form der Kultur gewesen ist."
In seinem Vaterhaus hat der junge Dichter die Stärke einer katholischen Orthodoxie erfahren, die sich nicht scheut, den philosophischen Lehren ihrer Gegner auf den Grund zu gehen. Von früher Jugend an sind ihm in der Bibliothek seines Vaters die Bücher zugänglich gewesen, die auf dem päpstlichen Index stehen. Von der Familie für eine geistliche Karriere bestimmt, gibt es keine Einwände gegen seine gelehrten Studien auch der materialistischen Philosophen von Demokrit bis Diderot. 1821, ein Jahr bevor er in Rom am päpstlichen Hof eingeführt werden soll, vertraut er dem „Zibaldone" seine Gründe für eine atheistische Weltsicht an:
„Letztlich ist das Nichts die Ursache aller Dinge, und selbst von Gott. Denn kein Ding ist absolut notwendig, das heißt, es gibt keinen absoluten Grund, warum es in einer bestimmten Weise sein muß oder nicht sein muß usw. ... Das bedeutet, daß es keine erste und universale Ursache der Dinge gibt und niemals gegeben hat, oder wenn es sie gibt oder gab, können wir sie in keiner Weise erkennen, weil wir nicht den geringsten Anhaltspunkt haben und nicht haben können, über die Dinge vor den Dingen zu urteilen, sie über den reinen realen Fakt hinaus zu kennen ... Gewiß ist, sind die vor den Dingen bestehenden Platonischen Wesenheiten zerstört, ist Gott zerstört."

In der Konsequenz seines Denkens überwindet er auch die politische Beschränktheit des Risorgimento, Religion und Nationalbewußtsein mehr und mehr zu identifizieren und zur Grundlage der Vereinigung zu machen. Die Vertreter dieser Position, die katholischen Liberalen, werden politisch führend im Kampf gegen die demokratischen Republikaner und bei der Errichtung einer konstitutionellen Monarchie, und sie werden 1861 bei der Gründung des Königreichs Italien entscheidenden Anteil haben.

Der junge Adlige, der 1822 Recanati zum ersten Mal für längere Zeit verläßt, um sich in Rom in der Gesellschaft und am päpstlichen Hof umzusehen, welche Stellung er sich dort schaffen könnte, hat sich längst entschieden, unabhängig und frei seinen Weg in der Literatur zu gehen. In einem Brief an den Freund Giordani schreibt er über seine Pläne:

„Soviel muß in Italien noch getan werden ... Die Lyrik muß geschaffen werden, so viele dramatische Genres; die poetische, literarische und politische Redeweise, die eigene Philosophie der Zeit, die Satire, jede Art in unsere Zeit passende Poesie, auch die Sprache und ein klassisch-antiker Stil, der modern anmutet, und ebenso leicht verständlich und erfreulich ist für das Volk wie für die Gebildeten."

Den Winter 1822/23 verbringt Leopardi im Haus von Verwandten in Rom. Zwei Begegnungen dort beeindrukken ihn tief und bleibend. Auf dem Weg zum Grabe Tassos in der Kirche Sankt Onofrio in Trastevere – der jenseits des Tibers gelegene Bezirk der Ewigen Stadt ist schon immer Wohnstatt des sie erhaltenden Volkes gewesen – fesselt ihn eine Szene:

„Die Straße zieht sich lang hin, und niemand geht sie, der nicht das Grabmal sehen wollte. Auf beiden Seiten stehen Häuser mit Manufakturen, und der Lärm von Webstühlen und anderen Maschinen, der Gesang von Frauen und von Leuten bei der Arbeit hallt in der Straße wider. In einer müßigen, liederlichen, unorganisch gewachsenen Stadt, wie es Hauptstädte sind, ist es doch schön, diesen Anblick eines in sich gekehrten, geordneten und mit nützlicher Arbeit ausgefüllten Lebens zu haben. Auch die Mienen und das Verhalten der Leute in dieser Straße sind irgendwie, ich weiß auch nicht, einfacher und menschlicher als bei anderen: sie drücken Sitten und Charakter von Menschen aus, deren Leben auf dem Wahren beruht, ohne Falsch, die von mühevoller Arbeit leben, und nicht von Intrigen, Heuchelei und Betrug, wie der größte Teil der Bevölkerung."

In einem der römischen Salons wird Leopardi dem preußischen Gesandten beim Vatikan, Barthold Georg Niebuhr, vorgestellt. Der Historiker schätzt die außergewöhnliche Intensität des jungen Dichters aus der Provinz bei seinen philologischen Studien und versichert ihm, wie Leopardi brieflich berichtet:

„Das sei die angemessene Art, Philologie zu betreiben, und ich befände mich auf dem richtigen Weg, den ich, darum bitte er mich, weitergehen solle, ohne mich abschrecken zu lassen, wenn ich in Italien keinen Beifall fände."

Leopardi ist der Aufenthalt in Rom auch in der Erwartung von seiner Familie ermöglicht worden, es würden sich Gönner finden, ihm eine standesgemäße Stellung zu vermitteln. Der preußische Gesandte verwendet sich für ihn, ohne Erfolg, an höchster Stelle am päpstlichen Hof. Auch sein Nachfolger, Christian Karl Freiherr von Bunsen, wird es später nicht an Bemühungen fehlen lassen, die jedoch am Widerstand der päpstlichen Regierung scheitern. 1826 vermittelt er ihm die Berufung auf einen Dante-Lehrstuhl in Bonn. Viele Jahre hält Leopardi die ihm wohlgesonnenen Freunde hin, entschuldigt sich mit seiner Kränklichkeit. Längst weiß er, daß seine poetische Mission von ihm verlangt, sich niemandem untertan zu machen: „Mein Leben muß so unabhängig wie möglich sein, und mein Glück kann nur darin bestehen, das zu tun, was mir zusagt", schreibt er in einem Brief.

Ohne eigenes Vermögen, ohne Mäzen sich auf dem entstehenden bürgerlichen Buchmarkt zu behaupten, wird nicht leicht für Leopardi. Entschlossen, sich aus den adligen Lebensverhältnissen zu lösen, teilt er einem

Freund mit, er wolle „sich auf gut Glück in das Leben einer großen Stadt stürzen, und den Versuch wagen, von der Feder zu leben".

In den Aufschwung des europäischen Verlagswesens unter den heranreifenden neuen Produktionsbedingungen ist Italien miteinbezogen. Neue Leserschichten entstehen, die Nachfrage nach Literatur wächst. Noch gibt es keinen Schutz geistigen Eigentums. Leopardi geht 1825 mit dem Mailänder Verleger Andrea Fortunato Stella einen Vertrag ein. Er wird mit der Herausgabe von Chrestomathien italienischer Literatur und einer dreibändigen Petrarca-Ausgabe beauftragt. Dem Verleger sichert der Vertrag, bei einem geringen monatlichen Fixum für den Autor, die Rechte an allen Manuskripten, die während dessen Laufzeit fertiggestellt würden. Nach über einem Jahrzehnt Arbeit an den „Operette morali" überläßt er Giordani das Manuskript zur Einsicht. Dieser gibt Teile daraus einer Zeitschrift zum Vorabdruck. Stella, der davon erfährt, besteht auf seinem Recht an dem Manuskript: die „Operette" erscheinen in Buchform, der Verfasser geht leer aus.

Das Schloß von Recanati verläßt Leopardi im Jahr 1830 für immer. Er wohnt in Florenz bei einfachen Leuten zur Miete. Freunde ermöglichen ihm den Aufenthalt durch einen gemeinsam erbrachten Betrag, den sie ihm formell als Vorschuß auf ein Jahr gewähren. Einige laden ihn ein, ständig als Gast bei ihnen zu wohnen. Das lehnt er ab, geht aber gern zu Besuch in die schönen Villen, solange er sich dort so unabhängig fühlen kann, wie er es in seiner dumpfen Stube ist. Ab Jahresende lebt er gemeinsam in einer Wohnung mit Antonio Ranieri, einem aus dem bourbonisch regierten Neapel emigrierten, acht Jahre jüngeren Historiker. Im Stil der Romantik schließen die beiden Flüchtlinge einen Bruderbund, am Rande der liberalen Adelsgesellschaft, in der sie sich bewegen.

Zu Beginn des zweiten Jahrzehnts hat sich in der Hauptstadt der Toskana ein Kreis von Politikern, Wissenschaftlern und Schriftstellern herausgebildet, mit der Zeitschrift „Antologia" als Mittelpunkt. Ihr Herausgeber,

Gian Pietro Vieusseux, setzt in Florenz fort, was der Mailänder „Il Conciliatore" zur geistigen und kulturellen Belebung des Risorgimento bis zu seinem Verbot 1820 durch die Wiener Zensur geleistet hat. Der Verlag und ein wissenschaftlich-literarisches Kabinett, das ihm angeschlossen ist, wird zum Zentrum der katholisch-liberalen intellektuellen Kräfte des Risorgimento. Für eine Mitarbeit an der Zeitschrift ist Leopardi nicht zu gewinnen. Er geht aber im Palazzo Buondelmonti, wo das Kabinett seinen Sitz hat, ein und aus und trifft dort in- und ausländische Schriftsteller und Politiker. Zweimal begegnet er Alessandro Manzoni, aus ihren kurzen Gesprächen wird keine dauernde Verbindung hervorgehen. Auch der französische Romancier Stendhal ist auf der Durchreise 1827 Gast im Kabinett. Seit zehn Jahren lebt er fast ständig in Italien. Für den Schriftsteller im diplomatischen Dienst aus dem bürgerlichen Frankreich sind die Gründe der Stagnation in diesem Abschnitt des Risorgimento durchschaubar. In seinem Roman „Die Kartause von Parma" wird er mit politischem Scharfblick die italienischen Verhältnisse zeichnen: das wirtschaftlich schwache Bürgertum in seiner politischen Hilflosigkeit, die Korruption an den Höfen der Zwergdespoten und die bedrohliche Nähe der österreichischen Truppen, den Rückfall in die anachronistischen Verhältnisse der Zeit vor 1796, die nach den napoleonischen Reformen überwunden schienen. Aus dem Blickwinkel dieser italienischen Zustände fühlt sich Leopardi in seiner philosophisch fundierten Skepsis bestätigt. Fortschritt und Freiheit, die Schlagworte des Jahrhunderts, sind ihm, der Vervollkommnung als individuelles Streben begreift, Schall und Rauch, den Statistikern der Menschheitsbeglückung mißtraut er:
„... ich frage mich bescheiden, ob sich das Glück der Völker schaffen läßt, ohne das Glück der Individuen. Sie sind durch die Natur zum Unglück verurteilt, nicht durch die Menschen und auch nicht durch Zufälle: und mir scheint, in diesem unabwendbaren Unglück kann die Beschäftigung mit dem Schönen, können Gefühle, Vorstellungen, Illusionen trostreicher sein als alles an-

dere. So kommt es, daß mir, was Genuß bringt, nützlicher erscheint als alles Nützliche, und daß mir die Literatur auf realere, gewissere Weise nützlich erscheint, als diese ganzen trockenen Fächer: die selbst dann, wenn sie ihr Ziel erreichen, dem wahren Glück der Menschen sehr wenig nützen können."

Nach der Juli-Revolution in Frankreich von 1830 erreichen die politischen Erschütterungen, die von Paris ausgehen, auch die Toskana und die umliegenden Herzogtümer, große Teile der vom Vatikan regierten Gebiete und Neapel. Das auslösende Moment der Unruhen ist die Machtintrige im Herzogtum Modena, die zur Vorlage von Stendhals Roman werden sollte. Im Kirchenstaat überstürzen sich die Ereignisse. In den kommunal aufgesplitterten Aufständen wird das Ende der weltlichen Macht des Papstes proklamiert und die Gründung der Vereinigten Provinzen Italiens beschlossen. Leopardi wird von seiner Heimatstadt aufgefordert, sie in der verfassunggebenden Versammlung des neuen Staates zu vertreten. Ehe er noch antworten kann, stehen die Österreicher schon in Bologna, und in dem Recanati vorgelagerten Hafen von Ancona landen französische Marine-Einheiten.

Zugleich ist in der italienischen Geschichte 1831 als das Jahr verzeichnet, in dem Giuseppe Mazzini die Bewegung des „Jungen Italien" gründete. An einem Höhepunkt feudaler Reaktion und ausländischer Unterdrükkung formierten sich die demokratischen Kräfte im Kampf um die Befreiung von der Fremdherrschaft und für ein republikanisches Italien.

Die „Antologia" wird 1833 verboten, ihre Anhänger werden verfolgt und ins Exil getrieben. In diesem Jahr verläßt auch der Dichter Florenz, er folgt seinem Freund nach Neapel. Im Hause Ranieris findet er die Pflege und Hilfe, die er braucht, seit seine körperlichen Kräfte nahezu erschöpft sind. Längst sieht Leopardi in Krankheit und Schmerz einen Wesenszug seiner Existenz: „Die körperliche Schwäche ist nützlich für die Anwendung und die Entwicklung der geistigen Fähigkeiten", schreibt er im „Zibaldone" und preist die „wunderbare

Leichtigkeit, Fruchtbarkeit und Fülle von Gedanken", die sich bei schweren Leiden zeigen.
Schon zu seinen Lebzeiten wird sein unbequemer Pessimismus, seine Skepsis gegenüber der Fortschrittseuphorie als krankhaft diffamiert. Ein gegen ihn gerichteter Artikel, erschienen in der Stuttgarter Zeitschrift „Hesperus" vom April 1832, ist Anlaß für ihn, brieflich einem Schweizer Freund seinen Protest mitzuteilen:
„Ja, meine Leiden, die man für gut befunden hat, sie vor der Öffentlichkeit vielleicht mit einiger Übertreibung auszubreiten, die habe ich mir gewiß nicht durch billige Hoffnungen auf ein angebliches Glück in einem unbekannten Jenseits, auch nicht durch feigherzige Resignation erleichtern wollen, und meine Gefühle dem Schicksal gegenüber sind immer noch geradeso, wie ich sie im ‚Jüngeren Brutus' ausgedrückt habe. Diesem mutigen Willen bin ich gefolgt, als ich, durch meine Überlegungen zu einer Philosophie der Hoffnungslosigkeit gekommen, mir diese ohne Zögern ganz zu eigen machte. Doch wenn man meine philosophischen Überzeugungen als ein Ergebnis meiner Leiden zu betrachten beliebt, so geschieht das lediglich im Namen der menschlichen Feigheit, die das Bedürfnis hat, sich den hohen Wert des Daseins einzureden ... Solange ich lebe, will ich mich wehren gegen diese Erfindung der Schwäche und der Gemeinheit und bitte meine Leser, daß sie sich bemühen, meine Beobachtungen und Beweisgründe zu widerlegen, anstatt meiner Krankheit die Schuld dafür zu geben."
Am 14. Juni 1837 stirbt der Dichter. Er erliegt den Krankheiten, einem dauernden schweren Asthma und einem Ödem, die ihm das Herz abdrücken, am Ende der schweren Cholera-Epidemie, von der Neapel in dem Winterhalbjahr zuvor heimgesucht wurde. Ranieri ist es zu danken, daß die sterbliche Hülle des Freundes vor dem Massengrab bewahrt und ihm in der Kirche San Vitale von Neapel eine Ruhestätte gefunden wurde.
Zunächst ist sehr ungewiß, was aus Leopardis Nachlaß werden wird. Die noch von ihm bearbeitete erste Gesamtausgabe seiner Werke in zwei Bänden im Verlag Starita, Neapel, wird von den bourbonischen Behörden

beschlagnahmt. Die nun in der italienischen Literatur vorherrschende romantische Strömung mit ihrer immer stärkeren Hinwendung zum Katholizismus steht dagegen im Einklang mit der im Volk tief verwurzelten Verehrung für die Kirche. So wird der Roman von Alessandro Manzoni „Die Verlobten“ eine Sonderstellung hinsichtlich der Breite und Dauer seiner Wirkung beim italienischen Leser einnehmen, der über Generationen hinweg das nationale und religiöse Anliegen des Buches nachempfinden kann. Goethe, der seine Übersetzung ins Deutsche empfahl, hat den Roman in die Weltliteratur eingeführt.

Erst die nach 1830 heranwachsende Generation, große Teile derer sich demokratischen Zielen zuwenden und durch die Mobilisierung breiter Kräfte des Volkes dem Risorgimento zum Sieg verhelfen sollten, hat sich sein Werk, durch immer neue Publikation und philologische Interpretation, erschlossen. Die antike Größe, an der es sich mißt, entspricht dem Geist der demokratischen Kräfte Italiens, unter ihnen Francesco De Sanctis, ein durch Kerker und Exil geprüfter Patriot und Anhänger Garibaldis, der die italienische Literaturwissenschaft begründete. Er sieht in Leopardi den ersten Dichter, der „in Italien aus dem Stein der Philosophie den poetischen Springquell geschlagen hat“. Seither ist die Leopardi-Forschung in die Breite und Tiefe gewachsen. Ein gänzlich neuer Ansatz wurde nach der Veröffentlichung des „Zibaldone“ erforderlich. Lange waren die vielen Hefte des Tagebuches unveröffentlicht im Besitz der Familie geblieben. Zum 100. Geburtstag des Dichters mußte es auf Beschluß einer Regierungskommission für die Veröffentlichung freigegeben werden, und es erschien 1897 mit einem Vorwort Giosué Carduccis unter dem offiziellen Titel „Gedanken zu philosophischen Fragen und zur schönen Literatur“. Die darin ausgebreitete Weite und Widersprüchlichkeit von Leopardis Denken ließ sein Werk in neuem Licht erscheinen. Zutage trat die vielen unbequeme Wahrheit, daß der Dichter ein genauer Kenner und scharfer Kritiker seiner Zeit war, keineswegs weltfremd und teilnahmslos durch Weltschmerz. Zahllos sind die Anstöße, Anregungen, Ansichten, die zu Politik, Geschichte, Religion, Psychologie, von Literatur und Philologie ganz zu schweigen, vermittelt werden und weiter gedacht sein wollen. Manches ist aphoristisch, viele Gedankensplitter lassen sich schwer in Zusammenhang bringen. Die „Wirbelbewegungen seines Denkens", auf die der Romanist Karl Voßler hingewiesen hat, bieten auch heute noch ungezählte neue Möglichkeiten der Interpretation. Noch ist das Spannungsfeld zwischen Leopardis Denkfragmenten und seiner Poesie längst nicht ausgelotet. Ein berufener Kritiker seines Werkes wie der Lyriker Giuseppe Ungaretti konstatiert, daß „Leopardi die Voraussetzung ist für die Poesie unserer Zeit" und bekennt:

„Ich weiß jetzt, wie er das in Krise geratene Wort nahm und mit sich leiden ließ, seine Spannung fühlend, und wie er es gleich einem Lichtstrahl einfallen ließ in das Dunkel; ich weiß jetzt, warum ein Wort aus der Notwendigkeit in Bewegung kommen muß, der Natur ihre tragische Majestät zurückzugeben."

Er rühmt in Leopardis Dichtung die unverkennbaren sprachlichen Motive wie „schöner Schein", „holde Täuschung", „törichtes Jahrhundert", „unendliches Nichts", „uralter Schmerz", „wahrhaftes Wissen". Er hebt die Gedrängtheit der Ausdrucksweise, die Kunst der Weglassung hervor:

„Da wir die Veränderungen der Realitäten infolge der übermäßigen Schnelligkeit, in der sie heute in und außer uns vonstatten gehen, nicht anders als in winzigen Teilen von Fragmenten wahrnehmen, müssen wir uns, wenn wir es noch wagen, Poesie zu schreiben, verkürzter Ausdrucksweisen bedienen. In natürlich anderer Art als der emphatischen der Romantiker, aber in einer, für die die Lösungen der extremen Sprache Leopardis noch immer vorbildlich sind."

Viele Wege ist die moderne Lyrik seit Leopardi gegangen. Von seiner Dichtung ausgehende Impulse sind in der europäischen Literatur und über sie hinaus vor allem in der lateinamerikanischen wirksam geworden und sind es noch heute.

Ungaretti hat die Frage gestellt, wieviel im Werk Nietzsches, mit seinem weit gefächerten, vielschichtigen Einfluß bis in die Gegenwart, wohl Leopardi zu verdanken sei. Die Antwort darauf steht noch aus, wenn auch begonnen wurde, dem nachzugehen. Die Metapher „wir Luftschiffahrer des Geistes“ etwa wird wohl seinen Ursprung in dem Gedicht „Das Unendliche“ haben. Als „Freiheit in Fesseln – eine fürstliche Freiheit“ rühmte Nietzsche eine Kunst, die gleich der Leopardis die „melodischen und rhythmischen Herkömmlichkeiten“ gelten ließ, „als geboren in der Etiquette, aber wie der freieste und anmuthigste Geist in diesen Fesseln spielend und tanzend – und zwar ohne sie zu versöhnen“.
Als einer der ersten wagte Leopardi den Widerspruch zu einer Epoche, die wie nie zuvor die gesellschaftliche und materielle Realität in den Mittelpunkt von Literatur und Kunst rückte. Er verwirklichte seinen Entwurf einer modernen Lyrik, indem er, in Poesie und Prosaschriften, sein Ich in unmittelbarer Aussage mitteilte. Die Bitternis seiner Weltsicht wußte er dabei als genialer Dichter produktiv werden zu lassen: „... denn erkannt, freut uns das Wahre, auch wo es traurig ist.“

Berlin, August 1989 *Sigrid Siemund*

Zeittafel

1798 Giacomo Leopardi wird am 29. Juni in Recanati, in der Nähe der Hafenstadt Ancona, geboren. Er entstammt einer alteingesessenen Adelsfamilie in den Marken, die zu dieser Zeit eine Provinz des Kirchenstaates ist.

1803 Der stark verschuldete Familienbesitz wird einem Verwalter anvertraut. Der Mutter, Gräfin Adelaide, wird das Verfügungsrecht übertragen. Dank einer strengen Wirtschaftsführung bleibt das Besitztum erhalten, und die Vermögenslage der Familie bessert sich. Die Erziehung der ältesten Kinder liegt in den Händen des Vaters, des Grafen Monaldo, der in Kniehosen und gepuderter Perücke das Bild eines typischen Landedelmanns alten Schlags abgibt. Er ist literarisch ambitioniert und gründet in seinem Haus eine „poetische Akademie". In den Jahren nach 1820, als im Kirchenstaat revolutionäre Unruhen ausbrechen, wird sein Konservatismus reaktionäre Züge annehmen.

1807 Geistliche Hauslehrer geben weiteren Unterricht. An die erste Stelle rückt das Studium von Latein und der antiken Schriftsteller.

1809 Unter dem Eindruck der Lektüre Homers schreibt Leopardi ein erstes Gedicht: „Hektors Tod". Er erweitert seine Lektüre in der väterlichen Bibliothek. Es beginnen „sieben Jahre verzweifelten Studiums".

1812 Nach mehreren Jahren des Lesens und Lernens ist Leopardi an Kenntnissen über seine Lehrer hinausgewachsen. Alle weitere Bildung erwirbt er als Autodidakt.

1813 Dem Fünfzehnjährigen wird der Zugang zu den väterlichen Büchern gestattet, die auf dem päpstlichen Index stehen. Bis dahin hatte er im Selbststudium Französisch und Spanisch gelernt, nun beginnt er autodidaktisch mit dem Studium des Griechischen und Hebräischen.

1815 Er schreibt den „Aufsatz über die falschen Vorstellungen der antiken Völker", der für die philologische Erforschung antiker Mythen und Glaubensvorstellungen bleibenden Wert besitzt.

1816 Der Mailänder Zeitschrift „Lo Spettatore italiano e straniero" (italienische und ausländische Rundschau) übersendet Leopardi seine Übertragung des 1. Gesangs der „Odyssee". Sie wird abgedruckt.

1817 Ebenfalls in Mailand wird in einer Nachdichtung Leopardis der 2. Gesang der „Äneis" veröffentlicht und findet

Beachtung. – Der Herausgeber des „Spettatore", Antonio Fortunato Stella, besucht Leopardi in Recanati. – Seit Jahresbeginn steht dieser im Briefwechsel mit Pietro Giordani, der als erster erkennt, welche Bedeutung der junge Adlige für die italienische Literatur haben wird. Er ermutigt ihn, seiner Berufung zu folgen. Im Sommer beginnt Leopardi ein Tagebuch zu führen, das er seinen „Zibaldone" nennt, was etwa Sammelsurium bedeutet.

1818 Nach Vorarbeiten im „Zibaldone" verfaßt Leopardi die „Rede eines Italieners zur romantischen Dichtkunst". Er übersendet sie der Mailänder Wochenzeitung „Il Conciliatore", dem Sprachrohr der Romantiker in der Lombardei. Das Manuskript bleibt unveröffentlicht. – Im Herbst besucht ihn Pietro Giordani in Recanati.

1819 Als Dichter tritt Leopardi erstmals mit seinen patriotischen Gesängen an die Öffentlichkeit. In der politisch angespannten Zeit des Kampfes gegen die österreichische Despotie verleihen diese der nationalen und kulturellen Identität Italiens künstlerischen Ausdruck. – Erste Anzeichen einer Augenerkrankung machen sich bemerkbar. Über längere Zeit kann er nicht lesen und schreiben. Er unternimmt einen Fluchtversuch aus Recanati, der aber im Ansatz scheitert. – Mit den Gedichten „Das Unendliche" und „An den Mond" beginnt sein lyrisches Schaffen.

1820 In diesem und den folgenden beiden Jahren schreibt Leopardi vor allem in seinem Tagebuch. Es wird auf 3800 Seiten anwachsen.

1822 Im November reist Leopardi nach Rom. Als Gast im Hause seines Onkels, eines hohen päpstlichen Beamten, verbringt er dort das Winterhalbjahr. Es ist seine erste längere Abwesenheit von Recanati.

1823 In der Vatikanischen Bibliothek setzt er seine philologischen Studien fort. Er lernt Angelo Mai, den Kustos der Bibliothek, kennen. Als dem Wiederentdecker großer Werke der antiken römischen Literatur, darunter einer Handschrift Ciceros, hat er ihm 1820 einen Gesang gewidmet. – Er schließt Bekanntschaft mit dem preußischen Gesandten in Rom, Barthold Georg Niebuhr.

1824 Er beginnt das Prosawerk „Operette morali" zu schreiben. Dank der im „Zibaldone" geleisteten Vorarbeit kann er den größten Teil der geplanten Schriften in diesem Jahr vollenden. – Im August erscheint in Bologna die erste Ausgabe seiner Gedichte unter dem Titel „Die Gesänge des Grafen Leopardi". – Die Bemühungen von Niebuhr, ihm eine Anstellung in der Verwaltung des Kirchenstaats zu besorgen, bleiben infolge eines reaktionären Umschwungs nach dem Tod von Papst Pius VII. erfolglos.

1825 Mitte des Jahres reist der Dichter nach Mailand und schließt einen Vertrag mit dem Verleger A. F. Stella. Er verpflichtet sich zur Kommentierung einer Petrarca-Ausgabe und zur Zusammenstellung von Chrestomathien italienischer Poesie und Prosa. In Mailand besucht er den Dichter Vincenzo Monti. – Auf der Rückreise hält er sich für vierzehn Tage in Bologna auf, um seinen dortigen Verleger und einige Freunde zu besuchen, mit denen er in Korrespondenz steht.

1826 Freiherr von Bunsen, nun preußischer Botschafter in Rom, bietet Leopardi im Auftrag seiner Regierung eine Dozentur für Italianistik in Berlin oder Bonn an. Eine Aussicht auf finanzielle Absicherung durch eine Anstellung im Kirchenstaat gibt es nicht mehr, seitdem Leopardi den päpstlichen Behörden als Patriot verdächtig ist. Doch der Dichter weicht einer Entscheidung aus. – Im Juli erscheint in Bologna eine neue Ausgabe seiner Gedichte unter dem Titel „Verse". Bei Stella kommt die Petrarca-Ausgabe heraus, die Leopardi durch seine Anmerkungen einem breiteren Lesepublikum zugänglich macht.

1827 Den Winter verbringt er in Recanati. Die Arbeit an der Prosa-Anthologie wird beendet. Sie geht Anfang des Jahres in Druck. – Ab April ist der Dichter wieder in Bologna. Im Juni kommen bei Stella die ersten zwanzig „Operette morali" heraus. Leopardi nimmt Aufenthalt in Florenz und verkehrt in dem Kreis von Politikern und Schriftstellern, der sich um die Zeitschrift „Antologia" gebildet hat. Er begegnet Alessandro Manzoni. – Mit der Abfassung eines Sachregisters bringt Leopardi den „Zibaldone" zu einem vorläufigen Abschluß. Es beginnt seine Freundschaft mit Antonio Ranieri. Er arbeitet an weiteren Dialogen für die „Operette morali". Ab November lebt er in Pisa.

1828 Eine neue und fruchtbare lyrische Schaffensperiode setzt ein („An Silvia", „Wiedererwachen"). Die Anthologie italienischer Poesie wird fertiggestellt. Der Vertrag mit Stella ist ausgelaufen. Während eines erneuten Aufenthalts in Florenz erreicht ihn die Berufung auf einen Dante-Lehrstuhl, den die Universität Bonn eingerichtet hat. Er lehnt ab. Für den Winter ist wieder Recanati Zuflucht.

1829 Während dieses letzten Aufenthalts in seinem Geburtsort entstehen einige der bekanntesten Gedichte.

1830 Er nimmt das Angebot von Freunden in Florenz an, mit ihrer finanziellen Unterstützung dorthin zu übersiedeln. Im Frühjahr verläßt er Recanati für immer. In Florenz wohnt er nun mit Ranieri zusammen.

1831 Während einer revolutionären Erhebung im Kirchenstaat wird er vom Stadtrat von Recanati zum Abgeordneten für das Parlament gewählt, das sich in Bologna konstituieren soll. Bevor er zu der Wahl Stellung beziehen kann, wird die Erhebung durch das österreichische Militär unterdrückt. Die „Antologia" wird von den Behörden des Großherzogtums Toscana verboten. In Florenz erscheint im April die erste Ausgabe von Gedichten Leopardis unter dem Titel „Canti". – Von der Familie wird ihm nun eine kleine Rente gezahlt. Sein Gesundheitszustand verschlechtert sich. Für den Winter zieht er mit Ranieri in das wärmere Klima von Rom.

1832 Wieder in Florenz, schreibt er die beiden letzten Dialoge der „Operette morali". Er schließt den „Zibaldone" endgültig ab.

1833 Er entschließt sich, mit Ranieri nach Neapel zu gehen. Sie brechen im September auf und kommen, nach einem längeren Aufenthalt in Rom, dort im Oktober an. Leopardi wohnt im Haus der Familie Ranieri.

1834 Er wird mit August von Platen bekannt, der ihn häufig besucht. Die beiden Dichter führen im Verlauf eines Jahres mehrere Gespräche miteinander. – Leopardi bereitet eine Gesamtausgabe seiner Werke vor.

1835 Eine zweite Ausgabe der „Canti" erscheint im Verlag Starita, Neapel.

1836 In dem Verlag kommt die dritte vollständige Ausgabe der „Operette morali" heraus. Sie wird von den bourbonischen Behörden verboten und zusammen mit unverkauften Exemplaren der „Canti" beschlagnahmt. – Beim Ausbruch der Cholera in Neapel verläßt Leopardi die Stadt. Freunde nehmen ihn in ihrer Villa auf, die bei Torre del Greco am Fuße des Vesuvs gelegen ist.

1837 Schwerkrank wird er im Februar nach Neapel zurückgebracht. Am 14. Juni tritt der Tod ein. In der Kirche San Vitale, bei Neapel, wird der Dichter bestattet.

Benutzte und weiterführende Literatur

Zum Gesamtwerk und zur Biographie

Leopardi Giacomo: Tutte le opere a cura di Walter Binni con la collaborazione di Enrico Ghiberti. Sansoni Firenze 1962.
Binni, Walter: La nuova poetica leopardiana, Firenze 1973.
–: La protesta di Leopardi, Firenze 1973.
De Sanctis, Francesco: Le opere; a cura di Walter Binni; vol. III.
–: La letteratura italiana nel secolo XIX.
–: Giacomo Leopardi. Bari 1953.
Sapegno, Natalino: Storia della letteratura italiana, vol. VII.
–: Giacomo Leopardi. Milano 1969.
Ranieri, Antonio: Sette anni di Sodalizio con Giacomo Leopardi.
–: Con una introduzione di Giulio Cattaneo. Milano 1979.
Tartaro, Achille: Leopardi. Roma-Bari 1978.

Einzeldarstellungen

Bosco, Umberto: Titanismo e pietà in Giacomo Leopardi. Roma 1980.
Croce, Benedetto: Giacomo Leopardi, in Poesia e Non-poesia. Bari 1923.
–: Conversazioni critiche, Serie II. Bari 1924.
Fasano, Pino: L'entusiasmo della ragione: il romantico e l'antico nell'esperienza leopardiana. Roma 1985.
Ungaretti, Giuseppe: Invenzioni della poesia moderna. Lezioni raccolte di letteratura italiana. Napoli 1984.
–: Vita d'un uomo. Saggi e interventi. Milano 1962.

Literaturgeschichte

Fubini, Mario: Romanticismo italiano. Bari 1953.
Gramsci, Antonio: Quaderni del carcere, edizione critica dell'Istituto Gramsci a cura di Valentino Gerratana. Torino 1975.
Manacorda, Giorgio: Materialismo e masochismo. Il „Werther", Foscolo e Leopardi. Firenze 1973.
Petronio, Guiseppe: Il romanticismo, in Storia della critica 22. Palermo 1960.
Puppo, Mario: Romantiscismo italiano e romanticismo europeo. Milano 1985.

Italienische Geschichte

Candeloro, Giorgio: Storia dell'Italia moderna. Milano 1956.
Croce, Benedetto: Storia d'Europa nel secolo XIX. Bari 1932.

Leopardi in Deutschland

Benjamin, Walter: Gesammelte Schriften. Kritiken und Rezensionen Bd. 3. Suhrkamp 1972.
Bollnow, Otto Friedrich: Nietzsche und Leopardi. Zeitschrift für philologische Forschung Nr. 26/1972, Tübingen.
Elwert, Wilhelm Theodor: Italienische Dichtung und europäische Literatur. Wiesbaden 1969.
Goethe, Johann Wolfgang: Werke. Berlin und Weimar 1962–1978. Schriften zur Literatur Bd. 2.
Maurer, Karl: Giacomo Leopardis „Canti" und die Auflösung der literarischen Genera. Frankfurt (Main) 1957.
Nietzsche, Friedrich: Kritische Gesamtausgabe, hrsg. von G. Colli und M. Molinari. Berlin/New York 1967 ff.
Platen, August von: Tagebücher. Hildesheim 1900.
Voßler, Karl: Leopardi. München 1923.
–: Italienische Literatur der Gegenwart von der Romantik zum Futurismus. Heidelberg 1914.
–: Südliche „Romania". München und Berlin 1940.

Personenregister

Inhalt

Gedichte

Kleine moralische Werke